本书由渭南师范学院学术出版基金资助出版

基于ERP的标准成本信息化实施研究

RESEARCH ON THE IMPLEMENTATION OF
STANDARD COST INFORMATION BASED ON ERP

许存兴 张芙蓉 胡常健◎著

中国社会科学出版社

图书在版编目(CIP)数据

基于 ERP 的标准成本信息化实施研究 / 许存兴，张芙蓉，胡常健著 . —北京：中国社会科学出版社，2017. 8

ISBN 978 - 7 - 5203 - 0279 - 1

Ⅰ. ①基…　Ⅱ. ①许…②张…③胡…　Ⅲ. ①企业管理 – 计算机管理系统　Ⅳ. ①F272. 7

中国版本图书馆 CIP 数据核字(2017)第 094595 号

出 版 人	赵剑英
责任编辑	任　明
责任校对	季　静
责任印制	李寡寡

出　　版	中国社会科学出版社
社　　址	北京鼓楼西大街甲 158 号
邮　　编	100720
网　　址	http：//www. csspw. cn
发 行 部	010 – 84083685
门 市 部	010 – 84029450
经　　销	新华书店及其他书店

印刷装订	北京君升印刷有限公司
版　　次	2017 年 8 月第 1 版
印　　次	2017 年 8 月第 1 次印刷

开　　本	710×1000　1/16
印　　张	31. 5
插　　页	2
字　　数	518 千字
定　　价	98. 00 元

序　言

《基于 ERP 的标准成本信息化实施研究》取材于保温瓶公司的大量真实的核算业务，除了产、供、销主营业务及成本核算外，还包括企业融资、银行结算、资产租赁、保险、捐赠、税收调整、财产清查、固定资产购建与清理等业务。主要内容包括企业背景介绍、实施企业会计政策、信息化实施平台建设、信息化实施系统初始化、信息化实施内容和报表管理系统。该著作注重成本信息化实施的前瞻性和实用性，既有在理念上对标准成本的介绍，又有如何运用 ERP 系统对企业运营过程中的各项业务通过标准成本进行有效管理，从而达到优化资源，提升企业整体竞争力的目的。

《基于 ERP 的标准成本信息化实施研究》是经过历时 1 年多次实践验证后完成的定稿，完成过程艰难、复杂。在写作过程中，首先，对企业实施信息化前期数据准备工作进行了详细的论述。其次，在 ERP 的信息化实施部分，采用逐步过渡的实施方法，先在财务系统中尝试运行，逐步推向供应链系统，扩展到生产管理系统，最终实现产、供、销一体化的信息化业务处理系统。最后，在成本处理方面，充分借助 ERP 系统的先进管理理念，采用标准成本法进行成本管理，打破我国现行成本管理采用实际成本法单一的局面，充分发挥标准成本法在成本管理中的科学性。

《基于 ERP 的标准成本信息化实施研究》撰写中，渭南师范学院许存兴同志负责拟定全书框架的制定总纂、定稿工作并撰写第四章，中国人民银行渭南中心支行张芙蓉同志撰写第三章、西安外事学院胡常健同志撰写第一章、第二章、第五章。惠欢欢、宋丹和梁婧同学完成系统的初始化所有经济业务数据录入与处理工作，做好了成本信息化实施的基础，保障成本信息化实施的可行性。

《基于 ERP 的标准成本信息化实施研究》受到陕西省教育厅教学改革研究项目——高等继续教育"三师型"师资队伍建设的研究（15J37）和渭南师范学院 2014 年优秀学术专著出版基金的资助。

目　　录

第一篇　基于 ERP 的标准成本信息化实施背景

第一篇
基于 ERP 的标准成本
信息化实施背景

第一章

企业背景介绍及会计政策

第一节　企业背景介绍

一　企业基本信息

注册资金、企业类型与经营范围

企业名称：中国老字号保温瓶有限公司深圳分公司

住　　所：广东省深圳市同乐路 125 号

联系电话：0755－5869258

法定代表人：李嘉明（公司总经理）

注册资金：壹仟贰佰伍拾万元整

其中：80% 为中国石油投入资本；20% 为广东省深圳矿业总公司投入资本

企业类型：有限责任公司（国内合资）

经营范围：生产、销售金属壳保温瓶及塑料壳保温瓶；销售业务为内销。

纳税人登记号（即纳税人识别码）：610225511415054

企业代码：610203829

该公司银行开户及证券公司开户情况如下：

基本存款账户：工商银行深圳总行　　　账号：622－03012345

一般存款账户：中国银行深圳分行　　　账号：623－06833068

证券资金账户：国化安然证券公司　　　账号：025－16688

社保基金专户：工商银行深圳分行福田区支行　　账号：

622 – 08111678

企业产品范围：生产三种系列的保温瓶：铁壳保温瓶、铝壳保温瓶、塑壳保温瓶（大、中、小）。

二　企业组织结构

该公司共有职工 162 人，内部组织机构及人员分布详见图 1 – 1。

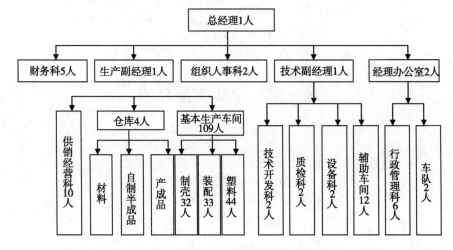

图 1 – 1　内部组织机构及人员分布

三　企业财务分工

该公司财务科共有会计人员 5 名，分工如下：

（一）财务科长

审核业务，调度资金，进行财务分析，制订财务计划，参与企业经营决策，负责财务科的全面工作。

（二）出纳（兼固定资产核算）

办理货币资金的收付业务，编制收、付款记账凭证，登记现金日记账、银行存款日记账和现金流量表台账；编制固定资产购建、折旧、清理、清查等业务的记账凭证，登记有关明细账。

（三）材料核算（兼债权债务结算）

编制材料采购、入库、领用等业务的记账凭证，计算及分摊材料成本差异，登记材料核算的有关明细账；编制有关债权债务结算的记账凭证，登记有关明细账。

（四）成本核算（兼薪酬核算）

编制费用发生、分配及成本结转等业务的记账凭证，填列各种费用分配表和产品成本计算表，登记有关费用、成本明细账；编制有关职工薪酬的结算、分配表及记账凭证。

（五）销售及利润核算（兼登总账、编制财务报表）

编制销售、计提税金、结算损益及利润分配等业务的记账凭证，登记有关明细账，填制各项税金纳税申报表。登记总账，编制对外报送的财务报表。

四　企业生产工艺流程

（一）按企业反映：整个企业生产工艺流程详见图1-2。

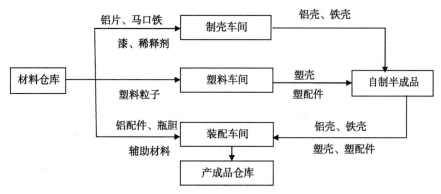

图1-2　生产工艺流程

（二）按产品品种反映

1. 塑壳类保温瓶：

第一步骤：在塑料车间制成塑壳、塑配件，塑壳生产工艺流程，详见图1-3。

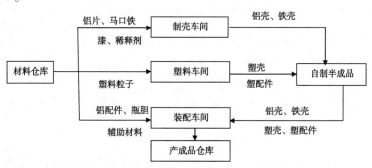

图1-3　塑料车间生产工艺流程

第二步骤：在装配车间装配成塑壳保温瓶，塑壳类保温瓶生产工艺流程，详见图 1－4。

图 1－4 装配车间生产工艺流程

2. 铁壳保温瓶：

第一步骤：在制壳车间制成铁壳，铁壳生产工艺流程，详见图 1－5。

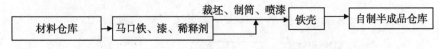

图 1－5 制壳车间生产工艺流程

第二步骤：在装配车间装配成铁壳保温瓶，铁壳保温瓶生产工艺流程，详见图 1－6。

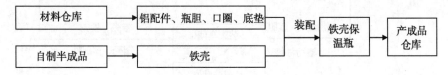

图 1－6 装配车间装配成铁壳保温瓶，铁壳保温瓶生产工艺流程

3. 铝壳气压保温瓶：

第一步骤：在制壳车间制成铝壳，铝壳生产工艺流程，详见图 1－7。

图 1－7 制壳车间生产工艺流程

第二步骤：在装配车间装配成铝壳气压保温瓶，铝壳气压式保温瓶生产工艺流程，详见图 1－8。

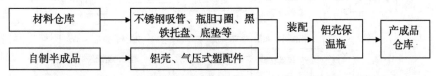

图 1－8 装配车间装配成铝壳气压保温瓶，铝壳气压式保温瓶生产工艺流程

说明：

（1）塑配件包括：塑盖、塑塞顶、塑肩、塑底等。

（2）铝配件包括：铝盖、铝嘴、铝肩、铝柄、铝底等。

（3）气压式塑配件包括泵体头子、肩座、鼻套、漏斗、紧固件、旋转底、底螺丝、连接圈等。

（4）考虑不宜将过多的精力放在方法相同的重复计算工作上，所以，只要求按塑配件、铝配件、气压式塑配件归集费用和计算成本，不要求按各种具体配件逐一计算明细成本。

第二节　实施企业会计政策

一　账务处理程序

实施企业采用科目汇总表账务处理程序，详见图1-9。

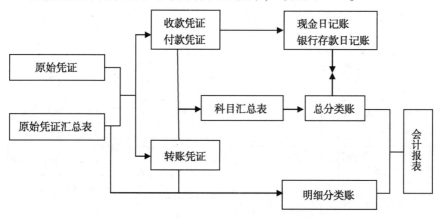

图1-9　科目汇总表账务处理程序

二　各项目的确认规则

（一）交易性金融资产的确认与计量

对于以赚取差价为目的而持有的在活跃市场上有报价的金融资产，确认为"交易性金融资产"。在初始确认时按照公允价值计量，相关交易费用直接计入当期损益。持有交易性金融资产的会计期间，其公允价值变动形成的利得或损失，应当计入当期损益。

（二）持有至到期投资的确认与计量

对于到期日固定、回收金额固定或可确定，且企业有明确意图和能力持有至到期的在活跃市场上有报价的金融资产，确认为"持有至到期投资"。在初始确认时，按照公允价值计量，相关交易费用计入初始确认金额，构成实际利息组成部分。取得持有至到期投资以后的会计期间，采用实际利率法，按摊余成本计量。

（三）备用金核算

采购员及其他职工出差预支差旅费，回公司后一次结清。行政管理科经财务科核定，领取定额备用金 800 元，由专人负责保管、报销。

（四）材料核算方法及流程

1. 材料核算方法

原材料按计划成本进行日常核算，发出采用计划价法。根据"原材料"明细账户当日发生记录，编制结转入库材料的记账凭证。每年末对原材料等存货进行清查，根据盘点结果编制盘盈盘亏报告单，经分管副经理审批后在年末结账前处理完毕。

2. 材料核算流程简图，见图 1 – 10。

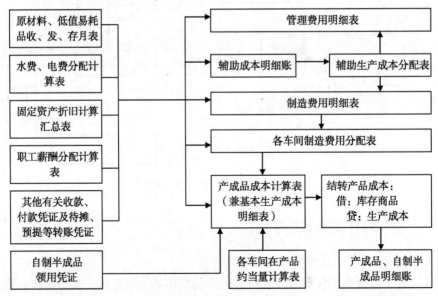

图 1 – 10　材料核算流程简图

（五）基于薪酬的社会保险费、公积金和有关经费的计提

基于薪酬的社会保险费、公积金和有关经费的计提详见表1-1。

表1-1　　　　基于薪酬的社会保险费、公积金和有关经费的计提

项目	计提基数	计提比例（%）
养老保险费（个人）	上年月平均工资总额	22.0
住房公积金（个人）	上年月平均工资总额	7.0
医疗保险费（个人）	上年月平均工资总额	12.0
失业保险费（个人）	上年月平均工资总额	2.0
生育保险费（个人）	上年月平均工资总额	0.5
工伤保险费（个人）	上年月平均工资总额	0.5
工会经费	本月工资总额	2.0
教育经费	本月工资总额	1.5

上述基于薪酬的社会保险费、公积金和有关经费的计提均指企业负担的部分，其列支的渠道根据职工的工作岗位按照受益原则进行账务处理。

说明：社会保险费、公积金和有关经费的计提基数和比例，由于各地区政策之间存在差异，以及政策本身的变化，可能与实务不一致，本模拟着重要求掌握会计处理的基本方法。

（六）水费、电费、修理等辅助生产费用的归集与分配方法

各月各车间水费、电费先作为各车间的"制造费用——制壳车间或塑料车间或装配车间（其他费用）"，期末按约当产量比例分配给各车间的半成品和产成品，具体包括：铝壳、铁壳、塑料车间的塑壳（大）、塑壳（中）、塑壳（小）、塑配件（大）、塑配件（中）、塑配件（小）、气压式塑配件和装配车间铝壳气压保温瓶、铁壳气压保温瓶、塑壳保温瓶（大）、塑壳保温瓶（中）、塑壳保温瓶（小）。行政管理部门水费、电费按照实际发生数计入"管理费用—其他"。制壳车间、塑料车间和装配车间耗用修理车间的修理费按照3∶5∶2进行分配。水费、电费、修理等辅助生产费用的归集与分配流程见图1-11。

（七）生产工人薪酬、基本生产车间制造费用的分配方法

均按生产的半成品或产成品的数量比例进行分配。

（八）在产品计价方法

各基本车间材料均为一次性全部投入，所以，"直接材料"成本项目

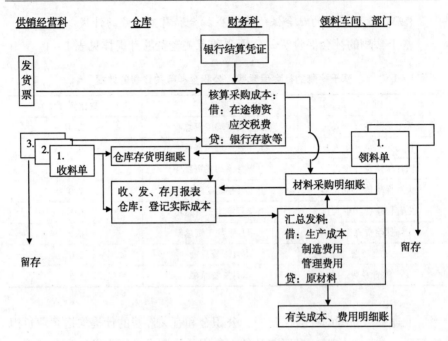

图 1－11　辅助生产费用的归集与分配流程

直接按照"半成品或产成品数量比例"分配，在产品完工程度均为50%，"直接人工"和"制造费用"成本项目按照"约当产量比例"分配。

（九）产品成本计算方法及费用、成本核算流程

1. 产品成本计算方法：

标准成本法——标准成本计算法。

2. 费用、成本核算流程简图（见图 1－12）

3. 自制半成品及产成品发出的计价方法

该公司自制半成品通过仓库收发，并设置"库存商品——自制半成品"账户核算。自制半成品、产成品发出均按计划价法计价。

（十）固定资产核算

1. 固定资产是指同时具有下列特征的有形资产：

（1）为生产商品、提供劳务、出租或经营管理而持有的；

（2）使用寿命超过一个会计年度。

2. 对固定资产按年限平均法分类计提折旧，净残值率均为4%。折旧方法和净残值率都与税法规定保持一致。各类固定资产预计使用年限和净残值率见表 1－2。

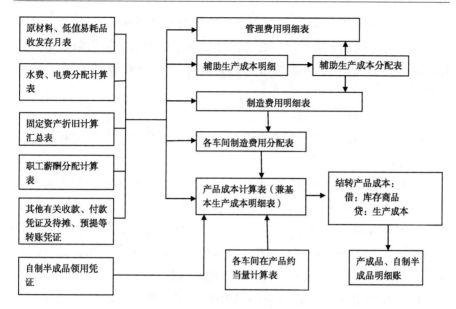

图 1 – 12　费用、成本核算流程

表 1 – 2　　　　　　　　各类固定资产预计使用年限和净残值率

固定资产类别	预计使用年限	净残值率（％）
房屋、建筑物	35 年	4
管理设备	5 年	4
生产设备	10 年	4
运输工具	5 年	4

3. 固定资产在定期大修理期间，照提折旧。

4. 固定资产增加必须填制验收单，并办理有关手续。

5. 固定资产清理应由设备科提出报告，经技术部门鉴定后，报分管副经理审批后处理。

6. 固定资产在使用过程中发生的更新改造支出和修理费用等后续支出，符合固定资产确认条件的，计入固定资产成本，同时将被替换部分的账面价值扣除；不符合固定资产确认条件的，计入当期损益。对生产车间固定资产进行定期检查发生的不符合固定资产确认条件的大修费用，计入当期管理费用。

7. 财产保险费率为固定资产原价（扣除车辆原价）的 3.7%（年），按季预付，分月摊销。机动车辆单独保险，按年预付，分月摊销。

8. 每年末对固定资产进行清查，根据盘点结果编制盘盈盘亏报告单，经分管副经理审批后进行账务处理。固定资产盘盈作为前期差错处理：通过"以前年度损益调整"账户调整年初留存收益及相关账户金额。

（十一）无形资产核算

1. 土地使用权、专利权及非专利技术等无形资产，按照实际成本进行初始计量。

2. 用于自行开发建造厂房等地上建筑物的土地使用权，仍作为无形资产核算，其账面价值不转入地上建筑物的成本。

3. 外购房屋建筑物实际支付价款中包含的土地以及建筑物的价值，按照各自的公允价值或其他合理的指标在土地和地上建筑物之间进行分配，无法合理分配时全部作为固定资产统一核算。

4. 土地使用权在获取使用权的期限内采用年限平均法摊销。

5. 无明确的合同和法定使用寿命的计算机软件，在 5 年内摊销。

6. 源自合同性权利和其他法定权利取得的其他无形资产，以合同或法定使用期限为其使用寿命，采用年限平均法摊销；无明确的合同和其他法定使用期限的，在预计使用寿命内采用年限平均法摊销；确定无法合理确定使用寿命的，不予摊销，于每年年末进行减值测试。

（十二）应收款项、存货等流动资产减值的处理

1. 应收款项坏账准备的计提及调整

（1）单项金额重大的判断标准：经该公司董事会审核批准，将单项金额在 100 万元及以上的应收款项认定为金额重大的应收款项。

（2）期末对单项金额重大的应收款项单独进行减值测试，根据其未来现金流量现值低于其账面价值的差额，确认减值损失，并以此调整"坏账准备"的余额。

（3）对单项金额非重大的应收款项以及单独测试后未发生减值的单项金额重大的应收款项，统一按照 0.5% 作为坏账损失比率，并据此调整"坏账准备"的余额。

2. 存货跌价准备的计提与转回

（1）存货按其可变现净值低于账面价值的差额单项计提存货跌价准备。

（2）当期确认的存货跌价损失借记"资产减值损失——存货跌价准

备"账户，贷记"存货跌价准备"账户。

（3）以前减记存货价值的影响因素已消失的，应当在对应的存货项目原计提的存货跌价准备金额内转回，转回的金额计入当期损益，即借记"存货跌价准备"账户，贷记"资产减值损失"账户。

（十三）持有至到期投资、固定资产等非流动资产减值的处理

1. 持有至到期投资按单项进行减值测试，根据其未来现金流量现值低于其账面价值的差额计提资产减值准备；如果单独测试未发生减值，则以相同信用风险为特征进行资产组合后再进行减值测试，根据资产组合未来现金流量现值低于其账面价值的差额计提资产减值准备，本模拟为简化核算，对持有至到期投资不予考虑。

2. 当期确认的持有至到期投资、固定资产和无形资产减值损失均借记"资产减值损失"账户，分别贷记"持有至到期投资减值准备""固定资产减值准备"和"无形资产减值准备"账户。

3. 除了持有至到期投资所确认的减值损失外，其余的资产减值损失一经确认，在以后会计期间不得转回。

（十四）销售收入的确认及销售核算流程

1. 销售收入的确认

企业销售商品确认销售收入，需同时满足的条件：（1）企业已将商品所有权上的主要风险和报酬转移给购货方；（2）企业既没有保留通常与所有权相联系的继续管理权，也没有对已售出的商品实施有效控制；（3）收入的金额能够可靠地计量；（4）相关的经济利益很可能流入企业；（5）相关的已发生或将发生的成本能够可靠地计量。

收入确认的具体条件：（1）内销，采用支票、银行汇票、商业汇票、汇兑等方式结算货款或赊销的，均在开出发票并发出产品以后确认销售收入；若采用委托收款、托收承付结算方式的，则应在开出发票、发出产品，并向银行办妥托收或托收承付手续后确认销售收入。（2）外销，采用信用证结算方式结算货款，开具商业发票，备齐有关单证，连同买方银行开出的信用证一起提交银行办理结算，作为销售实现。

2. 销售核算流程简图（详见图1-13）

（十五）借款利息的处理

1. 为需要经过相当长时间的购建或者生产活动才能达到预定可使用或者可销售状态的固定资产、投资性房地产和存货等而发生的借款利息，

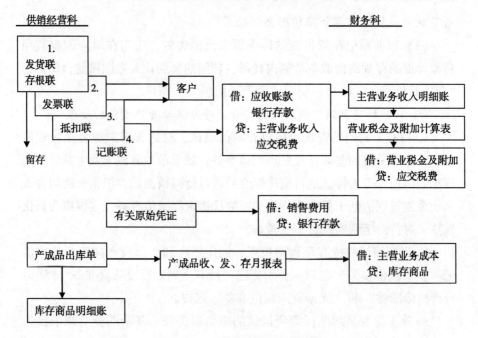

图 1-13 销售核算流程简图

应当在同时满足以下三个条件时，开始资本化：

（1）资产支出已经发生；

（2）借款费用已经发生；

（3）为使资产达到预定可使用或者可销售状态所必要的购建或者生产活动已经开始。当所购建资产达到预定可使用或者可销售状态时，应停止资本化。

2. 按月计算借款利息资本化的金额。在符合借款费用资本化条件的期间内，对于专门借款，将其当月实际发生的利息费用减去将尚未动用的该借款资金存入银行取得的利息收入或进行暂时性投资取得的投资收益后的金额，确定为予以资本化的利息金额；对于所占用的一般借款，应根据累计资产超过专门借款部分的资产支出加权平均数乘以该一般借款的资本化率，计算确定为予以资本化的利息金额，其中资本化率应当根据一般借款加权平均利率计算确定。

3. 不符合借款费用资本化条件的借款利息均计入发生当期的财务费用。

（十六）所得税费用的处理

所得税会计采用资产负债表债务法。比较有关资产和负债的账面价值与计税基础，确定应纳税暂时性差异和可抵扣暂时性差异；除会计准则规定的特殊情况外，确认递延所得税负债和递延所得税资产；根据递延所得税负债和递延所得税资产的本期增减变化，确定递延所得税；根据适用的税法规定计算当期应纳税所得额和应交所得税，确定当期所得税；根据当期所得税和递延所得税，确定利润表中的所得税费用。

（十七）现金等价物的确认条件

同时具备持有期限短、流动性强、易于转换为已知金额的现金、价值变动风险很小的投资，确认为现金等价物（该企业无现金等价物）。

（十八）应交税费及税（费）率

1. 企业所得税税率：25%

2. 增值税税率：生产及销售保温瓶，税率为17%（该公司为增值税一般纳税人）

3. 营业税税率：出租房屋税率为5%

4. 城市维护建设税税率：7%

5. 教育费附加率：3%

说明：（1）城市维护建设税和教育费附加根据企业实际缴纳增值税、消费税、营业税三税税额计征。由地方政府征收的其他附加费在本研究中略去，以适当减少重复工作量。（2）现行的增值税暂行条例已将运费的增值税扣除率调整为7%。本模拟着重要求掌握会计处理的基本方法，故对运费不考虑。

6. 房产税：

自用房屋：房产账面原值×（1－扣除率20%）×年税率1.2%÷12

出租房屋：月租金收入×税率12%

房产税按月计提后，每年分两次于5月、11月缴纳。

7. 城镇土地使用税：年税额5元/平方米

城镇土地使用税按月计提后，每年分两次于5月、11月缴纳。

8. 车船税：

轿车　　　　　　　　　　　　　　年税额320元/辆

车船税按年计征，因金额较小，直接计入缴纳当月的管理费用。

9. 印花税：

印花税在购买印花税票时计入当月管理费用。

10. 个人所得税：

现行的个人所得税已调整为七级超额累进税率。本研究着重要求掌握会计处理的基本方法，有关业务所用的各种税率，不一定完全按照现行税收政策的变化作相应调整，故个人所得税仍然由企业根据职工的每月工资所得按九级超额累进税率代扣代缴。

第二章

信息化实施平台

第一节 系统安装说明

一 安装前注意事项

安装前请确认所要安装的服务器配置是否满足 U8V10.1 系统软件的最低要求。

二 U8V10.1 配置清单

U8V10.1 配置清单见表 2 - 1。

表 2 - 1 U8V10.1 配置清单表

	环境分类	软件名称	备注
数据库/文献服务器	软件	Windows Server 2003x86 Sql Server 2008 + SP1	存储数据库数据 存储文献数据
	硬件	CPU：XEON 四核 E5504 - 2.0G ＊ 2 内存：8G 以上 硬盘：500G 以上	
客户端	软件	Windows Server 2003 或 Windows XP SP3 MS IE8.0	
	硬件	CPU 主频：2.0G 或以上，双核心或以上 内存：2G 或以上 硬盘：100G 或以上	无特殊要求

三 服务器环境确认

服务器操作系统安装完毕，如未安装操作系统，请安装 Windows

Server 2003 Enterprise Edition x86（32 位）操作系统。安装过程不再赘述。

在安装 U8 V 10.1 软件前，需进行相应环境确认，下面就 U8V10.1
所需环境配置进行详细说明。用户可按此表进行环境确认，若所需环境都
已就绪，则可跳过 2、3 步，进行后续安装，否则需补全所需环境。服务
器环境见表 2 - 2。

表 2 - 2   服务器环境

序号	操作
1	安装并配置 IIS 服务
2	安装 SQL Server2008 软件
3	安装 Office2007 软件
4	系统安全配置
5	安装 U8 V10.1 软件

四　安装并配置 IIS（用于 U8 产品）

（一）IIS 配置检测

单击"开始" ｜ "设置" ｜ "控制面板" ｜ "管理工具"，在该界
面中查找"Internet 信息服务（IIS）管理器"图标，如图 2 - 1 所示。

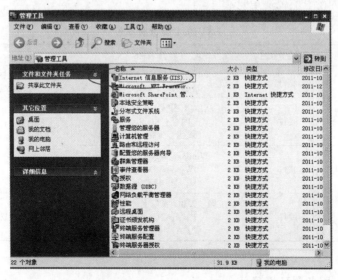

图 2 - 1　IIS 配置检测

如果没有找到该图标说明没有安装 IIS，请跳过下面一点直接看"IIS 安装"；如果找到该图标，双击打开到如图 2 - 2 所示。

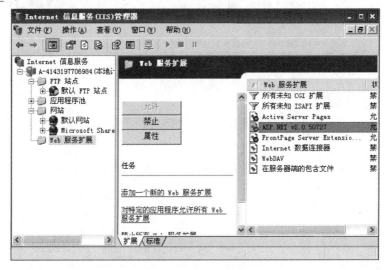

图 2 - 2 IIS 安装

1. 如果有" "说明 IIS 的安已达到 U8V10.1 系统的要求，无须再进行 IIS 的安装。

2. 如果没有，则说明 IIS 的安装没有达到系统的要求，必须进行"IIS 的安装"。

（二）IIS 的安装

1. 插入 Windows 2003 + SP2 安装盘，或从虚拟光驱中安装。

2. 单击"开始" | "设置" | "控制面板" | "添加/删除程序"，打开"添加/删除程序"对话框。

3. 单击左边菜单栏中"添加/删除 Windows 组件"项，打开"Windows 组件向导"对话框（这个过程可能要花几十秒钟），在对话框"组件向导"列表中，选中"应用程序服务器"，然后选择"详细信息"，在"应用程序服务器"对话框的列表中选择"Internet 信息服务（IIS）"。如图 2 - 3 和图 2 - 4 所示。

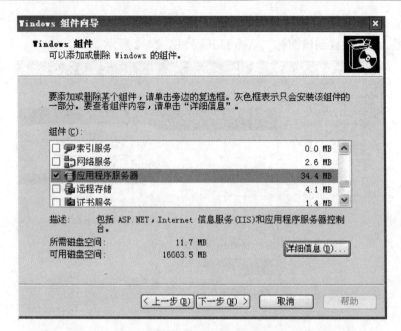

图 2-3　在组件向导"列表中选中"应用程序服务器"

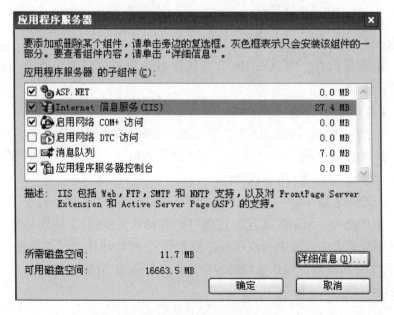

图 2-4　选择"Internet 信息服务（IIS)

安装完成，记得要进行 IIS 的检测。

（三）检测 IIS

1. 单击"开始"｜"所有程序"｜"管理工具"｜"Internet 信息服务（IIS）管理器"，启动 IIS 信息服务管理器，界面如图 2 - 5 所示。

图 2 - 5　启动 IIS 信息服务管理器

2. IIS 管理器采用了常见的三列式界面，在这个界面中可以同时管理 IIS 和 ASP. NET 相关的配置。而且，这个管理工具不仅可以管理本地的站点，还可以管理远程的 IIS7. 0 服务器，前提是远程的 IIS7. 0 服务器安装、启用和设置了相关的服务。到此为止，Windows 2003 操作系统下面的安装 IIS 服务已经完成。

第二节　数据库安装

一　安装 SQL Server 数据库

SQL Server 2008 是一个可扩展的、高性能的、为分布式客户机/服务器计算所设计的数据库管理系统，为集成的商业智能（BI）工具提供了企业级的数据管理。SQL Server 2008 数据库引擎为关系型数据和结构化数据提供更安全可靠的存储功能，实现了与 WindowsNT 的有机结合，提供了基于事务的企业级信息管理系统方案。SQL Server 数据库为 U8V10.1 产品提供数据支撑，SQL Server 数据库目前支持 U8V10.1 的版本为：SQL Server 2008 + SP1，就 SQL Server 2008 SP1 中文版安装为例，进行详述。需要注意的是：SQL Server 安装程序将验证要安装 SQL Server 2008 的计算机是否也满足成功安装所需的所有其他要求。具体安装步骤如下：

（一）插入 SQL Server 2008 SP1 安装盘至光驱或 SQL Server 2008 SP1 安装镜像文件（.iso）至虚拟光驱。

（二）在弹出的界面中选择"SQL Server 2008 SP1 安装中心 – 计划"。如果没有弹出此窗口，请选择光盘目录下的 \ servers 目录下，执行"setup.exe"，如图 2 – 6 所示。

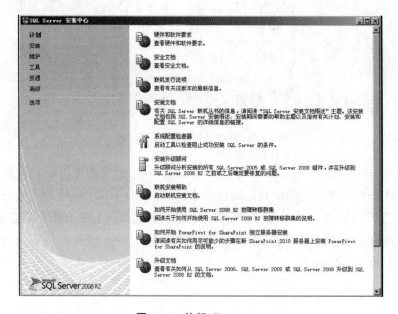

图 2 – 6　执行"setup.exe

（三）选择"安装 – 全新安装或向现有安装添加功能"，进行 SQL Server 2008 SP1 安装程序支持文件的安装，如图 2 – 7 所示。

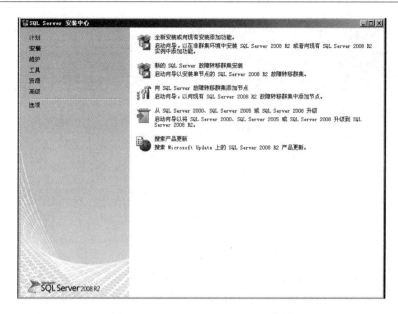

图 2 - 7 SQL Server2008 SP1 安装

（四）安装向导运行规则检查，规则须全部通过才能单击"确定"进入"下一步"界面操作，如图 2-8 所示。

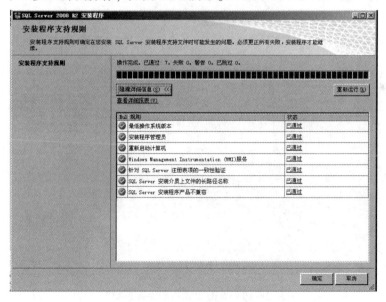

图 2 - 8 规则须全部通过界面

（五）需输入产品密钥单击"下一步"，如图 2-9 所示。

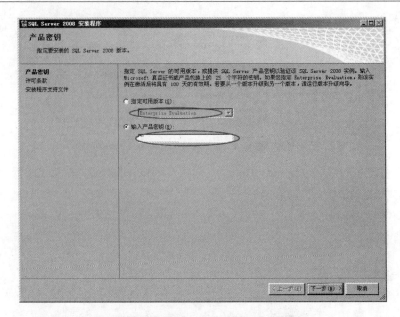

图 2 - 9　需输入产品密钥单击"下一步"

（六）单击"我接受许可条款"继续"下一步"，如图 2 - 10 所示。

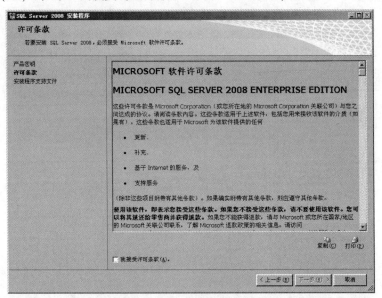

图 2 - 10　单击"我接受许可条款"

（七）安装程序支持文件名，单击"安装"，如图 2 - 11 所示。

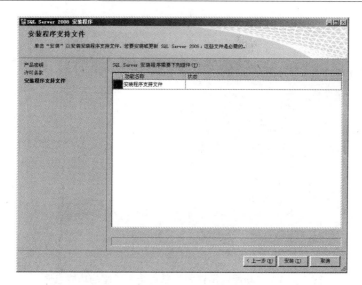

图 2 – 11 安装程序支持文件名

（八）安装程序支持规则检测，通过后请单击"下一步"，如图2 – 12
所示。

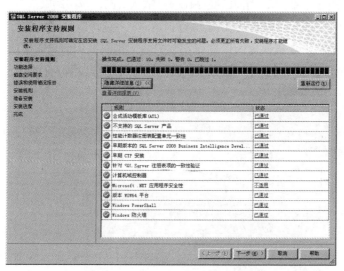

图 2 – 12 安装程序支持规则检测

（九）"功能选择界面"单击选中所需的功能组件，单击下一步。注
意"共享功能目录"可在此处进行修改，如图2 – 13 所示。

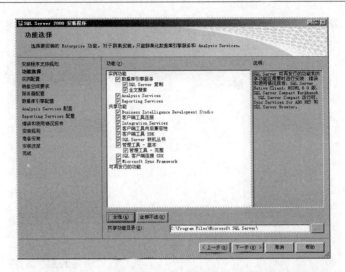

图 2 – 13　"功能选择界面"单击选中所需的功能组件

（十）在实例配置界面如何通过列表复核已安装的实例：实例配置，选择默认实例还是命名实例，如果是命名实例要提供实例名。下面给出了实例 ID 和安装位置，例如，当前已经存在一个默认实例，该实例版本为 SQL 2008、实例名为 MSSQLSERVER 的实例。此种情况如果选择默认实例进行安装，将在下方信息栏出现错误提示信息而安装成功，错误提示信息如下所示：实例 ID 不能包含空格或特殊字符或该实例名称已在使用，如图 2 – 14 所示。

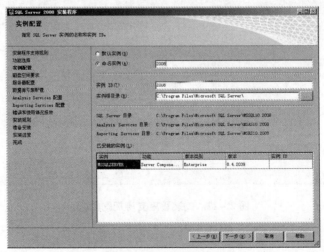

图 2 – 14　实例 ID 和安装位置

（十一）磁盘空间要求将随所安装的 SQL Server 2008 组件不同而发生

变化。SQL Server 2008 要求最少 2GB 的可用硬盘空间。这里详细地给出了各个成分在硬盘上的位置和占用的空间，根据安装向导将根据之前的选项确定需占用的磁盘空间，确定所选目录空闲空间足够则继续单击"下一步"，如图 2-15 所示。

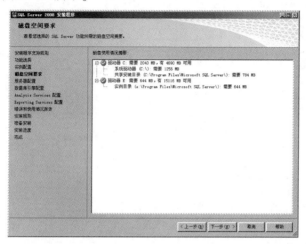

图 2-15　确定所选目录空闲空间足够

（十二）定义成功安装后，服务器上 SQL Server 服务对应的启动账户。可以通过单击"对所有 SQL Server 服务使用相同的账户"按钮，统一指定 SQLServer 服务的启动账户，单击"下一步"，如图 2-16 所示。

图 2-16　对所有 SQL Server 服务使用相同的账户

（十三）在数据库引擎配置界面分为数据引擎指定身份验证模式和管

理员。从安全性角度考虑一般身份验证模式建议采用 Windows 身份验证模式，但该系统需采用混合模式，验证必须指定内置的 SA 账户密码，此密码必须符合 SQL 定义的强密码策略，如图 2 - 17 所示。

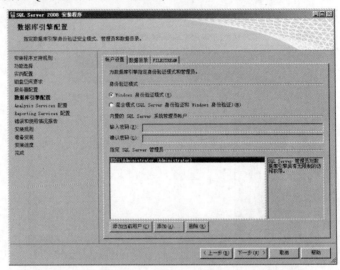

图 2 - 17   验证必须指定内置的 SA 账户密码

（十四）数据库引擎配置界面，单击数据目录页签可以自定义数据目录，如图 2 - 18 所示。

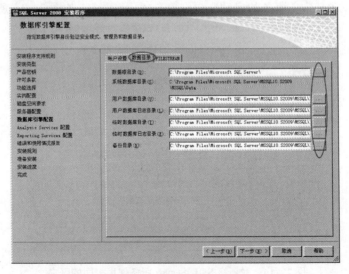

图 2 - 18   数据目录页签

（十五）Analysis Services 配置界面，与配置数据库引擎类似指定一个或多个账户为 Analysis Services 的管理员再配置好数据目录即可单击"下一步"，如图 2 – 19 所示。

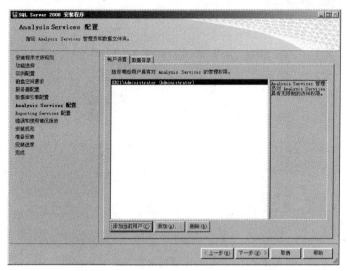

图 2 – 19　配置数据目录

（十六）Reporting Services 配置界面，当选择"安装本机模式默认配置"，安装程序将尝试使用默认名称创建报表服务器数据库，如图 2 – 20 所示。

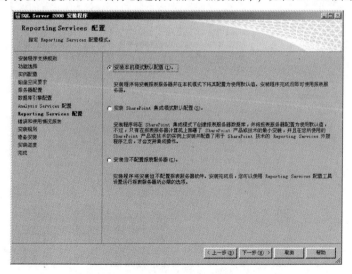

图 2 – 20　选择"安装本机模式默认配置"

（十七）错误报告，如果不想将错误报告发送给 Microsoft 可以不选择任何选项，直接单击"下一步"，如图 2－21 所示。

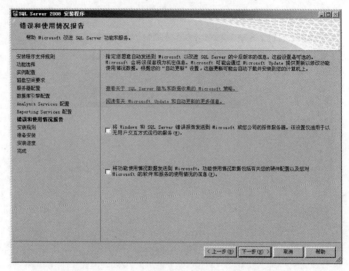

图 2－21　不想将错误报告发送给 Microsoft

（十八）安装规则界面，安装程序自动运行检测程序，当列表中的规则检测通过之后再单击"下一步"，如图 2－22 所示。

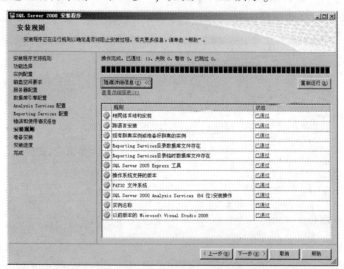

图 2－22　自动运行检测程序

（十九）准备安装界面，列示出了之前所做的设置以供检查，如果还有待修改的选项可以单击"上一步"，返回修改；如检查无误则单击"安装"，开始安装，如图 2 - 23 所示。

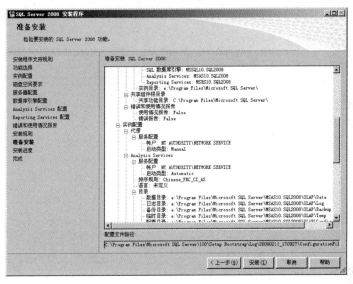

图 2 - 23　设置检查

（二十）安装进度界面可以查看到安装进度及安装结果报告。在本例中 Analysis Services 等三个服务的状态为失败，是因为在指定账户权限不足导致，如图 2 - 24、图 2 - 25、图 2 - 26 所示。

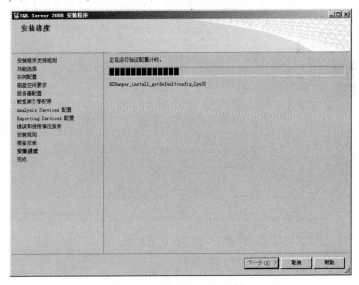

图 2 - 24　正在运行验证配置

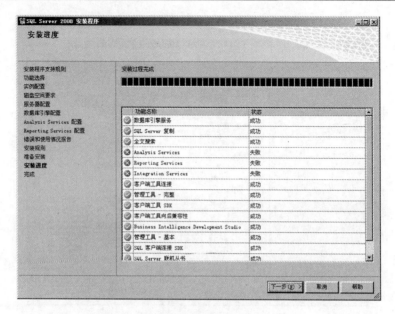

图 2 – 25　安装过程完成

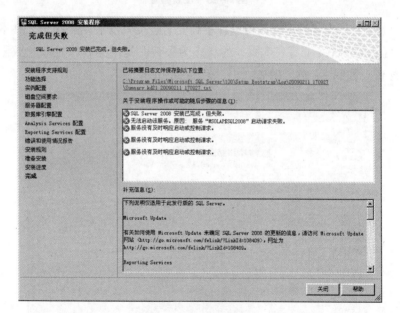

图 2 – 26　完成但失败

注意：在电脑里搜索 \ U890SETUP \ 3rdProgram，找到 SQLServer2005_
BC. msi，并运行。

二 SQL Server 配置

安装完 SQL Server 后，需要对 SQL Server 进行相应设置，才能让 U8 V10.1 系统更好地使用。

操作步骤：

（一）启动 SQL 配置管理器。单击"开始" | "所有程序" | "Microsoft SQL Server 2008" | "配置工具" | "SQL Server Configuration Manager"，启动 SQL 配置管理器，界面如图 2 – 27 所示。

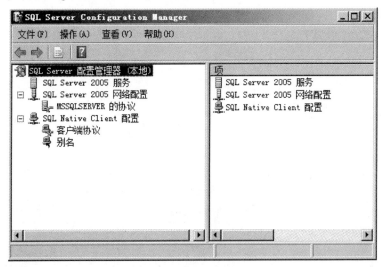

图 2 – 27 启动 SQL 配置管理器

（二）单击"MSSQLSERVER 的协议"，选择右侧的"Named Pipes"和"TCP/IP"项，右击，选择"启用"，将两项全部启动。重启结束后，根据系统提示，重新启动 SQL Server 服务。

（三）单击"SQL Server 2008 服务"，选择右侧的"SQL Server（MSSQLSERVER）"项，单击工具栏中的" ⟳ "按钮，进行服务重启。

注意：如在重启过程中出错，无法重启，需要判断"MSSQLSERVER 的协议"中的"VIA"项是否启用，如果启用，请禁用，再次重启；如仍为解决，请重启机器再继续。

三 安装 Office 2007

U8V10.1 系统中的相关文档需使用办公软件，Office 2007 作为办公软件的首选，所以，U8V10.1 系统全面支持并要求 Office 2007，需要在服务器上安装或升级至 Office 2007。具体操作步骤如下：

（一）插入 Office 2007 安装盘至光驱或插入 Office 2007 镜像文件至虚拟光驱；

（二）如提示"升级"，请单击"升级"按钮，将机器中的 Office 软件进行升级；如提示"安装"，请按默认进行安装（建议安装在系统默认的路径下）；

（三）提示安装结束后，需要打开 Excel 2007 软件，验证是否能够正常打开与使用，如图 2 - 28 所示。

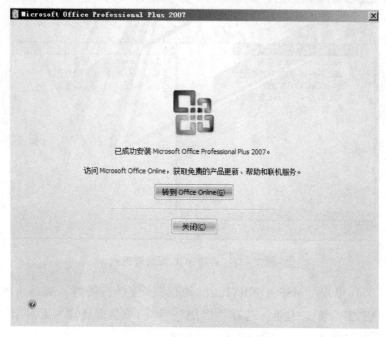

图 2 - 28　打开 Excel 2007 软件

（四）第一次打开时，将"连接到 Internet 时，……"选项"√"去掉，并继续"下一步"，如图 2 - 29 所示。

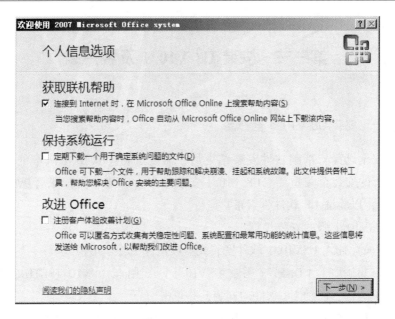

图 2 – 29 个人信息选项

（五）在"完成"界面，选择"我不想使用 Microsoft Update"选项，单击"完成"，如图 2 – 30 所示。

图 2 – 30 注册 Microsoft Update

第三节　安装 U8 V10.1 及客户端

一　安装 U8 V10.1 全产品

安全设置与基础软件安装结束后，需要进行 U8V10.1 版本的安装，此系统的安装至关重要。U8 V10.1 安装结束可以建立测试账套 999（非必须），以验证 U8 软件是否正常运行。

U8V10.1 版的安装步骤

（一）插入 U8V10.1 软件安装光盘或镜像文件至虚拟光驱。

（二）执行"Disk1（用友 U8V10.1）\ 用友 U8V10.1SETUP \ set-up. exe 文件，启动 U8 软件的安装，并单击"下一步"。

（三）在进入安装路径选择界面，可以根据需要来调整安装路径。建议采用系统默认的安装路径，如图 2–31 所示。

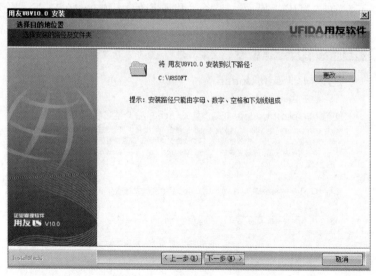

图 2 – 31　选择目的地位置

（四）在服务器安装 U8 时，需要选择"全产品"安装模式（用于后面可能出现的异常问题的解决），并将"繁体"和"英文"两种语言模式去掉，如图 2 – 32 所示。

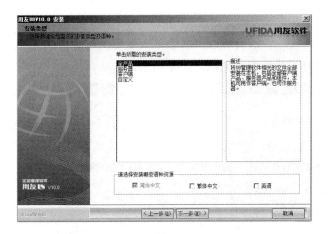

图 2 - 32　选择"全产品"安装模式

（五）第一次安装 U8 时，会发现在"系统环境检测"环节，有几项环境检测不通过。说明操作系统中缺少这几项软件环境，如图 2 - 33 所示。

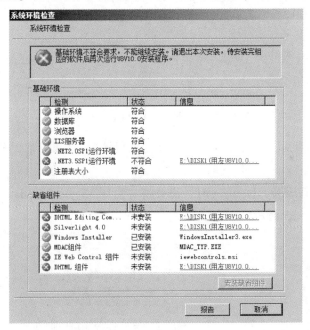

图 2 - 33　系统环境检测

（六）根据安装程序的提示，到"DISK1（用友 U8V10.1）＼用友 U8V10.1SETUP ＼3rdProgram"目录下，找到相应的软件安装包，进行安装。

（七）需要说明的是，在安装 . net3. 5SP1 框架文件时，最好先将外网断开，再进行安装。因为在联网状态下，此安装过程时间会很长，安装程序需要从网上下载数据，如图 2 – 34 所示。

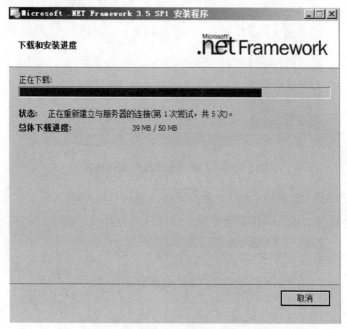

图 2 – 34　安装 . net3. 5SP1 框架文件

安装结束后，系统会提示"重新启动机器"，请重新启动机器，然后继续。

（八）在安装 Silverlight 时，需要将"启用 Microsoft Update""√"去掉，如图 2 – 35 所示。

图 2 – 35　安装 Silverlight

（九）在 Windows 2003 操作系统上安装"iewebcontrols. msi"文件时，会提示如图 2 – 36 所示。

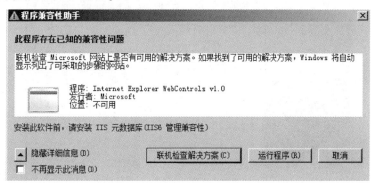

图 2 – 36 安装"iewebcontrols. msi"

此时，直接单击"运行程序"，继续安装。

（十）U8 需要的基础软件安装结束，重新进行检测，检测通过后，继续安装至结束。

（十一）安装结束后，重新启动计算机，并进行初始化数据库。注意："数据库"处要填写 127.0.0.1，如图 2 – 37 所示。

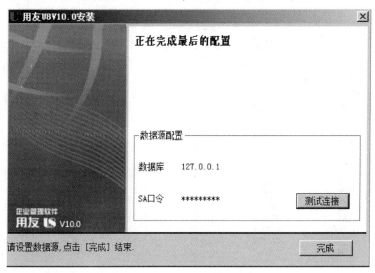

图图 2 – 37 数据源配置

（十二）测试 U8 是否正常，启动"系统管理"，进入 U8 的系统管理界面，创建一个"999"新账套；需说的是 12、13、14 步骤可以不做，如图 2－38 所示。

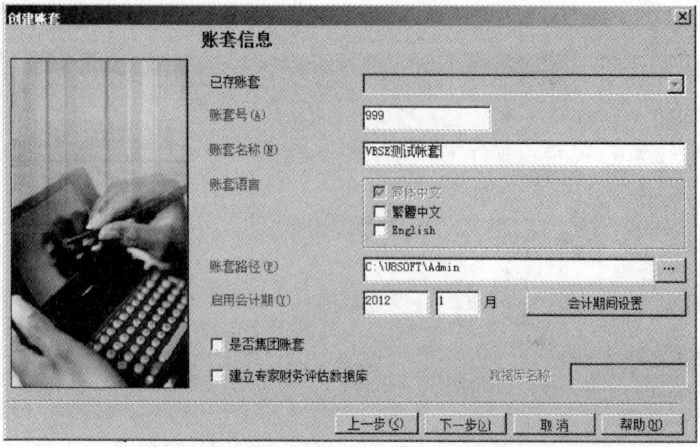

图 2－38　创建一个“999”新账套

（十三）创建账套后，需勾选如下 12 个基础模块：总账、应收款管理、应付款管理、成本管理、固定资产、销售管理、采购管理、库存管理、存货管理、物料清单、生产订单、薪资管理，如图 2－39 所示。

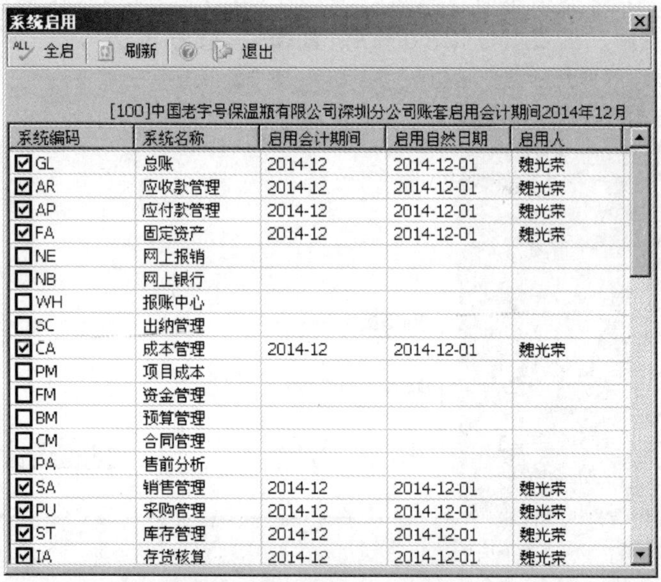

系统编码	系统名称	启用会计期间	启用自然日期	启用人
☑GL	总账	2014-12	2014-12-01	魏光荣
☑AR	应收款管理	2014-12	2014-12-01	魏光荣
☑AP	应付款管理	2014-12	2014-12-01	魏光荣
☑FA	固定资产	2014-12	2014-12-01	魏光荣
☐NE	网上报销			
☐NB	网上银行			
☐WH	报账中心			
☐SC	出纳管理			
☑CA	成本管理	2014-12	2014-12-01	魏光荣
☐PM	项目成本			
☐FM	资金管理			
☐BM	预算管理			
☐CM	合同管理			
☐PA	售前分析			
☑SA	销售管理	2014-12	2014-12-01	魏光荣
☑PU	采购管理	2014-12	2014-12-01	魏光荣
☑ST	库存管理	2014-12	2014-12-01	魏光荣
☑IA	存货核算	2014-12	2014-12-01	魏光荣

图 2－39　启用 12 个基础模块

（十四）用 U8 门户登录后，进行相应模块运行的测试工作。注意：开启各个模块，均要点进去，正常启动。

（十五）测试完成后，再登录 U8 客户端"系统管理"。

二　安装 U8 V10.1 客户端

具体安装 U8 V10.1 客户端步骤：

（一）插入 U8V10.1 新道版软件安装光盘或镜像文件至虚拟光驱。

（二）打开光盘，执行"setup. exe"文件，启动 U8 软件安装，并单击"下一步"，如图 2 - 40 所示。

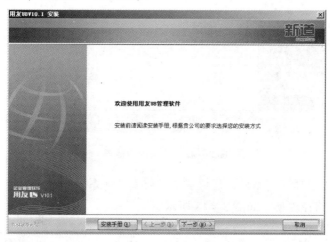

图 2 - 40　启动 U8 软件安装

（三）选择"接受许可"并单击"下一步"，如图 2 - 41 所示。

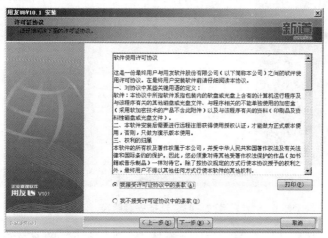

图 2 - 41　选择"接受许可证协议"

（四）填写用户信息，如图 2 - 42 所示。

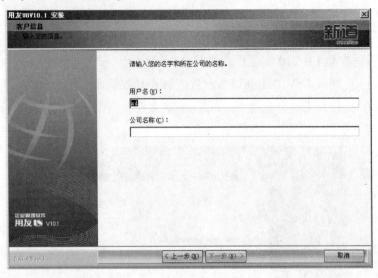

图 2 - 42　填写用户信息

（五）选择安装路径，建议一般不要安装在系统 C 盘上，可单击"更改"进行路径更换，如图 2 - 43 所示。

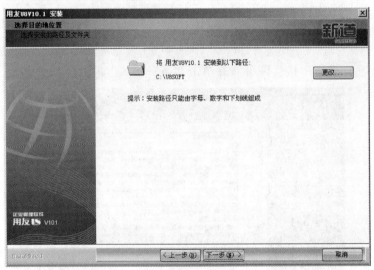

图 2 - 43　选择安装路径

（六）选择"客户端"并把"繁体中文""英语"的前面的"√"勾去不选，完成后单击"下一步"，如图 2 - 44 所示。

图 2 - 44　选择"客户端"

（七）单击"检查"进行 U8 环境检查，如图 2 - 45 所示。

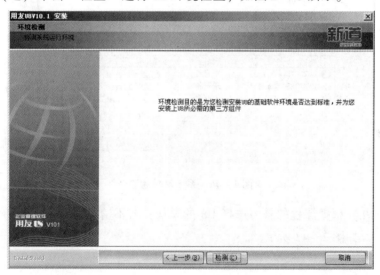

图 2 - 45　U8 环境检查

（八）根据检查的报告，安装相应的软件（可直接单击右侧蓝色的超链接，进入 U8 自带的插件目录，选择相应软件进行安装），如图 2 - 46 所示。

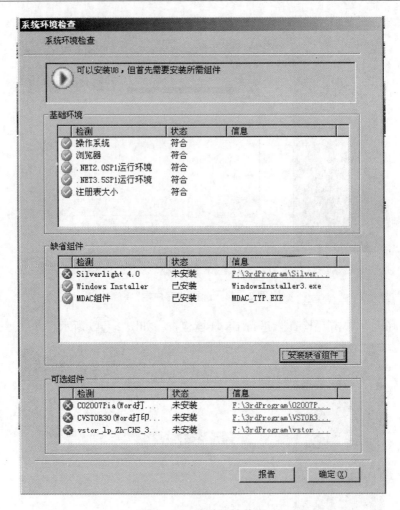

图 2 – 46   系统环境检查

（九）根据课程的需要选择 U8 的模块；若不清楚，则直接单击"下一步"，如图 2 – 47 所示。

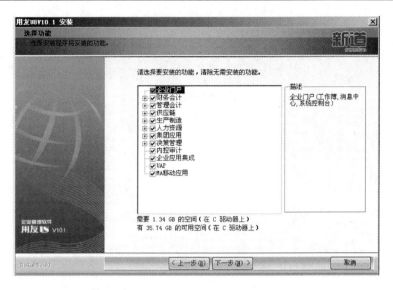

图 2 - 47 选择 U8 的模块

第二篇
基于 ERP 的标准
成本信息化实施

第三章

信息化实施初始设置

第一节　企业建账信息

一　建立账套

在使用系统之前，首先要新建本单位的账套。用户在系统管理界面单击【账套】菜单选择【建立】，则进入建立单位新账套的功能。

（一）建账信息资料：

企业名称：中国老字号保温瓶有限公司深圳分公司

住　　所：广东省深圳市同乐路 125 号

联系电话：0755 – 5869258

法定代表人：李嘉明（公司总经理）

注册资金：壹仟贰佰伍拾万元整

其中：80% 为中国石油投入资本；20% 为广东省深圳矿业总公司投入资本

企业类型：有限责任公司（国内合资）

经营范围：生产、销售金属壳保温瓶及塑料壳保温瓶；销售业务为内销。

纳税人登记号（即纳税人识别码）：610225511415054

企业代码：610203829

该公司银行开户及证券公司开户情况如下：

基本存款账户：工商银行深圳总行　　　　账号：622 – 03012345

一般存款账户：中国银行深圳分行　　　　账号：623 – 06833068

证券资金账户：国化安然证券公司　　　　　账号：025 - 16688

社保基金专户：工商银行深圳分行福田区支行　账号 622 - 08111678

操作步骤：

1. 执行"开始"｜"所有程序"｜"用友 U8V10.1"｜"系统服务"｜"系统管理"，如图 3 - 1 所示。

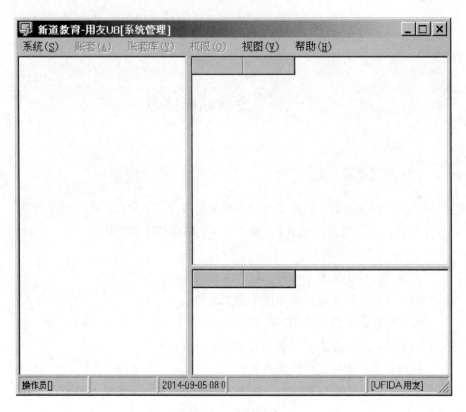

图 3 - 1　新建账套

2. 执行"系统"｜"注册"，如图 3 - 2 所示。

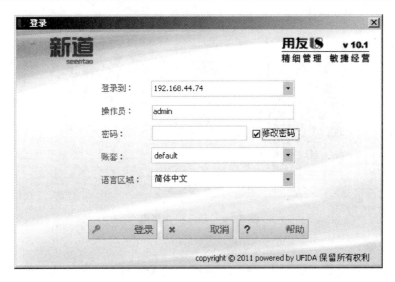

图 3 – 2 登录注册

3. 以 admin 身份登录系统管理，密码为 123456，如果需要修改密码，选中"修改密码" ｜ "登录"，弹出如图 3 – 3 窗口，输入新密码确定后登陆即可。

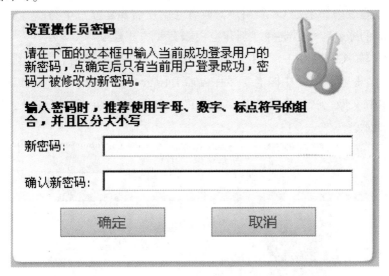

图 3 – 3 修改密码

4. 执行"账套" ｜ "建立"，打开账套信息对话框，如图 3 – 4 所示。

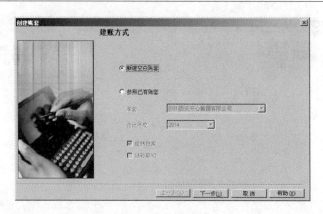

图 3 - 4　新建空白账套

提示：

只有系统管理员用户才有权限创建新账套。建账方式分为：新建空白
账套和参照已有账套（以新建空白账套为例）。如果是 U8 老用户，由于
扩展分支机构等其他原因，需要建立一个与已有账套相似的账套，包含相
同的基础档案和某些期初数据，可以选择参照已有账套方式建账。系统将
现有的账套以下拉框的形式在此栏目中表示出来，用户只能查看，而不能
输入或修改。如果是 U8 新用户，或者老用户需要建立一个与已有账套没
有关联的账套，可以选择"新建空白账套"方式建账。

5. 输入账套信息：用于记录新建账套的基本信息，输入账套号
"100"，账套名称"中国老字号保温瓶有限公司深圳分公司"，账套语言
"简体中文"，账套路径"D：\ 100"，启用会计期"2014. 12"，如图
3 - 5所示。

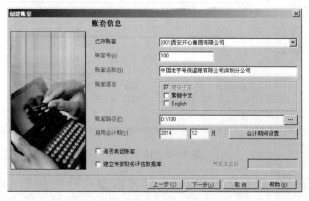

图 3 - 5　输入账套信息

6. 单击"下一步",输入单位信息,用于记录本单位的基本信息"中国老字号保温瓶有限公司深圳分公司",单位名称为必输项,其他内容可选择填写完整,如图3-6所示。

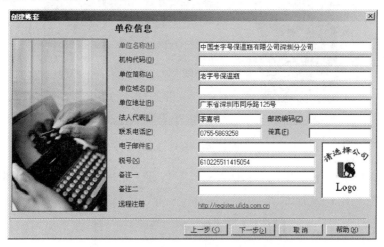

图3-6　单位信息

7. 单击"下一步"核算类型设置:用于记录本单位的基本核算信息。本币代码、名称均为默认设置,行业性质可根据实际选择,此处为工业企业,新会计制度科目,账套主管先默认为"demo",如图3-7所示。

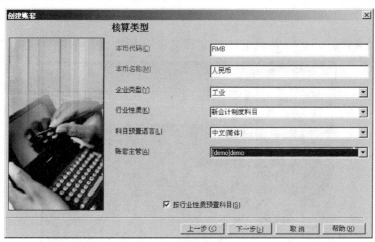

图3-7　核算类型

8. 基础信息设置:本账套进行存货分类、客户分类、供应商分类、不进行外币核算,如图3-8所示。

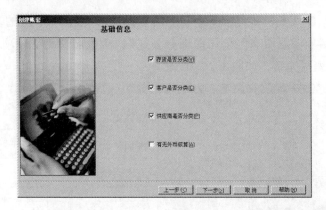

图 3 – 8　基础信息

9. 单击"下一步"，单击"完成"按钮，系统提示"可以创建账套了么?"，图 3 – 9 所示。

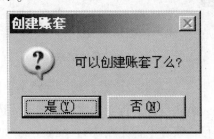

图 3 – 9　确认创建账套

10. 单击"是"完成上述信息设置，开始建账，如图 3 – 10；单击

图 3 – 10　创建账套

"否"返回确认步骤界面；单击"上一步"按钮，返回第三步设置；单击

"取消"按钮，取消此次建账操作。

11. 编码方案，本功能主要用于设置有级次档案的分级方式和各级编码长度，可分级设置的内容有：科目编码、客户分类编码、部门编码、存货分类编码、地区分类编码、货位编码、供应商分类编码、收发类别编码和结算方式编码。编码级次和各级编码长度的设置将决定用户单位如何编制基础数据的编号，进而构成用户分级核算、统计和管理的基础，本账套编码方案如图 3 - 11 所示。

项目	最大级数	最大长度	单级最大长度	第1级	第2级	第3级	第4级	第5级	第6级	第7级	第8级	第9级
科目编码级次	13	40	9	1	2	2	2	2	2			
客户分类编码级次	5	12	9	2	3	4						
供应商分类编码级次	5	12	9	2	3	4						
存货分类编码级次	8	12	9	2	2	2	2	3				
部门编码级次	9	12	9	2	2	2						
地区分类编码级次	5	12	9	2	3	4						
费用项目分类	5	12	9	1	2							
结算方式编码级次	2	3	9	1	2							
货位编码级次	8	20	9	2	3	4						
收发类别编码级次	3	5	5	1	1	1						
项目设备	8	30	9	2	2							
责任中心分类档案	5	30	9	2	2							
项目要素分类档案	6	30	9	2	2							
客户权限组级次	5	12	9	2	3	4						

图 3 - 11　编码方案

12. 数据精度：由于各用户企业对数量、单价的核算精度要求不一致，为了适应各用户企业的不同需求，本系统提供了自定义数据精度的功能。需要设置的数据精度主要有：存货数量小数位、存货单价小数位、开票单价小数位、件数小数位数、换算率小数位数和税率小数位数。用户可根据企业的实际情况来进行设置。应收、应付、销售、采购、库存、存货、采购计划系统均需使用数据精度。本账套采用的默认编码方案，如图 3 – 12 所示。

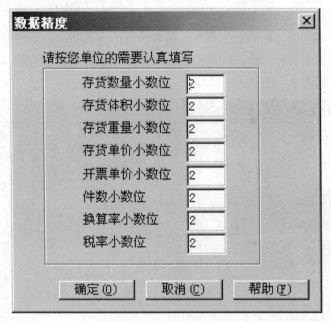

图 3 – 12 数据精度

13. 单击"取消"，弹出图 3 – 13 对话框。

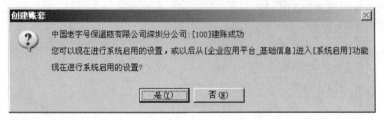

图 3 – 13 确认系统启用设置

单击"是"进入账套相关模块系统启用，然后"退出"，如图3 – 14 所示。

图 3 – 14 系统启用

单击"否",建立账套完成。

二 增加用户及权限管理

随着经济的发展,用户对管理要求不断变化、提高,越来越多的信息都表明权限管理必须向更细、更深的方向发展。用友 ERP – U8 提供集中权限管理,除了提供用户对各模块操作的权限之外,还相应的提供了金额的权限管理和对于数据的字段级和记录级的控制,不同的组合方式将为企业的控制提供有效的方法。用友 ERP – U8 可以实现三个层次的权限管理。

一是功能级权限管理,该权限将提供划分更为细致的功能级权限管理功能,包括各功能模块相关业务的查看和分配权限。

二是数据级权限管理,该权限可以通过两个方面进行权限控制,一个是字段级权限控制,另一个是记录级的权限控制。

三是金额级权限管理,该权限主要用于完善内部金额控制,实现对具体金额数量划分级别,对不同岗位和职位的操作员进行金额级别控制,限制他们制单时可以使用的金额数量,不涉及内部系统控制的不在管理范围内。本账套用户及权限资料见表 3 – 1。

表 3 – 1 用户及权限

操作员编码	操作员全称	权限
600	魏光荣	账套主管
601	吕成华	出纳
602	王翠翠	会计

操作步骤：

（一）以系统管理员身份 admin 登录系统管理，然后在"权限"菜单下的"用户"，如图 3 – 15 所示。

图 3 – 15　用户管理

（二）单击"增加"，输入新增用户信息，如图 3 – 16 所示。

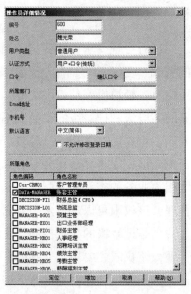

图 3 – 16　输入新增用户信息

（三）单击"确定"，（步骤2可只添加人员，不设置权限）依次输入其他操作人员，如图3－17所示。

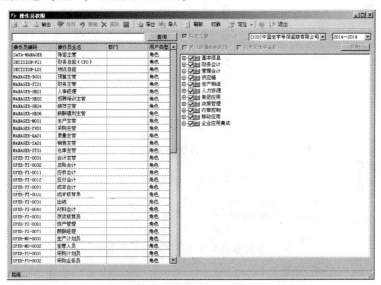

图3－17　输入其他操作人员

（四）在"权限"菜单下的"权限"中进行功能权限分配，打开如图3－18所示。图中左侧列表中为已定义的所有角色和用户，右侧列表中为当前角色（用户）所拥有的权限。

图3－18　操作员权限分配

提示：

1. 只有以系统管理员（Admin）或有权限的管理员用户的身份登录才能进行账套主管的权限分配。

2. 如果以账套主管的身份注册，只能分配子系统的权限。但需要注意的是，系统一次只能对一个账套的某一个账套库进行分配，一个账套可以有多个账套主管。

3. 如果在角色管理或用户管理中已将"用户"归属于"账套主管"角色,则该操作员既已定义为系统内所有账套的账套主管。

(五) 设置账套主管:从左侧操作员列表中选择操作员"600",右侧选定需要修改的账套及账套库(对应年度区间)【100】,单击【修改】按钮后,设置用户或者角色的权限,然后"保存"设置,如图 3 – 19所示。

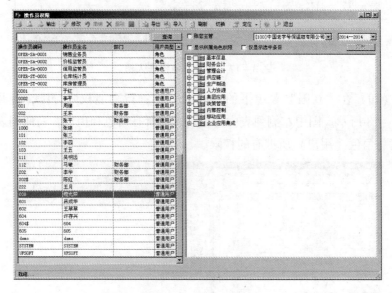

图 3 – 19　设置账套主管

(六) 选中"账套主管"标记框,系统弹出窗口如图 3 – 20 所示。

图 3 – 20　选中"账套主管"

(七) 单击"是","600"具有该账套所有子系统的操作权限。同样方法设置其他用户,如图 3 – 21 所示。

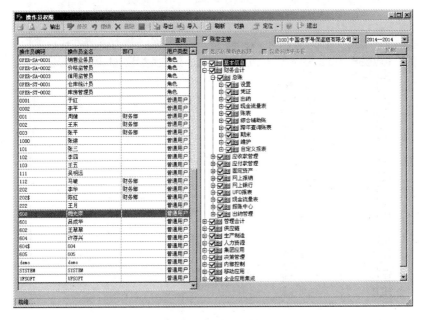

图 3 – 21　账套主管操作权限

三　系统启用

用户创建一个新账套后，自动进入系统启用界面，用户可以一气呵成的完成创建账套和系统启用，或者由用友 ERP – U8 企业应用平台—基础信息—基本信息进入，做系统启用的设置。本账套所启用的模块包括：总账、应收款管理、应付款管理、固定资产、成本管理、销售管理、采购管理、库存管理、存货管理、物料清单、生产订单、薪资管理。

操作步骤：

（一）账套主管 "600" 身份登录企业应用平台，执行 "用友 ERP – U8" ｜ "企业应用平台" ｜ "登录"。

（二）"基础设置" ｜ "基本信息" ｜ "系统启用" 进入系统启用的设置，如图 3 – 22 所示。

系统启用					✕

ALL 全启　　刷新　　◎　退出

[100]中国老字号保温瓶有限公司深圳分公司账套启用会计期间2014年12月

系统编码	系统名称	启用会计期间	启用自然日期	启用人	
□GL	总账				
□AR	应收款管理				
□AP	应付款管理				
□FA	固定资产				
□NE	网上报销				
□NB	网上银行				
□WH	报账中心				
□SC	出纳管理				
□CA	成本管理				
□PM	项目成本				
□FM	资金管理				
□BM	预算管理				
□CM	合同管理				
□PA	售前分析				
□SA	销售管理				
□PU	采购管理				
□ST	库存管理				
□IA	存货核算				

图 3 – 22　系统启用

（三）按要求选择要启用的系统，在方框内打勾，系统弹出启用时间，如图 3 – 23 所示。

图 3 – 23　启用时间

（四）用户按"确认"按钮后，保存此次的启用信息，并将当前操作员写入启用人，如图 3 – 24 所示。

图 3 – 24　保存启用信息

第二节　基础信息设置

一　基础档案设置

（一）设置基础档案的必要性

一个账套是由若干个子系统构成的，这些子系统共享共用的基础信息，基础信息是系统运行的基石，是实现 ERP 系统功能的前提条件，也就是说如果基本资料不完整，则 ERP 系统中的大部分功能将无法执行。因此在启用新账套之始，应根据企业的实际情况，结合系统基础信息设置的要求，事先做好基础数据的准备工作，这样可使初始建账顺利进行。

（二）基础档案的设置顺序

由于企业基础数据之间存在前后承接关系（如必须在设置客户分类的基础上再设置客户档案），因此，基础档案的设置应遵从一定的顺序，如图 3 – 25 所示。明确了基础数据之间的关联，可以使得基础档案的设置顺利进行，图中未列出的项目，不存在先后顺序问题。

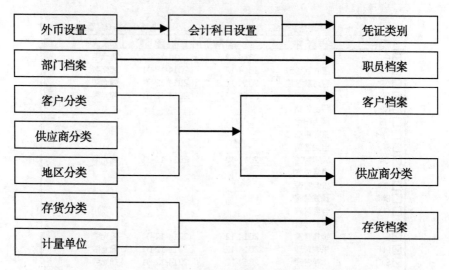

图 3-25　基础档案的设置顺序

二　机构人员设置

（一）本单位信息

本单位信息是用于维护企业本身一些基本信息的功能，包括企业的名称、英文名称、法人代表、联系电话等。本单位信息在系统建账时可以输入，在企业应用平台的基本信息中增加此功能，方便用户修改维护；在系统管理中只有账套主管可以修改此信息，在企业应用平台中，只有账套主管才能查看和修改此信息。操作步骤如下：

1. 在"基础档案"选项卡中，执行"基础档案" | "机构人员" | "本单位信息"命令，进入"本单位信息"窗口。

2. 填写单位信息，如图 3-26 所示。

图 3－26 填写单位信息

3. 填写完成后，单击下一步按钮，根据提示单击"完成"按钮。

（二）银行档案

银行档案用于设置企业所用的各银行总行的名称和编码，用于工资、HR、网上报销、网上银行等系统。用户可以根据业务的需要方便地增加、修改、删除、查询、打印银行档案。本账套银行档案如表3－2。

表 3－2　　　　　　　　　　　　银行档案

银行编码	银行名称
01	中国工商银行
02	招商银行
03	中国建设银行
04	中国农业银行

操作步骤：执行"基础设置"｜"基础档案"｜"收付结算"｜"银行档案"｜"增加"，按资料填写，如图3－27所示。

保存后填写剩余资料。

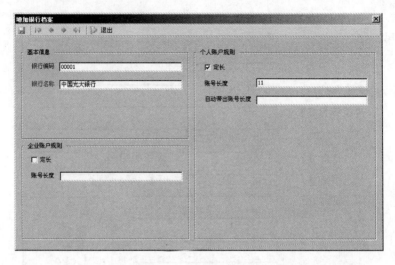

图 3 – 27   增加银行档案

（三）部门档案

用于设置企业各个职能部门的信息，部门指某使用单位下辖的具有分别进行财务核算或业务管理要求的单元体，可以是实际中的部门机构，也可以是虚拟的核算单元。按照已经定义好的部门编码级次原则输入部门编号及其信息。最多可分 9 级，编码总长 12 位，部门档案包含部门编码、名称、负责人等信息。本账套部门档案资料见表 3 – 3。

操作步骤：

1. 在"基础设置"选项卡中，执行"基础档案" | "机构人员" | "部门档案"命令，进入"部门档案"窗口。

2. 单击"增加"按钮，录入部门编码"01"、部门名称"行政管理部"，如图 3 – 28 所示。

表 3 – 3   部门档案资料

部门编码	部门名称
01	行政管理部
0101	行政管理科
010101	经理办公室
010102	行政科
010103	车队
0102	组织人事科
0103	财务科
0104	供销经营科

续表

部门编码	部门名称
0105	质检科
0106	技术开发科
0107	设备管理科
0108	仓库管理
02	制壳车间
03	塑料车间
04	装配车间
05	辅助车间

部门编码 _____

部门名称 _____

负责人 _____

部门属性 _____

部门类型 _____ ▼

电话 _____

传真 _____

邮政编码 _____

地址 _____

电子邮件 _____

信用额度 _____

信用等级 _____

信用天数 _____

成立日期 _____

撤销日期 _____

批准文号 _____

批准单位 _____

备注 _____

编码规则：** ** ** **

图 3 - 28　增加部门档案

3. 单击"保存"按钮。以此方法依次录入其他的部门档案，全部设置完成后如图 3 - 29 所示。

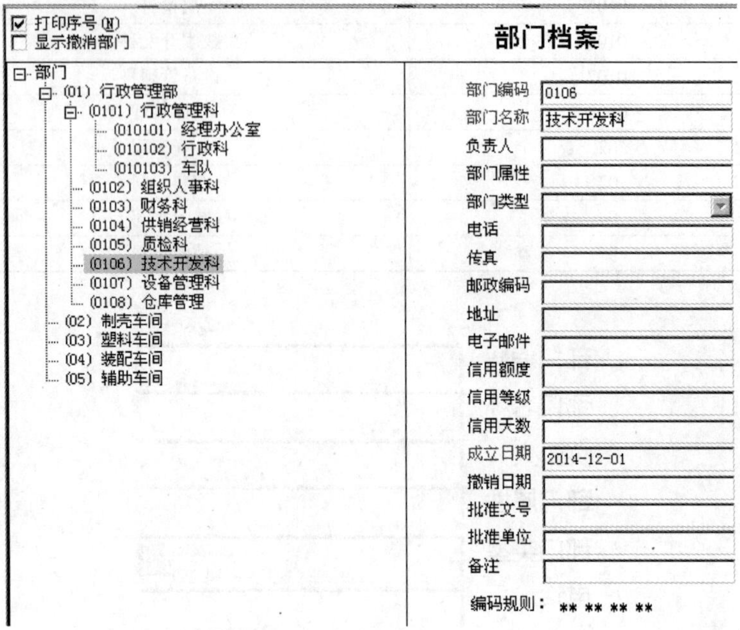

图 3 - 29　部门档案设置完成

（四）人员类别

对企业的人员类别进行分类设置和管理。一般是按树形层次结构进行分类，新建账套系统预置正式工、合同工、实习生三个人员类别，若不使用此分类可删除。升级账套按用户原人员类别进行升级，如果最末级的人员类别未使用直接删除。用户可以自定义扩充人员类别。本账套人员类别见表 3 - 4。

表 3 - 4　　　　　　　　　　　人员类别

人员编码	人员类别名称
101	公司管理人员
102	车间管理人员
103	生产工人

操作步骤：

1. 在"基础设置"选项卡中，执行"基础档案" | "机构人员" |

"人员类别"命令,进入"人员类别"窗口,如图3–30所示。

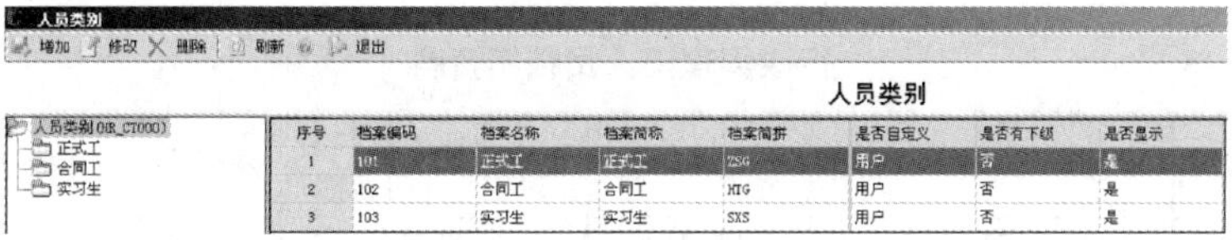

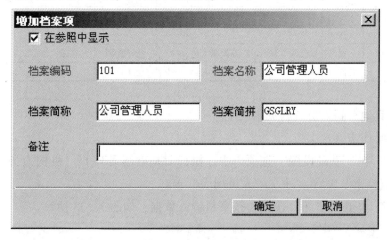

图3–30 人员类别设置

2. 单击"增加"按钮,按资料在在职人员下增加人员类别,档案编码和档案名称为必输项,其他自动生成,如图3–31所示。

图3–31 增加档案项

3. 单击"确定"。

4. 依次录入其他人员类别,如图3–32所示。

图3–32 录入其他人员类别

(五)人员档案

主要用于设置企业各职能部门中需要进行核算和业务管理的职员信息,必须先设置好部门档案才能在这些部门下设置相应的职员档案。除了固定资产和成本管理产品外,其他产品均需使用职员档案。如果企业不需要对职员进行核算和管理要求,则可以不设置职员档案(必须要先设置好部门档案再添加人员档案），人员档案见表3－5。

表3－5　　　　　　　　　　　　行政管理部人员档案资料

人员编码	姓名	行政部门名称	人员类别	性别	业务或费用 部门名称	是否业务员	是否病假
1010101	王凯	经理办公室	公司管理人员	男	经理办公室	是	
1010102	刘思思	经理办公室	公司管理人员	女	经理办公室	是	
1010103	周舟	经理办公室	公司管理人员	男	经理办公室	是	
1010104	汪洋	经理办公室	公司管理人员	男	经理办公室	是	是
……	……	……	……	……	……	……	……
……	……	……	……	……	……	……	……
……	……	……	……	……	……	……	……
10803	王克义	仓库管理	公司管理人员	男	仓库管理	是	
10804	周哲凯	仓库管理	公司管理人员	男	仓库管理	是	

其他车间人员资料见附表1。

操作步骤：

1. 在"基础设置"选项卡中，执行"基础档案"｜"机构人员"｜"人员档案"命令，进入"人员列表"窗口。

2. 单击"增加"按钮，按资料输入数据，如图3－33所示。

图3－33　增加人员档案

3. 单击"保存"按钮。

4. 同理依次输入其他人员档案，如图3 - 34所示。

图3 - 34　输入其他人员档案

提示：1. 此处的人员档案应该包括企业所有员工。2. 人员编码必须唯一，行政部门只能是末级部门。如果该员工需在其他档案或其他单据的"业务员"项目中被参照，需要选中"是否业务员"选项。

三　客商信息设置

（一）供应商分类

企业可以根据自身管理的需要对供应商进行分类管理，建立供应商分类体系。可将供应商按行业、地区等进行划分，设置供应商分类后，根据不同的分类建立供应商档案。没有对供应商进行分类管理需求的用户可以不使用本功能。供应商分类表见表3 - 6。

表3 - 6　　　　　　　　　　　供应商分类

编码	名称
01	材料供应商
02	其他供应商

操作步骤：

1. 在"基础设置"选项卡中，执行"基础档案"|"客商信息"|"供应商分类"，进入"供应商分类"窗口。

2. 单击"增加"按钮，按资料输入供应商分类信息，如图 3－35 所示。

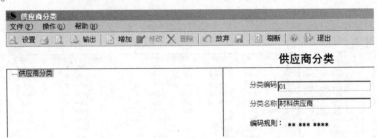

图 3－35　输入供应商分类信息

3. 单击"保存"按钮。

4. 同理依次录入其他的供应商分类。

（二）供应商档案

本功能主要用于设置往来供应商的档案信息，以便于对供应商资料管理和业务数据的录入、统计、分析。如果在建立账套时选择了供应商分类，则必须在设置完成供应商分类档案的情况下才能编辑供应商档案，供应商档案资料见表 3－7。

表 3－7　　　　　　　　　　　　　　供应商档案

编码	供应商名称	供应商简称	分类	税号	开户行	银行账号
0101	北京有色金属公司	北京金属公司	01	611100000111201	工商银行北京分行	62220002201
0102	郑州瓶胆总厂有限公司	郑州瓶胆总厂	01	611100000111203	中国银行郑州分行	60130002203
0103	成都塑料厂有限公司	成都塑料	01	611100000111204	建设银行成都分行	62270002204
0104	开封金属材料公司	开封金属	01	611100000111205	建设银行开封分行	62270002205
0105	普奥涂料供应公司	普奥涂料	01	611100000111206	建设银行普奥支行	62270002206
0106	山阳无线电厂有限公司	山阳无线电厂	01	611100000111207	中国银行山阳支行	60130002207
0107	内蒙杜家橡胶厂股份有限公司	内蒙橡胶厂	01	611100000111208	中国银行内蒙分行	60130002208
0108	韶关市纸品厂有限责任公司	韶关纸品厂	01	611100000111209	建设银行韶关市分行	62270002209
0109	三亚建材公司	三亚建材	01	611100000111210	建设银行三亚分行	62270002210
0110	潮州机械制造有限公司	潮州机械制造	01	221100000111211	建设银行潮州分行	62270002211
0111	佛山铝材厂有限公司	佛山铝材厂	01	611100000111212	工商银行佛山分行	62270002212

续表

编码	供应商名称	供应商简称	分类	税号	开户行	银行账号
0112	汕头市铝制品厂股份公司	汕头铝制品	01	611100000111213	建设银行汕头分行	62270002213
0201	惠州电力运输公司	惠州电力运输	02	611100000111214	招商银行惠州支行	43922502214
0202	共天禧律师事务所	共天禧律师事务所	02	611100000111215	招商银行翠华路支行	43922502215
0203	深圳平安邮局	深圳平安邮局	02	221100000111216	工商银行深圳分行	62270002216
0204	平安保险公司	平安保险	02	221100000111217	工商银行深圳支行	62220002217
0205	深圳自来水厂	深圳自来水厂	02	221100000111219	中国银行深圳分行	60130002219
0206	深圳供电局	深圳供电局	02	221100000111220	中国银行深圳分行	60130002220

操作步骤：

1. 在"基础设置"选项卡，执行"基础档案"｜"客商信息"｜"供应商档案"命令，打开"供应商档案"窗口。窗口分为左右两部分，左窗口显示供应商分类，右窗口中显示所有的供应商列表。

2. 单击"增加"按钮，打开"增加供应商档案"窗口，按资料输入供应商信息，如图 3－36 所示。

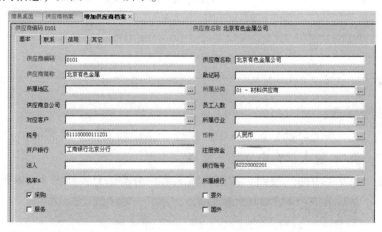

图 3－36 增加供应商档案

3. 同理，依次录入其他的供应商档案，如图 3－37 所示。

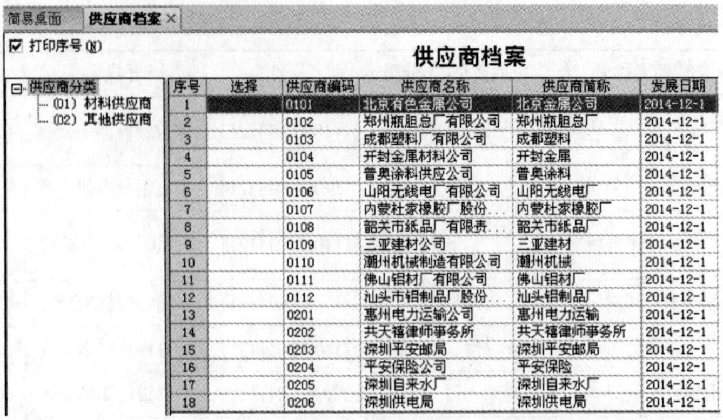

图 3 –37 录入其他的供应商档案

（三）客户分类

企业可以根据自身管理的需要对客户进行分类管理，建立客户分类体系。可将客户按行业、地区等进行划分，设置客户分类后，根据不同的分类建立客户档案。没有对客户进行分类管理需求的用户可以不使用本功能，客户分类资料见表 3 –8。

表 3 – 8   客户分类

编码	名称
01	本省
02	外省

操作步骤：

1. 在"基础设置"选项卡中，执行"基础档案" ｜ "客商信息" ｜ "客户分类"，进入"客户分类"窗口。

2. 单击"增加"按钮，按资料输入客户分类信息，如图 3 –38 所示。

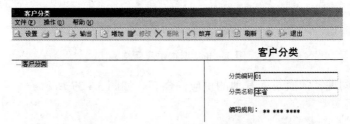

图 3 –38 输入客户分类信息

3. 单击"保存"按钮。

4. 同理依次录入其他的客户分类。

（四）客户档案

本功能主要用于设置往来客户的档案信息，以便于对客户资料管理和业务数据的录入、统计、分析。如果建立账套时选择了客户分类，则必须在设置完成客户分类档案的情况下才能编辑客户档案，客户档案资料见表3-9。

表3-9 客户档案

编码	客户名称	客户简称	分类	税号	开户行	银行账号
0101	中山市非常保温容器公司	中山市保温容器	01	610000123000001	工商银行中山分行	62220001101
0102	惠州完美日用百货公司	惠州百货	01	610000123000002	建设银行惠州分行	62270001101
0103	深圳常山百货公司	深圳百货	01	410000123000003	光大银行深圳分行	90030001101
0104	东莞市百货公司	东莞市百货	01	410000123000004	中国银行东莞分行	60130001101
0105	开源证券公司	开源证券	01	610000123000009	中国农业银行深圳分行	62270001101
0201	哈尔滨百货公司	哈尔滨百货	02	140000123000005	招商银行哈尔滨支行	43922501101
0202	北京乐美百货公司	北京乐美百货	02	420000123000006	工商银行北京分行	62220001101
0203	长沙日用百货公司	长沙日用百货	02	430000123000007	光大银行长沙分行	90030001101
0204	武汉金杯公司	武汉金杯	02	420000123000008	招商银行武汉分行	43922501101

操作步骤：

1. 在"基础设置"选项卡中，执行"基础档案"｜"客商信息"｜"客户档案"命令，打开"客户档案"窗口。窗口分为左右两部分，左窗口显示已经设置的客户分类，单击鼠标选中某客户分类，右窗口中显示该分类下所有的客户列表。

2. 单击"增加"按钮，打开"增加客户档案"窗口。窗口中共包括4个选项卡，即"基本""联系""信用""其他"，用于对客户不同的属性分别归类记录。

3. 按资料输入"客户编码""客户名称""客户简称""所属分类""税号""分管部门""分管业务员"等相关信息，如图3-39所示。

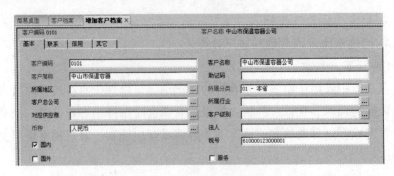

图 3 - 39   增加客户档案

4. 单击左上角银行"增加"按钮，根据客户资料对开户银行进行设置，如图 3 - 40 所示。

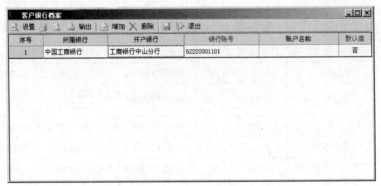

图 3 - 40   开户银行设置

5. 单击"保存并新增"，以此方法依次录入其他的客户档案，如图 3 - 41 所示。

图 3 - 41   录入其他的客户档案

四   存货信息设置

(一) 存货分类

企业可以根据对存货的管理要求对存货进行分类管理，以便于对业务数据的统计和分析。存货分类最多可分 8 级，编码总长不能超过 30 位，每级级长用户可自由定义。存货分类用于设置存货分类编码、名称及所属经济分类，本账套存货分类见表 3 - 10。

表 3 - 10　　　　　　　　　　　存货分类

序号	分类编码	分类名称
1	01	原材料
2	02	自制半成品
3	0201	壳类
4	0202	塑壳类
5	03	产成品
6	09	其他存货

操作步骤：

1. 在企业应用平台中，打开"基础设置"选项卡，执行"基础档案"｜"存货"｜"存货分类"命令，打开"存货分类"窗口。

2. 单击"增加"按钮，按资料录入存货分类编码和分类名称，如图 3 - 42 所示。

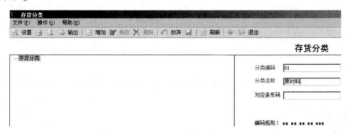

图 3 - 42　录入存货分类

3. 单击"保存"按钮。依次输入其他资料，如图 3 - 43 所示。

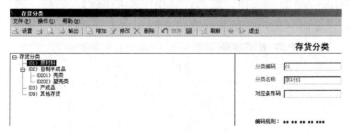

图 3 - 43　输入其他资料

（二）计量单位组

计量单位组分无换算、浮动换算、固定换算三种类别，每个计量单位组中有一个主计量单位、多个辅助计量单位，可以设置主辅计量单位之间的换算率；还可以设置采购、销售、库存和成本系统所默认的计量单位。先增加计量单位组，再增加组下的具体计量单位内容。本账套计量单位组分为"01 无换算率"和"02 固定换算率"，具体计量单位资料见表 3 – 11。

表 3 – 11   计量单位表

序号	计量单位编码	计量单位名称	计量单位组编码	计量单位组名称
1	0101	套	01	无换算率
2	0102	只	01	无换算率
3	0103	支	01	无换算率
4	0104	盒	01	无换算率
5	0105	升	01	无换算率
6	0106	把	01	无换算率
7	0107	台	01	无换算率
8	0108	次	01	无换算率
9	0109	千克	01	无换算率
10	0110	吨	01	无换算率
11	0111	方	01	无换算率
12	0112	度	01	无换算率
13	0113	份	01	无换算率

操作步骤：

1. 执行"存货"计量单位命令，打开"计量单位"窗口。

2. 单击"分组"按钮，打开"计量单位组"窗口。

3. 单击"增加"按钮，输入计量单位组的编码、名称、换算类别等信息。输入全部计量单位组后，窗口如图 3 – 44 所示。

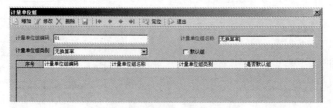

图 3 – 44   计量单位组信息

4. 单击"保存"按钮。录入其他单位组资料，如图 3 – 45 所示。

图 3 – 45　输入其他单位组

5. 退出"计量单位组"窗口，显示计量单位组列表。

6. 选中"（01）无换算率＜无换算率＞"计量单位组，单击"单位"按钮，打开"计量单位"对话框，单击"增加"，输入基本单位信息，如图 3 –46 所示。

图 3 –46　计量单位

7. 单击"保存"按钮，依次输入其他计量单位，如图 3 –47 所示。

图 3 –47　输入其他计量单位

（三）存货档案

存货主要用于设置企业在生产经营中使用到的各种存货信息，以便于对这些存货进行资料管理、实物管理和业务数据的统计、分析。本功能完成对存货目录的设立和管理，随同发货单或发票一起开具的应税劳务等也应设置在存货档案中。同时提供基础档案在输入中的方便性，完备基础档案中数据项，提供存货档案的多计量单位设置。存货档案资料见表 3 – 12、表 3 – 13、表 3 – 14、表 3 – 15 和表 3 – 16。

表 3 – 12　　　　　　　　　　　　原材料类

存货编码	存货名称	计量单位组名称	主计量单位名称	存货属性
0101	马口铁	无换算率	吨	外购/生产耗用
0102	塑料粒子	无换算率	吨	外购/生产耗用
0103	瓶胆（大）	无换算率	只	外购/生产耗用
0104	瓶胆（中）	无换算率	只	外购/生产耗用
0105	瓶胆（小）	无换算率	只	外购/生产耗用
0106	黑铁托盘	无换算率	只	外购/生产耗用
0107	不锈钢吸管	无换算率	支	外购/生产耗用
0108	口圈	无换算率	只	外购/生产耗用
0109	底垫	无换算率	只	外购/生产耗用
0110	纸盒	无换算率	只	外购/生产耗用
0111	纸箱	无换算率	只	外购/生产耗用
0112	稀释剂	无换算率	千克	外购/生产耗用
0113	水	无换算率	方	外购/生产耗用
0114	电	无换算率	度	外购/生产耗用
0115	油漆	无换算率	千克	外购/生产耗用
0116	压力表	无换算率	只	外购/生产耗用
0117	电动机	无换算率	台	外购/生产耗用
0118	安全钳	无换算率	把	外购/生产耗用
0119	修边刀	无换算率	把	外购/生产耗用
0120	扳手	无换算率	把	外购/生产耗用
0121	螺丝圆钉	无换算率	盒	外购/生产耗用
0122	机油	无换算率	升	外购/生产耗用
0123	汽油	无换算率	升	外购/生产耗用
0124	铝片	无换算率	吨	外购/生产耗用
0125	铝配件	无换算率	套	外购/生产耗用

表 3–13 产成品类

存货编码	存货名称	计量单位组名称	主计量单位名称	属性
0301	铝壳气压保温瓶	无换算率	只	自制/销售
0302	铁壳保温瓶	无换算率	只	自制/销售
0303	塑壳保温瓶（大）	无换算率	只	自制/销售
0304	塑壳保温瓶（中）	无换算率	只	自制/销售
0305	塑壳保温瓶（小）	无换算率	只	自制/销售

表 3–14 自制半成品（壳类）

存货编码	存货名称	计量单位组名称	主计量单位名称	属性
020101	铝壳	无换算率	只	自制/生产耗用
020102	铁壳	无换算率	只	自制/生产耗用

表 3–15 自制半成品（塑料类）

存货编码	存货名称	计量单位组名称	主计量单位名称	属性
020201	塑壳（大）	无换算率	只	自制/生产耗用
020202	塑壳（中）	无换算率	只	自制/生产耗用
020203	塑壳（小）	无换算率	只	自制/生产耗用
020204	塑配件（大）	无换算率	套	自制/生产耗用
020205	塑配件（中）	无换算率	套	自制/生产耗用
020206	塑配件（小）	无换算率	套	自制/生产耗用
020207	气压式塑配件	无换算率	套	自制/生产耗用

表 3–16 其他存货

存货编码	存货名称	计量单位组名称	主计量单位名称	属性
0901	运输费	无换算率	次	外购/生产耗用
0902	报刊	无换算率	份	外购/生产耗用
0903	财产保险	无换算率	份	外购/生产耗用
0904	机动车辆保险	无换算率	份	外购/生产耗用

操作步骤：

1. 在企业应用平台中，打开"基础设置"选项卡，执行"基础档案" | "存货" | "存货档案"命令，打开"存货档案"对话框。

2. 单击存货分类中的"原材料",再单击"增加"按钮,录入存货编码"0101"存货名称"马口铁",单击"计量单位组"栏的参照按钮,选择"无换算率",单击"主计量单位"栏的参照按钮,选择"吨",单击选中"外购"和"生产耗用"前的复选框,如图 3 – 47 所示。

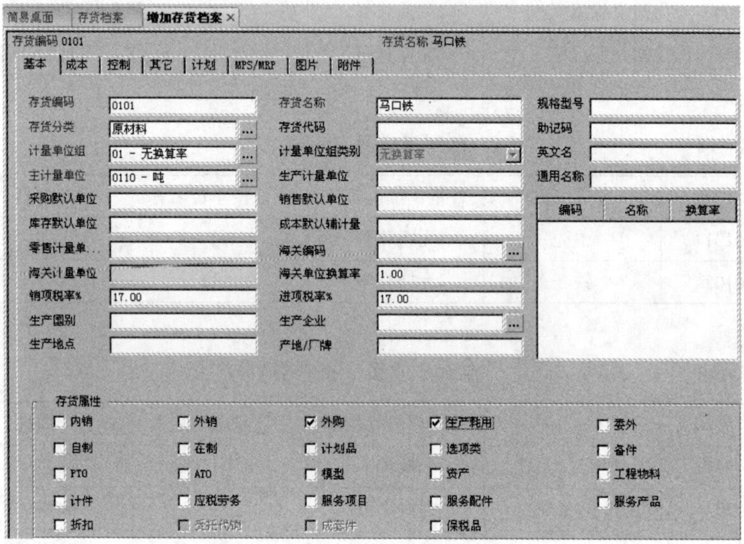

图 3 – 48　增加存货档案

3. 单击"保存"按钮,以此方法继续录入其他的存货档案。录入完成后如图 3 – 49 所示。

序号	选择	存货编码	存货名称	规格型号	存货代码	ABC分类	启用日期	计量单位组名称	主计量单位名称
1		0101	马口铁				2014-12-01	无换算率	吨
2		0102	塑料粒子				2014-12-01	无换算率	吨
3		0103	瓶胆（大）				2014-12-01	无换算率	只
4		0104	瓶胆（中）				2014-12-01	无换算率	只
5		0105	瓶胆（小）				2014-12-01	无换算率	只
6		0106	黑铁托盘				2014-12-01	无换算率	只
7		0107	不锈钢吸管				2014-12-01	无换算率	支
8		0108	口圈				2014-12-01	无换算率	只
9		0109	底垫				2014-12-01	无换算率	只
10		0110	纸盒				2014-12-01	无换算率	只
11		0111	纸箱				2014-12-01	无换算率	只
12		0112	稀释剂				2014-12-01	无换算率	千克
13		0113	水				2014-12-01	无换算率	方
14		0114	电				2014-12-01	无换算率	度
15		0115	油漆				2014-12-01	无换算率	千克
16		0116	压力表				2014-12-01	无换算率	只
17		0117	电动机				2014-12-01	无换算率	台

图 3 – 49　录入其他的存货档案

五 财务信息设置

(一) 科目档案

会计科目是填制会计凭证、登记会计账簿、编制会计报表的基础。会计科目是对会计对象具体内容分门别类进行核算所规定的项目。会计科目是一个完整的体系，它是区别于流水账的标志，是复式记账和分类核算的基础。会计科目设置的完整性影响着会计过程的顺利实施，会计科目设置的层次深度直接影响会计核算的详细、准确程度。每个会计科目核算的经济内容是不同的，据此将会计科目进行分类：资产、负债、共同、所有者权益、成本、损益。本功能完成对会计科目的设立和管理，用户可以根据业务的需要方便地增加、插入、修改、查询、打印会计科目。会计科目设置见表 3 – 17。

表 3 – 17 会计科目表

科目编码	科目名称	辅助账类型	余额方向	受控系统	银行账	日记账
1001	现金		借			Y
1002	银行存款		借		Y	Y
100201	工商银行		借		Y	Y
10020101	人民币户		借		Y	Y
10020102	社保基金专户		借		Y	Y
100202	中国银行		借		Y	Y
1009	其他货币资金	项目核算	借			
100901	外埠存款		借			
100902	银行本票		借			
100903	银行汇票		借			
100904	信用卡		借			
100905	信用证保证金		借			
100906	存出投资款		借			
1101	交易性金融资产	项目核算	借			
1102	短期投资跌价准备		贷			
1111	应收票据	客户往来	借	应收系统		
111101	银行承兑汇票	客户往来	借	应收系统		
111102	商业承兑汇票	客户往来	借	应收系统		

科目编码	科目名称	辅助账类型	余额方向	受控系统	银行账	日记账
1121	应收股利		借			
1122	应收利息		借			
1131	应收账款	客户往来	借	应收系统		
1133	其他应收款		借			
113301	备用金	部门核算	借			
113302	代垫费用	客户往来	借	应收系统		
113303	职工借款	个人往来	借			
113304	其他	个人往来	借			
1141	坏账准备		贷			
1151	预付账款	供应商往来	借	应付系统		
1201	物资采购		借			
1211	原材料	项目核算	借			
1221	包装物		借			
1231	低值易耗品		借			
1232	材料成本差异		借			
1243	库存商品	项目核算	借			
124301	产成品	项目核算	借			
124302	自制半成品	项目核算	借			
1244	商品进销差价		借			
1252	在途物资		借			
1281	存货跌价准备		贷			
1291	分期收款发出商品		借			
1301	待摊费用		借			
1401	长期股权投资	项目核算	借			
140101	股票投资		借			
140102	其他股权投资		借			
1402	持有至到期投资	项目核算	借			
1403	投资性房地产	项目核算	借			
1421	长期投资减值准备		贷			
1501	固定资产		借			
150101	自用		借			
150102	投资性		借			

续表

科目编码	科目名称	辅助账类型	余额方向	受控系统	银行账	日记账
1502	累计折旧		贷			
150201	自用		贷			
150202	投资性		贷			
1505	固定资产减值准备		贷			
1601	工程物资		借			
160101	专用材料		借			
160102	专用设备		借			
160103	预付大型设备款		借			
160104	为生产准备的工具及器具		借			
1603	在建工程	项目核算	借			
1605	在建工程减值准备		贷			
1701	固定资产清理		借			
1801	无形资产	项目核算	借			
1802	累计摊销		贷			
1805	无形资产减值准备		贷			
1901	长期待摊费用		借			
1911	待处理财产损溢		借			
191101	待处理流动资产损溢		借			
191102	待处理固定资产损溢		借			
1912	递延所得税资产		借			
2101	短期借款		贷			
2111	应付票据	供应商往来	贷	应付系统		
211101	商业承兑汇票	供应商往来	贷	应付系统		
211102	银行承兑汇票	供应商往来	贷	应付系统		
2121	应付账款	供应商往来	贷	应付系统		
2131	预收账款	客户往来	贷	应收系统		
2141	代销商品款		贷			
2151	应付职工薪酬		贷			
2153	应付福利费		贷			
2161	应付股利		贷			

续表

科目编码	科目名称	辅助账类型	余额方向	受控系统	银行账	日记账
2171	应交税金		贷			
217101	应交增值税		贷			
21710101	进项税额		贷			
21710102	已交税金		贷			
21710103	转出未交增值税		贷			
21710104	减免税款		贷			
21710105	销项税额		贷			
21710106	出口退税		贷			
21710107	进项税额转出		贷			
21710108	出口抵减内销产品应纳税额		贷			
21710109	转出多交增值税		贷			
217102	未交增值税		贷			
217103	应交营业税		贷			
217104	应交消费税		贷			
217105	应交资源税		贷			
217106	应交所得税		贷			
217107	应交土地增值税		贷			
217108	应交城市维护建设税		贷			
217109	应交房产税		贷			
217110	应交土地使用税		贷			
217111	应交教育费附加		贷			
217112	应交个人所得税		贷			
2176	其他应交款		贷			
2181	其他应付款	项目核算	贷			
2182	应付利息		贷			
2191	预提费用		贷			
2211	预计负债		贷			
2301	长期借款	项目核算	贷			
2311	应付债券		贷			
231101	债券面值		贷			
231102	债券溢价		贷			

科目编码	科目名称	辅助账类型	余额方向	受控系统	银行账	日记账
231103	债券折价		贷			
231104	应计利息		贷			
2321	长期应付款		贷			
2331	专项应付款		贷			
2341	递延所得税负债		贷			
3101	实收资本 （或股本）		贷			
310101	中国石油		贷			
310102	广东省深圳 矿业总公司		贷			
3103	已归还投资		借			
3111	资本公积		贷			
311101	资本（或股本） 溢价		贷			
311102	接受捐赠非 现金资产准备		贷			
311103	接受现金捐赠		贷			
311104	股权投资准备		贷			
311105	拨款转入		贷			
311106	外币资本折算差额		贷			
311107	其他资本公积		贷			
3121	盈余公积		贷			
312101	法定盈余公积		贷			
312102	任意盈余公积		贷			
312103	法定公益金		贷			
3131	本年利润		贷			
3141	利润分配		贷			
314101	其他转入		贷			
314102	提取法定盈余公积		贷			
314108	应付现金股 利或利润		贷			
314109	提取任意 盈余公积		贷			
314110	应付普通 股股利		贷			

续表

科目编码	科目名称	辅助账类型	余额方向	受控系统	银行账	日记账
314115	未分配利润		贷			
4101	生产成本		借			
410101	基本生产成本		借			
41010101	制壳车间	项目核算	借			
4101010101	职工薪酬		借			
4101010102	铝壳	项目核算	借			
4101010103	铁壳	项目核算	借			
41010102	塑料车间	项目核算	借			
4101010201	职工薪酬		借			
4101010202	塑壳（大）	项目核算	借			
4101010203	塑壳（中）	项目核算	借			
4101010204	塑壳（小）	项目核算	借			
4101010205	塑配件（大）	项目核算	借			
4101010206	塑配件（中）	项目核算	借			
4101010207	塑配件（小）	项目核算	借			
4101010208	气压式塑配件	项目核算	借			
41010103	装配车间	项目核算	借			
4101010301	职工薪酬		借			
4101010302	铝壳气压保温瓶	项目核算	借			
4101010303	铁壳保温瓶	项目核算	借			
4101010304	塑壳保温瓶（大）	项目核算	借			
4101010305	塑壳保温瓶（中）	项目核算	借			
4101010306	塑壳保温瓶（小）	项目核算	借			
410102	辅助生产成本	项目核算	借			
41010201	折旧		借			
41010202	职工薪酬		借			
4105	制造费用	项目核算	借			
410501	制壳车间	项目核算	借			
410502	塑料车间	项目核算	借			
410503	装配车间	项目核算	借			
4107	劳务成本		借			
5101	主营业务收入		贷			

续表

科目编码	科目名称	辅助账类型	余额方向	受控系统	银行账	日记账
5102	其他业务收入		贷			
5103	公允价值变动损益		贷			
5201	投资收益		贷			
5203	补贴收入		贷			
5301	营业外收入		贷			
5401	主营业务成本		借			
5402	营业税金及附加		借			
540201	城市维护建设税		借			
540202	营业税		借			
540203	教育费用及附加		借			
540204	其他		借			
5405	其他业务成本		借			
5501	销售费用		借			
550101	广告费		借			
550102	摊位费		借			
5502	管理费用	项目核算	借			
5503	财务费用		借			
550301	汇兑损益		借			
550302	手续费		借			
550303	利息支出		借			
5601	营业外支出		借			
560101	捐赠		借			
560102	处置非流动资产		借			
560103	罚没支出		借			
5701	资产减值损失		借			
5801	所得税费用		借			
580101	当期所得税		借			
580102	递延所得税		借			
5901	所得税		贷			

操作步骤：

1. 在企业应用平台的"基础设置"选项卡中，执行"基础档案" |
"财务" | "会计科目"命令，进入"会计科目"窗口。

2. 根据资料调整相关会计科目。

3. 执行"编辑"｜"指定科目"命令，打开"指定科目"对话框。

4. 单击"现金总账科目"选项，单击"＞"按钮将"1001 库存现金"从"待选科目"窗口选入"已选科目"窗口，如图 3 – 50 所示。

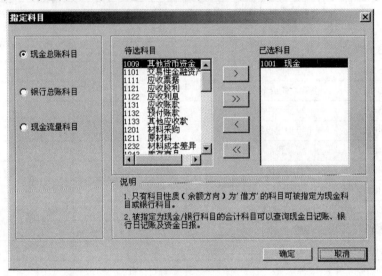

图 3 – 50　指定科目

5. 单击选择"银行总账科目"选项，单击"＞"按钮将"1002 银行存款"从"待选科目"窗口选入"已选科目"窗口。

6. 单击选择"现金流量科目"选项，单击"＞"按钮将"1001 现金""10020101 人民币户""10020102 社保基金专户""1009 其他货币资金"从"待选科目"窗口选入"已选科目"窗口。

7. 单击"确定"按钮，会计科目设置结果如图 3 – 51 所示。

级次	科目编码	科目名称	外币币种	辅助核算	银行科目	现金科目	计量单位	余额方向	受控系统	是否封存	银行账	日记账
1	1001	现金				Y		借				Y
1	1002	银行存款			Y			借			Y	Y
2	100201	工商银行			Y			借			Y	Y
3	10020101	人民币户			Y			借			Y	Y
3	10020102	社保基金专户			Y			借			Y	Y
2	100202	中国银行			Y			借			Y	Y
1	1009	其他货币资金		项目核算				借				
1	1101	交易性金融资产		项目核算				借				
1	1102	短期投资跌价准备						贷				
1	1111	应收票据		客户往来				借	应收系统			
2	111101	银行承兑汇票		客户往来				借	应收系统			
2	111102	商业承兑汇票		客户往来				借	应收系统			

图 3 – 51　会计科目设置结果

（二）凭证类别

为了便于管理或登账方便，一般对记账凭证进行分类编制，但各单位的分类方法不尽相同，所以本系统提供了【凭证类别】功能，用户完全可以按照本单位的需要对凭证进行分类。凭证类别资料见表 3 – 18。

表 3 – 18　　　　　　　　　　凭证类别

类别字	类别名称	限制类型	限制科目
现收	现金收款凭证	借方必有	1001
现付	现金付款凭证	贷方必有	1001
银收	银行收款凭证	借方必有	1002，1009
银付	银行付款凭证	贷方必有	1002，1009
转	转账凭证	凭证必无	1001，1002，1009

操作步骤：

1. 在企业应用平台的"基础设置"选项卡中，执行"基础档案" |"财务" | "凭证类别"命令，打开"凭证类别设置"对话框。

2. 选中"现金收款凭证/现金付款凭证/银行收款凭证/银行付款凭证/转账凭证"前的单选按钮，如图 3 – 52 所示。

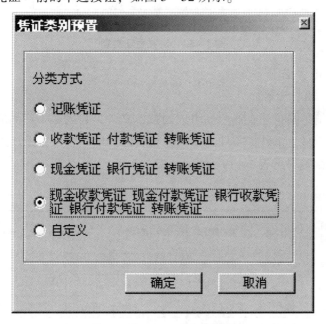

图 3 – 52　凭证类别设置

3. 单击"确定"按钮，打开"凭证类别"对话框。

4. 单击"修改"按钮，双击"收款凭证"所在行的"限制类型"栏，出现下三角按钮，从下拉列表中选择"借方必有"，在"限制科目"栏录入"1001"，或单击限制科目栏参照按钮，选择"1001"。同理，完成对付款凭证和转账凭证的限制设置，如图 3-53 所示。

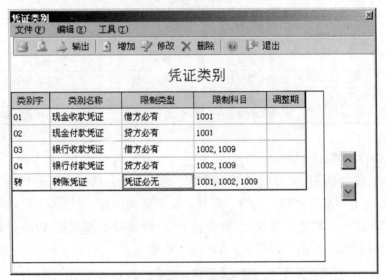

图 3-53　设置凭证类别

5. 单击"退出"按钮。

(三) 物料清单

物料清单是描述企业产品组成的技术文件，它表明了产品的总装件、分装件、组件、部件、零件、直到原材料之间的结构关系及所需的数量。本账套所给资料见表 3-19 至表 3-32。

表 3-19　　　　　　　　　　铁壳保温瓶产品结构

层次		物料编码	物料名称	物料属性	可选否	选择规则	计划(%)	数量	供应类型	领料部门	部门名称
0	1										
		0302	铁壳保温瓶	自制/销售				1			
		020102	铁壳	自制/生产领用	否	全部	100	1	领用	4	装配车间
		0125	铝配件	委外/生产领用	否	全部	100	1	领用	4	装配车间
		0104	瓶胆中号	外购/生产领用	否	全部	100	1	领用	4	装配车间
		0108	口圈	外购/生产领用	否	全部	100	1	领用	4	装配车间

续表

层次		物料编码	物料名称	物料属性	可选否	选择规则	计划（%）	数量	供应类型	领料部门	部门名称
0	1										
		0109	底垫	外购/生产领用	否	全部	100	1	领用	4	装配车间
		0110	纸盒	外购/生产领用	否	全部	100	1	领用	4	装配车间

表 3 – 20 　　　　　　　　　　**铝壳气压保温瓶产品结构**

层次		物料编码	物料名称	物料属性	可选否	选择规则	计划（%）	数量	供应类型	领料部门	部门名称
0	1										
		0301	铝壳气压保温瓶	自制/销售				1			
		020101	铝壳	自制/生产领用	否	全部	100	1	领用	4	装配车间
		020207	气压式塑配件	自制/生产领用	否	全部	100	1	领用	4	装配车间
		0104	瓶胆（中号）	外购/生产领用	否	全部	100	1	领用	4	装配车间
		0108	口圈	外购/生产领用	否	全部	100	1	领用	4	装配车间
		0109	底垫	外购/生产领用	否	全部	100	1	领用	4	装配车间
		0107	不锈钢吸管	外购/生产领用	否	全部	100	1	领用	4	装配车间
		0106	黑铁托盘	外购/生产领用	否	全部	100	1	领用	4	装配车间
		0110	纸盒	外购/生产领用	否	全部	100	1	领用	4	装配车间

表 3 – 21 　　　　　　　　　　**塑壳大保温瓶结构**

层次		物料编码	物料名称	物料属性	可选否	选择规则	计划（%）	数量	供应类型	领料部门	部门名称
0	1										
		0303	塑壳保温瓶（大）	自制/销售				1			装配车间
		020201	塑壳（大）	自制/生产领用	否	全部	100	1	领用	04	装配车间
		020204	塑配件（大）	自制/生产领用	否	全部	100	1	领用	04	装配车间
		0103	瓶胆（大号）	外购/生产领用	否	全部	100	1	领用	04	装配车间
		0108	口圈	外购/生产领用	否	全部	100	1	领用	04	装配车间
		0109	底垫	外购/生产领用	否	全部	100	1	领用	04	装配车间
		0110	纸盒	外购/生产领用	否	全部	100	1	领用	04	装配车间

表 3 - 22　　　　　　　　　　塑壳保温瓶中产品结构

层次		物料编码	物料名称	物料属性	可选否	选择规则	计划(%)	数量	供应类型	领料部门	部门名称
0	1										
		0304	塑壳保温瓶(中)	自制/销售				1			装配车间
		020202	塑壳(中)	自制/生产领用	否	全部	100	1	领用	04	装配车间
		020205	塑配件(中)	自制/生产领用	否	全部	100	1	领用	04	装配车间
		0104	瓶胆(中号)	外购/生产领用	否	全部	100	1	领用	04	装配车间
		0108	口圈	外购/生产领用	否	全部	100	1	领用	04	装配车间
		0109	底垫	外购/生产领用	否	全部	100	1	领用	04	装配车间
		0110	纸盒	外购/生产领用	否	全部	100	1	领用	04	装配车间

表 3 - 23　　　　　　　　　　塑壳保温瓶小产品结构

层次		料编码	物料名称	物料属性	可选否	选择规则	计划(%)	数量	供应类型	领料部门	部门名称
0	1										
		0305	塑壳保温瓶(小)	自制/销售				1			
		020203	塑壳(小)	自制/生产领用	否	全部	100	1	领用	04	装配车间
		020206	塑配件(小)	自制/生产领用	否	全部	100	1	领用	04	装配车间
		0105	瓶胆(小号)	外购/生产领用	否	全部	100	1	领用	04	装配车间
		0108	口圈	外购/生产领用	否	全部	100	1	领用	04	装配车间
		0109	底垫	外购/生产领用	否	全部	100	1	领用	04	装配车间
		0110	纸盒	外购/生产领用	否	全部	100	1	领用	04	装配车间

表 3 - 24　　　　　　　　　　铁壳产品结构

层次		物料编码	物料名称	物料属性	可选否	选择规则	计划(%)	数量	供应类型	领料部门	部门名称
0	1										
		020102	铁壳	自制/生产领用				1000			
		0101	马口铁	外购/生产领用	否	全部	100	1	领用	02	制壳车间
		0115	油漆	外购/生产领用	否	全部	100	1	领用	02	制壳车间
		0112	稀释剂	外购/生产领用	否	全部	100	1	领用	02	制壳车间

表 3 - 25 铝壳产品结构

层次		物料编码	物料名称	物料属性	可选否	选择规则	计划(%)	数量	供应类型	领料部门	部门名称
0	1										
		020101	铝壳	自制/生产领用				1000			
		0124	铝片	委外/生产领用	否	全部	100	1	领用	02	制壳车间
		0115	油漆	外购/生产领用	否	全部	100	1	领用	02	制壳车间
		0112	稀释剂	外购/生产领用	否	全部	100	1	领用	02	制壳车间

表 3 - 26 塑壳大产品结构

层次		物料编码	物料名称	物料属性	可选否	选择规则	计划(%)	数量	供应类型	领料部门	部门名称
0	1										
		020201	塑壳（大）	自制/生产领用				1000			
		0102	塑料粒子	外购/生产领用	否	全部	100	1	领用	03	塑料车间

表 3 - 27 塑壳中产品结构

层次		物料编码	物料名称	物料属性	可选否	选择规则	计划(%)	数量	供应类型	领料部门	部门名称
0	1										
		020202	塑壳（中）	自制/生产领用				2000			
		0102	塑料粒子	外购/生产领用	否	全部	100	1	领用	03	塑料车间

表 3 - 28 塑壳小产品结构

层次		物料编码	物料名称	物料属性	可选否	选择规则	计划(%)	数量	供应类型	领料部门	部门名称
0	1										
		020203	塑壳（小）	自制/生产领用				2500			
		0102	塑料粒子	外购/生产领用	否	全部	100	1	领用	03	塑料车间

表 3 - 29 塑配件大产品结构

层次		物料编码	物料名称	物料属性	可选否	选择规则	计划(%)	数量	供应类型	领料部门	部门名称
0	1										
		020204	塑配件（大）	自制/生产领用				2000			
		0102	塑料粒子	外购/生产领用	否	全部	100	1	领用	03	塑料车间

表 3 – 30　　　　　　　　　　塑配件中产品结构

层次		物料编码	物料名称	物料属性	可选否	选择规则	计划(%)	数量	供应类型	领料部门	部门名称
0	1										
		020205	塑配件（中）	自制/生产领用				2500			
		0102	塑料粒子	外购/生产领用	否	全部	100	1	领用	03	塑料车间

表 3 – 31　　　　　　　　　　塑配件小产品结构

层次		物料编码	物料名称	物料属性	可选否	选择规则	计划(%)	数量	供应类型	领料部门	部门名称
0	1										
		020206	塑配件（小）	自制/生产领用				5000			
		0102	塑料粒子	外购/生产领用	否	全部	100	1	领用	03	塑料车间

表 3 – 32　　　　　　　　　　气压式塑配件产品结构

层次		物料编码	物料名称	物料属性	可选否	选择规则	计划(%)	数量	供应类型	领料部门	部门名称
0	1										
		020207	气压式塑配件	自制/生产领用				5000			
		0102	塑料粒子	外购/生产领用	否	全部	100	1	领用	03	塑料车间

注：0 层为母件，1 层为子件。

操作步骤：

1. 执行"业务工作"｜"生产制造"｜"物料清单"｜"物料清单维护"｜"物料清单资料维护"｜"增加"，资料填入信息，"保存"｜"审核"，如图 3 – 54 所示。

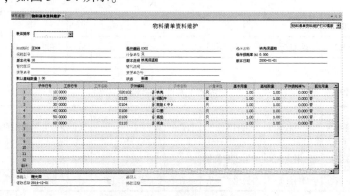

图 3 – 54　物料清单资料维护

2. 按上面的操作完成其他清单，要注意基本数量和基础数量之间的比例。完成所有的物料清单，如图 3 – 55 所示。

BOM类别	母件编码	版本代号	版本说明	版本日期
主BOM	020101	10	铝壳	2000-01-01
主BOM	020102	10	铁壳	2000-01-01
主BOM	020201	10	塑壳（大）	2000-01-01
主BOM	020202	10	塑壳（中）	2000-01-01
主BOM	020203	10	塑壳（小）	2000-01-01
主BOM	020204	10	塑配件（大）	2000-01-01
主BOM	020205	10	塑配件（中）	2000-01-01
主BOM	020206	10	塑配件（小）	2000-01-01
主BOM	020207	10	气压式塑配件	2000-01-01
主BOM	0301	10	铝壳气压保温瓶	2000-01-01
主BOM	0302	10	铁壳保温瓶	2000-01-01
主BOM	0303	10	塑壳保温瓶（大）	2000-01-01
主BOM	0304	10	塑壳保温瓶（中）	2000-01-01
主BOM	0305	10	塑壳保温瓶（小）	2000-01-01

图 3 – 55 完成所有的物料清单

（四）项目目录

企业在实际业务处理中会对多种类型的项目进行核算和管理，例如在建工程、对外投资、技术改造项目、项目成本管理、合同等。因此 U8V10.1 提供项目核算管理的功能。该功能可以将具有相同特性的一类项目定义成一个项目大类。一个项目大类可以核算多个项目，为了便于管理，还可以对这些项目进行分类管理，可以将存货、成本对象、现金流量、项目成本等作为核算的项目分类。

使用项目核算与管理的首要步骤是设置项目档案，项目档案设置包括：增加或修改项目大类，定义项目核算科目、项目分类、项目栏目结构，并进行项目目录的维护。

1. 增加项目大类

本账套需增加成本对象核算、普通项目核算、项目成本核算、现金流量项目等项目大类。编码级次：2 – 2。

操作步骤：

（1）执行"基础档案" | "财务" | "项目目录" | "增加"，弹出如图 3 – 56，选择"成本对象"并填写新项目大类名称为"成本对象核算"。

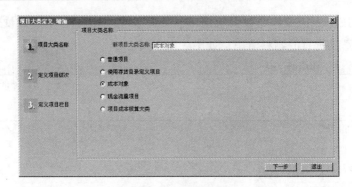

图 3 - 56　新项目大类名称

（2）"下一步"，弹出如图 3 - 57，将编码级次均修改为 2 - 2，修改级次后"下一步"｜"完成"。

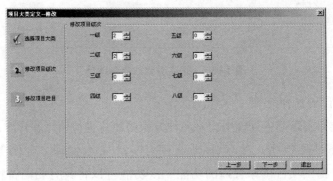

图 3 - 57　修改项目级次

（3）在项目大类中选择"项目管理"，单击"修改"，在新项目大类名称中输入"项目成本核算"，如图 3 - 58 所示。

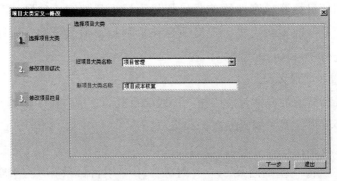

图 3 - 58　新项目大类选择

（4）单击"下一步"，修改编码级次，单击"下一步"｜"完成"。

2. 成本对象大类设置

（1）核算科目

在总账系统【会计科目】功能中设置项目辅助核算，如对产成品、生产成本、商品采购、库存商品、在建工程、科研课题、科研成本等科目设置项目核算的辅助账类，成本核算科目资料见表 3 – 33。

表 3 – 33　　　　　　　　　　成本对象核算的科目

科目编码	科目名称
124302	半成品
124301	产成品
12430101	材料费用
12430103	固定制造费用
12430104	变动制造费用
1243010101	标准材料费用
1243010102	标准材料费用价差
1243010103	标准材料费用量差
1243010201	标准人工费用
1243010202	标准人工费用费率差
12430102	人工费用
1243010203	标准人工费用效率差
1243010301	标准固定制造费用
1243010302	标准固定制造费用费率差
1243010303	标准固定制造费用效率差
1243010401	标准变动制造费用
1243010402	标准变动制造费用费率差
1243010403	标准变动制造费用效率差
12430201	材料费用
1243020101	标准材料费用
1243020102	标准材料费用价差
1243020103	标准材料费用量差
12430202	人工费用
1243020201	标准人工费用
1243020202	标准人工费用费率差

续表

科目编码	科目名称
1243020203	标准人工费用效率差
12430203	固定制造费用
1243020301	标准固定制造费用
1243020302	标准固定制造费用费率差
1243020303	标准固定制造费用效率差
12430204	变动制造费用
1243020401	标准变动制造费用
1243020402	标准变动制造费用费率差
1243020403	标准变动制造费用效率差

操作步骤：

打开"项目目录"，在项目档案窗口将项目大类选择为"成本对象核算"，然后在核算科目栏目内将待选科目选中，单击符号"＞"如图3-59所示。

图 3-59   项目档案

（2）项目分类定义

为了便于统计，可对同一项目大类下的项目进行进一步划分，这就需要进行项目分类的定义。项目分类定义资料见表 3-34。

表 3 – 34 成本对象项目分类定义

编码	名称
01	产成品
02	自制半成品

操作步骤：

选择项目大类为普通项目核算，单击"增加"，输入资料信息，如图 3 – 60 所示，单击"确定"，继续增加。

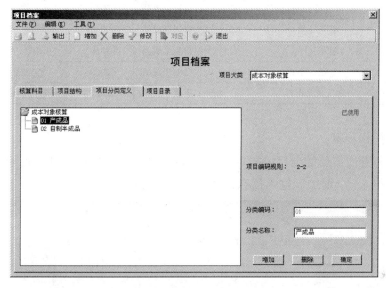

图 3 – 60 项目档案

（3）项目目录

可以将具有相同特性的一类项目定义成一个项目大类。一个项目大类可以核算多个项目，为了便于管理，还可以对这些项目进行分类管理。可以将存货、成本对象、现金流量、项目成本等作为核算的项目分类。项目目录资料见表 3 – 35。

表 3 – 35 成本对象核算项目目录资料

项目编号	项目名称	所属分类码	所属分类名称	存货编码	存货名称
01	铁壳保温瓶	01	产成品	0302	铁壳保温瓶
02	铝壳气压保温瓶	01	产成品	0301	铝壳气压保温瓶
03	塑壳保温瓶（大）	01	产成品	0303	塑壳保温瓶（大）

续表

项目编号	项目名称	所属分类码	所属分类名称	存货编码	存货名称
04	塑壳保温瓶（中）	01	产成品	0304	塑壳保温瓶（中）
05	塑壳保温瓶（小）	01	产成品	0305	塑壳保温瓶（小）
06	铁壳	02	自制半成品	020102	铁壳
07	铝壳	02	自制半成品	020101	铝壳
08	塑配件（大）	02	自制半成品	020204	塑配件（大）
09	塑配件（中）	02	自制半成品	020205	塑配件（中）
10	塑配件（小）	02	自制半成品	020206	塑配件（小）
11	塑壳（大）	02	自制半成品	020201	塑壳（大）
12	塑壳（中）	02	自制半成品	020202	塑壳（中）
13	塑壳（小）	02	自制半成品	020203	塑壳（小）
14	气压式塑配件	02	自制半成品	020207	气压式塑配件

操作步骤：

打开所需要的项目大类名称“普通项目核算”，执行“项目目录”｜“维护”｜“增加”输入信息，结果如图3－61所示。

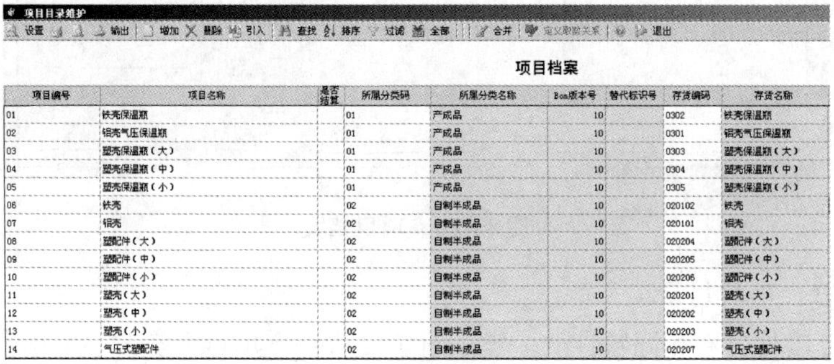

项目编号	项目名称	是否结算	所属分类码	所属分类名称	Bom版本号	替代标识号	存货编码	存货名称
01	铁壳保温瓶		01	产成品	10		0302	铁壳保温瓶
02	铝壳气压保温瓶		01	产成品	10		0301	铝壳气压保温瓶
03	塑壳保温瓶（大）		01	产成品	10		0303	塑壳保温瓶（大）
04	塑壳保温瓶（中）		01	产成品	10		0304	塑壳保温瓶（中）
05	塑壳保温瓶（小）		01	产成品	10		0305	塑壳保温瓶（小）
06	铁壳		02	自制半成品	10		020102	铁壳
07	铝壳		02	自制半成品	10		020101	铝壳
08	塑配件（大）		02	自制半成品	10		020204	塑配件（大）
09	塑配件（中）		02	自制半成品	10		020205	塑配件（中）
10	塑配件（小）		02	自制半成品	10		020206	塑配件（小）
11	塑壳（大）		02	自制半成品	10		020201	塑壳（大）
12	塑壳（中）		02	自制半成品	10		020202	塑壳（中）
13	塑壳（小）		02	自制半成品	10		020203	塑壳（小）
14	气压式塑配件		02	自制半成品	10		020207	气压式塑配件

图3－61 增加项目档案

3. 项目成本核算大类设置

（1）核算科目，见表3－36。

表3－36 项目成本核算科目

科目编码	科目名称
1211	原材料
121101	标准原材料

续表

科目编码	科目名称
121102	标准原材料价差
121103	标准原材料量差
4101010301	材料费用
410101030101	标准材料费用
410101030102	标准材料费用价差
410101030103	标准材料费用量差
4101010302	人工费用
410101030201	标准人工费用
410101030202	标准人工费用费率差
410101030203	标准人工费用效率差
41010101	制壳车间
41010102	塑料车间
41010103	装配车间
4101010102	人工费用
4101010101	材料费用
4101010103	固定制造费用
4101010104	变动制造费用
410101010101	标准材料费用
410101010102	标准材料费用价差
410101010103	标准材料费用量差
410101010201	标准人工费用
410101010202	标准人工费用费率差
410101010203	标准人工费用效率差
410101010301	标准固定制造费用
410101010302	标准固定制造费用费率差
410101010303	标准固定制造费用效率差
410101010401	标准变动制造费用
410101010402	标准变动制造费用费率差
410101010403	标准变动制造费用效率差
4101010201	材料费用
410101020101	标准材料费用
410101020102	标准材料费用价差

续表

科目编码	科目名称
410101020103	标准材料费用量差
4101010202	人工费用
410101020201	标准人工费用
410101020202	标准人工费用费率差
410101020203	标准人工费用效率差
4101010203	固定制造费用
410101020301	标准固定制造费用
410101020302	标准固定制造费用费率差
410101020303	标准固定制造费用效率差
4101010204	变动制造费用
410101020401	标准变动制造费用
410101020402	标准变动制造费用费率差
410101020403	标准变动制造费用效率差
4101010301	材料费用
4101010303	固定制造费用
410101030301	标准固定制造费用
410101030302	标准固定制造费用费率差
410101030303	标准固定制造费用效率差
4101010304	变动制造费用
410101030401	标准变动制造费用
410101030402	标准变动制造费用费率差
410101030403	标准变动制造费用效率差
410501	制壳车间
410502	塑料车间
410503	装配车间
410504	辅助车间
41050101	结转直接人工
41050102	结转制造费用
41050201	结转直接人工
41050202	结转制造费用
41050301	结转直接人工
41050302	结转制造费用

操作结果，如图 3 –62 所示。

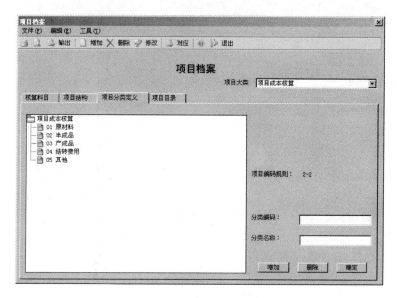

图 3 –62 核算科目操作结果

（2）项目分类定义

项目成本核算定义分类见表 3 –37。

表 3 –37 项目成本核算定义分类

编码	名称
01	原材料
02	半成品
03	产成品
04	结转费用
05	其他

操作结果，如图 3 –63 所示。

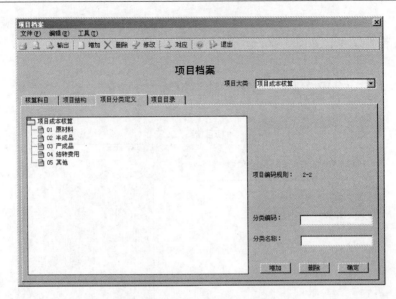

图 3 – 63 项目成本核算定义分类

（3）项目目录，见表 3 – 38。

表 3 – 38 项目成本核算项目目录

项目编号	项目名称	所属分类码	所属分类名称
01	马口铁	01	原材料
02	塑料粒子	01	原材料
03	瓶胆（大）	01	原材料
04	瓶胆（中）	01	原材料
05	瓶胆（小）	01	原材料
06	黑铁托盘	01	原材料
07	不锈钢吸管	01	原材料
08	口圈	01	原材料
09	底垫	01	原材料
10	纸盒	01	原材料
11	纸箱	01	原材料
12	稀释剂	01	原材料
13	水	01	原材料
14	电	01	原材料
15	油漆	01	原材料

续表

项目编号	项目名称	所属分类码	所属分类名称
16	压力表	01	原材料
17	电动机	01	原材料
18	安全钳	01	原材料
19	修边刀	01	原材料
20	扳手	01	原材料
21	螺丝圆钉	01	原材料
22	机油	01	原材料
23	汽油	01	原材料
24	铝片	01	原材料
25	铝配件	01	原材料
26	铝壳	02	半成品
27	铁壳	02	半成品
28	塑壳（大）	02	半成品
29	塑壳（中）	02	半成品
30	塑壳（小）	02	半成品
31	塑配件（大）	02	半成品
32	塑配件（中）	02	半成品
33	塑配件（小）	02	半成品
34	气压式塑配件	02	半成品
35	铝壳气压保温瓶	03	产成品
36	铁壳保温瓶	03	产成品
37	塑壳保温瓶（大）	03	产成品
38	塑壳保温瓶（中）	03	产成品
39	塑壳保温瓶（小）	03	产成品
40	车间管理人员工资	04	结转费用
41	折旧	04	结转费用
42	生产工人	04	结转费用

操作结果，如图 3-64 所示。

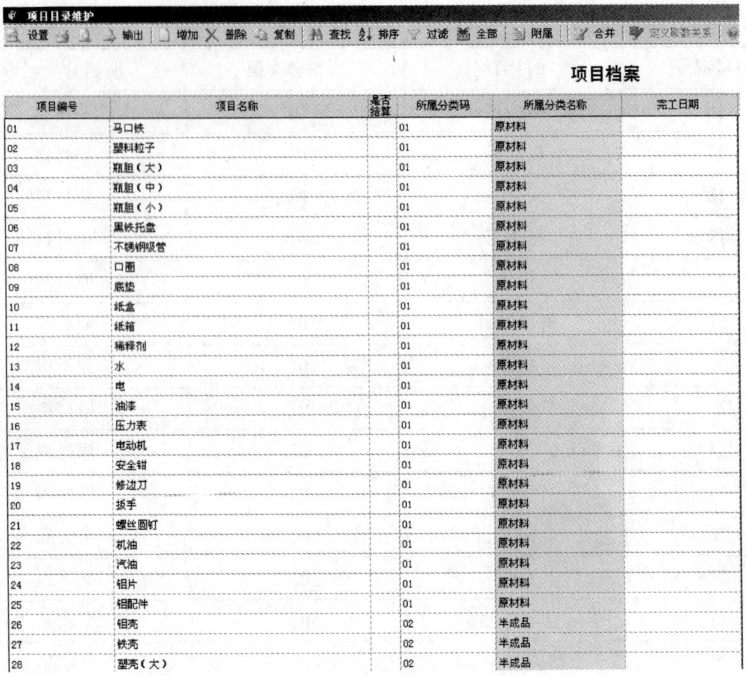

图 3 - 64　项目成本核算项目录操作结果

4. 普通项目大类设置

（1）核算科目，普通项目核算科目，见表 3 - 39。

表 3 - 39　　　　　　　　　普通项目核算科目

科目编码	科目名称
1009	其他货币资金
1101	交易性金融资产
1402	持有至到期投资
1603	在建工程
1801	无形资产
2181	其他应付款
2301	长期借款
5502	管理费用

操作结果，如图 3 - 65 所示。

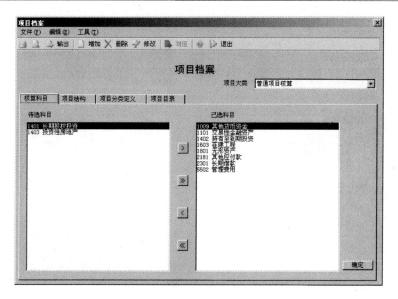

图 3 - 65　普通项目核算科目操作结果

（2）项目分录定义，见表 3 - 40。

表 3 - 40　　　　　　　　　　　普通项目核算分类定义

分类编码	分类名称
01	材料类
02	投资与融资类
0201	交易性金融资产
0202	长期借款
0203	长期股权投资
0204	其他货币资金
0205	持有至到期投资
03	在建工程与无形资产
0301	在建工程
0302	无形资产
04	其他类
0401	管理费用
0402	其他应付款

操作结果，如图 3 - 66 所示。

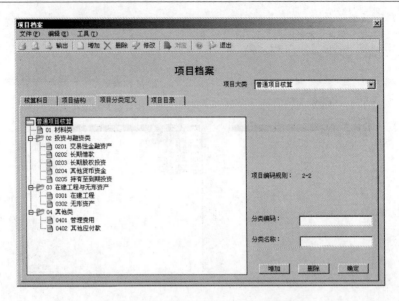

图 3－66   普通项目核算分类定义操作结果

（3）项目目录，见表 3－41。

表 3－41   普通项目核算项目目录资料

项目编号	项目名称	所属分类码	所属分类名称
01	铝片	01	材料类
02	铝配件	01	材料类
03	马口铁	01	材料类
04	塑料粒子	01	材料类
05	瓶胆类	01	材料类
06	水	01	材料类
07	电	01	材料类
08	黑铁托盘	01	材料类
09	不锈钢吸管	01	材料类
10	口圈	01	材料类
11	底垫	01	材料类
12	纸盒	01	材料类
13	纸箱	01	材料类
14	油漆	01	材料类
15	稀释剂	01	材料类

项目编号	项目名称	所属分类码	所属分类名称
16	汽油	01	材料类
17	机油	01	材料类
18	螺丝圆钉	01	材料类
19	压力表	01	材料类
20	电动机	01	材料类
21	安全钳	01	材料类
22	修边刀	01	材料类
23	扳手	01	材料类
24	财产保险	01	材料类
25	机动车辆保险	01	材料类
26	报刊	01	材料类
27	产本	0201	交易性金融资产
28	公允价值变动	0201	交易性金融资产
29	成本	0202	长期借款
30	利息调整	0202	长期借款
31	应计利息	0202	长期借款
32	银行本票存款	0204	其他货币资金
33	银行汇票存款	0204	其他货币资金
34	代转让支票	0204	其他货币资金
35	存出投资款	0204	其他货币资金
59	成本	0205	持有至到期投资
60	利息调整	0205	持有至到期投资
61	应计利息	0205	持有至到期投资
36	建造仓库工程	0301	在建工程
37	安装冲床工程	0301	在建工程
38	新建生产线工程	0301	在建工程
39	非专利技术	0302	无形资产
40	职工薪酬	0401	管理费用
41	折旧修理及财产保险	0401	管理费用
42	无形资产摊销	0401	管理费用
43	材料消耗	0401	管理费用
44	存货盘亏	0401	管理费用

续表

项目编号	项目名称	所属分类码	所属分类名称
45	电话费	0401	管理费用
46	业务招待费	0401	管理费用
47	交通差旅费	0401	管理费用
48	办公及其他	0401	管理费用
49	税金	0401	管理费用
50	应付养老保险费	0402	其他应付款
51	应付住房公积金	0402	其他应付款
52	应付医疗保险费	0402	其他应付款
53	应付失业保险费	0402	其他应付款
54	应付生育保险费	0402	其他应付款
55	应付工伤保险费	0402	其他应付款
56	提取教育经费	0402	其他应付款
57	应付工会会费	0402	其他应付款
58	其他	0402	其他应付款

操作结果，如图 3 - 67 所示。

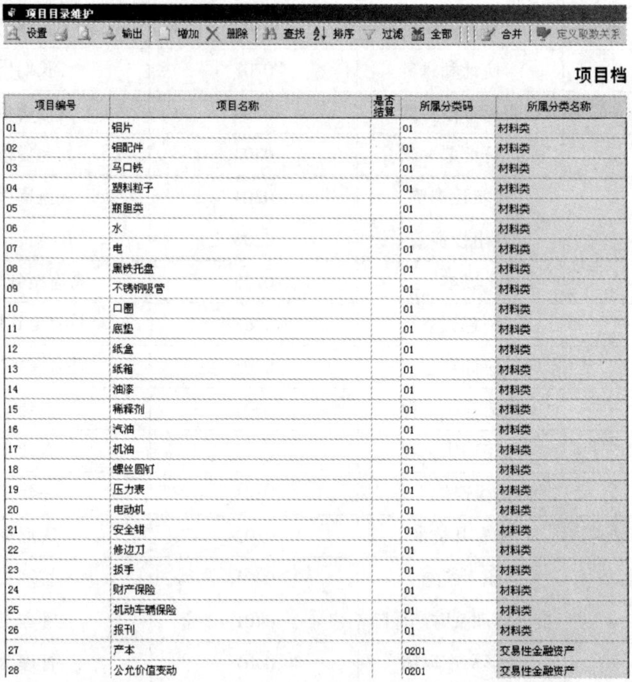

图 3 - 67   普通项目核算项目目录操作结果

5. 现金流量项目大类

（1）项目分类定义，见表 3 - 42。

表 3 - 42　　　　　　　　　　　　项目分类定义

分类编码	分类名称
01	经营活动
0101	现金流入
0102	现金流出
02	投资活动
0201	现金流入
0202	现金流出
03	筹资活动
0301	现金流入
0302	现金流出
04	汇率变动
0401	汇率变动
05	现金及现金等价物
0501	现金及现金等价物

操作结果如图 3 - 68 所示。

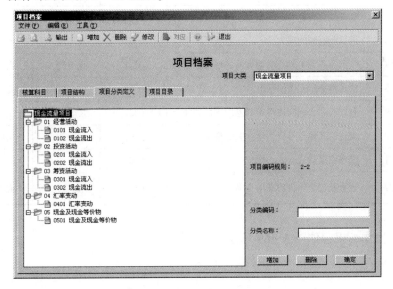

图 3 - 68　项目分类定义结果

（2）项目目录，见表 3 - 43。

表 3 – 43　　　　　　　　　　　**项目目录**

项目编号	项目名称	所属分类码	所属分类名称	方向
01	销售商品、提供劳务收到的现金	0101	现金流入	流入
02	收到的税费返还	0101	现金流入	流入
03	收到的其他与经营活动的现金	0101	现金流入	流入
04	购买商品、接受劳务支付的现金	0102	现金流出	流出
05	支付给职工以及为职工支付的现金	0102	现金流出	流出
06	支付的各项税费	0102	现金流出	流出
07	支付的与其他经营活动有关的现金	0102	现金流出	流出
08	收回投资所收到的现金	0201	现金流入	流入
09	取得投资收益所收到的现金	0201	现金流入	流入
10	处置固定资产、无形资产和其他长期资产所收回的现金净额	0201	现金流入	流入
11	收到的其他与投资活动有关的现金	0201	现金流入	流入
12	购建固定资产、无形资产和其他长期资产所支付的现金	0202	现金流出	流出
13	投资所支付的现金	0202	现金流出	流出
14	支付的其他与投资活动有关的现金	0202	现金流出	流出
15	吸收投资所收到的现金	0301	现金流入	流入
16	借款所收到的现金	0301	现金流入	流入
17	收到的其他与筹资活动有关的现金	0301	现金流入	流入
18	偿还债务所支付的现金	0302	现金流出	流出
19	分配股利、利润或偿还利息所支付的现金	0302	现金流出	流出
20	支付的其他与筹资活动有关的现金	0302	现金流出	流出
21	汇率变动对现金的影响	0401	汇率变动	流入
22	现金及现金等价物净增加额	0501	现金及现金等价物	流入

操作结果，如图 3 – 69 所示。

图 3 - 69　项目目录操作结果

（五）成本中心

成本中心是独立收集成本的最小组织或责任单位，承担成本费用的流入、流出。通过成本中心可以区分相关区域发生的费用和监控不同组织费用的发生情况。成本中心可以与部门的设置不一致，按其功能可区分为生产成本中心、辅助成本中心等。本账套成本中心设置见表 3 - 44。

表 3 - 44　　　　　　　　　　成本中心表

序号	成本中心编码	成本中心名称	生产属性
1	01	制壳车间	基本生产
2	02	塑料车间	基本生产
3	03	装配车间	基本生产
4	04	辅助车间	辅助生产

操作步骤：

1. 执行"财务"｜"成本中心"｜"增行"｜输入基本信息，结果如图 3 - 70 所示。

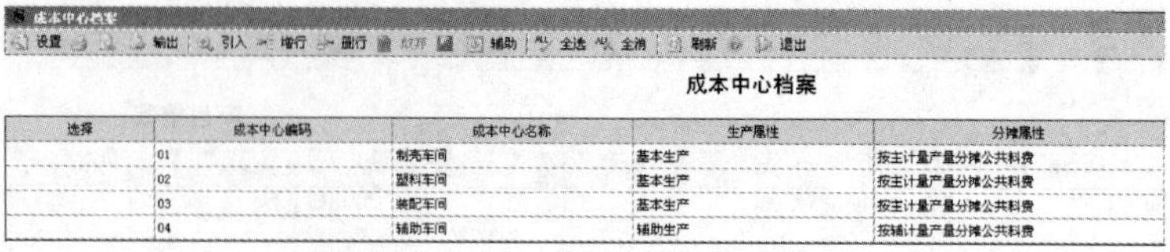

成本中心档案

选择	成本中心编码	成本中心名称	生产属性	分摊属性
	01	制壳车间	基本生产	按主计量产量分摊公共料费
	02	塑料车间	基本生产	按主计量产量分摊公共料费
	03	装配车间	基本生产	按主计量产量分摊公共料费
	04	辅助车间	辅助生产	按辅计量产量分摊公共料费

图3－70 成本中心档案

2. 在辅助车间要设置辅助成本中心服务，如图3－71所示。

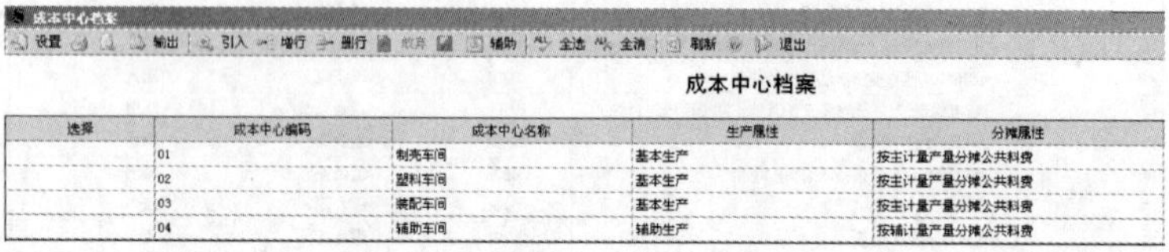

成本中心档案

选择	成本中心编码	成本中心名称	生产属性	分摊属性
	01	制壳车间	基本生产	按主计量产量分摊公共料费
	02	塑料车间	基本生产	按主计量产量分摊公共料费
	03	装配车间	基本生产	按主计量产量分摊公共料费
	04	辅助车间	辅助生产	按辅计量产量分摊公共料费

图3－71 辅助成本中心服务

（六）成本中心对照

成本中心对照的功能是确定哪些部门或工作中心参与成本核算，以及确定辅助生产成本中心的辅助服务，是应用成本管理的必须设置条件。成本中心对照资料见表3－45。

表3－45 成本中心对照表

序号	成本中心编码	成本中心名称	部门编码	部门名称
1	01	制壳车间	01	制壳车间
2	02	塑料车间	02	塑料车间
3	03	装配车间	03	装配车间
4	04	辅助车间	04	辅助车间

提示：（需要在启用成本管理系统后再进行设置）

操作步骤：执行“基础档案”｜“财务”｜“成本中心对照”｜“增行”，按资料填入信息后保存，结果如图3－72所示。

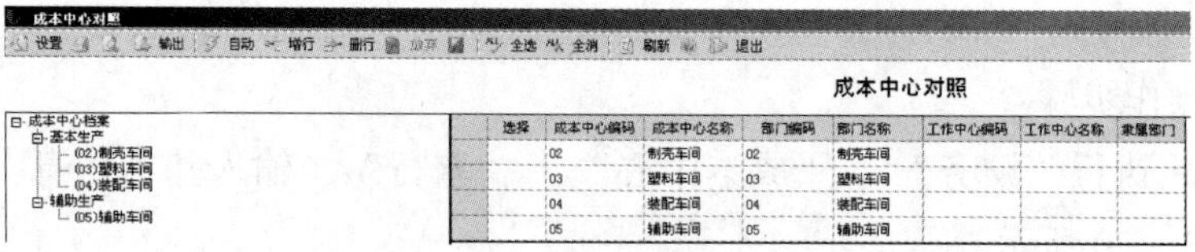

选择	成本中心编码	成本中心名称	部门编码	部门名称	工作中心编码	工作中心名称	隶属部门
	02	制壳车间	02	制壳车间			
	03	塑料车间	03	塑料车间			
	04	装配车间	04	装配车间			
	05	辅助车间	05	辅助车间			

图3－72 成本中心对照

六　收付结算设置

（一）结算方式

该功能用来建立和管理用户在经营活动中所涉及的结算方式。它与财务结算方式一致，如现金结算、支票结算等。结算方式最多可以分为2级。结算方式一旦被引用，便不能进行修改和删除的操作。结算方式资料见表3-46。

表3-46　　　　　　　　　　　结算方式

结算编码	结算方式	是否票据管理
1	现金	否
2	支票	是
201	现金支票	是
202	转账支票	是
3	银行汇票	是
4	商业汇票	是
401	商业承兑汇票	是
402	银行承兑汇票	是
8	信用证	是
9	银行本票	是

操作步骤：

执行"收付结算"｜"结算方式"命令，打开"结算方式"窗口，单击"增加"，按资料输入结算方式后保存，如图3-73所示。

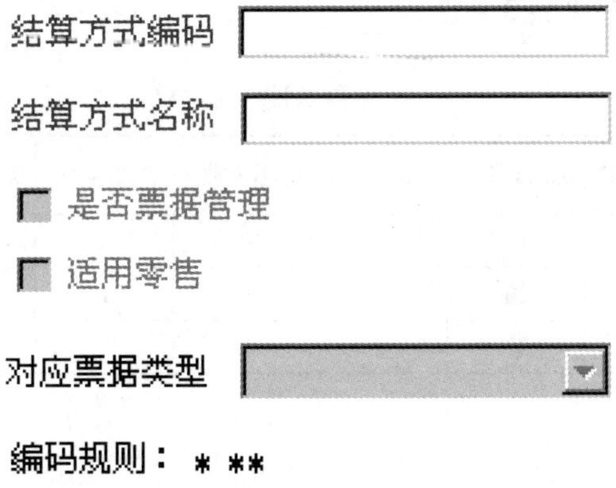

图3-73　结算方式

　　提示：①结算方式编码和名称必须输入，编码要符合编码规则。②票据管理标志是为出纳对银行结算票据的管理而设置的功能，需要进行票据登记的结算方式时选择此项功能，全部设置完成如图 3 - 74 所示。

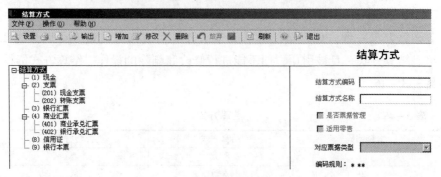

图 3 - 74　结算方式设置完成

（二）付款条件

　　付款条件也叫现金折扣，是指企业为了鼓励客户偿还贷款而允诺在一定期限内给予的规定的折扣优待。这种折扣条件通常可表示为 5/10，2/20，n/30，它的意思是客户在 10 天内偿还贷款，可得到 5% 的折扣，只付原价的 95% 的货款；在 20 天内偿还贷款，可得到 2% 的折扣，只要付原价的 98% 的货款；在 30 天内偿还贷款，则须按照全额支付货款；在 30 天以后偿还贷款，则不仅要按全额支付贷款，还可能要支付延期付款利息或违约金。付款条件将主要在采购订单、销售订单、采购结算、销售结算、客户目录、供应商目录中引用。系统最多同时支持 4 个时间段的折扣。付款条件资料见表 3 - 47。

表 3 - 47　　　　　　　　　　　　付款条件

付款条件编码	信用天数	优惠天数 1	优惠 1	优惠天数 2	优惠 2	优惠天数 3	优惠 3
01	30	10	4	20	2	30	0
02	60	20	2	40	1	60	0
03	60	30	2	45	1	60	0

　　操作步骤：

　　1. 在"基础设置"选项卡中，执行"基础档案" ｜ "收付件算" ｜ "付款条件"，进入"付款条件"窗口。

2. 单击"增加"按钮，按资料已知信息录入付款条件，如图 3 – 75 所示。

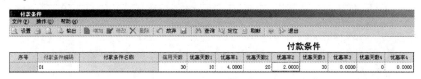

图 3 – 75　录入付款条件

3. 单击"保存"按钮。依次输入其他条件，如图 3 – 76 所示。

序号	付款条件编码	付款条件名称	信用天数	优惠天数1	优惠率1	优惠天数2	优惠率2	优惠天数3	优惠率3	优惠天数4	优惠率4
1	01	4/10, 2/20, n/30	30	10	4.0000	20	2.0000	30	0.0000	0	0.0000
2	02	2/20, 1/40, n/60	60	20	2.0000	40	1.0000	60				0.0000
3	03	2/30, 1/45, n/60	60	30	2.0000	45	1.0000	60	0.0000	0	0.0000

图 3 – 76　输入其他条件

4. 单击"退出"按钮退出窗口。

（三）本单位开户银行

此功能用于维护及查询使用单位的开户银行信息。开户银行一旦被引用，便不能进行修改和删除的操作，开户银行资料见表 3 – 48。

表 3 – 48　　　　　　　　　　本单位开户银行表

序号	编码	银行账号	开户银行	所属银行编码	所属银行名称
1	01	622 – 03012356	工商银行深圳分行晨光路支行	01	中国工商银行
2	02	623 – 36698745	中国银行惠州分行	00002	中国银行

提示：中国银行的机构号为 01，联行号为 01。

操作步骤：

1. 执行"基础档案"｜"收付结算"｜"本单位开户银行"｜"增加"｜输入基本信息，如图 3 – 77 所示。

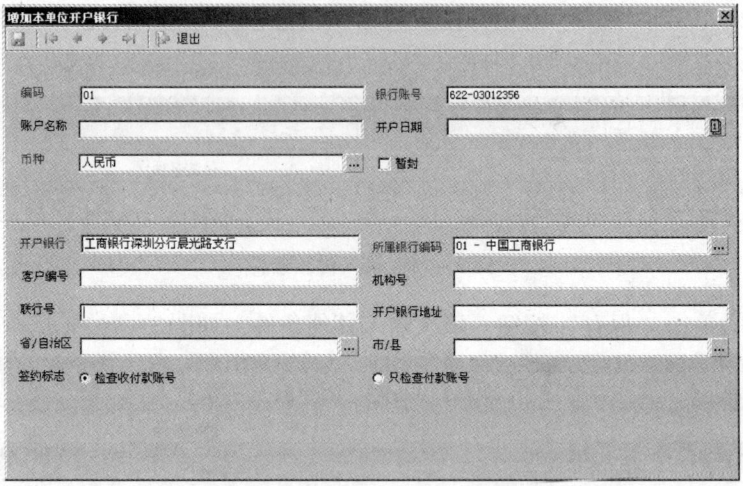
增加本单位开户银行
退出
编码 01
银行账号 622-03012356
账户名称
开户日期
币种 人民币
暂封
开户银行 工商银行深圳分行晨光路支行
所属银行编码 01 - 中国工商银行
客户编号
机构号
联行号
开户银行地址
省/自治区
市/县
签约标志 检查收付款账号
只检查付款账号

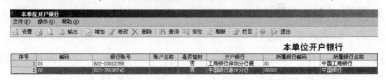

图3-77 增加本单位开户银行

2. 单击“保存”，所有信息输入完毕后如图3-78所示。

本单位开户银行
文件(F) 操作(O) 帮助(H)
设置 输出 增加 修改 删除 查询 定位 刷新 栏目 退出
本单位开户银行
序号 编码 银行账号 账户名称 是否暂封 开户银行 所属银行编码 所属银行名称
1 01 622-03012356 否 工商银行深圳分行晨... 01 中国工商银行
2 02 623-36698745 否 中国银行惠州分行 00002 中国银行

图3-78 保存本单位开户银行

七 业务信息设置

（一）仓库档案

存货一般是用仓库来保管的，对存货进行核算管理，首先应对仓库进行管理，因此进行仓库设置是供销链管理系统的重要基础准备工作之一。第一次使用本系统时，应先将本单位使用的仓库，预先输入到系统之中，即进行“仓库档案设置”。在本系统中，可以对操作员管理仓库权限进行控制，包括查询、录入权限。具体操作员仓库权限的操作可以参看“基础设置”中“数据权限”中设置。仓库档案资料见表3-49。

表3-49　仓库档案

仓库编码	仓库名称	计价方式	是否货位管理	是否参与MRP运算	是否参与ROP计算
01	产成品仓库	计划价法	是	是	是
02	自制半成品仓库	计划价法	是	是	是

续表

仓库编码	仓库名称	计价方式	是否货位管理	是否参与MRP运算	是否参与ROP计算
03	原材料仓库	计划价法	否	是	是
09	其他仓库	计划价法	否	否	否

操作步骤：

执行“业务”｜“仓库档案”命令，打开“仓库档案”窗口。在仓库编码录入“01”仓库名称“产成品仓库”，计价方式“计划价法”，且进行货位管理，如图3－79所示。

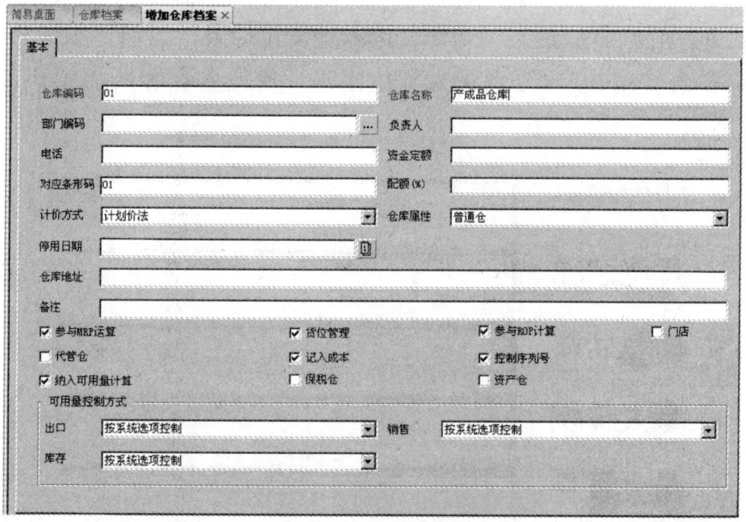

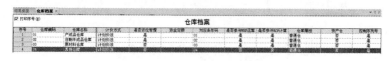

图3－79　增加仓库档案

标准成本法设置结果如图3－80所示。

仓库档案

序号	仓库编码	仓库名称	计价方式	是否货位管理	资金定额	对应条形码	是否参与MRP运算	是否参与ROP计算	仓库属性	资产仓	控制序列号
1	01	产成品仓库	计划价法	是		01	是	是	普通仓	否	是
2	02	自制半成品仓库	计划价法	是		02	是	是	普通仓	否	是
3	03	原材料仓库	计划价法	否		03	是	是	普通仓	否	是
4	04	其他仓库	计划价法	否		04	否	否	普通仓	否	是

图3－80　增加仓库档案结果

（二）货位档案

本功能用于设置企业各仓库所使用的货位。对存货进行货位管理的企业，在使用本系统提供的录入期初结存或进行日常业务处理之前，首先应对本企业各仓库所使用的货位进行定义，以便在实物出入库时确定存货的货位。本账套货位档案资料见表3－50。

表 3 – 50 货位档案

货架编码	货架名称	仓库
01	塑壳保温瓶货架	产成品仓库
02	铁壳保温瓶	产成品仓库
03	铝壳气压保温瓶	产成品仓库
04	壳类货架	自制半成品仓库
05	配件类货架	自制半成品仓库

操作步骤:

1. 企业应用平台中,打开"基础设置"选项卡,执行"基础档案" | "业务" | "货位档案"命令,进入"货位档案"窗口。

2. 单击"增加",分别录入货位编码、货位名称和所属编码,如图 3 – 81 所示。

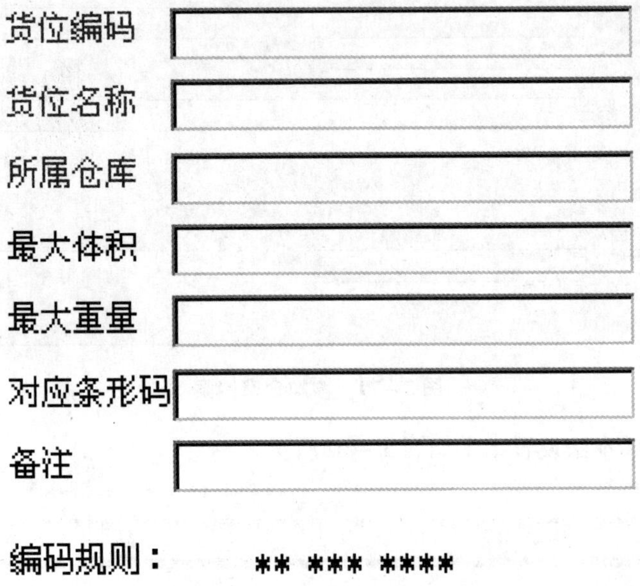

货位编码 _____

货位名称 _____

所属仓库 _____

最大体积 _____

最大重量 _____

对应条形码 _____

备注 _____

编码规则: ** *** ****

图 3 – 81 增加货位档案

3. 单击"保存"按钮,依次输入其他货位,如图 3 – 82 所示。

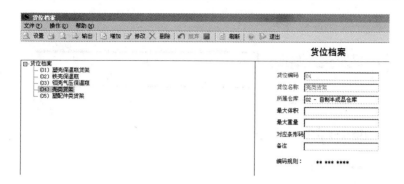

图 3 - 82　输入其他货位

4. 单击"退出"按钮，退出"货位档案"窗口

（三）收发类别

收发类别设置，是为了用户对材料的出入库情况进行分类汇总统计而设置的，表示材料的出入库类型，用户可根据各单位的实际需要自由灵活地进行设置。收发类别资料见表 3 - 51。

表 3 - 51　　　　　　　　　　收发类别

收发类别编码	收发类别名称	收发标志	收发类别编码	收发类别名称	收发标志
1	入库	1	2	出库	0
11	采购入库	1	21	销售出库	0
12	半成品入库	1	22	生产领用	0
13	产成品入库	1	23	办公领料	0
14	调拨入库	1	24	调拨出库	0
15	盘盈入库	1	25	盘亏出库	0
19	其他入库	1	29	其他出库	0

提示："1"代表收，"0"代表发。

操作步骤：

1. 执行"基础设置"｜"业务"｜"收发类别"命令，打开"收发类别"窗口，单击"增加"，按资料输入收发类别，如图 3 - 83 所示。

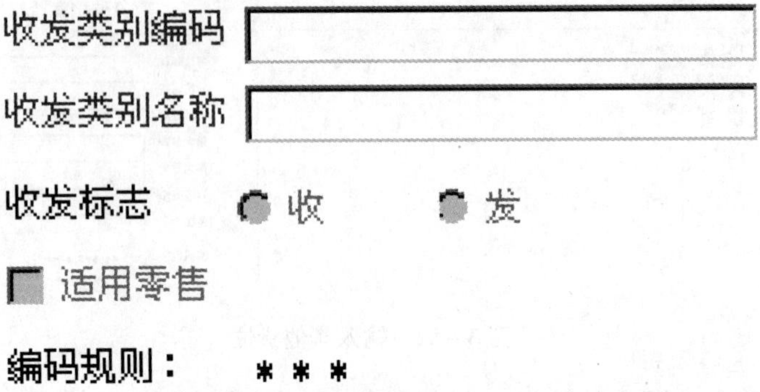

收发类别编码 ⬚

收发类别名称 ⬚

收发标志   ◉ 收   ◉ 发

☐ 适用零售

编码规则：   * * *

图 3 – 83   收发类别设置

2. 单击"保存"，依次输入其他，全部收发类别的设置结果如图3 – 84 所示。

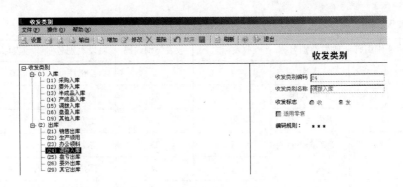

图 3 – 84   收发类别设置结果

（四）采购类型

采购类型是由用户根据企业需要自行设定的项目，用户在使用采购管理系统，填制采购入库单等单据时，会涉及采购类型栏目。如果企业需要按采购类型进行统计，那就应该建立采购类型项目。采购类型不分级次，企业可以根据实际需要进行设立。例如：从国外购进、国内购进、从省外购进、从本地购进；从生产厂家购进，从批发企业购进；为生产采购、为委托加工采购、为在建工程采购等，采购类型资料见表 3 – 52。

表 3 – 52　　　　　　　　　　　　　采购类型

采购类型编码	采购类型名称	入库类别	是否默认值	是否委外默认值
01	普通采购	采购入库	是	否

操作步骤：

1. 执行"基础设置"｜"业务"｜"采购类型"命令，打开"采购类型"窗口。单击"增加"，按资料输入采购类型，如图 3 – 85 所示。

图 3 – 85　采购类型

2. 单击"保存"。

（五）销售类型

用户在处理销售业务时，可以根据自身的实际情况自定义销售类型，以便于按销售类型对销售业务数据进行统计和分析。本功能完成对销售类型的设置和管理，用户可以根据业务的需要方便地增加、修改、删除、查询、打印销售类型，销售类型资料见表 3 – 53。

表 3 – 53　　　　　　　　　　　　　销售类型

销售类型编码	销售类型名称	出库类别	是否默认值
01	普通销售	销售出库	是

操作步骤：

1. 执行"业务"｜"销售类型"命令，打开"销售类型"窗口，单击"增加"，按资料输入销售类型，如图 3 – 86 所示。

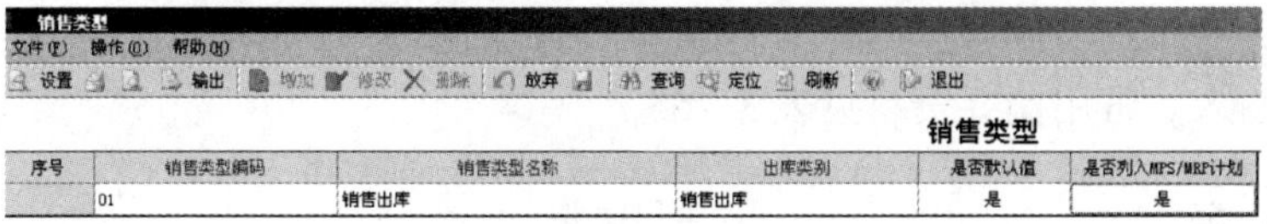

图 3 – 86　销售类型

2. 单击"保存"。

（六）工作中心资料维护

新增、修改、删除、查询、打印工作中心基本资料。工作中心让工艺路线工序得以归属，也作为产能/负载计算、成本资料收集/分摊或是生产效率评估的单位。工作中心资料维护资料见表 3－54。

表 3－54　　　　　　　　　　　工作中心资料维护

序号	工作中心代号	工作中心名称	隶属部门	部门名称
1	0001	制壳车间	02	制壳车间
2	0002	塑料车间	03	塑料车间
3	0003	装配车间	04	装配车间
4	0004	辅助车间	05	辅助车间

操作步骤：

执行“基础档案”｜“业务”｜“工作中心维护”｜“增加”｜输入基本信息｜“保存”。如图 3－87 所示。

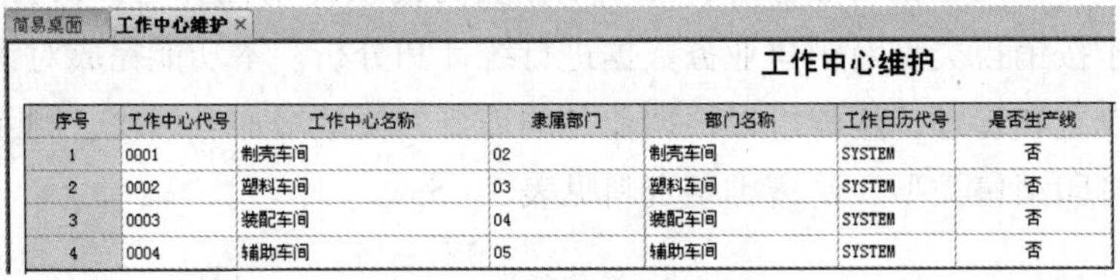

序号	工作中心代号	工作中心名称	隶属部门	部门名称	工作日历代号	是否生产线
1	0001	制壳车间	02	制壳车间	SYSTEM	否
2	0002	塑料车间	03	塑料车间	SYSTEM	否
3	0003	装配车间	04	装配车间	SYSTEM	否
4	0004	辅助车间	05	辅助车间	SYSTEM	否

图 3－87　工作中心资料维护

八　常用摘要设置

企业在处理日常业务数据时，在输入单据或凭证的过程中，因为业务的重复性发生，经常会有许多摘要完全相同或大部分相同，如果将这些常用摘要存储起来，在输入单据或凭证时随时调用，必将大大提高业务处理效率。调用常用摘要可以在输入摘要时直接输摘要代码或按［F2］键或参照输入。常用摘要资料见表 3－55。

表 3－55　　　　　　　　　　　常用摘要

摘要编码	摘要内容
01	提现
02	发放职工工资

续表

摘要编码	摘要内容
03	向银行借入短期借款
04	签发本票
05	报废固定资产
06	职工借款
07	购买办公用品
08	缴纳税费

操作步骤：

（一）在"基础设置"选项卡中，执行"基础档案"｜"其他"｜"常用摘要"，进入"常用摘要"窗口。

（二）单击"增加"按钮，分别输入摘要编码和摘要名称，如图3-88所示。

图3-88　常用摘要设置

（三）单击"保存"，依次输入，如图3-89所示，单击"退出"按钮，退出"常用摘要"窗口。

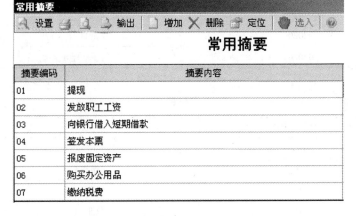

图3-89　常用摘要设置结果

九　对照表设置

(一)　仓库存货对照表

本功能用于设置企业各仓库所能存放的存货或存货所能存放的仓库。仓库存货对照表资料见表 3 - 56、表 3 - 57、表 3 - 58 和表 3 - 59。

表 3 - 56　　　　　　　　　　产成品仓

存货编码	存货名称
0301	铝壳气压保温瓶
0302	铁壳保温瓶
0303	塑壳保温瓶 (大)
0304	塑壳保温瓶 (中)
0305	塑壳保温瓶 (小)

表 3 - 57　　　　　　　　　　自制半成品仓

存货编码	存货名称
020101	铝壳
020102	铁壳
020201	塑壳 (大)
020202	塑壳 (中)
020203	塑壳 (小)
020204	塑配件 (大)
020205	塑配件 (中)
020206	塑配件 (小)
020207	气压式塑配件

表 3 - 58　　　　　　　　　　原材料仓

存货编码	存货名称
0101	马口铁
0102	塑料粒子
0103	瓶胆 (大)
0104	瓶胆 (中)
0105	瓶胆 (小)

续表

存货编码	存货名称
0106	黑铁托盘
0107	不锈钢吸管
0108	口圈
0109	底垫
0110	纸盒
0111	纸箱
0112	稀释剂
0113	水
0114	电
0115	油漆
0116	压力表
0117	电动机
0118	安全钳
0119	修边刀
0120	扳手
0121	螺丝圆钉
0122	机油
0123	汽油
0124	铝片
0125	铝配件

表 3 - 59　　　　　　　　　　其他仓库

存货编码	存货名称
0901	运输费
0902	报刊
0903	财产保险
0904	机动车辆保险

操作步骤：

1. 在"基础设置"选项卡中，执行"基础档案" | "对照表" | "仓库存货对照表"，进入"仓库存货对照表"窗口。

2. 单击"增加"按钮，选择仓库编码，输入相应存货编码，如图3 -

90 所示。

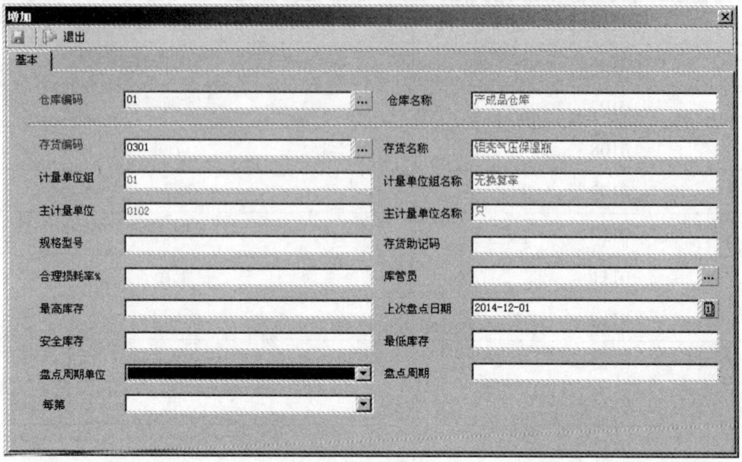

图 3 - 90 仓库存货对照

3. 单击"保存"按钮。

4. 同理依次增加资料所给信息。

（二）存货货位对照表

存货货位对照表可用于设置存货的固定货位或常用货位，可设置优先级。存货货位资料见表 3 - 60。

表 3 - 60 仓库存货货位对照表

存货编码	存货名称	货位编码	货位名称	仓库编码	仓库名称
0301	铝壳气压保温瓶	03	铝壳保温瓶	01	产成品仓库
0302	铁壳保温瓶	02	铁壳保温瓶	01	产成品仓库
0303	塑壳保温瓶（大）	01	塑壳保温品货架	01	产成品仓库
0304	塑壳保温瓶（中）	01	塑壳保温品货架	01	产成品仓库
0305	塑壳保温瓶（小）	01	塑壳保温品货架	01	产成品仓库
020101	铝壳	04	壳类货架	02	自制半成品仓库
020102	铁壳	04	壳类货架	02	自制半成品仓库
020201	塑壳（大）	04	壳类货架	02	自制半成品仓库
020202	塑壳（中）	04	壳类货架	02	自制半成品仓库
020203	塑壳（小）	04	壳类货架	02	自制半成品仓库
020204	塑配件（大）	05	配件类货架	02	自制半成品仓库
020205	塑配件（中）	05	配件类货架	02	自制半成品仓库

续表

存货编码	存货名称	货位编码	货位名称	仓库编码	仓库名称
020206	塑配件（小）	05	配件类货架	02	自制半成品仓库
020207	气压式塑配件	05	配件类货架	02	自制半成品仓库

操作步骤：

1. 在"基础设置"选项卡中，执行"基础档案"｜"对照表"｜"仓库存货对照表"，进入"货位对照表"窗口。

2. 单击"增加"按钮，选择货位编码，输入相应的存货编码和存货编码，其他自动带出，如图3－91所示。

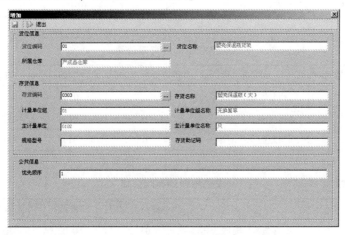

图3－91 仓库存货货位对照

3. 单击"保存"按钮。

4. 同理依次增加资料所给信息，如图3－92所示。

图3－92 仓库存货货位对照结果

（三）供应商存货对照表

本功能用于反映某一供应商可以提供哪些存货或某一存货由哪些供应商提供，以及该存货在各供应商间的配额分配和价格水平。在物料需求计划系统中用该对照表进行计划的配额分配，在采购管理系统中用于采购凭证的价格确定。必须先设置供应商档案和存货档案后，再设置供应商存货对照表。物料需求计划、采购管理系统使用该表，无此要求的用户可不使用。供应商存货资料见表 3 − 61 至表 3 − 76。

表 3 − 61　　　　　　　　　　北京有色金属公司

供应商编码	供应商名称	供应商分类编码	存货编码	存货名称
0101	北京有色金属公司	01	0101	马口铁

表 3 − 62　　　　　　　　　　郑州瓶胆总厂有限公司

供应商编码	供应商名称	供应商分类编码	存货编码	存货名称
0102	郑州瓶胆总厂有限公司	01	0103	瓶胆（大）
0102	郑州瓶胆总厂有限公司	01	0104	瓶胆（中）
0102	郑州瓶胆总厂有限公司	01	0105	瓶胆（小）

表 3 − 63　　　　　　　　　　成都塑料厂有限公司

供应商编码	供应商名称	供应商分类编码	存货编码	存货名称
0103	成都塑料厂有限公司	01	0102	塑料粒子

表 3 − 64　　　　　　　　　　开封金属材料公司

供应商编码	供应商名称	供应商分类编码	存货编码	存货名称
0104	开封金属材料公司	01	0106	黑铁托盘
0104	开封金属材料公司	01	0107	不锈钢吸管

表 3 − 65　　　　　　　　　　普奥涂料供应公司

供应商编码	供应商名称	供应商分类编码	存货编码	存货名称
0105	普奥涂料供应公司	01	0112	稀释剂
0105	普奥涂料供应公司	01	0115	油漆

表 3 – 66 内蒙古杜家橡胶厂股份有限公司

供应商编码	供应商名称	供应商分类编码	存货编码	存货名称
0107	内蒙古杜家橡胶厂股份有限公司	01	0108	口圈
0107	内蒙古杜家橡胶厂股份有限公司	01	0109	底垫

表 3 – 67 韶关市纸品厂有限责任公司

供应商编码	供应商名称	供应商分类编码	存货编码	存货名称
0108	韶关市纸品厂	01	0110	纸盒
0108	韶关市纸品厂	01	0111	纸箱

表 3 – 68 三亚建材公司

供应商编码	供应商名称	供应商分类编码	存货编码	存货名称
0109	三亚建材公司	01	0121	螺丝圆钉

表 3 – 69 潮州机械制造有限公司

供应商编码	供应商名称	供应商分类编码	存货编码	存货名称
0110	潮州机械制造有限公司	01	0116	压力表
0110	潮州机械制造有限公司	01	0117	电动机
0110	潮州机械制造有限公司	01	0118	安全钳
0110	潮州机械制造有限公司	01	0119	修边刀
0110	潮州机械制造有限公司	01	0120	扳手
0110	潮州机械制造有限公司	01	0122	机油
0110	潮州机械制造有限公司	01	0123	汽油

表 3 – 70 佛山铝材厂有限公司

供应商编码	供应商名称	供应商分类编码	存货编码	存货名称
0111	佛山铝材厂有限公司	01	0124	铝片

表 3 – 71 汕头市铝制品厂股份公司

供应商编码	供应商名称	供应商分类编码	存货编码	存货名称
0112	汕头市铝制品厂	01	0125	铝配件

表 3－72　　　　　　　　　　　惠州电力运输公司

供应商编码	供应商名称	供应商分类编码	存货编码	存货名称
0201	惠州电力运输公司	02	0901	运输费

表 3－73　　　　　　　　　　　深圳平安邮局

供应商编码	供应商名称	供应商分类编码	存货编码	存货名称
0203	深圳平安邮局	02	0902	报刊

表 3－74　　　　　　　　　　　平安保险公司

供应商编码	供应商名称	供应商分类编码	存货编码	存货名称
0204	平安保险公司	02	0903	财产保险
0204	平安保险公司	02	0904	机动车辆保险

表 3－75　　　　　　　　　　　深圳自来水厂

供应商编码	供应商名称	供应商分类编码	存货编码	存货名称
0205	深圳自来水厂	02	0113	水

表 3－76　　　　　　　　　　　深圳供电局

供应商编码	供应商名称	供应商分类编码	存货编码	存货名称
0206	深圳供电局	02	0114	电

操作步骤：

1. 在"基础设置"选项卡中，执行"基础档案"｜"对照表"｜"供应商存货对照表"，进入"供应商存货对照表"窗口。

2. 单击"增加"按钮，选择供应商编码，输入相应存货编码，如图 3－93 所示。

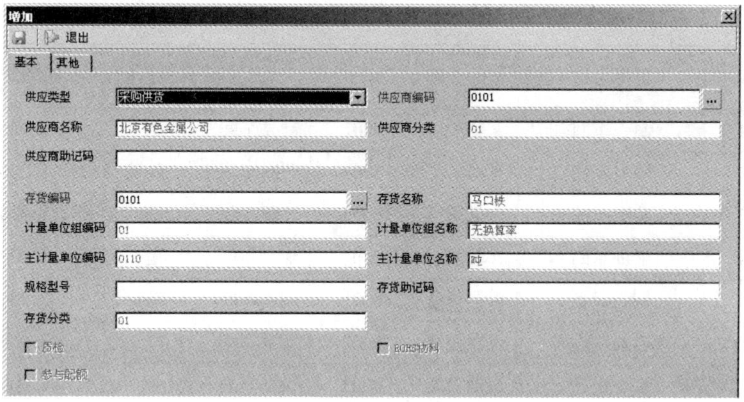

图 3 – 93 选择供应商编码并输入存货编码

3. 单击"保存"按钮。

4. 同理依次增加资料所给信息，如图 3 – 94 所示。

图 3 – 94 增加资料所给信息

（四）客户存货对照表

本档案用于反映客户和存货的对应关系，设置客户对应的存货的检验属性，以及存货在客户处所使用的名称等。必须在先设置客户档案和存货档案后，再设置客户存货对照表。无此要求的用户可不设置。

十 生产制造设置

（一）资源资料维护

维护分属于各工作中心的资源资料，以供评估产能、计算成本之用，资源资料维护资料见表 3 – 77（未做说明的数据采用默认）。

表 3 - 77　　　　　　　　　　　　　　资源资料维护

资源代号	资源名称	资源类别	工作中心	工作中心名称	计算产能	可用数量
0001	制壳车间	场所	0001	制壳车间	是	1.0000
0002	塑料车间	场所	0002	塑料车间	是	1.0000
0003	装配车间	场所	0003	装配车间	是	1.0000
0004	辅助车间	场所	0004	辅助车间	是	1.0000
0005	制壳设备	机器设备	0001	制壳车间	是	2.0000
0006	塑料加工设备	机器设备	0002	塑料车间	是	2.0000
0007	装配设备	机器设备	0003	装配车间	是	1.0000
0008	辅助设备	机器设备	0004	辅助车间	是	1.0000
0009	制壳人工	人工	0001	制壳车间	是	29.0000
0010	制壳管理人员	人工	0001	制壳车间	是	3.0000
0011	塑料人工	人工	0002	塑料车间	是	39.0000
0012	塑料管理人员	人工	0002	塑料车间	是	6.0000
0013	装配人工	人工	0003	装配车间	是	30.0000
0014	装配管理人员	人工	0003	装配车间	是	3.0000
0015	辅助人工	人工	0004	辅助车间	是	12.0000

操作步骤：

执行"基础设置"│"基础档案"│"生产制造"│"资源资料维护"│"增加"│输入信息│"保存"，如图 3 - 95 所示。

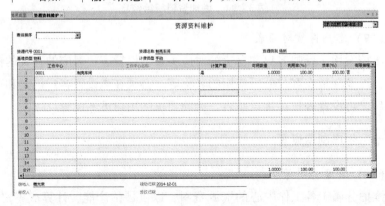

图 3 - 95　资源资料维护

资料全部输完可查询结果，如图 3 - 96 所示。

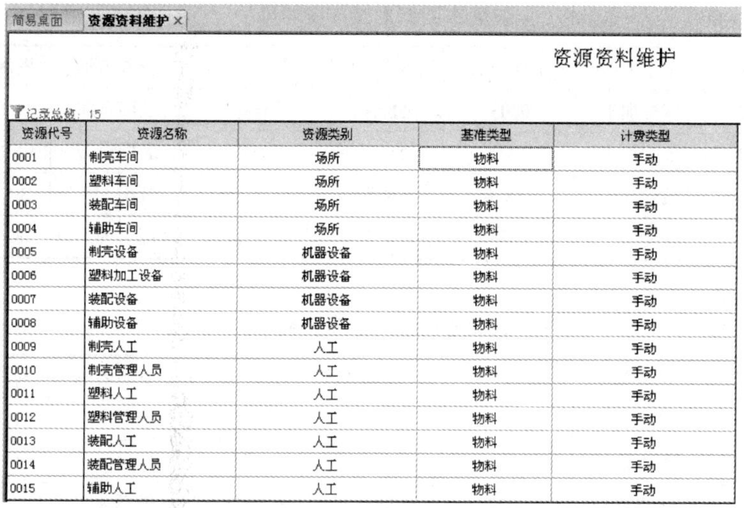

图 3 - 96　资源资料维护查询结果

（二）标准工序资料维护

标准工序通常作为建立工艺路线时的工序模板，如果在建立工艺路线时指定标准工序的工序代码，则标准工序信息将被复制到当前定义的工序中，然后对其进行修改，以节省输入时间。标准工序资料见表 3 - 78、表 3 - 79、表 3 - 80 和表 3 - 81。

表 3 - 78　　　　　　　　制壳车间标准工序资料维护

工序代号	工序说明	工作中心	工作中心名称	资源代号	资源名称	资源数量
0001	制壳加工	0001	制壳车间	0001	制壳车间	1.0000
0001	制壳加工	0001	制壳车间	0005	制壳设备	2.0000
0001	制壳加工	0001	制壳车间	0009	制壳人工	29.0000
0001	制壳加工	0001	制壳车间	0010	制壳管理人员	3.0000

表 3 - 79　　　　　　　　塑料车间标准工序资料维护

工序代号	工序说明	工作中心	工作中心称	资源代号	资源名称	资源数量
0002	塑料加工	0002	塑料车间	0002	塑料车间	1.0000
0002	塑料加工	0002	塑料车间	0006	塑料加工设备	2.0000
0002	塑料加工	0002	塑料车间	0011	塑料人工	39.0000
0002	塑料加工	0002	塑料车间	0012	塑料管理人员	6.0000

表 3 - 80　　　　　　　　装配车间标准工序资料维护

工序代号	工序说明	工作中心	工作中心名称	资源代号	资源名称	资源数量
0003	装配加工	0003	装配车间	0003	装配车间	1.0000
0003	装配加工	0003	装配车间	0007	装配设备	1.0000
0003	装配加工	0003	装配车间	0013	装配人工	30.0000
0003	装配加工	0003	装配车间	0014	装配管理人员	3.0000

表 3 - 81　　　　　　　　辅助车间标准工序资料维护

工序代号	工序说明	工作中心	工作中心名称	资源代号	资源名称	资源数量
0004	辅助加工	0004	辅助车间	0004	辅助车间	1.0000
0004	辅助加工	0004	辅助车间	0008	辅助设备	1.0000
0004	辅助加工	0004	辅助车间	0015	辅助人工	12.0000

操作步骤：

执行"基础档案"｜"生产制造"｜"标准工序资料维护"｜"增加"｜"输入基本信息"｜"保存"，如图 3 - 97 所示。

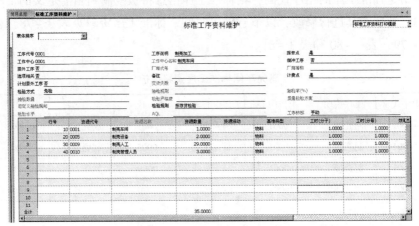

图 3 - 97　标准工序资料维护

同样方法输入其他车间的资源，见图 3 - 98。

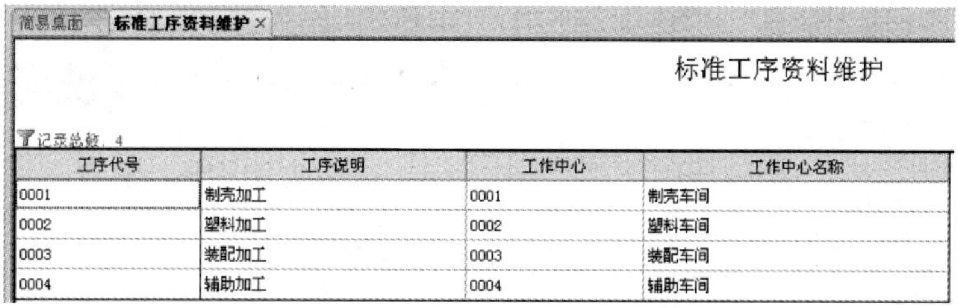
简易桌面　标准工序资料维护 ×

标准工序资料维护

记录总数: 4

工序代号	工序说明	工作中心	工作中心名称
0001	制壳加工	0001	制壳车间
0002	塑料加工	0002	塑料车间
0003	装配加工	0003	装配车间
0004	辅助加工	0004	辅助车间

图 3－98　输入其他车间的资源

（三）工艺路线资料维护

工艺路线资料维护是维护计划品/委外件/自制件/采购件的工艺路线。可以复制现有工艺路线或引用公用工艺路线，节省维护时间，可以建立物料的替代工艺路线，资料见表 3－82。

表 3－82　　　工艺路线资料维护

工艺路线类别	物料编码	物料名称	工作中心	工作中心名称
主工艺路线	0301	铝壳气压保温瓶	0003	装配车间
主工艺路线	0302	铁壳保温瓶	0003	装配车间
主工艺路线	0303	塑壳保温瓶（大）	0003	装配车间
主工艺路线	0304	塑壳保温瓶（中）	0003	装配车间
主工艺路线	0305	塑壳保温瓶（小）	0003	装配车间
主工艺路线	020101	铝壳	0001	制壳车间
主工艺路线	020102	铁壳	0001	制壳车间
主工艺路线	020201	塑壳（大）	0002	塑料车间
主工艺路线	020202	塑壳（中）	0002	塑料车间
主工艺路线	020203	塑壳（小）	0002	塑料车间
主工艺路线	020204	塑配件（大）	0002	塑料车间
主工艺路线	020205	塑配件（中）	0002	塑料车间
主工艺路线	020206	塑配件（小）	0002	塑料车间
主工艺路线	020207	气压式塑配件	0002	塑料车间

操作步骤：

执行“基础档案”｜“生产制造”｜“工艺路线资料维护”｜“增

加"｜"输入信息"｜"保存"｜"审核"，如图 3 – 99 所示。

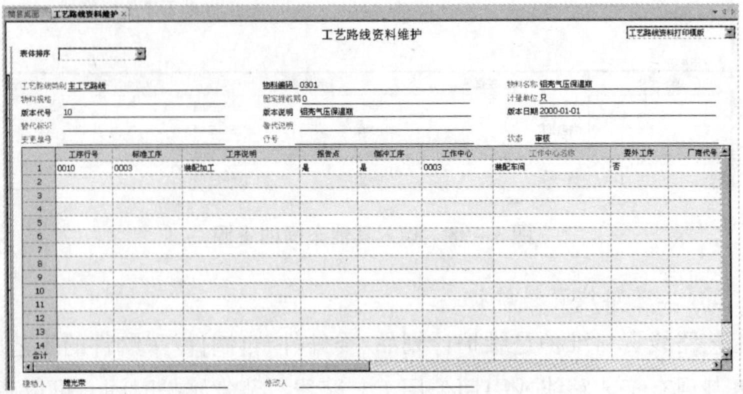

图 3 – 99　工艺路线资料维护

以同样的方法输入其他工艺路线，如图 3 – 100 所示。

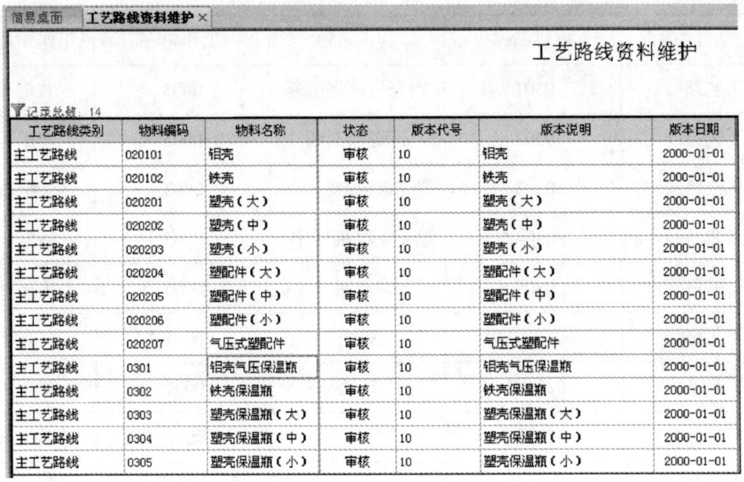

图 3 – 100　输入其他工艺路线

第三节　系统参数设置及期初

一　总账系统

在首次启动总账系统时，需要确定反映总账系统核算要求的各种参数，使得通用总账系统适用于本单位的具体核算要求。总账系统的业务参数将决定总账系统的输入控制、处理方式、数据流向、输出格式等，设定后不能随意更改。使用总账系统需要先启动总账系统程序，然后登录有关操作员、密码、账套、操作日期等信息。

操作步骤：

1. 执行"开始"｜"程序"｜"用友 ERP – U8"｜"企业应用平台"。

2. 录入"操作员"姓名或编号，如"600"账套主管。

3. 选择账套：【100】中国老字号保温瓶有限公司深圳分公司。

4. 输入操作日期"2014 – 12 – 1。

5. 单击"确定"按钮。

6. 在企业应用平台中，选择"财务会计"｜"总账"。

总账系统启动后，系统内预设了一系列总账系统业务处理控制开关，用户可根据企业的具体需要进行更改。可通过总账系统的"设置"｜"选项"功能，实现参数的调整。选项功能包括"制单控制""凭证编号方式""外币核算""凭证控制""预算控制""合并凭证显示""打印"等项目。

（一）凭证参数设置

在凭证选项下包括"制单控制""凭证编号方式""外币核算""凭证控制""预算控制""合并凭证显示""打印"等项目。

操作步骤：

1. 在总账系统中，单击"设置"｜"选项"，打开"选项"对话框。

2. 选择"凭证"页签，单击"编辑"按钮，进行凭证参数设置。

3. 在"权限"选项卡中选中"凭证审核控制到操作员"复选框，取消选中"允许修改、作废他人填制的凭证"复选框，如图 3 – 101 所示。

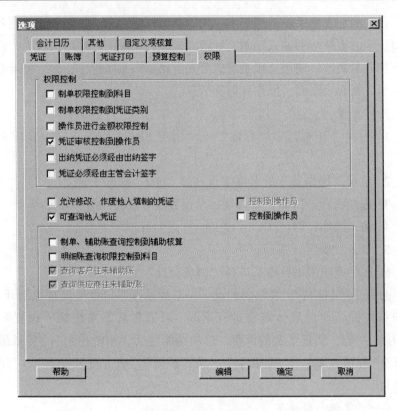

图 3 – 101　凭证参数设置

（二）期初余额

　　为了保证新系统的数据能与原系统的数据衔接，保持账簿数据的连续完整，在应用总账系统前，需要将一些基础数据输入到系统中。首先将各账户的年初余额或启用月份的月初余额以及年初到该月的累计发生额计算清楚，然后输入到总账系统中。"期初余额"功能包括输入科目期初余额及核对期初余额，并进行试算平衡。期初余额详见表 3 – 83（部分数据要在各系统期初输入完毕后取数得到）。

表 3 – 83　　　　　　　　　　总账期初余额

科目名称	方向	年初余额	累计借方	累计贷方	期初余额
现金（1001）	借	34641.54	478967	500000	13608.54
银行存款（1002）	借	3047167137	7853592478	10898134234	2625381.06
工商银行（100201）	借	3044857503	7852812478	10897254234	415747.06
人民币户（10020101）	借	3044707503	7852312478	10896654234	365747.06

续表

科目名称	方向	年初余额	累计借方	累计贷方	期初余额
社保基金专户（10020102）	借	150000	500000	600000	50000
中国银行（100202）	借	2309634	780000	880000	2209634
应收票据（1111）	借	218205	0	0	218205
银行承兑汇票（111101）	借	115830	0	0	115830
商业承兑汇票（111102）	借	102375	0	0	102375
应收账款（1131）	借	43524	0	0	43524
其他应收款（1133）	借	1680	0	0	1680
代垫费用（113302）	借	1680	0	0	1680
坏账准备（1141）	贷	800	0	0	800
预付账款（1151）	借	3040.67	0	0	3040.67
原材料（1211）	借	1005611.3	0	0	1005611.30
标准原材料（121101）	借	1005611.3	0	0	1005611.30
库存商品（1243）	借	1062691	0	0	1062691
产成品（124301）	借	1060000	0	0	1060000
材料费用（12430101）	借	1060000	0	0	1060000
标准材料费用（1243010101）	借	1060000	0	0	1060000
半成品（124302）	借	2691	0	0	2691
材料费用（12430201）	借	2691	0	0	2691
标准材料费用（1243020101）	借	2691	0	0	2691
固定资产（1501）	借	5840195.25	0	0	5840195.25
自用（150101）	借	5214395.25	0	0	5214395.25
投资性（150102）	借	625800	0	0	625800
累计折旧（1502）	贷	1826732.03	0	0	1826732.03
自用（150201）	贷	1647932.03	0	0	1647932.03
投资性（150202）	贷	178800	0	0	178800
短期借款（2101）	贷	2000000	0	0	2000000
应付票据（2111）	贷	1141920	0	0	1141920
商业承兑汇票（211101）	贷	907920	0	0	907920
银行承兑汇票（211102）	贷	234000	0	0	234000
应付账款（2121）	贷	52650	0	0	52650
预收账款（2131）	贷	60000	0	0	60000
应交税金（2171）	贷	29696	0	0	29696

续表

科目名称	方向	年初余额	累计借方	累计贷方	期初余额
未交增值税（217102）	贷	18940	0	0	18940
应交营业税（217103）	贷	1000	0	0	1000
应交所得税（217106）	贷	1080	0	0	1080
应交城市维护建设税（217108）	贷	1000	0	0	1000
应交个人所得税（217112）	贷	5676	0	0	5676
应交教育费附加（217113）	贷	2000	0	0	2000
其他应付款（2181）	贷	9600	0	0	9600
应付利息（2182）	贷	3500	0	0	3500
长期借款（2301）	贷	180000	0	0	180000
递延所得税负债（2341）	贷	7000	0	0	7000
实收资本（或股本）（3101）	贷	3521869.08	0	0	3521869.08
中国石油（310101）	贷	2500000	0	0	2500000
广东省深圳矿业总公司（310102）	贷	1021869.08	0	0	3521869.08
资本公积（3111）	贷	100000	0	0	100000
其他资本公积（311107）	贷	100000	0	0	100000
盈余公积（3121）	贷	100000	0	0	100000
法定盈余公积（312101）	贷	50000	0	0	50000
任意盈余公积（312102）	贷	50000	0	0	50000
本年利润（3131）	贷	957924.9	0	0	957924.9
利润分配（3141）	贷	822244.81	0	0	822244.81
未分配利润（314115）	贷	822244.81	0	0	822244.81

提示："代垫费用"为中国老字号保温容器公司深圳分公司的包装费，"原材料""库存商品"、详细资料见库存管理模块初始化资料，在库存管理系统录入期初余额后，再参照资料，到总账录入期初余额。"应收账款""应收票据""预收账款""应付账款""应付票据""预付账款"详细资料见应收、应付系统初始化资料。在应收、应付系统录完期初余额后到总账系统期初余额进行取数。其他应付款的余额 9600 计入辅助账中的"提取教育经费"。

操作步骤：

1. 在总账系统中，单击"设置" | "期初余额"，进入"期初余额录入"窗口。

2. 白色的单元为末级科目，可以直接输入期初余额。如：库存现金、银行存款——工行存款、原材料、库存商品、固定资产、累计折旧、短期借款、应缴税费——应缴增值税——进项税额、应缴税费——应缴增值税——销项税额、长期借款、实收资本。

提示：进项税额为借方余额，但期初余额录入界面中进项税额的余额方向必须与上级科目“应交税金”保持一致，因此需要录入“－”表示借方余额。

3. 灰色的单元为非末级科目，不允许录入期初余额，待下级科目余额录入完成后自动汇总生成。

4. 黄色的单元代表对该科目设置了辅助核算，不允许直接录入余额，需要在该单元格中双击进入辅助账期初设置，在辅助账中输入期初数据，完成后自动返回总账期初余额表中。

5. 同理，录入其他带辅助核算的科目余额，如图 3－102 所示。

期初余额录入

设置　输出　开账　结转　方向　刷新　试算　查找　对账　清零

期初：2014年12月

科目名称	方向	币别/计量	年初余额	累计借方	累计贷方	期初余额
现金	借		34,641.54	478,967.00	500,000.00	13,608.54
银行存款	借		3,047,167,1...	7,853,592,4...	10,898,134,...	2,625,381.06
工商银行	借		3,044,857,5...	7,852,812,4...	10,897,254,...	415,747.06
人民币户	借		3,044,707,5...	7,852,312,4...	10,896,654,...	365,747.06
社保基金专户	借		150,000.00	500,000.00	600,000.00	50,000.00
中国银行	借		2,309,634.00	780,000.00	880,000.00	2,209,634.00
其他货币资金	借					
交易性金融资产	借					
短期投资跌价准备	贷					
应收票据	借		218,205.00			218,205.00
银行承兑汇票	借		115,830.00			115,830.00
商业承兑汇票	借		102,375.00			102,375.00
应收股利	借					
应收利息	借					
应收账款	借		43,524.00			43,524.00
其他应收款	借		1,680.00			1,680.00
备用金	借					
代垫费用	借		1,680.00			1,680.00
职工借款	借					
其他	借					
坏账准备	贷		800.00			800.00
预付账款	借		3,040.67			3,040.67
应收补贴款	借					
物资采购	借					
原材料	借		1,005,611.30			1,005,611.30
标准原材料	借		1,005,611.30			1,005,611.30
标准原材料价差	借					

图 3－102　期初余额录入

6. 单击"试算"按钮，系统进行试算平衡，如图 3 – 103 所示。

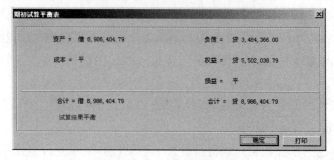

图 3 – 103　期初余额试算

7. 单击"确定"按钮，试算完成。

二　薪资管理系统

（一）薪资管理系统工资账套参数设置

在首次使用薪资管理系统时，需要先进行工资账套的设置，参数设置资料如下：

参数设置：多个工资类别，人民币；

扣税设置：是否从工资中代扣所得税（是）；

扣零设置：扣零至元。

操作步骤：

1. 企业应用于台中，执行"人力资源" | "薪资管理"命令，打开"建立工资账套—参数设置"对话框。

2. 选择本账套所需处理的工资类别个数为"多个"，如图 3 – 104 所示。

图 3 – 104　建立工资账套—参数设置

3. 单击"下一步"按钮，打开"建立工资账套—扣税设置"对话框，选中"是否从工资中代扣个人所得税"复选框，如图 3－105 所示。

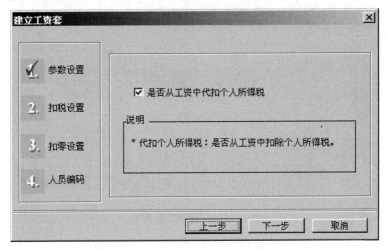

图 3－105　建立工资套—扣税设置

4. 单击"下一步"按钮，打开"建立工资账套—扣零设置"对话框，单击选中"扣零"前的复选框，再选择"扣零至元"，如图 3－106 所示。

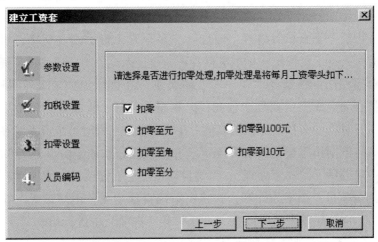

图 3－106　建立工资账套—扣零设置

5. 单击"下一步"按钮，得到如图 3－107 所示。

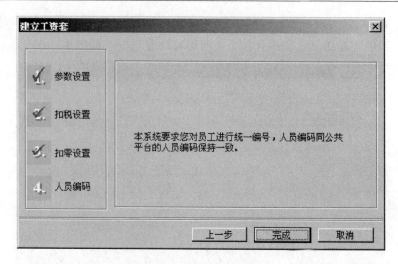

图 3 – 107　建立工资账套

6. 单击"完成"按钮，完成建立工资账套的过程。

提示：①工资账套与企业核算账套是不同的概念，企业核算账套在系统管理中建立，是针对整个用友 ERP 系统而言，而工资账套只针对用友 ERP 系统中的薪资管理子系统，可以说工资账套是企业核算账套的一个组成部分。②如果单位按周或每月多次发放薪资，或者是单位中有多种不同类别（部门）人员，工资发放项目不尽相同，计算公式也不相同，但需要进行统一工资核算管理，应选择"多个"工资类别。反之，如果单位中所有人员工资按统一标准进行管理，而且人员的工资项目、工资计算公式全部相同，则选择"单个"工资类别。③选择代扣个人所得税后，系统将自动生成工资项目"代扣税"税金的计算。④扣零处理是指每次发放工资时将零头扣下，积累取整，在下次发放工资时补上，系统在计算工资时将依据扣零类型（扣零至元、扣零至角、扣零至分）进行扣零计算。一旦选择了"扣零处理"，系统自动在固定工资项目中增加"本月扣零"两个项目，扣零的计算公式将由系统自动定义，不用设置。⑤建账完成后，部分建账参数可以在"设置"丨"选项"中进行修改。

（二）薪资管理系统期初

1. 工资类别

工资类别是系统提供处理多个工资类别管理，新建账套时或在系统选项中选择多个工资类别，可进入此功能。工资类别指一套工资账中，根据不同情况而设置的工资数据管理类别。如某企业中将正式职工和临时职工分设为两个工资类别，两个类别同时对应一套账务。本账套工资类别有 5 个，工资核算本位币为人民币，不核算计件工资，自动代扣所得税。在岗人员分布在各个部门，工资类别资料见表 3-84。

表 3-84 工资类别

工资类别	类别名称
001	行政管理部
002	制壳车间
003	塑料车间
004	装配车间
005	辅助车间

操作步骤：

（1）执行"业务工作"｜"人力资源"｜"薪资管理"｜"工资类别"｜"新建工资类别"，输入"行政管理部"，如图 3-108 所示。

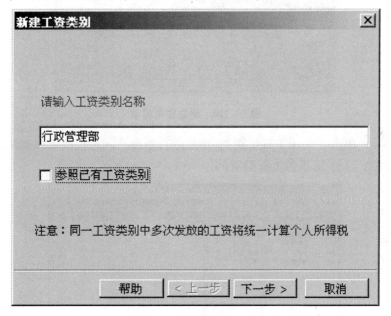

图 3-108 新建工资类别

（2）单击"下一步"，选中行政管理部门及所有下属部门，如图 3-109 所示。

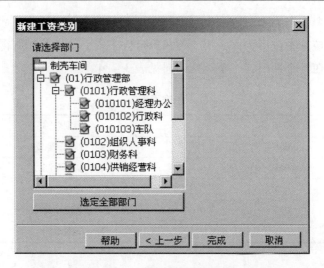

图 3 – 109　选中行政管理部门及所有下属部门

（3）单击完成，系统提示如图 3 – 110 所示，单击"是"。

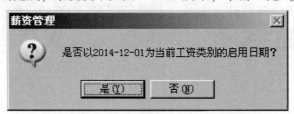

图 3 – 110　确认薪资管理

（4）单击"关闭工资类别"，然后进行新建，同理依次输入完毕，得到如图 3 – 111 所示的工资类别。

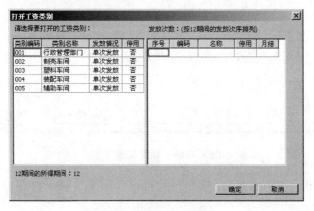

图 3 – 111　打开工资类别

2. 设置工资项目

工资项目即定义工资项目的名称、类型、宽度，可根据需要自由设置工资项目。如基本工资、岗位工资、副食补贴、扣款合计等，工资项目资料见表3-85。

表3-85 工资项目

工资项目名称	类型	长度	小数	增减项
基本工资	数字	8	2	增项
岗位工资	数字	8	2	增项
绩效工资	数字	8	2	增项
应发合计	数字	10	2	增项
代扣税	数字	10	2	减项
应扣病假工资	数字	8	2	减项
养老保险金	数字	8	2	减项
住房公积金	数字	8	2	减项
医疗保险金	数字	8	2	减项
失业保险金	数字	8	2	减项
工会会费	数字	8	2	减项
扣款合计	数字	8	2	减项
实发合计	数字	8	2	增项
上年月平均工资	数字	8	2	其他
上年月平均工资总额	数字	8	2	其他

注：必须在关闭工资类别状态下。

操作步骤：

（1）执行"设置" | "工资项目设置"命令，打开"工资项目设置"对话框。

（2）单击"增加"按钮，从"名称参照"下拉列表中选择"基本工资"，或手动输入即可，默认类型为"数字"，小数位为"2"，增减项为"增项"。以此方法继续增加其他的工资项目，如图3-112所示。

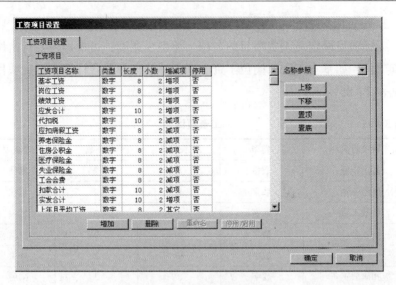

图 3 – 112   工资项目设置

提示：对于"名称参照"下拉列表中没有的项目可以直接输入；或者从"名称参照"中选择一个类似的项目后再进行修改。其他项目可以根据需要修改。

（3）单击"确定"按钮，系统弹出"工资项目"已经改变，请确认各工资类别的公式是否正确，否则计算结果可能不正确"信息提示框，如图 3 – 113 所示。

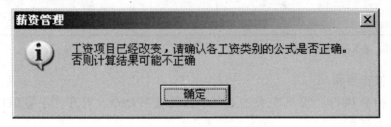

图 3 – 113   确认薪资管理项目设置

（4）单击"确定"按钮。

提示：①此处所设置的工资项目是针对所有工资类别所需要使用的全部工资项目；②系统提供的固定工资项目不能修改、删除。

3. 设置在岗人员工资人员档案

人员档案用于登记工资发放人员的姓名、职工编号、所在部门、人员类别等信息，处理员工的增减变动等。单击【设置】菜单下的【人员档案】，进入功能界面。

操作步骤：

（1）执行"工资类别"｜"打开工资类别"命令，打开"打开工资类别"对话框。

（2）选择"行政管理部"，单击"确定"按钮。

（3）执行"设置"｜"人员档案"命令，进入"人员档案"窗口。

（4）单击"增加"按钮，打开"人员档案明细"对话框。

（5）在"基本信息"选项卡中，单击"人员姓名"栏参照按钮，选择"王凯"，带出其他相关信息，如图3-114所示。

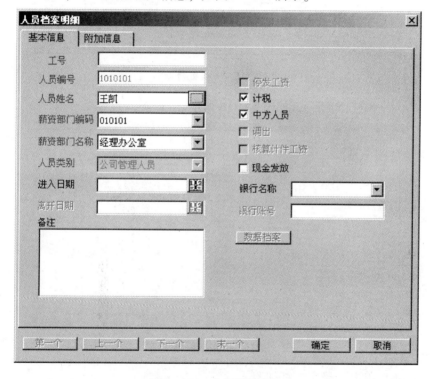

图3-114　人员档案明细

或者可以选择批增，"批增"选中所有行政管理部门，单击"查询"，如图3-115所示。

图 3 – 115　人员批量增加

然后单击"确定",如图 3 – 116 所示。

图 3 – 116　人员批量增加结果

（6）单击"确定"按钮。

（7）继续打开其他工资类别,录入其他的人员档案。

（8）单击"退出"按钮,退出"人员档案"对话框。

提示：①在"人员档案"对话框中,单击"批增"功能可以按人员类别批量增加人员档案,然后再进行修改。②如果在银行名称设置中设置了"银行账号定长",则在输入人员档案的银行账号时,在输入了一个人员档案的银行账号后,再输入第二个人的银行账号时,系统会自动带出已设置的银行账号定长的账号，只需要输入剩余的账号即可。③如果账号长度不符合要求则不能保存。④在增加人员档案时"停发""调出"和"数据档案"不可选，在修改状态下才能编辑。⑤在人员档案对话框中，可以单击"数据档案"按钮，录入薪资数据。如果个别人员档案需要修改，在人员档案对话框中可以直接修改。如果一批人员的某个薪资项目同时需要修改，可以利用数据替换功能，将符合条件人员的某个薪资项目的内容统一替换为某个数据。若进行替换的薪资项目已设置了计算公式，则在重新计算时以计算公式为准。

4. 设置各工资类别的工资项目

定义工资项目的名称、类型、宽度，可根据需要自由设置工资项目，资料见表3-86。

表3-86　　　　　　　　　　工资项目

工资项目名称	类型	长度	小数	增减项
基本工资	数字	8	2	增项
岗位工资	数字	8	2	增项
绩效工资	数字	8	2	增项
应发合计	数字	10	2	增项
代扣税	数字	10	2	减项
应扣病假工资	数字	8	2	减项
养老保险金	数字	8	2	减项
住房公积金	数字	8	2	减项
医疗保险金	数字	8	2	减项
失业保险金	数字	8	2	减项
工会会费	数字	8	2	减项
扣款合计	数字	8	2	减项
实发合计	数字	8	2	增项
上年月平均工资	数字	8	2	其他
上年月平均工资总额	数字	8	2	其他

操作步骤：

（1）打开工资类别"行政管理部门"，执行"设置"｜"工资项目设置"命令，打开"工资项目设置"对话框。

（2）单击"增加"按钮，再单击"名称参照"栏的下三角按钮，选择"基本工资"，并以此方法再增加其他的工资项目，完成后关闭工资类别，打开下一个工资类别，如图 3 – 117 所示。

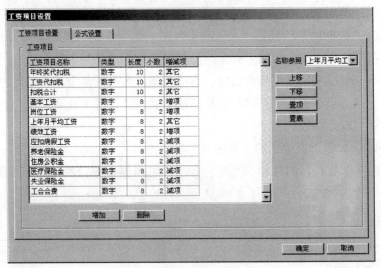

图 3 – 117　工资项目设置

提示：①在未打开任何工资账套前可以设置所有的工资项目，当打开某一工资账套后可以根据本工资账套的需要对已经设置的工资项目进行选择，并将工资项目移动到合适的位置。②工资项目不能重复选择。③工资项目一旦选择，即可进行公式定义。④没有选择的工资项目不允许在计算公式中出现。⑤不能删除已输入数据的工资项目和已设置计算公式的工资项目。⑥如果所需要的工资项目不存在，则要关闭本工资类别，然后新增工资项目，再打开此工资类别进行选择。

5. 设置各工资类别工资项目的计算公式

计算公式资料见表 3 – 87 至表 3 – 91。

表 3 – 87 　　　　　　　　　行政管理部门工资项目计算公式

工资项目	计算公式
应发合计	基本工资 + 岗位工资 + 绩效工资
扣款合计	代扣税 + 养老保险金 + 住房公积金 + 医疗保险金 + 失业保险金 + 工会会费 + 应扣病假工资
养老保险金	上年月平均工资总额 × 0.08
住房公积金	上年月平均工资总额 × 0.07
医疗保险金	上年月平均工资总额 × 0.02

续表

工资项目	计算公式
失业保险金	上年月平均工资总额×0.01
工会会费	上年月平均工资总额×0.05
实发合计	应发合计 – 扣款合计
上年月平均工资总额	IFF（人员类别＝"公司管理人员"，5500）
岗位工资	IFF（人员类别＝"公司管理人员"，2000）
基本工资	IFF（人员类别＝"公司管理人员"，4000）

表 3 – 88　　　　　　　　制壳车间工资项目计算公式

工资项目	计算公式
应发合计	基本工资＋岗位工资＋绩效工资
扣款合计	代扣税＋养老保险金＋住房公积金＋医疗保险金＋ 失业保险金＋工会会费＋应扣病假工资
养老保险金	上年月平均工资总额×0.08
住房公积金	上年月平均工资总额×0.07
医疗保险金	上年月平均工资总额×0.02
失业保险金	上年月平均工资总额×0.01
工会会费	上年月平均工资总额×0.05
实发合计	应发合计 – 扣款合计
上年月平均工资总额	IFF（人员类别＝"车间管理人员"，4300，3200）
岗位工资	IFF（人员类别＝"车间管理人员"，1000，0）
基本工资	IFF（人员类别＝"车间管理人员"，3500，1500）
绩效工资	IFF（人员类别＝"车间管理人员"，0，2000）

表 3 – 89　　　　　　　　塑料车间工资项目计算公式

工资项目	计算公式
应发合计	基本工资＋岗位工资＋绩效工资
扣款合计	代扣税＋养老保险金＋住房公积金＋医疗保险金 ＋失业保险金＋工会会费＋应扣病假工资
养老保险金	上年月平均工资总额×0.08
住房公积金	上年月平均工资总额×0.07
医疗保险金	上年月平均工资总额×0.02
失业保险金	上年月平均工资总额×0.01

续表

工资项目	计算公式
工会会费	上年月平均工资总额 ×0.05
实发合计	应发合计 – 扣款合计
上年月平均工资总额	IFF（人员类别 = "车间管理人员"，4800，3700）
岗位工资	IFF（人员类别 = "车间管理人员"，1000，0）
基本工资	IFF（人员类别 = "车间管理人员"，3800，1500）
绩效工资	IFF（人员类别 = "车间管理人员"，0，2200）

表 3 – 90　　　　　　　　装配车间工资项目计算公式

工资项目	计算公式
应发合计	基本工资 + 岗位工资 + 绩效工资
扣款合计	代扣税 + 养老保险金 + 住房公积金 + 医疗保险金 + 失业保险金 + 工会会费 + 应扣病假工资
养老保险金	上年月平均工资总额 ×0.08
住房公积金	上年月平均工资总额 ×0.07
医疗保险金	上年月平均工资总额 ×0.02
失业保险金	上年月平均工资总额 ×0.01
工会会费	上年月平均工资总额 ×0.05
实发合计	应发合计 – 扣款合计
上年月平均工资总额	IFF（人员类别 = "车间管理人员"，4400，3700）
岗位工资	IFF（人员类别 = "车间管理人员"，900，0）
基本工资	IFF（人员类别 = "车间管理人员"，3500，1200）
绩效工资	IFF（人员类别 = "车间管理人员"，0，2500）

表 3 – 91　　　　　　　　辅助车间工资项目计算公式

工资项目	计算公式
应发合计	基本工资 + 岗位工资 + 绩效工资
扣款合计	代扣税 + 养老保险金 + 住房公积金 + 医疗保险金 + 失业保险金 + 工会会费 + 应扣病假工资
养老保险金	上年月平均工资总额 ×0.08
住房公积金	上年月平均工资总额 ×0.07
医疗保险金	上年月平均工资总额 ×0.02
失业保险金	上年月平均工资总额 ×0.01

续表

工资项目	计算公式
工会会费	上年月平均工资总额 ×0.05
实发合计	应发合计 – 扣款合计
上年月平均工资总额	IFF（人员类别 = "生产工人"，2000）
岗位工资	IFF（人员类别 = "生产工人"，0）
基本工资	IFF（人员类别 = "生产工人"，1800）
绩效工资	IFF（人员类别 = "生产工人"，300）

操作步骤：

（1）打开行政管理部门工资类别。

（2）在工资项目设置对话框中单击"公式设置"选项卡，打开"工资项目"设置"公式设置"对话框。

（3）单击"增加"按钮，从下拉列表中选择"养老保险金"

（4）单击"养老保险金公式定义"区域，在下方的工资项目列表中单击选中"上年月平均工资总额"，单击选中"运算符"区域中的"＊"，在"养老保险金公式定义"区域中继续录入"0.08"如图，3–118 所示。

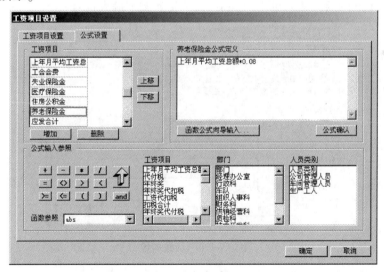

图 3–118　各工资类别工资项目设置

（5）单击"公式确认"按钮。

（6）以此方法设置"其他工资项目"的计算公式。

如果是带有条件的公式，则使用公式向导进行如下操作：

①执行"函数公式向导输入"，如图 3 – 119 所示。

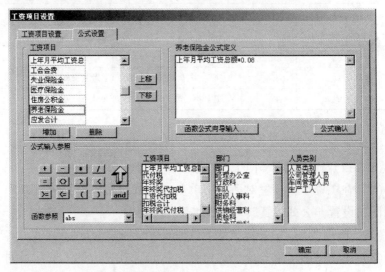

图 3 – 119　执行"函数公式向导输入"

②选中需要的函数"IFF"，单击"下一步"，在向导中输入条件，如图 3 – 120 所示，然后单击"完成"（英文状态下输入符号）。

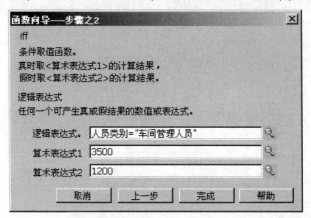

图 3 – 120　函数向导

6. 设置个人收入所得税的计提基数

凡在中国境内有住所，或者无住所而在中国境内居住满一年的个人，从中国境内和境外取得所得的，以及在中国境内无住所又不居住或者无住所而在境内居住不满一年的个人，从中国境内取得所得的，均为个人所得税的纳税人。个人所得税适用税率表见表3－92（免征额3500元，附加费用3200元）

表3－92　　　　　　　　个人所得税适用税率表

每月税前所得额	税率（%）	数算扣除数
不超过1500元的部分	3	0
超过1500—4500元的部分	10	105
超过4500—9000元的部分	20	555
超过9000—35000元的部分	25	1005
超过35000—55000元的部分	30	2755
超过55000—80000元的部分	35	5505
超过80000元的部分	45	13505

注：应发合计为所得税基数

操作步骤：

（1）在用友ERP－U8企业应用平台中，选"人力资源"中的"薪资管理"，打开"打开工资类别"对话框。

（2）选择"行政管理部"类别，单击"确定"按钮。

（3）执行"设置" | "选项"命令，如图3－121所示，单击"编辑"，选择"应发合计"。

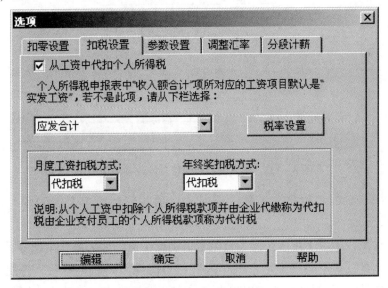

图3－121　　"选项"命令

（4）单击"税率设置"，如图 3－122 所示。

图 3－122　税率设置

（5）查看"基数"栏是否为"3500"，并根据资料所给信息修改各级次税率，如图 3－123 所示。

图 3－123　根据资料所给信息修改各级次税率

（6）单击"确定"按钮，返回"选项"窗口，单击"确定"按钮退出。

提示：①由于系统按操作员编号识别操作员，如果操作员编号所对应的操作员姓名不同则提示"制单人名与当前操作员名不一致，将使用当前操作员"。如果认可则可以单击"确定"按钮确定。②"个人所得税扣缴申报表"是个人纳税情况的记录，系统提供对表中栏目的设置功能。

③个人所得税申报表栏目只能选择系统提供的项目，不提供由用户自定义的项目。④系统默认以"实发合计"作为扣税基数。如果想以其他工资项目作为扣税标准，则需要在定义工资项目时单独为应交所得税设置一个工资项目。⑤如果单位的扣除费用及税率与国家规定的不一致，可以在个人所得税扣缴申报表中单击"税率"按钮进行修改。⑥在"工资变动"中，系统默认以"实发合计"作为扣税基数，所以在执行完个人所得税计算后，需要到"工资变动"中，执行"计算"和"汇总"功能，以保证"代扣税"这个工资项目正确地反映出单位实际代扣个人所得税的金额。

三　固定资产管理系统

（一）固定资产管理系统参数设置

固定资产账套的启用月份为"2014年12月"，固定资产采用"平均年限法（二）"计提折旧，折旧汇总分配周期为一个月；当"（月初已计提月份 = 可使用月份 - 1）"时将剩余折旧全部提足。固定资产编码方式为"2 - 1 - 1 - 2"；固定资产编码方式采用自动编码方式，编码方式为"类别编码 + 序号"，序号长度为"5"。要求固定资产系统与总账系统进行对账；固定资产对账科目为"150101 固定资产"；累计折旧对账科目为"150201 累计折旧"；对账不平衡的情况下允许固定资产月末结账。

操作步骤：

1. 在用友 ERP - U8 企业应用平台中，选择"财务会计"中的"固定资产"，系统弹出"这是第一次打开此账套，还未进行过初始化，是否进行初始化？"，信息提示对话框，如图 3 - 124 所示。

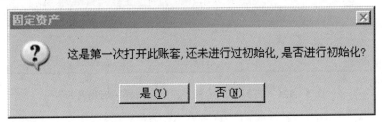

图 3 - 124　确认初始化

2. 单击"是"按钮，打开"固定资产初始化向导—约定及说明"对话框，如图 3 - 125 所示。

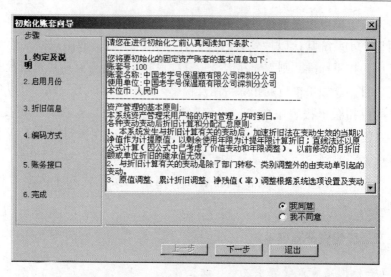

图 3 – 125   打开"固定资产初始化向导—约定及说明"

3. 选中"我同意"单选按钮，单击"下一步"按钮，打开"固定资产初始化向导启用月份"对话框，如图 3 – 126 所示。

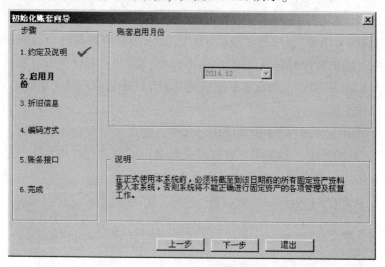

图 3 – 126   打开"固定资产初始化向导—启用月份"

4. 单击"下一步"按钮，打开"固定资产初始化向导—折旧信息"对话框，如图 3 – 127 所示。

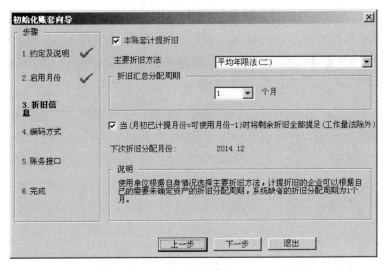

图 3 – 127 打开"固定资产初始化向导—折旧信息"

5. 选择主要折旧方法为"平均年限法二",单击"下一步"按钮,打开"固定资产初始化向导—编码方式"对话框。选择固定资产编码方式为"自动编码"和"类别编码 + 序号",序号长度为"5",如图3 – 128 所示。

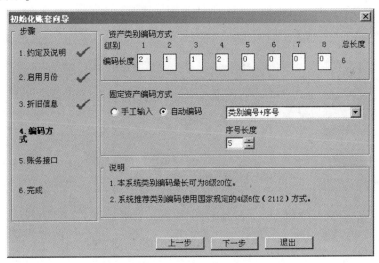

图 3 – 128 选择固定资产编码方式

6. 单击"下一步"按钮,打开"固定资产初始化向导 – 财务接口"对话框。

7. 在"固定资产对账科目"栏录入"1501 固定资产",在"累计折旧对账科目"栏录入"1502 累计折旧",如图 3 – 129 所示。

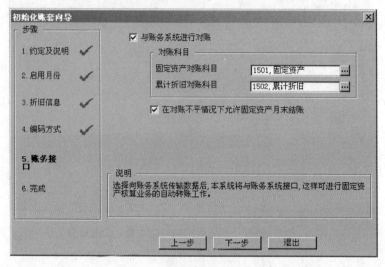

图 3 – 129 固定资产对账科目

8. 单击"下一步"按钮,打开"固定资产初始化向导—完成"对话框,如图 3 – 130 所示。

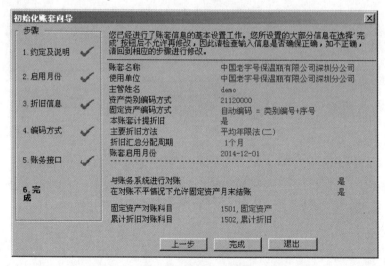

图 3 – 130 打开"固定资产初始化向导—完成"

9. 单击"完成"按钮,系统弹出"已经完成了新账套的所有设置工作,是否确定所设置的信息完全正确并保存对新账套的所有设置"信息提示框，如图 3 – 131 所示。

图 3 – 131　确定所设置的信息完全正确并保存对新账套的所有设置

10. 单击"是"按钮，系统提示"已成功初始化本固定资产账套"，如图 3 – 132 所示。

图 3 – 132　成功初始化本固定资产账套

11. 单击"确定"按钮，固定资产建账完成。

提示：①在"固定资产初始化向导—启用月份"中所列示的启用月份只能查看，不能修改。启用日期确定后，在该日期前的所有固定资产都将作为期初数据，在启用月份开始计提折旧。②在"固定资产初始化向导折旧信息"中，当"（月初已计提月份 = 可使用月份 – 1）"时，将剩余折旧全部提足。③固定资产编码方式包括"手工输入"和"自动编码"两种方式。自动编码方式包括"类别编码 + 序号""部门编号 + 序号""类别编码 + 部门编码 + 序号""部门编号 + 类别编号 + 序号"。类别编号中的序号长度可自由设定为 1 – 5 位。④资产类别编码方式设定以后，一旦某一级设置类别，则该级的长度不能修改，未使用过的各级长度可以修改。每一个账套的自动编码方式只能选择一种，一经设定，该自动编码方式不得修改。⑤固定资产对账科目和累计折旧对账科目应与账务系统内对应科目一致。⑥对账不平不允许结账是指当存在对应的账务账套的情况下，本系统在月末结账前自动执行一次对账，给出对账结果。如果不平，说明两系统出现偏差，应予以调整。

（二）设置选项

选项中包括在账套初始化中设置的参数和其他一些在账套运行中使用的参数。选项中包括以下四个页签，单击【编辑】按钮修改可修改项，设置选项资料见表 3 – 93。

表 3 – 93　　　　　　　　　固定资产与财务系统接口表

项目	科目
固定资产缺省入账科目	150101 固定资产
累计折旧缺省入账科目	150201 累计折旧
固定资产减值准备缺省入账科目	1505 固定资产减值准备

操作步骤：

1. 执行"设置" | "选项"命令，打开"选项"对话框。

2. 单击"编辑"按钮，单击"与财务系统接口"选项卡，设置固定资产默认入账科目为 1501；累计折旧默认入账科目为 1502；固定资产缺省入账科目为 150101 固定资产；累计折旧缺省入账科目 150201 累计折旧；资产减值准备缺省入账科目 1505 固定资产减值准备，如图 3 – 133 所示。

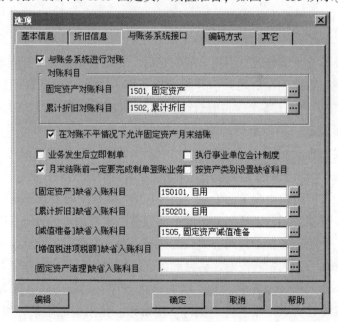

图 3 – 133　设置选项

3. 单击"确定"按钮返回。

（三）设置部门对应折旧科目

固定资产计提折旧后必须把折旧归入成本或费用，根据不同使用者的具体情况按部门或按类别归集。当按部门归集折旧费用时，某一部门所属的固定资产折旧费用将归集到一个比较固定的科目，所以部门对应折旧科目设置就是给部门选择一个折旧科目，录入卡片时，该科目自动显示在卡片中，不必一个一个输入，可提高工作效率。然后在生成部门折旧分配表时每一部门按折旧科目汇总，生成记账凭证。折旧对应科目表见3－94。

表3－94　　　　　　　　　　对应折旧科目

部门编码	部门名称	折旧科目
	固定资产部门编码目录	
01	行政管理部	5502，管理费用
02	制壳车间	41050102，结转制造费用
03	塑料车间	41050202，结转制造费用
04	装配车间	41050302，结转制造费用
05	辅助车间	41050402，结转制造费用

提示：在使用本功能前，必须已建立好部门档案，可在基础设置中设置，也可在本系统的【部门档案】中完成。

操作步骤：

1. 执行"设置" | "部门对应折旧科目"命令，进入"部门编码表－列表视图"窗口。

2. 选择"行政管理部"所在行，单击"修改"按钮，打开"部门编码表－单张视图"窗口（也可以直接选中部门编码目录中的行政管理部，单击"单张视图"选项卡，再单击"修改"按钮）。在"折旧科目"栏录入或选择"5502"，如图3－134所示。

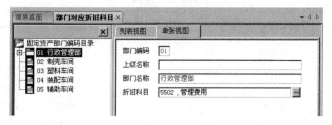

图3－134　设置部门对应折旧科目

3. 单击"保存"按钮。以此方法继续录入其他部门对应的折旧科目，如图 3 – 135 所示。

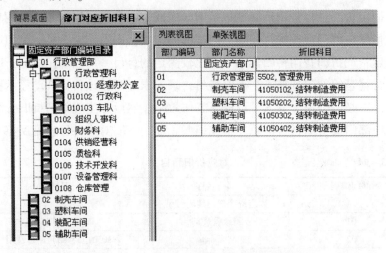

图 3 – 135　录入其他部门对应的折旧科目

提示：①因本系统录入卡片时，只能选择明细级部门，所以设置折旧科目也只有给明细级设置才有意义。如果某一上级部门设置了对应的折旧科目，下级部门继承上级部门的设置。②设置部门对应的折旧科目时，必须选择末级会计科目。设置上级部门的折旧科目，则下级部门可以自动继承，也可以选择不同的科目，即上下级部门的折旧科目可以相同，也可以不同。

（四）设置固定资产类别

固定资产的种类繁多，规格不一，要强化固定资产管理，及时准确作好固定资产核算，必须建立科学的固定资产分类体系，为核算和统计管理提供依据。企业可根据自身的特点和管理要求，确定一个较为合理的资产分类方法，本账套固定资产类别见表 3 – 95。

表 3 – 95　　　　　　　　　　固定资产类别

类别编码	类别名称	使用年限（月）	净残值率（%）	计提属性	折旧方法
01	房屋建筑	420	4	正常计提	平均年限法（二）
02	设备类	120	4	正常计提	平均年限法（二）
021	生产设备	120	4	正常计提	平均年限法（二）
022	管理设备	60	4	正常计提	平均年限法（二）
023	运输设备	60	4	正常计提	平均年限法（二）
03	投资性房地产	420	4	正常计提	平均年限法（二）

操作步骤：

1. 执行"设置""资产类别"命令，打开"类别编码 – 列表视图"窗口。

2. 单击"增加"按钮，打开"类别编码 – 单张视图"窗口。

3. 在"类别名称"栏录入"房屋及建筑物"，在"使用年限"栏录入"35"，在"净残值率"栏录入"4"，如图 3 – 136 所示。

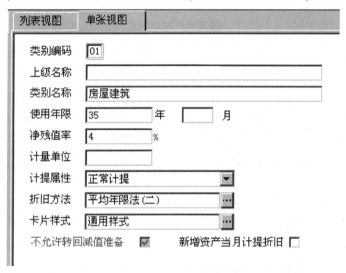

图 3 – 136　设置固定资产类别

4. 单击"保存"按钮，继续录入资料所给其他固定资产，单击"保存"按钮，如图 3 – 137 所示。

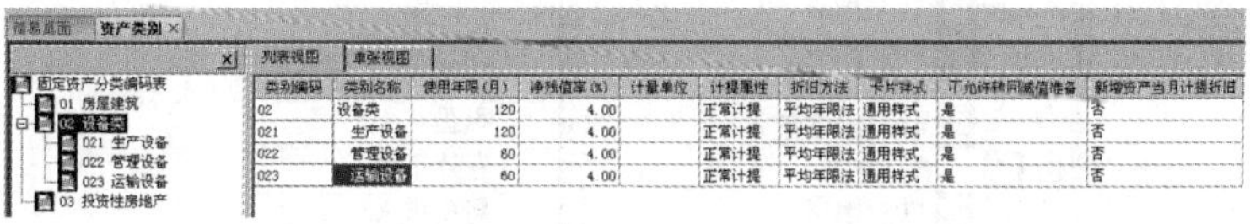

图 3 – 137　录入资料所给其他固定资产

提示：①应先建立上级固定资产类别后再建立下级类别。由于在建立上级类别"房屋与建筑物"时就设置了使用年限、净残值率，其下级类别如果与上级类别设置相同，自动继承，不用修改；如果下级类别与上级类别设置不同，可以修改。②类别编码、名称、计提属性及卡片样式不能为空。③非明细级类别编码不能修改和删除，明细级类别编码修改时只能修改本级的编码。④使用过的类别的计提属性不能修改。⑤系统已使用的类别不允许增加下级和删除。

（五）设置固定资产的增减方式

增减方式包括增加方式和减少方式两类。增加的方式主要有：直接购入、投资者投入、捐赠、盘盈、在建工程转入、融资租入。减少的方式主要有：出售、盘亏、投资转出、捐赠转出、报废、毁损、融资租出、拆分减少等。增减方式资料见表 3 - 96。

表 3 - 96　　　　　　　　　固定资产增减方式

增加方式	对应入账科目	减少方式	对应入账科目
直接购入	银行存款 - 人民币户	出售	固定资产清理
投资者投入	实收资本 - 中国石油	盘亏	待处理固定资产损溢
捐赠	资本公积 - 其他资本公积	投资转出	长期股权投资
盘盈	待处理固定资产损溢	捐赠转出	固定资产清理
在建工程转入	在建工程	报废	固定资产清理
融资租入	长期应付款	毁损	固定资产清理

操作步骤：

1. 执行"设置" | "增减方式"命令，打开"增减方式列表视图"窗口，如图 3 - 138 所示。

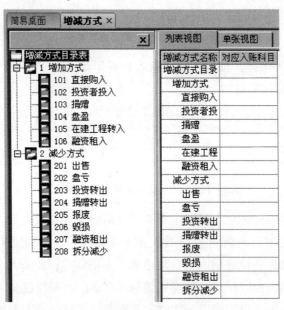

图 3 - 138　设置固定资产的增减方式

2. 单击选中"直接购入"所在行，再单击"修改"按钮，打开"增减方式－单张视图"窗口，在"对应入账科目"栏录入"10020101"，如图 3 – 139 所示。

图 3 – 139　选中"直接购入"

3. 单击"保存"按钮，以此方法继续设置其他的增减方式对应的入账科目。资产增加方式如图 3 – 140 所示。

增减方式名称	对应入账科目
增加方式	
直接购入	10020101,人民币户
投资者投入	310101,中国石油
捐赠	311107,其他资本公积
盘盈	191102,待处理固定资产损溢
在建工程转	1603,在建工程
融资租入	2321,长期应付款

增减方式目录表
1 增加方式
　101 直接购入
　102 投资者投入
　103 捐赠
　104 盘盈
　105 在建工程转入
　106 融资租入
2 减少方式

图 3 – 140　设置其他的增减方式对应的入账科目

资产减少方式，如图 3 – 141 所示。

增减方式名称	对应入账科目
减少方式	
出售	1701,固定资产清理
盘亏	191102,待处理固定资产损溢
投资转出	1401,长期股权投资
捐赠转出	1701,固定资产清理
报废	1701,固定资产清理
毁损	1701,固定资产清理

增减方式目录表
1 增加方式
2 减少方式
　201 出售
　202 盘亏
　203 投资转出
　204 捐赠转出
　205 报废
　206 毁损

图 3 – 141　资产减少方式

提示：①在资产增减方式中所设置的对应入账科目是为了生成凭证时默认。②因为本系统提供的报表中有固定资产盘盈盘亏报表，所以增减方式中"盘盈、盘亏、毁损"不能修改和删除。③非明细增减方式不能删除，已使用的增减方式不能删除。④生成凭证时，如果入账科目发生了变化，可以即时修改。

（六）录入固定资产原始卡片

卡片管理是对固定资产系统中所有卡片进行综合管理的功能操作。固定资产原始卡片资料见表 3 - 97。本资料固定资产增加方式为直接购入，折旧方法为平均年限法，使用状况为在用，币种为人民币。

表 3 - 97　　　　　　　　　　固定资产原始卡片

卡片编号	资产编号	类别编号	类别名称	部门名称	年限	开始使用日期	原值	净残值率	累计折旧	净值	对应折旧科目
00001	0100001	01	房屋建筑	制壳车间	420	2008.11.01	144943.75	0.04	16564.11	128379.64	制壳车间
00002	0100002	01	房屋建筑	塑料车间	420	2008.11.01	576975.00	0.04	65919.30	511055.70	塑料车间
00003	0100003	01	房屋建筑	装配车间	420	2005.11.01	62475.00	0.04	12280.38	50194.62	装配车间
00004	0100004	01	房屋建筑	辅助车间	420	2006.11.01	62475.00	0.04	10566.39	51908.61	辅助生产成本
00005	0100005	01	房屋建筑	行政管理	420	2008.09.01	23187.50	0.04	2755.86	20431.64	管理费用
00006	0100006	01	房屋建筑	制壳车间	420	2007.11.06	23187.50	0.04	3285.85	19901.65	制壳车间
00007	0100007	01	房屋建筑	行政管理	420	2007.11.06	1345312.50	0.04	190641.46	1154671.04	管理费用
00008	0210001	021	生产设备	制壳车间	120	2004.11.01	109325.00	0.04	85674.38	23650.62	制壳车间
00009	0210002	021	生产设备	制壳车间	120	2007.11.01	471835.00	0.04	233967.25	237867.75	制壳车间
00010	0210003	021	生产设备	塑料车间	120	2014.11.01	57500.00	0.04	460.00	57040.00	塑料车间
00011	0210004	021	生产设备	塑料车间	120	2008.11.01	1178745.00	0.04	471367.05	707377.95	塑料车间
00012	0210005	021	生产设备	装配车间	120	2008.04.01	116850.00	0.04	53269.22	63580.78	装配车间
00013	0210006	021	生产设备	辅助车间	120	2008.11.01	109500.00	0.04	42924.00	66576.00	辅助生产成本
00014	0220001	022	管理设备	行政管理	60	2010.11.01	621850.00	0.04	258412.84	363437.16	管理费用
00015	0230001	023	运输设备	生产部门	60	2009.11.01	248208.00	0.04	150745.07	97462.93	
00016	0230002	023	运输设备	行政管理	60	2008.11.01	62025.00	0.04	49558.87	12466.13	管理费用
00017	0300001	03	投资性房地产	供销经营科	420	2002.06.01	625800.00	0.04	178800.00	447000.00	其他业务成本

提示：行政管理部门包括经理办、行政科、车队、组织人事科、财务科、供销经营科、质检科、技术开发科、设备管理科、仓库管理等各部门折旧平均分摊；生产部门包括制壳车间（30%）、塑料车间（30%）、装

配车间（40％）；投资性房地产对应的折旧科目计入"其他业务成本"。

操作步骤：

1. 执行"卡片"｜"录入原始卡片"命令，打开"固定资产类别参照"对话框。

2. 选择"01 房屋建筑物"前的复选框，如图 3 – 142 所示。

图 3 – 142　选"01 房屋建筑物"

确定后进入"固定资产卡片录入原始卡片：00001 号卡片"窗口。

3. 在"固定资产名称"栏录入"房屋建筑物"。

4. 录入部门名称，选择"制壳车间"，双击确认。

5. 单击"增加方式"栏，再单击"增加方式"按钮，录入"直接购入"，双击确认。

6. 单击"使用状况"按钮，默认"在用"，单击"确定"按钮。

7. 在"开始使用日期"栏录入"2008 – 11 – 01"，在"原值"栏录入"144943.75"，在"累计折旧"栏录入"16916.36"，如图 3 – 143 所示。

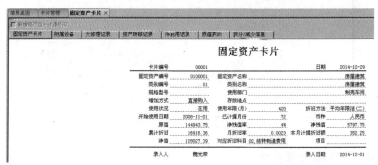

图 3 – 143　录入开始使用日期、原值、累计折旧

8. 单击"保存"按钮，系统提示"数据成功保存"。

9. 单击"确定"按钮。以此方法继续录入其他的固定资产卡片。

提示：①在固定资产卡片界面中，除"固定资产"主卡片外，还有若干的附属选项卡，附属选项卡上的信息只供参考，不参与计算也不回溯。②在执行原始卡片录入或资产增加功能时，可以为一个资产选择多个使用部门。③当资产为多部门使用时，原值、累计折旧等数据可以在多部门按设置的比例分摊。④单个资产对应多个使用部门时，卡片上的对应折旧科目处不能输入，默认为选择使用部门时设置的折旧科目，除资料注明外。

多部门使用，使用部门选择多部门使用，录入结果如图 3 – 144 所示。

序号	使用部门	使用比例%	对应折旧科目	项目大类	对应项目	部门编码
1	经理办公室	10	5502,管理费用			010101
2	行政科	10	5502,管理费用			010102
3	车队	10	5502,管理费用			010103
4	组织人事科	10	5502,管理费用			0102
5	财务科	10	5502,管理费用			0103
6	供销经营科	10	5502,管理费用			0104
7	质检科	10	5502,管理费用			0105
8	技术开发科	10	5502,管理费用			0106
9	设备管理科	10	5502,管理费用			0107
10	仓库管理	10.0000	5502,管理费用			0108

图 3 – 144　录入使用部门

全部资料输入完成后见图 3 – 145。

卡片编号	开始使用日期	使用年限(月)	原值	固定资产编码	净残值率	录入人
00001	2008.11.01	420	144,943.75	0100001	0.04	魏光荣
00002	2008.11.01	420	576,975.00	0100002	0.04	魏光荣
00003	2005.11.01	420	62,475.00	0100003	0.04	魏光荣
00004	2005.11.01	420	62,475.00	0100004	0.04	魏光荣
00005	2008.09.01	420	23,187.50	0100005	0.04	魏光荣
00006	2007.11.06	420	23,187.50	0100006	0.04	魏光荣
00007	2007.11.06	420	345,312.50	0100007	0.04	魏光荣
00008	2004.11.01	120	109,325.00	02100001	0.04	魏光荣
00009	2007.11.01	120	471,835.00	02100002	0.04	魏光荣
00010	2014.11.01	120	57,500.00	02100003	0.04	魏光荣
00011	2008.11.01	120	178,745.00	02100004	0.04	魏光荣
00012	2008.04.01	120	116,850.00	02100005	0.04	魏光荣
00013	2008.11.01	120	109,500.00	02100006	0.04	魏光荣
00014	2010.11.01	60	621,850.00	02200001	0.04	魏光荣
00015	2009.11.01	60	248,208.00	02300001	0.04	魏光荣
00016	2008.11.01	60	62,025.00	02300002	0.04	魏光荣
00017	2002.06.01	420	625,800.00	0300001	0.04	魏光荣
合计(共计			640,194.25			

图 3 – 145　录入完成

四　应收款管理系统

在运行应收款管理系统前，应在"选项"中设置运行所需要的账套参数。以便系统根据所设定的选项进行相应的处理。设置账套参数时，选择"设置""选项"，打开"账套参数设置"对话框，其中包括四个页签，常规、凭证、权限与预警、核销设置。

（一）账套应收款系统的参数

在运行本系统前，应在此设置运行所需要的账套参数。以便系统根据所设定的选项进行相应的处理。应收款核销方式为"按单据"，单据审核日期依据为"单据日期"，坏账处理方式为"应收余额百分比法"，代垫费用类型为"其他应收单"，应收款核销类型为"详细核算"，受控科目制单依据为"明细到客户"，非受控科目制单方式为"汇总方式"，启用客户权限，并且按信用方式根据单据提前 7 天自动报警。应收款参数设置见表 3 – 98。

表 3 –98			应收款参数设置			
应收款核销方式	坏账处理方式	代垫费用类型	应收款核销类型	受控科目制单依据	非受控科目制单方式	单据审核日期
按单据	应收余额百分比法	其他应收单	详细核算	明细到客户	汇总方式"	单据日期

操作步骤：

1. 在用友 ERP – U8 企业应用平台中，打开"业务工作"选项卡，执行"财务会计" ｜ "应收款管理" ｜ "设置" ｜ "选项"命令，打开"账套参数设置"对话框。

2. 执行"编辑"命令，单击"坏账处理方式"栏的下三角按钮，选择"应收余额百分比法"，如图 3 –146 所示。

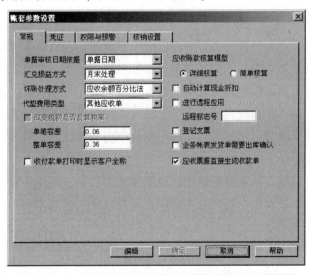

图 3 –146 账套参数设置

3. 打开"权限与预警"选项卡。选中"启用客户权限"前的复选框，单据报警选择"信用方式"，在提前天数栏选择提前天数"7"。如图 3 - 147 所示。

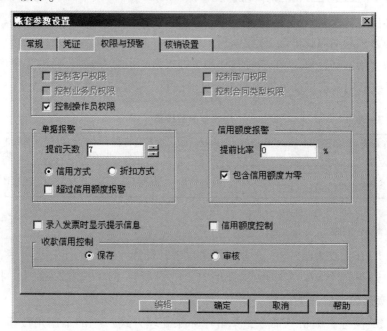

图 3 - 147　权限与预警

4. 单击"确定"按钮。

提示：①在账套使用过程中可以随时修改账套参数。②如果选择单据日期为审核日期，则月末结账时单据必须全部审核。③如果当年已经计提过坏账准备，则坏账处理方式不能修改，只能下一年度修改。④关于应收账款核算模型，在系统启用时或者还没有进行任何业务处理的情况下才允许从简单核算改为详细核算，从详细核算改为简单核算随时可以进行。

（二）基本科目设置

基本科目是在核算应收项时经常用到的科目，可以在此处设置常用科目。系统将依据制单规则在生成凭证时自动带入，基本科目设置资料见 3 - 99。

表 3 - 99　　　　　　　　　　基本科目设置

基本科目设置	科目编码	科目名称
应收科目	1131	应收账款

续表

基本科目设置	科目编码	科目名称
销售收入科目	5101	主营业务收入
税金科目	21710105	应交税费—应交增值税—销项税
银行承兑科目	111101	应收票据—银行承兑汇票
商业承兑科目	111102	应收票据—商业承兑汇票

操作步骤:

1. 应收款管理系统中,执行"设置" | "初始设置"命令,打开"初始设置"对话框。

2. 执行"设置科目" | "基本科目设置"命令,录入或选择应收科目"1131"及其他的基本科目,如图 3 – 148 所示。

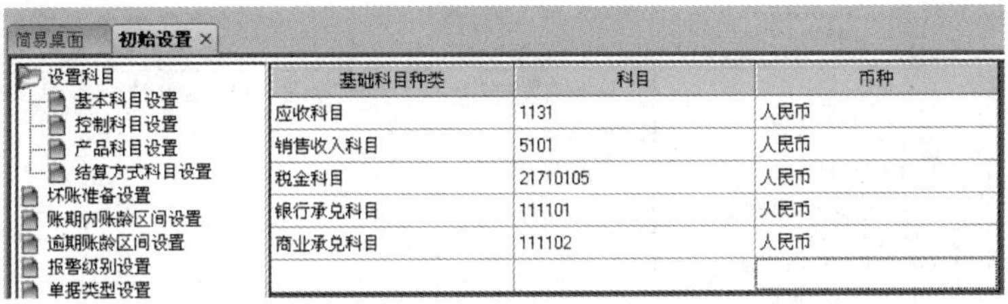

图 3 – 148 基本科目设置

3. 单击"退出"按钮。

提示:①在基本科目设置中所设置的应收科目"应收账款""预收科目""预收账款"及"应收票据",应在总账系统中设置其辅助核算内容为"客户往来",并且其受控系统为"应收系统"。②只有在这里设置了基本科目,在生成凭证时才能直接生成凭证中的会计科目,否则凭证中将没有会计科目,相应的会计科目只能手工录入。③如果应收科目、预收科目按不同的客户或客户分类分别设置,则可在"控制科目设置"中设置,在此可以不设置。④如果针对不同的存货分别设置销售收入核算科目,则在此不用设置,可以在"产品科目设置"中进行设置。

(三) 结算方式科目设置

不仅可以设置常用的科目,还可以为每种结算方式设置一个默认的科目,系统将依据制单规则在生成凭证时自动带入。结算方式科目设置资料见表 3 – 100。

表 3 – 100　　　　　　　　　　　结算方式科目设置

结算方式	币种	科目	科目名称
现金	人民币	1001	库存现金
现金支票	人民币	10020101	银行存款
转账支票	人民币	10020101	银行存款

操作步骤：

1. 在应收款管理系统中，执行"设置" | "初始设置" | "结算方式科目设置"命令，进入"结算方式科目设置"窗口。

2. 单击"结算方式"栏的下三角按钮，选择"现金结算"，单击币种栏，选择"人民币"，在"科目"栏录入或选择"1001"，回车。以此方法继续录入其他的结算方式科目，如图 3 – 149 所示。

图 3 – 149　结算方式科目设置

3. 单击"退出"按钮。

提示：①结算方式科目设置是针对已经设置的结算方式设置相应的结算科目。即在收款或付款时只要告诉系统结算时使用的结算方式就可以由系统自动生成该种结算方式所使用的会计科目。②如果在此不设置结算方式科目，则在收款或付款时可以手工输入不同结算方式对应的会计科目。

（四）坏账准备设置

坏账初始设置是指用户定义本系统内计提坏账准备比率和设置坏账准备期初余额的功能，它的作用是系统根据用户的应收账款进行计提坏账准备。企业应于期末针对不包含应收票据的应收款项计提坏账准备，其基本方法是销售收入百分比法、应收余额百分比法、账龄分析法等。可以在此设置计提坏账准备的方法和计提的有关参数。坏账准备资料：提取比率为"0.5%"，坏账准备期初余额为"800"，坏账准备科目为"1141 坏账准备",对方科目为"5701 资产减值损失"。

操作步骤:

1. 应收款管理系统中,执行"设置"｜"初始设置"｜"坏账准备设置"命令,打开"坏账准备设置"窗口,录入提取比率"0.5",坏账准备期初余额"800",坏账准备科目"1141"坏账准备,坏账准备对方科目"5701"资产减值损失,如图 3 – 150 所示。

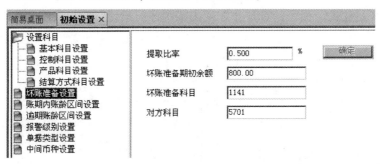

图 3 – 150　坏账准备设置

2. 单击"确定"按钮,弹出"存储完毕"信息提示对话框,单击"确定"按钮。

提示:①如果在选项中并未选中坏账处理的方式为"应收余额百分比法",则在此处就不能录入"应收余额百分比法"所需要的初始设置,即此处的初始设置是与选项中所选择的坏账处理方式相对应的。②坏账准备的期初余额应与总账系统中所录入的坏账准备的期初余额相一致,但是,系统没有坏账准备期初余额的自动对账功能,只能人工核对。坏账准备的期初余额如果在借方,则用"－"号表示。如果没有期初余额,应将期初余额录入"0",否则,系统将不予确认。③坏账准备期初余额被确认后,只要进行了坏账准备的日常业务处理就不允许再修改。下一年度使用本系统时,可以修改提取比率、区间和科目。④如果在系统选项中默认坏账处理方式为直接转销,则不用进行坏账准备设置。

（五）账龄区间

账期内账龄区间设置指用户定义账期内应收账款或收款时间间隔的功能,它的作用是便于用户根据自己定义的账款时间间隔,进行账期内应收账款或收款的账龄查询和账龄分析,清楚了解在一定期间内所发生的应收款、收款情况。逾期账龄区间设置指用户定义逾期应收账款或收款时间间隔的功能,它的作用是便于用户根据自己定义的账款时间间隔,进行逾期应收账款或收款的账龄查询和账龄分析，清楚了解在一定期间内所发生的应收款、收款情况。账龄区间资料：账期内账龄区间设置总天数为 10 天、30 天、60 天、90 天；逾期账龄区间设置总天数分别为 30 天、60 天、90 天、120 天。

操作步骤：

1. 在应收款管理系统中，执行"设置"｜"初始设置"｜"账期内账龄区间设置"命令，打开"账期内账龄区间设置"窗口。

2. 在"总天数"栏录入"10"，回车，再在"总天数"栏录入"30"后回车。以此方法继续录入其他的总天数，如图 3 - 151 所示。

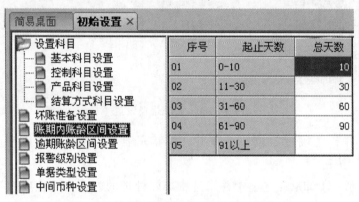

图 3 - 151　账期内账龄区间设置

3. 以同样方法录入"逾期账龄区间设置"。

4. 单击"退出"按钮，设置完成后如图 3 - 152 所示。

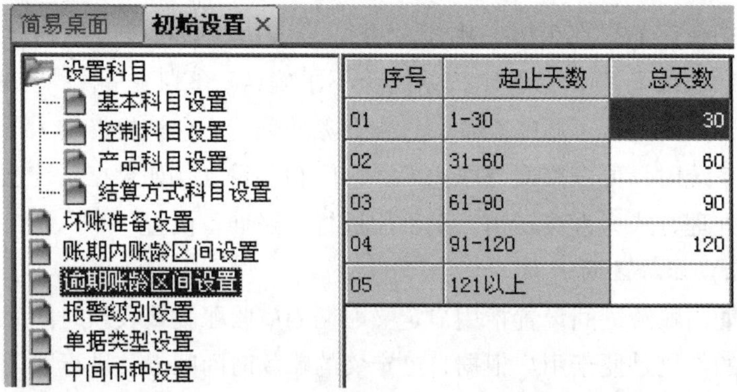

图 3 - 152　逾期账龄区间设置完成

提示：①序号由系统自动生成，不能修改和删除。总天数直接输入截止该区间的账龄总天数。②最后一个区间不能修改和删除。

（六）报警级别

可以通过对报警级别的设置，将客户按照客户欠款余额与其授信额度的比例分为不同的类型，以便于掌握各个客户的信用情况。报警级别资料见表3-101。

表3-101　　　　　　　　　　报警级别

起止比率	总比率	级别名称
0%—10%	10	A
10%—20%	20	B
20%—30%	30	C
30%—40%	40	D
40%—50%	50	E
50%以上		F

操作步骤：

1. 在应收款管理系统中，单击"设置"｜"初始设置"，打开"初始设置"窗口。

2. 在"初始设置"窗口中，单击"报警级别设置"，在"总比率"栏录入"10"，在"级别名称"栏录入"A"，回车。以此方法继续录入其他的总比率和级别，如图3-153所示。

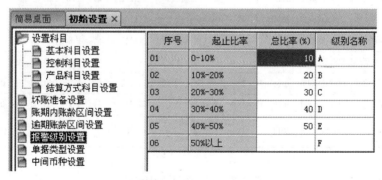

图3-153　报警级别设置

3. 单击"退出"按钮。

提示：①序号由系统自动生成，不能修改、删除。应直接输入该区间的最大比率及级别名称。②系统会根据输入的比率自动生成相应的区间。

③单击"增加"按钮，可以在当前级别之前插入一个级别。插入一个级别后，该级别后的各级别比率会自动调整。④删除一个级别后，该级别后的各级比率会自动调整。⑤最后一个级别为某一比率之上，所以在"总比率"栏不能录入比率，否则将不能退出。⑥最后一个比率不能删除，如果录入错误则应先删除上一级比率，再修改最后一级比率。

（七）期初余额

通过期初余额功能，用户可将正式启用账套前的所有应收业务数据录入到系统中，作为期初建账的数据，系统即可对其进行管理，这样既保证了数据的连续性；又保证了数据的完整性。初次使用本系统时，要将上期未处理完全的单据都录入到本系统，以便于以后的处理。当进入第二年度处理时，系统自动将上年度未处理完全的单据转成为下一年度的期初余额。在下一年度的第一个会计期间里，可以进行期初余额的调整。在期初余额主界面，列出的是所有客户、所有科目、所有合同结算单的期初余额，可以通过过滤功能，查看某个客户、某份合同或者某个科目的期初余额。期初余额资料见表 3 - 102、表 3 - 103、表 3 - 104，本资料业务发生部门均为供销经营科。

表 3 - 102　　　　　　　　　　期初余额

单据类型	单据编号	单据日期	客户	科目	方向	原币余额	本币余额
销售专用发票	0000000001	2014 - 11 - 30	中山市保温容器	111101	借	70, 200.00	70, 200.00
销售专用发票	0000000002	2014 - 11 - 28	哈尔滨百货公司	111102	借	26, 325.00	26, 325.00
销售专用发票	0000000003	2014 - 11 - 28	深圳常山百货公司	111101	借	45, 630.00	45, 630.00
销售专用发票	0000000004	2014 - 11 - 25	长沙日用百货公司	1131	借	8, 424.00	8, 424.00
销售专用发票	0000000005	2014 - 11 - 25	惠州完美百货公司	1131	借	35, 100.00	35, 100.00
销售专用发票	0000000006	2014 - 11 - 22	东莞市百货公司	111102	借	76, 050.00	76, 050.00
收款单	0000000007	2014 - 11 - 18	开源证券公司	2131	贷	60, 000.00	60, 000.00
其他应收单	0000000008	2014 - 11 - 18	中山市非常保温容器	113302	借	1, 680.00	1, 680.00

表 3 - 103　　　　　　　期初销售专用发票明细资料

客户名称	货物编号	货物名称	主计量单位	数量	无税单价
中山市保温容器	0301	铝壳气压保温瓶	只	1000	60
哈尔滨百货公司	0304	塑壳保温瓶（中）	只	500	45

续表

客户名称	货物编号	货物名称	主计量单位	数量	无税单价
深圳常山百货	0302	铁壳保温瓶	只	1000	39
长沙日用百货	0305	塑壳保温瓶（小）	只	200	36
惠州完美百货	0301	铝壳气压保温瓶	只	500	60
新乡百货	0303	塑壳保温瓶（大）	只	1000	65

表 3 – 104　　　　　　　　　　　　收款单明细资料

客户名称	款项类型	金额
开源证券	预收款（预收开源证券房屋租金）	60000

提示：结算方式为转账支票。

操作步骤：

1. 录入期初销售专用发票

（1）在应收款管理系统中，执行"设置""期初余额"命令，进入"期初余额 – 查询"窗口。

（2）单击"确定"按钮，进入"期初余额明细表"窗口。

（3）单击"增加"按钮，打开"单据类别"对话框。

（4）选择单据名称为"销售发票"，单据类型为"销售专用发票"，然后单击"确定"按钮，进入"销售专用发票"窗口，如图 3 – 154 所示。

图 3 – 154　单据类型为"销售专用发票"

（5）单击"确定"，然后"增加"，在"客户名称栏"录入"0101"，或单击"客户名称"栏的参照按钮，选择"中山市保温容器"，系统自动带出客户相关信息：在"税率"栏录入"17"，在"科目"栏录入"111101"，或单击"科目"和参照按钮，选择"111101 应收票据 – 银行承兑汇票"，在"货物编号"栏录入"0301"，或单击"货物编号"栏的参照按钮，选择"铝壳气压保温瓶"，在"数量"栏录入"1000"，在"无税单价"栏录入"60"。在销售部门栏录入"供销经营科"，如图3 – 155 所示。

图 3 – 155　录入"供销经营科

（6）单击"保存"按钮。以此方法继续录入其他资料已知的销售专用发票，如图 3 – 156 所示。

期初余额明细表

本币合计借 203,409.00

单据类型	单据编号	单据日期	客户	部门	币种	科目	方向	原币金额	原币余额	本币金额	本币余额
其他应收单	0000000001	2014-11-18	中山市非常保温容器公司	供销经营科	人民币	113302	借	1,680.00	1,680.00	1,680.00	1,680.00
收款单	0000000001	2014-11-18	开源证券公司		人民币	2131	贷	60,000.00	60,000.00	60,000.00	60,000.00
销售专用发票	0000000001	2014-11-30	中山市非常保温容器公司	供销经营科	人民币	111101	借	70,200.00	70,200.00	70,200.00	70,200.00
销售专用发票	0000000002	2014-11-28	哈尔滨百货公司	供销经营科	人民币	111102	借	26,325.00	26,325.00	26,325.00	26,325.00
销售专用发票	0000000003	2014-11-28	深圳常山百货公司	供销经营科	人民币	111101	借	45,630.00	45,630.00	45,630.00	45,630.00
销售专用发票	0000000004	2014-11-25	长沙日用百货公司	供销经营科	人民币	1131	借	8,424.00	8,424.00	8,424.00	8,424.00
销售专用发票	0000000005	2014-11-25	惠州完美日用百货公司	供销经营科	人民币	1131	借	35,100.00	35,100.00	35,100.00	35,100.00

图 3 – 156　录入其他资料已知的销售专用发票

提示：①在初次使用应收款系统时，应将启用应收款系统时未处理完的所有客户的应收账款、预收账款、应收票据等数据录入到本系统。当进入第二年度时，系统自动将上年度未处理完的单据转为下一年度的期初余额。在下一年度的第一会计期间里，可以进行期初余额的调整。②如果退出了录入期初余额的单据，在"期初余额明细表"窗口中并没有看到新录入的期初余额，应单击"刷新"按钮，就可以列示所有的期初余额的内容。③在录入期初余额时一定要注意期初余额的会计科目，比如第 3 张销售发票的会计科目为"1121"，即应收票据。应收款系统的期初余额应与总账进行对账，如果科目错误将会导致对账错误。④如果并未设置允许修改销售专用发票的编号，则在填制销售专用发票时不允许改销售专用发票的编号。其他单据的编号也一样，系统默认的状态为不允许修改。

2. 录入期初收款单

操作步骤：

（1）在应收款管理系统中，执行"设置"｜"期初余额"命令，打开"期初余额 – 查询"窗口。

（2）单击"确定"按钮，打开"期初余额明细表"窗口。

（3）单击"增加"按钮，打开"单据类别"窗口。

（4）单击"单据名称"栏的下三角按钮，选择"预收款"，如图3 – 157 所示。

图 3 – 157　选择"预收款"

（5）单击"确定"按钮，打开"收款单"窗口。

（6）在"客户名称"栏录入"0105"，或单击"客户"栏的参照按钮，选择"开源证券公司"，系统自动带出相关信息，在结算方式选择"转账支票"，在"本币金额"栏录入"60000"，科目选择"2131 预收账款"，如图 3 – 158 所示。

图 3 – 158　科目选择 "2131 预收账款"

（7）单击"保存"按钮。

提示：①在录入应收单时只需录入表格上半部分的内容，表格下半部分的内容由系统自动生成。②应收单中的会计科目必须录入正确，否则将无法与总账进行对账。

3. 录入其他应收单

操作步骤：

（1）执行"财务会计"｜"应收款管理"｜"设置"｜"期初余额"｜"增加"，打开单据类别，选择单据类型为其他应收单，如图3 – 159 所示。

图 3 – 159　选择单据类型为其他应收单

（2）单击"确定"，"增加"，只输入标题内容，然后保存，如图3－160所示。

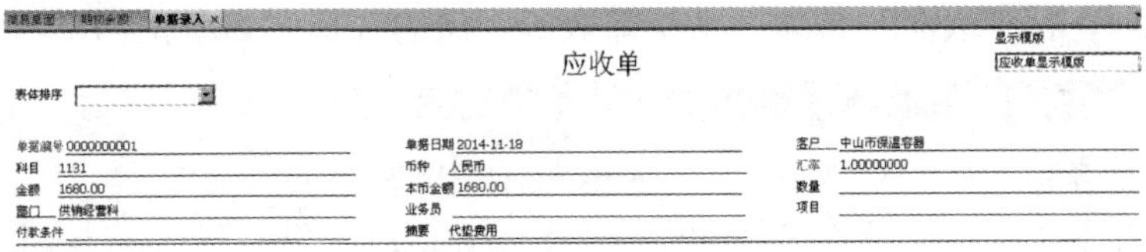

图3－160　输入标题内容

全部应收账款期初录入完毕后如图3－161所示。

期初余额明细表

本币合计借 203,409.00

单据类型	单据编号	单据日期	客户	部门	币种	科目	方向	原币金额	原币余额	本币金额	本币余额
其他应收单	0000000001	2014-11-18	中山市非常保温容器公司	供销经营科	人民币	113302	借	1,680.00	1,680.00	1,680.00	1,680.00
收款单	0000000001	2014-11-21	开源证券公司		人民币	2131	贷	60,000.00	60,000.00	60,000.00	60,000.00
销售专用发票	0000000001	2014-11-30	中山市非常保温容器公司	供销经营科	人民币	111101	借	70,200.00	70,200.00	70,200.00	70,200.00
销售专用发票	0000000002	2014-11-28	哈尔滨百货公司	供销经营科	人民币	111102	借	26,325.00	26,325.00	26,325.00	26,325.00
销售专用发票	0000000003	2014-11-28	深圳常山百货公司	供销经营科	人民币	111101	借	45,630.00	45,630.00	45,630.00	45,630.00
销售专用发票	0000000004	2014-11-25	长沙日用百货公司	供销经营科	人民币	1131	借	8,424.00	8,424.00	8,424.00	8,424.00
销售专用发票	0000000005	2014-11-25	惠州完美日用百货公司	供销经营科	人民币	1131	借	35,100.00	35,100.00	35,100.00	35,100.00

图3－161　全部应收账款期初录入完成

五　应付款管理系统

（一）应付系统期初参数

在运行应付款管理系统前，应在"选项"中设置运行所需要的账套参数，以便系统根据所设定的选项进行相应的处理。

设置账套参数时，选择"设置"，"选项"，打开"账套参数设置"对话框，其中包括五个页签：常规、凭证、权限与预警、核销设置、收付款控制。应付款核销方式为"按单据"，单据审核日期依据为"业务日期"，应付款核销类型为"详细核算"，受控科目制单依据为"明细到供应商"，非受控科目制单方式为"汇总方式"；启用供应商权限，并且按信用方式根据单据提前7天自动报警。

操作步骤：

1. 执行"基础设置"｜"业务参数"｜"财务会计"｜"应付款管理"，单击"编辑"按钮，进行选项的设置，分别单击每个选项后边的下拉框以选择所需要的账套参数的设置。

2. 应付款核销方式为"按单据"，单据审核日期依据为"业务日期"，应付款核销类型为"详细核算"，受控科目制单依据为"明细到供应商"，非受控科目制单方式为"汇总方式"；启用供应商权限，并且按信用方式根据单据提前 7 天自动报警。

3. 选择完各个账套参数后，单击"确认"按钮，系统即保存所选的操作，单击"取消"按钮，系统即取消所做的选择，如图 3 – 162 所示。

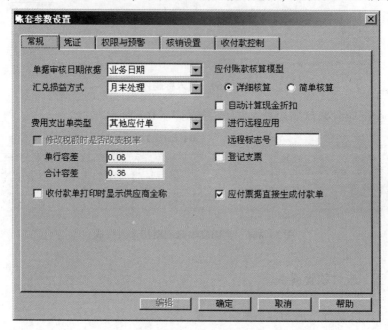

图 3 – 162　应付系统期初参数

（二）基本科目设置

基本科目是在核算应付款项时经常用到的科目，可以在此处设置常用科目。系统依据制单业务规则将设置的科目自动带出。基本科目设置资料见表 3 – 105。

表 3 – 105　　　　　　　　　基本科目设置

基本科目设置	科目编码	科目名称
应付科目	2121	应付账款
采购科目	1252	在途物资
税金科目	21710101	应交税费 – 应交增值税 – 进项税额
银行承兑科目	211102	应付票据——银行承兑汇票
商业承兑科目	211101	应付票据—商业承兑汇票

操作步骤：

1. 在应付款管理系统中，执行"设置"｜"初始设置"命令，进入"初始设置"窗口。

2. 选择"基本科目设置"，单击"增加"，录入或选择应付科目"2121"及其他的基本科目，如图 3 – 163 所示。

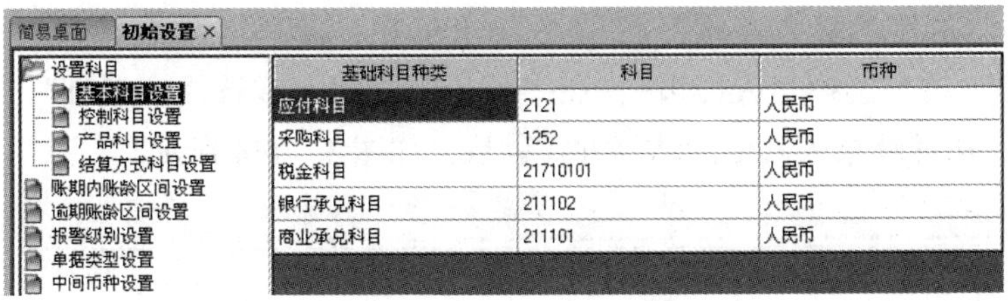

图 3 – 163　基本科目设置

3. 单击"退出"按钮。

提示：①在基本科目设置中所设置的应付科目"应付账款"、预付科目"预付账款"及"应付票据"，应在总账系统中设置其辅助核算内容为"供应商往来"，并且其受控系统为"应付系统"，否则在这里不能被选上。②只有在这里设置了基本科目，在生成凭证时才能直接生成凭证中的会计科目，否则凭证中将没有会计科目，相应的会计科目只能手工录入。③如果应付科目、预付科目按不同的供应商或供应商分类分别设置，则可在"控制科目设置"中设置，在此可以不设置。④如果针对不同的存货分别设置采购核算科目，则在此不用设置，可以在"产品科目设置"中进行设置。

（三）结算方式科目设置

不仅可以设置常用的科目，还可以为每种结算方式设置一个默认的科目。系统依据制单业务规则将设置的科目自动带出。结算方式科目设置资料见表 3 – 106。

表 3 – 106　　　　　　　　　结算方式科目设置

结算方式	币种	科目	科目名称
现金	人民币	1001	库存现金
现金支票	人民币	10020101	银行存款
转账支票	人民币	10020101	银行存款

操作步骤：

1. 在应付款管理系统中，执行"设置" | "初始设置"命令，打开"初始设置"窗口。

2. 执行"结算方式科目设置"命令，进入"结算方式科目设置"窗口。

3. 单击"结算方式"栏的下三角按钮，选择"现金结算"，单击"币种"栏，选择"人民币"，在"科目"栏录入或选择"1001"，回车。以此方法继续录入其他的结算方式科目，如图 3 - 164 所示。

简易桌面	初始设置 ×			
🗀 设置科目	结算方式	币　种	本单位账号	科　目
🗎 基本科目设置	1 现金	人民币		1001
🗎 控制科目设置	201 现金支票	人民币		10020101
🗎 产品科目设置	202 转账支票	人民币		10020101
🗎 结算方式科目设置				
🗎 账期内账龄区间设置				
🗎 逾期账龄区间设置				
🗎 报警级别设置				
🗎 单据类型设置				
🗎 中间币种设置				

图 3 - 164　录入结算方式科目

4. 单击"退出"按钮。

提示：①结算方式科目设置是针对已经设置的结算方式设置相应的结算科目。即在付款或收款时，只要告诉系统结算时使用的结算方式就可以由系统自动生成该种结算方式所使用的会计科目。②如果在此不设置结算方式科目，则在付款或收款时可以手工输入不同结算方式对应的会计科目。

(四) 账龄区间

为了对应付账款进行账龄内账龄分析，应首先在此设置账期内账龄区间。为了对应付账款进行逾期账龄分析，应在此设置逾期账龄区间。账龄区间资料如下：①账期内账龄区间设置总天数为 10 天、30 天、60 天、90 天；②逾期账龄区间设置总天数分别为 30 天、60 天、90 天、120 天。

操作步骤：

1. 在应付款管理系统中，执行"设置" | "初始设置"命令，打开"初始设置"窗口。

2. 执行"账期内账龄区间设置"命令，在"总天数"栏录入"30"，回车，再在"总天数"栏录入"60"后回车。以此方法继续录入其他的总天数，如图 3 - 165 所示。

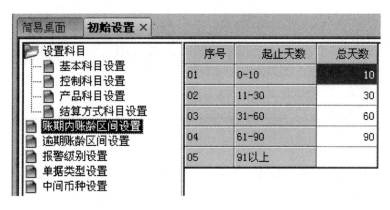

图 3 - 165 账期内账龄区间设置

3. 单击"退出"按钮。

4. 同样方法设置逾期账龄区间，如图 3 - 166 所示。

图 3 - 166 逾期账龄区间设置

提示：①序号由系统自动生成，不能修改和删除。总天数直接输入截止该区间的账龄总天数。②最后一个区间不能修改和删除。

（五）报警级别

报警级别资料见表 3 - 107。

表 3 - 107　　　　　　　　　　报警级别

起止比率	总比率	级别名称
0%—10%	10	A
10%—20%	20	B
20%—30%	30	C

续表

起止比率	总比率	级别名称
30%—40%	40	D
40%—50%	50	E
50% 以上		F

操作步骤：

1. 应付款管理系统中，执行"设置"｜"初始设置"命令，进入"初始设置"对话框。

2. 执行"报警级别设置"命令，在"总比率"栏录入"10"，在"级别名称"栏录入"A"，回车，以此方法继续录入其他的总比率和级别，如图 3 – 167 所示。

图 3 – 167　报警级别设置

3. 单击"退出"按钮。

提示：①序号由系统自动生成，不能修改、删除。应直接输入该区间的最大比率及级别名称。②系统会根据输入的比率自动生成相应的区间。③单击"增加"按钮，可以在当前级别之前插入一个级别。插入一个级别后，该级别后的各级别比率会自动调整。④删除一个级别后，该级别后的各级比率会自动调整。⑤最后一个级别为某一比率之上，所以在"总比率"栏不能录入比率，否则将不能退出。⑥最后一个比率不能删除，如果录入错误则应先删除上一级比率，再修改最后一级比率。

（六）期初余额

通过期初余额功能，用户可将正式启用账套前的所有应付业务数据录入到系统中，作为期初建账的数据，系统即可对其进行管理，这样既保证了数据的连续性，又保证了数据的完整性。初次使用本系统时，要将上期未处理完全的单据都录入到本系统，以便于以后的处理。进入第二年度处理时，系统自动将上年度未处理完全的单据转成为下一年度的期初余额。在下一年度的第一个会计期间里，可以进行期初余额的调整。在期初余额主界面，列出的是所有供应商、所有科目、所有合同结算单的期初余额，可以通过过滤功能，查看某个供应商、某份合同或者某个科目的期初余额。期初余额资料见表 3 – 108、表 3 – 109、表 3 – 110，存货税率均为17%，币种为人民币。

表 3 – 108 期初余额

单据类型	单据日期	供应商	科目	方向	原币余额	本币余额
采购专用发票	2013 – 11 – 30	北京有色金属公司	211101	贷	262080.00	262080.00
采购专用发票	2013 – 11 – 29	佛山铝材厂	211101	贷	609570.00	609570.00
采购专用发票	2013 – 11 – 29	汕头市铝制品厂	211101	贷	22230.00	22230.00
采购专用发票	2013 – 11 – 24	成都塑料厂	211102	贷	234000.00	234000.00
采购专用发票	2013 – 11 – 22	普奥涂料供应公司	2121	贷	7020.00	7020.00
采购专用发票	2013 – 11 – 20	北京有色金属公司	2121	贷	32760.00	32760.00
采购专用发票	2013 – 11 – 18	潮州机械制造	2121	贷	12870.00	12870.00
采购专用发票	2013 – 11 – 18	郑州瓶胆总厂	211101	贷	14040.00	14040.00
付款单	2013 – 11 – 17	深圳平安邮局	1151	借	703.00	703.00
付款单	2013 – 11 – 17	平安保险公司	1151	借	1831.67	1831.67
付款单	2013 – 11 – 15	平安保险公司	1151	借	506.00	506.00

表 3 – 109 采购专用发票明细资料

供应商	存货编码	存货名称	计量单位	数量	原币单价
北京有色金属公司	0101	马口铁	吨	40.00	5600.00
佛山铝材厂有限	0124	铝片	吨	26.05	20000
汕头市铝制品厂	0125	铝配件	套	5000	3.80
成都塑料厂	0102	塑料粒子	吨	20.00	10000.00
普奥涂料供应公司	0115	油漆	千克	200.00	20.00
普奥涂料供应公司	0112	稀释剂	千克	200.00	10.00
北京金属公司	0101	马口铁	吨	5.00	5600.00
潮州机械制造	0117	电动机	台	40.00	250.00
潮州机械制造	0120	扳手	把	40.00	15.00

续表

供应商	存货编码	存货名称	计量单位	数量	原币单价
潮州机械制造	0118	安全钳	把	40.00	10.00
郑州瓶胆总厂	0103	瓶胆（大）	只	1000.00	5.00
郑州瓶胆总厂	0104	瓶胆（中）	只	1000.00	4.00
郑州瓶胆总厂	0105	瓶胆（小）	只	1000.00	3.00

表 3 – 110　　　　　　　　　　付款单明细资料

供应商	本币金额	摘要
深圳平安邮局	703.00	预付报刊费
平安保险公司	1831.67	财产保险费
平安保险公司	506.00	机动车辆保险费

提示：结算方式均为支票。

1. 录入期初采购发票

操作步骤：

（1）在应付款管理系统中，执行"设置" | "期初余额"命令，打开"期初余额查询"对话框。

（2）单击"确定"按钮，进入"期初余额明细表"窗口。

（3）单击"增加"按钮，打开"单据类别"窗口，如图 3 – 168 所示。

图 3 – 168　单据类别

（4）单击“确定”按钮，打开“采购专用发票”窗口，单击“增加”。

（5）在“供应商”栏录入“0101”，或单击“供应商”栏的参照按钮，选择“北京有色金属公司”，在“存货编码”栏录入“0101”，或单击“存货编码”栏的参照按钮，选择“马口铁”，在“数量”栏录入“40”，在“原币单价”栏录入“5600”，如图3－169所示。

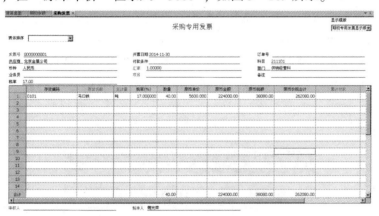

图3－169　采购专用发票

（6）单击“保存”按钮。以此方法继续录入其他资料已知采购专用发票，如图3－170所示。

期初余额明细表

本币合计 贷 1, 194, 570. 00

单据类型	单据编号	单据日期	供应商	部门	业务员	币种	科目	方向	原币金额	原币余额	本币金额	本币余额
采购专用发票	0000000006	2014-11-20	北京有色金属公司	供销经营科		人民币	2121	贷	32, 760. 00	32, 760. 00	32, 760. 00	32, 760. 00
采购专用发票	0000000007	2014-11-18	潮州机械制造有限公司	供销经营科		人民币	2121	贷	12, 870. 00	12, 870. 00	12, 870. 00	12, 870. 00
采购专用发票	0000000005	2014-11-22	普奥涂料供应公司	供销经营科		人民币	2121	贷	7, 020. 00	7, 020. 00	7, 020. 00	7, 020. 00
采购专用发票	0000000001	2014-11-30	北京有色金属公司	供销经营科		人民币	211101	贷	262, 080. 00	262, 080. 00	262, 080. 00	262, 080. 00
采购专用发票	0000000003	2014-11-29	汕头市铝制品厂股份公司	供销经营科		人民币	211101	贷	22, 230. 00	22, 230. 00	22, 230. 00	22, 230. 00
采购专用发票	0000000004	2014-11-24	成都塑料厂有限公司	供销经营科		人民币	211102	贷	234, 000. 00	234, 000. 00	234, 000. 00	234, 000. 00
采购专用发票	0000000008	2014-11-18	郑州顺胆息厂有限公司	供销经营科		人民币	211101	贷	14, 040. 00	14, 040. 00	14, 040. 00	14, 040. 00
采购专用发票	0000000002	2014-11-29	佛山铝门厂有限公司	供销经营科		人民币	211101	贷	609, 570. 00	609, 570. 00	609, 570. 00	609, 570. 00

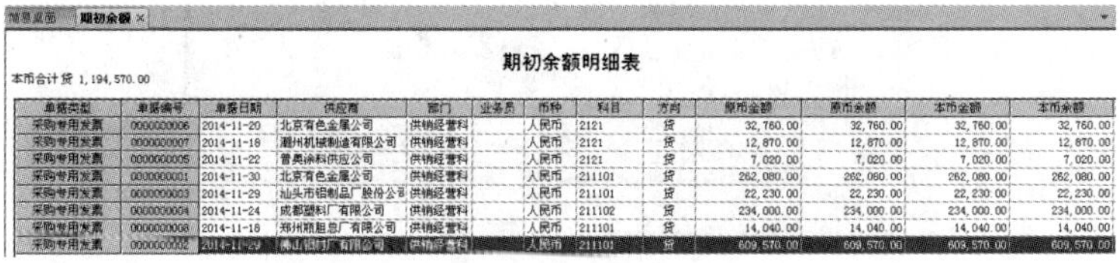

图3－170　录入其他资料已知采购专用发票

提示：①在初次使用应付款系统时，应将启用应付款系统时未处理完的所有供应商的应付账款、预付账款、应付票据等数据录入到本系统。当进入第二年度时，系统自动将上年度未处理完的单据转为下一年度的期初余额。在下一年度的第一会计期间里，可以进行其月初余额的调整。②在日常业务中，可对期初发票、应付单、预付款、票据进行后续的核销、转账处理。如果退出了录入期初余额的单据，在“期初余额明细表”窗口中并没有看到新录入的期初余额，应单击“刷新”按钮就可以列示所有的期初余额的内容。③在录入期初余额时一定要注意期初余额的会计科目，比如第 3 张采购发票的会计科目为 "2201"，即应付票据。应付款系统的期初余额应与总账进行对账，如果科目错误将会导致对账错误。④如果并未设置允许修改采购专用发票的编号，则在填制采购专用发票时不允许修改采购专用发票的编号。其他单据的编号也一样，系统默认的状态为不允许修改。

2. 录入预付款单

（1）在应付款管理系统中，执行 "设置" | "期初余额" 命令，打开 "期初余额——查询" 对话框。

（2）单击 "确定" 按钮，进入 "期初余额明细表" 窗口。

（3）单击 "增加" 按钮，打开 "单据类别" 窗口。

（4）单击 "单据名称" 栏的下三角按钮，选择 "预付款"，如图3 – 171 所示。

图 3 –171　单据类别选择 "预付款"

（5）单击 "确定" 按钮，进入 "付款单" 窗口。

（6）单击 "增加"，在 "供应商" 栏录入 "0203"，或单击 "供应商" 栏的参照按钮，选择 "深圳平安邮局"，在 "结算方式" 栏录入 "202"，或单击 "结算方式" 栏的参照按钮，选择 "转账支票"，在 "金额" 栏录入 "703"，在 "摘要" 栏录入 "预付报刊费"。在付款单下半部分中的 "科目" 栏录入 "1151"，或单击 "科目" 栏的参照按钮，选择 "1151 预付账款"，如图 3 – 172 所示。

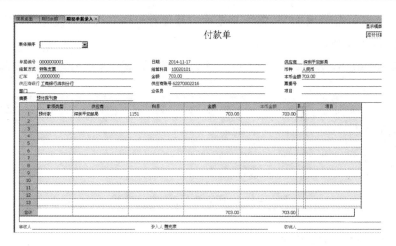

图 3 – 172　期初单据录入

（7）单击"保存"按钮，单击"退出"按钮退出。

提示：录入预付款的单据类型仍然是"付款单"，但是款项类型为"预付款"。

3. 录入其他应付单

操作步骤：

（1）执行"期初余额"｜"增加"｜，选择单据类型为其他应付单，如图 3 – 173 所示。

图 3 – 173　单据类型选择"应付单"

（2）单击“增加”，输入基本内容后保存，所有应付系统输入完毕后如图 3 – 174 所示。

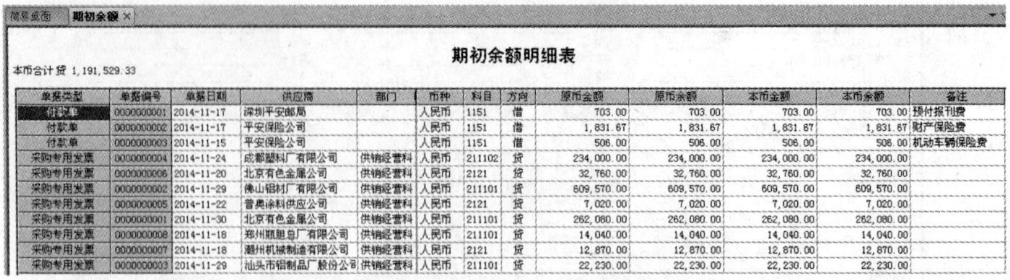

期初余额明细表

本币合计 贷 1,191,529.33

单据类型	单据编号	单据日期	供应商	部门	币种	科目	方向	原币金额	原币余额	本币金额	本币余额	备注
付款单	0000000001	2014-11-17	深圳平安邮局		人民币	1151	借	703.00	703.00	703.00	703.00	预付报刊费
付款单	0000000002	2014-11-17	平安保险公司		人民币	1151	借	1,831.67	1,831.67	1,831.67	1,831.67	财产保险费
付款单	0000000003	2014-11-15	平安保险公司		人民币	1151	借	506.00	506.00	506.00	506.00	机动车辆保险费
采购专用发票	0000000004	2014-11-24	成都塑料厂有限公司	供销经营科	人民币	211102	贷	234,000.00	234,000.00	234,000.00	234,000.00	
采购专用发票	0000000006	2014-11-20	北京有色金属公司	供销经营科	人民币	2121	贷	32,760.00	32,760.00	32,760.00	32,760.00	
采购专用发票	0000000002	2014-11-29	佛山铝材厂有限公司	供销经营科	人民币	211101	贷	609,570.00	609,570.00	609,570.00	609,570.00	
采购专用发票	0000000005	2014-11-22	普奥涂料供应公司	供销经营科	人民币	2121	贷	7,020.00	7,020.00	7,020.00	7,020.00	
采购专用发票	0000000001	2014-11-30	北京有色金属公司	供销经营科	人民币	211101	贷	262,080.00	262,080.00	262,080.00	262,080.00	
采购专用发票	0000000008	2014-11-18	郑州顺胆息厂有限公司	供销经营科	人民币	211101	贷	14,040.00	14,040.00	14,040.00	14,040.00	
采购专用发票	0000000007	2014-11-18	潮州机械制造有限公司	供销经营科	人民币	2121	贷	12,870.00	12,870.00	12,870.00	12,870.00	
采购专用发票	0000000003	2014-11-29	汕头市铝制品厂股份公司	供销经营科	人民币	211101	贷	22,230.00	22,230.00	22,230.00	22,230.00	

图 3 – 174 所有应付系统输入完成

六 库存管理系统

库存管理系统参数的设置是指在处理库存日常业务之前，确定库存业务的范围、类型以及对各种库存业务的核算要求，这是库存管理系统初始化的一项重要工作。因为一旦库存管理开始处理日常业务，有的系统参数就不能修改，有的也不能重新设置。因此，在系统初始化时应该设置好相关的系统参数。

（一）设置库存管理系统参数

库存管理系统参数设置时包括采购入库审核时改现存量、出库审核时改现存量、其他入库审核时改现存量、不允许超可用量出库、入库检查可用量、自动带出单价的单据包括全部出库单等参数。

操作步骤：

1. 打开“业务工作”选项卡，执行“供应链”｜“库存管理”命令，打开库存管理系统。

2. 在库存管理系统的系统菜单下，执行“初始设置”｜“选项”命令，打开“库存选项设置”对话框，如图 3 – 175 所示。

图 3-175 库存选项设置 1

3. 选中"通用设置"选项卡中的"有无委托代销业务" | "采购入库审核时改现存量" | "销售出库审核时改现存量"和"其他出入库审核时改现存量"复选框，如图 3-176 所示。

图 3 –176 库存选项设置 2

4. 打开"专用设置"选项，在"自动带出单价的单据"选项区域选中"销售出库单""其他出库单"复选框，如图 3 –177 所示。

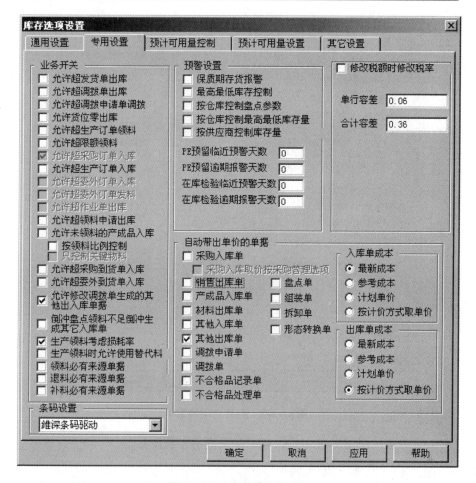

图 3－177　库存选项设置 3

5. 打开"预计可用量控制"选项，默认不允许超可用量出库。

6. 打开"预计可用量设置"选项，选中"出入库是否检查可用量"复选框，如图 3－178 所示。

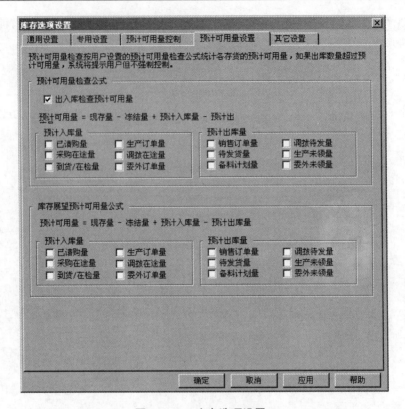

图 3 – 178　库存选项设置 4

7. 单击"确定"按钮，保存库存系统的参数设置。

（二）**库存管理期初**

库存管理期初用于录入使用库存管理前各仓库各存货的期初结存情况。重新初始化时，可将上月份月末的库存结存结转到本月的期初余额中。（1）不进行批次、保质期管理的存货，只需录入各存货期初结存的数量。（2）进行批次管理、保质期管理、出库跟踪入库管理的存货，需录入各存货期初结存的详细数据，如批号、生产日期、失效日期、入库单号等。（3）进行货位管理的存货，还需录入货位。库存期初资料见表 3 – 111、表 3 – 112、表 3 – 113、表 3 – 114，原材料仓库的入库类别为采购入库、仓库编码为 03，产成品仓库的入库类别为产成品入库、仓库编码为 01，自制半成品仓库的入库类别为半成品入库、仓库编码为 02，其他仓库的入库类别为采购入库、仓库编码为 04。

表3－111　　　　　　　　　　　原材料库存

仓库	存货编码	存货名称	主计量单位	数量	单价	金额
原材料仓库	0115	油漆	千克	15.00	20.00	300.00
原材料仓库	0112	稀释剂	千克	32.00	10.00	320.00
原材料仓库	0111	纸箱	只	54.00	5.00	270.00
原材料仓库	0110	纸盒	只	85.00	2.00	170.00
原材料仓库	0109	底垫	只	90.00	0.50	45.00
原材料仓库	0108	口圈	只	89.00	0.50	44.50
原材料仓库	0107	不锈钢吸管	支	70.00	2.00	140.00
原材料仓库	0106	黑铁托盘	只	81.00	1.00	81.00
原材料仓库	0105	瓶胆（小）	只	24.00	3.00	72.00
原材料仓库	0104	瓶胆（中）	只	56.00	4.00	224.00
原材料仓库	0103	瓶胆（大）	只	45.00	5.00	225.00
原材料仓库	0102	塑料粒子	吨	3.00	10000.00	30000.00
原材料仓库	0101	马口铁	吨	4.00	5600.00	22400.00
原材料仓库	0125	铝配件	套	2050.00	3.80	7790.00
原材料仓库	0124	铝片	吨	45.97	20000.00	919400.00
原材料仓库	0122	机油	升	16.00	6.30	100.80
原材料仓库	0120	扳手	把	50.00	15.00	750.00
原材料仓库	0119	修边刀	把	70.00	8.00	560.00
原材料仓库	0118	安全钳	把	80.00	10.00	800.00
原材料仓库	0117	电动机	台	20.00	250.00	5000.00
原材料仓库	0116	压力表	只	30.00	500.00	15000.00
原材料仓库	0121	螺丝圆钉	盒	18.00	100.00	1800.00
原材料仓库	0123	汽油	升	14.00	8.50	119.00

表3－112　　　　　　　　　　　产成品仓库

仓库	存货编码	存货名称	主计量单位	数量	单价	金额	货位编码	货位
产成品仓库	0305	塑壳保温瓶（小）	只	5000.00	24.00	120000.00	01	塑壳保温品货架
产成品仓库	0304	塑壳保温瓶（中）	只	7000.00	32.00	224000.00	01	塑壳保温品货架
产成品仓库	0303	塑壳保温瓶（大）	只	8000.00	35.00	280000.00	01	塑壳保温品货架
产成品仓库	0302	铁壳保温瓶	只	6000.00	46.00	276000.00	02	铁壳保温瓶
产成品仓库	0301	铝壳气压保温瓶	只	4000.00	40.00	160000.00	03	铝壳保温瓶

表 3 –113   自制半成品仓库

仓库	存货编码	存货名称	主计量单位	数量	单价	金额	货位编码	货位
自制半成品仓库	020207	气压式塑配件	套	50.00	3.00	150.00	05	配件类货架
自制半成品仓库	020206	塑配件（小）	套	19.00	3.00	57.00	05	配件类货架
自制半成品仓库	020205	塑配件（中）	套	19.00	6.00	114.00	05	配件类货架
自制半成品仓库	020204	塑配件（大）	套	50.00	7.50	375.00	05	配件类货架
自制半成品仓库	020203	塑壳（小）	只	20.00	6.00	120.00	05	壳类货架
自制半成品仓库	020202	塑壳（中）	只	50.00	7.50	375.00	05	壳类货架
自制半成品仓库	020201	塑壳（大）	只	40.00	15.00	600.00	05	壳类货架
自制半成品仓库	020102	铁壳	只	40.00	7.50	300.00	04	壳类货架
自制半成品仓库	020101	铝壳	只	40.00	15.00	600.00	04	壳类货架

表 3 –114   其他存货

仓库	存货编码	存货名称	主计量单位	单价	入库类别
其他仓库	0901	运输费	次	5	采购入库
其他仓库	0902	报刊	份	2	采购入库
其他仓库	0903	财产保险	份	1.5	采购入库
其他仓库	0904	机动车辆保险	份	2	采购入库

操作步骤：

1. "企业应用平台"中，进入"库存管理"｜"初始设置"｜"期初结存"进入库存期初窗口。

2. 单击"修改"按钮，在标准成本法下输入期初库存时，系统提示如图 3 – 179 所示。

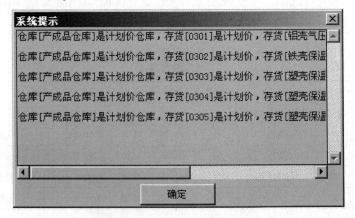

图 3 – 179　输入期初库存系统提示

3. 执行"基础设置"｜"基础档案"｜"存货"｜"存货档案"｜选中"铝壳气压保温瓶",双击进入。单击"成本"页签,选择计价方式为"计划价法"并按库存期初资料输入计划价,如图 3 – 180 所示。

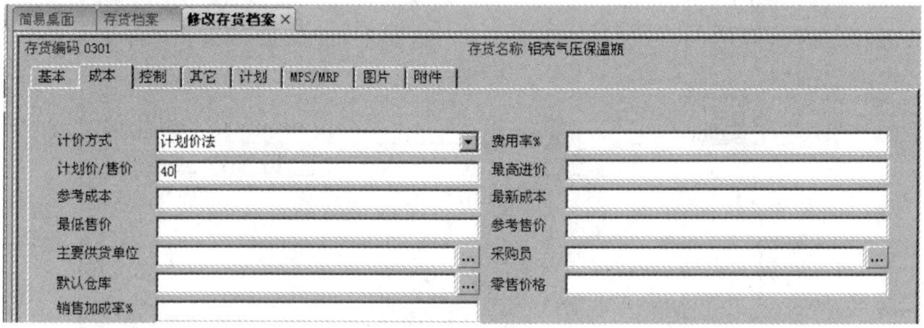

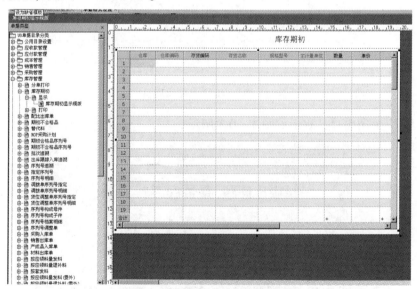

图 3 – 180　修改存货档案

4. 修改完成后"保存"。

5. 执行"基础设置"｜"单据设置"｜"单据格式设置"｜"库存管理"｜"库存期初"｜"显示"｜"库存期初显示模板",单击右边的模板,如图 3 – 181 所示。

图 3 – 181　库存期初显示模板

6. 执行"表体项目"｜"货位"｜"确定"｜如图 3 – 182 所示。

图 3－182　执行"表体项目"

7. 关闭窗口，提示如图 3－183 所示。

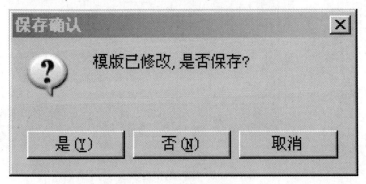

图 3－183　保存确认

8. 单击"是"返回到库存期初设置，录入各仓库库存期初，保存，如图 3－184 所示。

库存期初　　仓库 (01)产成品仓库

表体排序

	仓库	仓库编码	存货编码	存货名称	主计量单位	数量	单价	金额	货位	入库类别	部门
1	产成品仓库	01	0301	铝壳气压保温瓶	只	4000.00	40.00	160000.00	铝壳气压保温瓶	产成品入库	装配车间
2	产成品仓库	01	0302	铁壳保温瓶	只	6000.00	46.00	276000.00	铁壳保温瓶	产成品入库	装配车间
3	产成品仓库	01	0303	塑壳保温瓶（大）	只	8000.00	35.00	280000.00	塑壳保温瓶货架	产成品入库	装配车间
4	产成品仓库	01	0304	塑壳保温瓶（中）	只	7000.00	32.00	224000.00	塑壳保温瓶货架	产成品入库	装配车间
5	产成品仓库	01	0305	塑壳保温瓶（小）	只	5000.00	24.00	120000.00	塑壳保温瓶货架	产成品入库	装配车间

图 3－184　录入各仓库库存期初

9. 单击“审核”按钮对该仓库下每笔存货期初数据进行审核，或单击“批审”按钮，批量对该仓库下存货进行审核，如图 3－185 所示。

库存期初　　仓库 (03)原材料仓库

表体排序

	仓库	仓库编码	存货编码	存货名称	主计量单位	数量	单价	金额	入库类别	制单人	审核人	审核日期
1	原材料仓库	03	0101	马口铁	吨	4.00	5600.00	22400.00	采购入库	魏光荣	魏光荣	2014-12-01
2	原材料仓库	03	0102	塑料粒子	吨	3.00	10000.00	30000.00	采购入库	魏光荣	魏光荣	2014-12-01
3	原材料仓库	03	0103	瓶胆（大）	只	45.00	5.00	225.00	采购入库	魏光荣	魏光荣	2014-12-01
4	原材料仓库	03	0104	瓶胆（中）	只	56.00	4.00	224.00	采购入库	魏光荣	魏光荣	2014-12-01
5	原材料仓库	03	0105	瓶胆（小）	只	24.00	3.00	72.00	采购入库	魏光荣	魏光荣	2014-12-01
6	原材料仓库	03	0106	黑铁托盘	只	81.00	1.00	81.00	采购入库	魏光荣	魏光荣	2014-12-01
7	原材料仓库	03	0107	不锈钢吸管	支	70.00	2.00	140.00	采购入库	魏光荣	魏光荣	2014-12-01
8	原材料仓库	03	0108	口圈	只	89.00	0.50	44.50	采购入库	魏光荣	魏光荣	2014-12-01
9	原材料仓库	03	0109	底垫	只	90.00	0.50	45.00	采购入库	魏光荣	魏光荣	2014-12-01
10	原材料仓库	03	0110	纸盒	只	85.00	2.00	170.00	采购入库	魏光荣	魏光荣	2014-12-01
11	原材料仓库	03	0111	纸箱	只	54.00	5.00	270.00	采购入库	魏光荣	魏光荣	2014-12-01

图 3－185　审核各仓库库存期初

七　存货核算系统

存货核算系统参数的设置是指在处理存货日常业务之前，确定存货业务的核算方式、核算要求，这是存货核算系统初始化的一项重要工作。因为一旦存货核算系统开始处理日常业务，有的系统参数就不能修改，有的也不能重新设置。因此，在系统初始化时应该设置好相关的系统参数。

（一）设置存货核算系统参数

方式：按存货核算；暂估方式：单到回冲；销售成本核算方式：销售发票；委托代销成本核算方式：普通销售发票；成本出库按参考成本价核算，单价与暂估单价不一致需要调整出库成本，期初余额进行相应仓库的取数并输入存货科目编码，其他设置由系统默认。

操作步骤：

1. 打开“业务工作”选项，执行“供应链”｜“存货核算”命令，打开存货核算系统。

2. 在存货核算系统菜单，执行“初始设置”｜“选项”｜“选项录入"命令，打开"选项录入"对话框。

3. 在"核算方式"选项中设置核算参数。核算方式：按存货核算；暂估方式：单到回冲；销售成本核算方式：销售发票；委托代销成本核算方式：按普通销售核算；零成本出库按参考成本价核算，如图 3 – 186 所示。

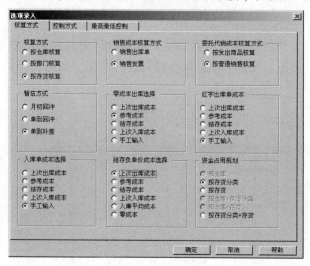

图 3 – 186 选项录入

4. 打开"控制方式"选项，选中"结算单价与暂估单价不一致是否需要调整出库成本"复选框，其他选项由系统默认，如图 3 – 187 所示。

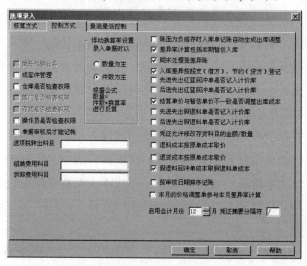

图 3 – 187 打开"控制方式"选项

5. 单击“确定”按钮，保存存货核算。

（二）存货核算系统期初

存货核算系统期初用于录入使用系统前各存货的期初结存情况。期初余额和库存的期初余额需要分开录入。库存和存货的期初数据分别录入处理，库存和存货核算就可分别先后启用，即允许先启存货再启库存或先启库存再启存货。库存的期初数据可与存货核算的期初数据一致，系统提供两边互相取数和对账的功能。

提示：要先启用成本管理系统且进行单位标准成本计算，详见成本管理系统期初设置。

存货核算系统期初记账操作步骤：

1. 执行“存货核算系统”|“初始设置”|“期初数据”|“期初余额”命令，打开“期初余额”窗口。

2. 单击左上角的仓库对话框，选择需要设置期初余额的仓库。

3. 单击“增加”按钮，设置该仓库下的期初数据。也可单击“取数”按钮，自动从“库存管理”系统中取来期初结存数据，如图 3－188 和图 3－189 所示。

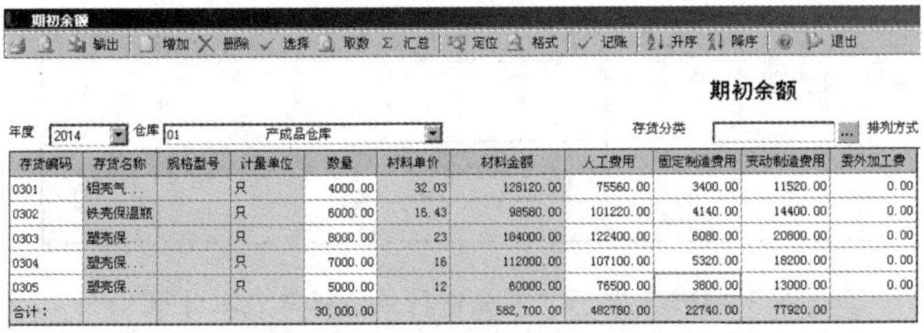

存货编码	存货名称	规格型号	计量单位	数量	材料单价	材料金额	人工费用	固定制造费用	变动制造费用	委外加工费
0301	铝壳气...		只	4000.00	32.03	128120.00	75560.00	3400.00	11520.00	0.00
0302	铁壳保温瓶		只	6000.00	16.43	98580.00	101220.00	4140.00	14400.00	0.00
0303	塑壳保...		只	8000.00	23	184000.00	122400.00	6080.00	20800.00	0.00
0304	塑壳保...		只	7000.00	16	112000.00	107100.00	5320.00	18200.00	0.00
0305	塑壳保...		只	5000.00	12	60000.00	76500.00	3800.00	13000.00	0.00
合计：				30,000.00		582,700.00	482780.00	22740.00	77920.00	

图 3－188　设置该仓库下的期初数据 1

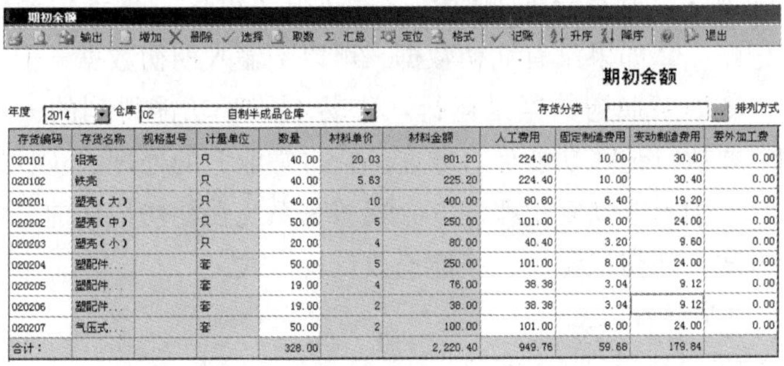

存货编码	存货名称	规格型号	计量单位	数量	材料单价	材料金额	人工费用	固定制造费用	变动制造费用	委外加工费
020101	铝壳		只	40.00	20.03	801.20	224.40	10.00	30.40	0.00
020102	铁壳		只	40.00	5.63	225.20	224.40	10.00	30.40	0.00
020201	塑壳（大）		只	40.00	10	400.00	80.80	6.40	19.20	0.00
020202	塑壳（中）		只	50.00	5	250.00	101.00	8.00	24.00	0.00
020203	塑壳（小）		只	20.00	4	80.00	40.40	3.20	9.60	0.00
020204	塑配件...		套	50.00	5	250.00	101.00	8.00	24.00	0.00
020205	塑配件...		套	19.00	4	76.00	38.38	3.04	9.12	0.00
020206	塑配件...		套	19.00	2	38.00	38.38	3.04	9.12	0.00
020207	气压式...		套	50.00	2	100.00	101.00	8.00	24.00	0.00
合计：				328.00		2,220.40	949.76	59.68	179.84	

图 3－189　设置该仓库下的期初数据 2

4. 期初余额取数完毕，单击"记账"，系统提示（采购系统要先期初记账），如图 3 – 190 所示。

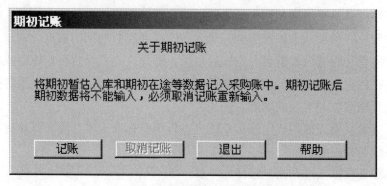

图 3 – 190 采购系统期初记账

单击"记账"，完成采购期初记账，然后返回到存货核算系统再次记账，系统提示，要先进行单位标准成本计算，如图 3 – 191 所示，则需要进入到成本管理系统进行期初设置及初始化过程（详细见成本期初）。

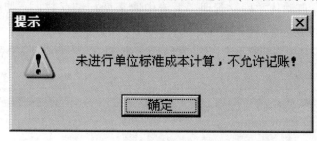

图 3 – 191 提示"要先进行单位标准成本计算"

提示：①供应链管理系统各个子系统集成使用时，采购管理系统先记账；库存管理系统所有仓库的所有存货必须"审核"确认；最后，存货核算系统记账。②如果没有期初数据，可以不输入期初数据，但必须执行记账操作。③如果期初数据是运行"结转上年"功能得到的，为未记账状态，则需要执行记账功能后，才能进行日常业务的处理。④如果已经进行业务核算，则不能恢复记账。⑤存货核算系统在期初记账前，可以修改存货计价方式；期初记账后，不能修改计价方式。

（三）存货科目设置

1. 存货科目功能用于设置

本系统中生成凭证所需要的各种直接材料科目、人工费用科目、固定制造费用科目、变动制造费用科目、委外加工费科目、材料量差、发出商品直接材料科目、发出商品人工费用科目、发出商品固定制造费用科目、发出商品变动制造费用科目、发出商品委外加工费科目，因此用户在制单之前应先在本系统中将存货科目设置正确、完整，否则系统生成凭证时无法自动带出科目。存货科目设置见表 3 – 115。

表 3 – 115 存货科目设置

存货分类编码	1	201	202	3
存货分类名称	原材料	壳类	塑壳类	产成品
直接材料编码	121101	1243020101	1243020101	1243010101
直接材料名称	标准原材料	标准材料费用	标准材料费用	标准材料费用
人工费用编码		1243020201	1243020201	1243010201
人工费用名称		标准人工费用	标准人工费用	标准人工费用
固定制造费用编码		1243020301	1243020301	1243010301
固定制造费用名称		标准固定制造费用	标准固定制造费用	标准固定制造费用
变动制造费用编码		1243020401	1243020401	1243010401
变动制造费用名称		标准变动制造费用	标准变动制造费用	标准变动制造费用
材料量差编码	121103	1243020103	1243020103	1243010103
材料量差名称	标准原材料量差	标准材料费用量差	标准材料费用量差	标准材料费用量差
材料价差编码	121102	1243020102	1243020102	1243010102
材料价差名称	标准原材料价差	标准材料费用价差	标准材料费用价差	标准材料费用价差
人工费用效率差编码		1243020203	1243020203	1243010203
人工费用效率差名称		标准人工费用效率差	标准人工费用效率差	标准人工费用效率差
人工费用费率差编码		1243020202	1243020202	1243010202
人工费用费率差名称		标准人工费用费率差	标准人工费用费率差	标准人工费用费率差
固定制造费用效率差编码		1243020303	1243020303	1243010303
固定制造费用效率差名称		标准固定制造费用效率差	标准固定制造费用效率差	标准固定制造费用效率差
固定制造费用费率差编码		1243020302	1243020302	1243010302
固定制造费用费率差名称		标准固定制造费用费率差	标准固定制造费用费率差	标准固定制造费用费率差
变动制造费用效率差编码		1243020403	1243020403	1243010403
变动制造费用效率差名称		标准变动制造费用效率差	标准变动制造费用效率差	标准变动制造费用效率差
变动制造费用费率差编码		1243020402	1243020402	1243010402
变动制造费用费率差名称		标准变动制造费用费率差	标准变动制造费用费率差	标准变动制造费用费率差

2. 对方科目功能用于设置

本系统中生成凭证所需要的存货对方科目（即收发类别）所对应的会计科目，因此用户在制单之前应先在本系统中将存货对方科目设置正确、完整，否则无法生成科目完整的凭证。对方科目设置见表 3 – 116、表 3 – 117、表 3 – 118。

表 3 – 116　　　　　　　　存货对方科目设置（入库类）

收发类别编码	11	13	13	14
收发类别名称	采购入库	半成品入库	半成品入库	产成品入库
存货分类编码	1	201	202	3
存货分类名称	原材料	壳类	塑壳类	产成品
部门编码	104	2	3	4
部门名称	供销经营科	制壳车间	塑料车间	装配车间
直接材料对方科目编码	1252	410101010101	410101020101	410101030101
直接材料对方科目名称	在途物资	标准材料费用	标准材料费用	标准材料费用
人工费用对方科目编码		410101010201	410101020201	410101030201
人工费用对方科目名称		标准人工费用	标准人工费用	标准人工费用
固定制造费用对方科目编码		410101010301	410101020301	410101030301
固定制造费用对方科目名称		标准固定制造费用	标准固定制造费用	标准固定制造费用
变动制造费用对方科目编码		410101010401	410101020401	410101030401
变动制造费用对方科目名称		标准变动制造费用	标准变动制造费用	标准变动制造费用
材料量差对方科目编码	121103	410101010103	410101020103	410101030103
材料量差对方科目名称	标准原材料量差	标准材料费用量差	标准材料费用量差	标准材料费用量差
材料价差对方科目编码	121102	410101010102	410101020102	410101030102
材料价差对方科目名称	标准原材料价差	标准材料费用价差	标准材料费用价差	标准材料费用价差
人工费用效率差对方科目编码		410101010203	410101020203	410101030203
人工费用效率差对方科目名称		标准人工费用效率差	标准人工费用效率差	标准人工费用效率差
人工费用费率差对方科目编码		410101010202	410101020202	410101030202
人工费用费率差对方科目名称		标准人工费用费率差	标准人工费用费率差	标准人工费用费率差
固定制造费用效率差对方科目编码		410101010303	410101020303	410101030303
固定制造费用效率差对方科目名称		标准固定制造费用效率差	标准固定制造费用效率差	标准固定制造费用效率差
固定制造费用费率差对方科目编码		410101010302	410101020302	410101030302
固定制造费用费率差对方科目名称		标准固定制造费用费率差	标准固定制造费用费率差	标准固定制造费用费率差
变动制造费用效率差对方科目编码		410101010403	410101020403	410101030403
变动制造费用效率差对方科目名称		标准变动制造费用效率差	标准变动制造费用效率差	标准变动制造费用效率差
变动制造费用费率差对方科目编码		410101010402	410101020402	410101030402
变动制造费用费率差对方科目名称		标准变动制造费用费率差	标准变动制造费用费率差	标准变动制造费用费率差

表 3 – 117　　　　　　存货对方科目设置（生产领用）

收发类别编码	22	22	22	22	22
收发类别名称	生产领用	生产领用	生产领用	生产领用	生产领用
存货分类编码	201	202	1	1	1
存货分类名称	壳类	塑壳类	原材料	原材料	原材料
部门编码	4	4	2	3	4
部门名称	装配车间	装配车间	制壳车间	塑料车间	装配车间
直接材料对方科目编码	410101030101	410101030101	410101010101	410101020101	410101030101
直接材料对方科目名称	标准材料费用	标准材料费用	标准材料费用	标准材料费用	标准材料费用
人工费用对方科目编码	410101030201	410101030201	410101010201	410101020201	410101030201
人工费用对方科目名称	标准人工费用	标准人工费用	标准人工费用	标准人工费用	标准人工费用
固定制造费用对方科目编码	410101030301	410101030301	410101010301	410101020301	410101030301
固定制造费用对方科目名称	标准固定制造费用	标准固定制造费用	标准固定制造费用	标准固定制造费用	标准固定制造费用
变动制造费用对方科目编码	410101030401	410101030401	410101010401	410101020401	410101030401
变动制造费用对方科目名称	标准变动制造费用	标准变动制造费用	标准变动制造费用	标准变动制造费用	标准变动制造费用
材料量差对方科目编码	410101030103	410101030103	410101010103	410101020103	410101030103
材料量差对方科目名称	标准材料费用量差	标准材料费用量差	标准材料费用量差	标准材料费用量差	标准材料费用量差
材料价差对方科目编码	410101030102	410101030102	410101010102	410101020102	410101030102
材料价差对方科目名称	标准材料费用价差	标准材料费用价差	标准材料费用价差	标准材料费用价差	标准材料费用价差
人工费用效率差对方科目编码	410101030203	410101030203	410101010203	410101020203	410101030203
人工费用效率差对方科目名称	标准人工费用效率差	标准人工费用效率差	标准人工费用效率差	标准人工费用效率差	标准人工费用效率差
人工费用费率差对方科目编码	410101030202	410101030202	410101010202	410101020202	410101030202
人工费用费率差对方科目名称	标准人工费用费率差	标准人工费用费率差	标准人工费用费率差	标准人工费用费率差	标准人工费用费率差
固定制造费用效率差对方科目编码	410101030303	410101030303	410101010303	410101020303	410101030303
固定制造费用效率差对方科目名称	标准固定制造费用效率差	标准固定制造费用效率差	标准固定制造费用效率差	标准固定制造费用效率差	标准固定制造费用效率差
固定制造费用费率差对方科目编码	410101030302	410101030302	410101010302	410101020302	410101030302
固定制造费用费率差对方科目名称	标准固定制造费用费率差	标准固定制造费用费率差	标准固定制造费用费率差	标准固定制造费用费率差	标准固定制造费用费率差

收发类别编码	22	22	22	22	22
变动制造费用效率差对方科目编码	410101030403	410101030403	410101010403	410101020403	410101030403
变动制造费用效率差对方科目名称	标准变动制造费用效率差	标准变动制造费用效率差	标准变动制造费用效率差	标准变动制造费用效率差	标准变动制造费用效率差
变动制造费用费率差对方科目编码	410101030402	410101030402	410101010402	410101020402	410101030402
变动制造费用费率差对方科目名称	标准变动制造费用费率差	标准变动制造费用费率差	标准变动制造费用费率差	标准变动制造费用费率差	标准变动制造费用费率差

表 3 – 118　　　　存货对方科目设置（办公领用和销售出库）

收发类别编码	21	23	23	23	23
收发类别名称	销售出库	办公领料	办公领料	办公领料	办公领料
存货分类编码	3	1	1	1	1
存货分类名称	产成品	原材料	原材料	原材料	原材料
部门编码	104	2	3	4	10101
部门名称	供销经营科	制壳车间	塑料车间	装配车间	经理办公室
直接材料对方科目编码	5401010101	41050102	41050202	41050302	5502
直接材料对方科目名称	标准材料费用	结转制造费用	结转制造费用	结转制造费用	管理费用
人工费用对方科目编码	5401010201				
人工费用对方科目名称	标准人工费用				
固定制造费用对方科目编码	5401010301				
固定制造费用对方科目名称	标准固定制造费用				
变动制造费用对方科目编码	5401010401				
变动制造费用对方科目名称	标准变动制造费用				
材料量差对方科目编码	5401010103				
材料量差对方科目名称	标准材料费用量差				
材料价差对方科目编码	5401010102	410101010102	410101020102	410101030102	5502
材料价差对方科目名称	标准材料费用价差	标准材料费用价差	标准材料费用价差	标准材料费用价差	管理费用
人工费用效率差对方科目编码	5401010203				
人工费用效率差对方科目名称	标准人工费用效率差				
人工费用费率差对方科目编码	5401010202				
人工费用费率差对方科目名称	标准人工费用费率差				
固定制造费用效率差对方科目编码	5401010303				

续表

收发类别编码	21	23	23	23	23
固定制造费用效率差对方科目名称	标准固定制造费用效率差				
固定制造费用效率差对方科目编码	5401010302				
固定制造费用费率差对方科目名称	标准固定制造费用费率差				
变动制造费用效率差对方科目编码	5401010403				
变动制造费用效率差对方科目名称	标准变动制造费用效率差				
变动制造费用费率差对方科目编码	5401010402				
变动制造费用费率差对方科目名称	标准变动制造费用费率差				

操作步骤：

执行"供应链""存货核算""初始设置""科目设置""存货科目"，单击"增加"，输入对应科目资料，保存，如图3-192所示，以同样的方法输入对应科目资料。

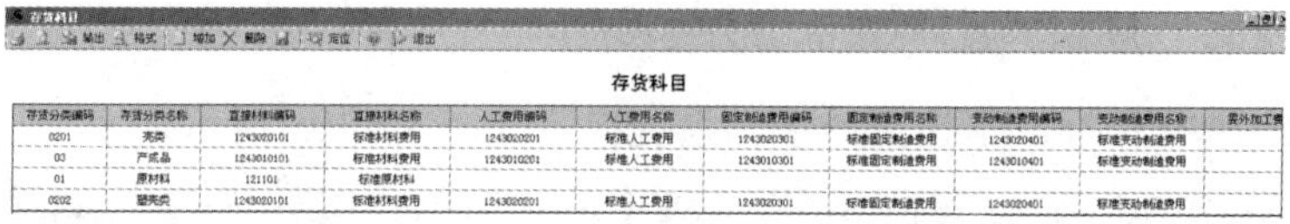

图3-192　输入对应科目资料

对应科目设置如图3-193所示。

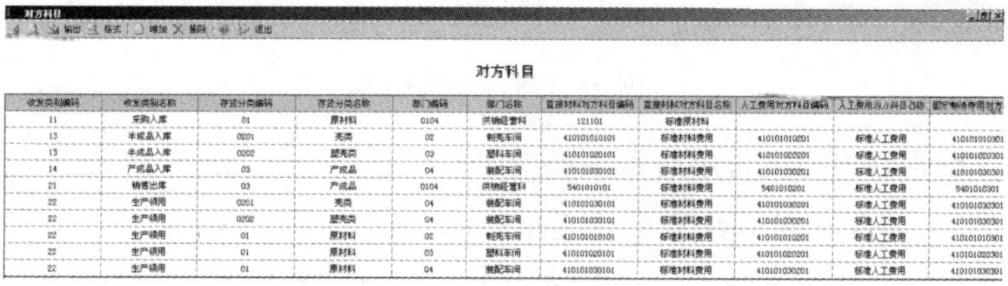

图3-193　对应科目设置

八　标准成本管理系统

（一）启用成本管理系统

企业生存和发展的关键，在于不断提高经济效益，提高经济效益的手段，一是增收，二是节支。增收靠创新，节支靠成本控制，然而成本控制的基础是成本核算工作。目前在企业的财务工作中，成本核算往往是工作量最大、占用人员最多的工作，企业迫切需要应用成本核算软件来更加准确及时的完成成本核算工作。

操作步骤：

1. 执行"业务工作"｜"管理会计"｜"成本管理"首次打开成本管理系统，系统提示如图 3 – 194 所示。

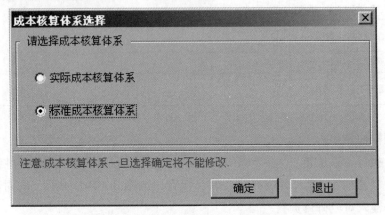

图 3 – 194　标准成本核算体系选择

2. 选择标准成本核算体系，系统提示如图 3 – 195 所示。

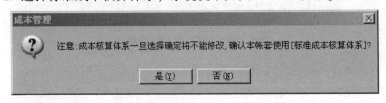

图 3 – 195　系统提示

3. 单击"是"，启用成本系统。

（二）成本管理系统参数设置

成本管理系统参数：在进行正常的成本核算之前，首先要进行"选项"的定义，然后必须进行成本中心对照、成本核算方法、费用明细、费用项目资源对照、建账余额的设置工作。这些系统设置值定义完成后，就可以进行正常的成本核算工作，在进行核算工作中，设置值不需要反复定义，进入新的年度，也不需要重新定义设置值，由于设置值对成本的计算结果影响很大，在一般情况下，不要对设置值进行改动，对此功能的操作权限用户要严格控制。初次进入成本系统，进行成本系统选项的定义，需要定义的成本系统选项包括：成本核算方法、人工费用来源、制造费用来源、折旧费用来源、存货数据来源、采用辅计量单位统计产量，系统参数设置资料见表 3 -119。

表 3 -119　　　　　　　　　各项目数据来源

序号	项目	数据来源
01	制造费用	总账系统
02	折旧费用	总账系统
03	人工费用	总账系统
04	存货数据	存货核算
05	标准成本	按资源与费用项目计算

操作步骤：

1. 企业应用平台中，打开"业务"选项卡，执行"管理会计"｜"成本管理"｜"设置"｜"选项"命令，打开"选项"对话框，打开"成本核算方法"选项卡，进行编辑，如图 3 -196 所示。

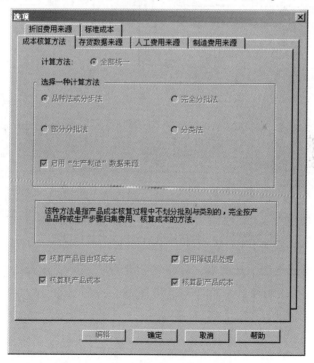

图 3 -196　打开"成本核算方法"选项卡

2. 单击"编辑", 按所给数据资料来源进行设置, 人工费用来源于总账系统, 存货数据来源于存货核算系统等, 如图 3 – 197 所示。

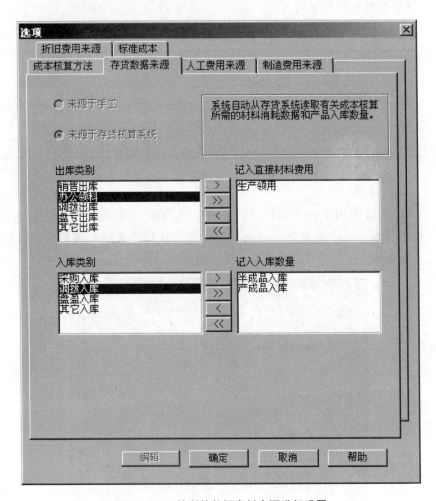

图 3 – 197　按所给数据资料来源进行设置

3. 标准成本法下选项卡: 调整销货与存货成本; 按资源 + 费用项目制定费率; 按费用项目, 如图 3 – 198 所示。

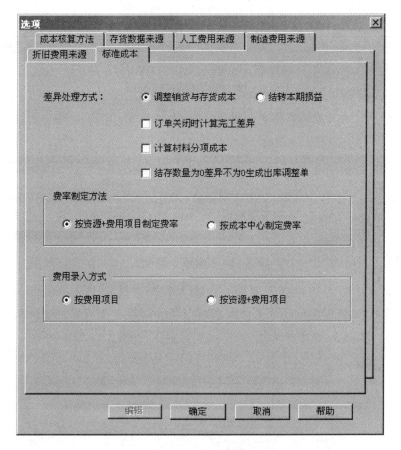

图 3-198 调整销货与存货成本

提示：必须选中"启用生产制造数据来源"前的复选框。否则成本分配时不能把在产品和产成品的成本分开。

（三）定义产品属性

要对属于成本核算范围的产品，即已在【生产订单】中定义的产品，进行属性的定义。

提示：成本管理系统启用设置后，要在基础设置中设置成本中心对照。

操作步骤：执行"基础设置"｜"基础档案"｜"财务"｜"成本中心对照"，选中"制壳车间""增行"如图 3-199 所示。

	选择	成本中心编码	成本中心名称	部门编码	部门名称	工作中心编码	工作中心名称	隶属部门
		01	制壳车间	02	制壳车间			

图 3－199　设置成本中心对照

全部设置完成后如图 3－200 所示。

成本中心对照

设置　输出　自动　增行　删行　放弃　全选　全消　刷新　退出

成本中心对照

成本中心档案
基本生产
(01)制壳车间
(02)塑料车间
(03)装配车间
辅助生产
(04)辅助车间

	选择	成本中心编码	成本中心名称	部门编码	部门名称	工作中心编码	工作中心名称	隶属部门
		01	制壳车间	02	制壳车间			
		02	塑料车间	03	塑料车间			
		03	装配车间	04	装配车间			
		04	辅助车间	05	辅助车间			

图 3－200　全部设置完成

成本中心对照设置完成后，在成本管理系统定义产品属性，单击“刷新”，系统根据生产订单自动刷新出属性（在发生完经济业务后进行操作），如图 3－201 所示。

定义产品属性

注意：要得到最新的产品信息，请“刷新”！　　期间：2014.12

	成本中心编码	成本中心名称	产品编码	产品名称	订单号	订单行号	工序行号	BOM版本号	替代标识号	规格型号	停用标志	订
1	04	装配车间	0101	铝壳气压保温瓶	0000000010	1	0	10			启用	正常
2	04	装配车间	0101	铝壳气压保温瓶	0000000024	1	0	10			启用	正常
3	04	装配车间	0102	铁壳保温瓶	0000000011	2	0	10			启用	正常
4	04	装配车间	0102	铁壳保温瓶	0000000025	1	0	10			启用	正常
5	04	装配车间	0103	塑壳保温瓶...	0000000012	1	0	10			启用	正常
6	04	装配车间	0103	塑壳保温瓶...	0000000026	1	0	10			启用	正常
7	04	装配车间	0104	塑壳保温瓶...	0000000013	1	0	10			启用	正常
8	04	装配车间	0104	塑壳保温瓶...	0000000027	1	0	10			启用	正常
9	04	装配车间	0105	塑壳保温瓶...	0000000014	1	0	10			启用	正常
10	04	装配车间	0105	塑壳保温瓶...	0000000028	1	0	10			启用	正常
11	02	制壳车间	0201	铝壳	0000000001	1	0	10			启用	正常
12	02	制壳车间	0201	铝壳	0000000016	1	0	10			启用	正常
13	02	制壳车间	0202	铁壳	0000000015	1	0	20			启用	正常
14	02	制壳车间	0202	铁壳	0000000002	1	0	20			启用	正常
15	03	塑料车间	0203	塑壳（大）	0000000017	1	0	10			启用	正常
16	03	塑料车间	0203	塑壳（大）	0000000003	1	0	10			启用	正常
17	03	塑料车间	0204	塑壳（中）	0000000018	1	0	10			启用	正常
18	03	塑料车间	0204	塑壳（中）	0000000004	1	0	10			启用	正常
19	03	塑料车间	0205	塑壳（小）	0000000019	1	0	10			启用	正常
20	03	塑料车间	0205	塑壳（小）	0000000005	1	0	10			启用	正常
21	03	塑料车间	0206	塑配件（大）	0000000020	1	0	10			启用	正常
22	03	塑料车间	0206	塑配件（大）	0000000006	1	0	10			启用	正常

图 3－201　单击“刷新”

（四）定义费用明细与总账接口

成本管理系统中的费用包括制造费用、人工费用和其他费用。标准成本法定义接口见表 3－120。

表 3 - 120　　　　　　　　　　　标准成本法明细与总账接口

部门	项目	公式	成本习性
制壳车间	折旧	FS（"41050102"，月，"借"，"100"，年，"41"）	固定成本
	管理人员工资	FS（"41050102"，月，"借"，"100"，年，"40"）	变动成本
	直接人工	FS（"41050101"，月，"借"，"100"，年）	变动成本
塑料车间	折旧	FS（"41050202"，月，"借"，"100"，年，"41"）	固定成本
	管理人员工资	FS（"41050202"，月，"借"，"100"，年，"40"）	变动成本
	直接人工	FS（"41050201"，月，"借"，"100"，年）	变动成本
装配车间	折旧	FS（"41050302"，月，"借"，"100"，年，"41"）	固定成本
	管理人员工资	FS（"41050302"，月，"借"，"100"，年，"41"）	变动成本
	直接人工	FS（"41050301"，月，"借"，"100"，年）	变动成本

操作步骤：

1. 执行"设置"｜"定义费用明细与总账接口"，选择"制造费用"页签，先对制壳车间制造费用进行公式编写，单击选择框，弹出如图 3 - 202 所示。

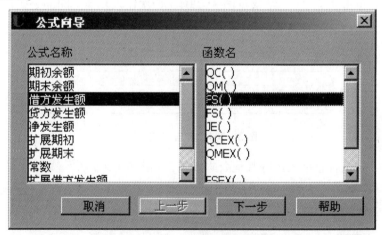

图 3 - 202　对制壳车间制造费用进行公式编写

2. 选择"借方发生额"，单击"下一步"，进行公式设置，如图 3 - 203 所示。

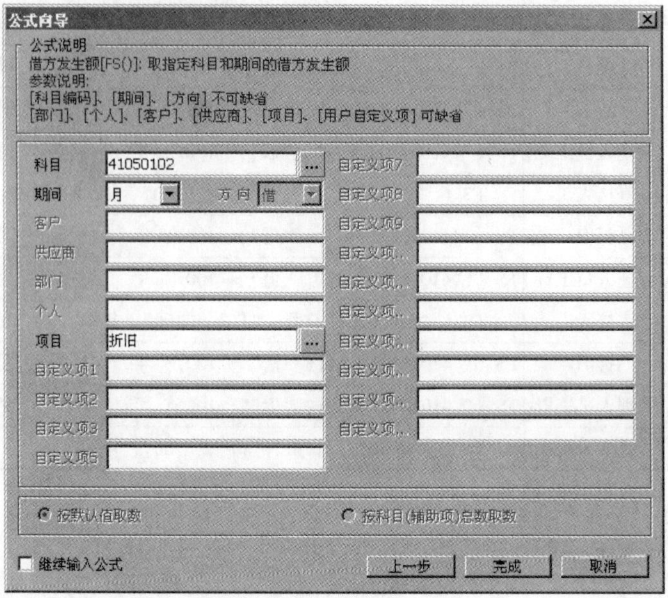

图 3 - 203　公式设置

3. 单击"完成",结果见图 3 - 204,依次输入其他车间的公式设置。

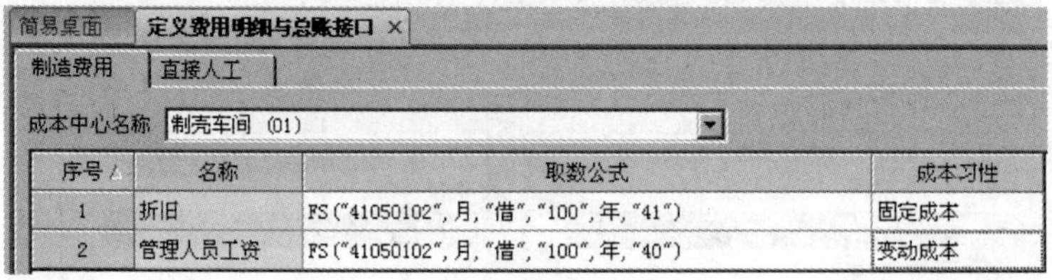

图 3 - 204　单击"完成"

4. 再进行直接人工等其他公式设置,如图 3 - 205 所示。

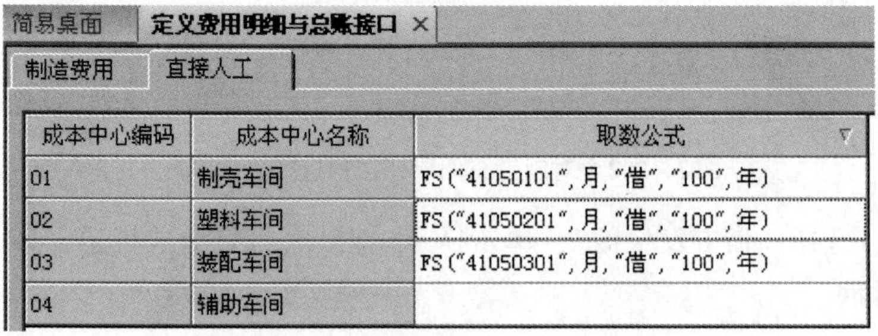

图 3 - 205　输入其他车间的公式设置

（五）定义分配率

经过对料、工、费的来源进行设置，已基本完成了成本费用的初次分配和归集，即将大部分专用费用归集到各产品名下，将其他间接成本费用归集到各成本中心范围内。为了计算最终产成品的成本，还必须按成本中心归集的成本费用在成本中心内部各产品之间、在产品和完工产品之间进行分配，因此，在成本管理系统中，需要定义各种分配率，为系统自动计算产品成本提供计算依据。所谓费用分配率，其实质是计算"权重"，即将某一待分配费用值，在各个应负担对象中分摊的比例。目前成本管理系统中共有六类分配率，每一类中又对应多种分配方法，比较复杂，但这是为了尽可能满足不同用户的需要而设计，归纳其实质，分为两种情况：在成本中心内部各产品间的分配、在完工产品和在产品间分配。分配方法共6种，其中包括一种自定义分配方法，理论上可以定义任何一种分配方法，用户可以根据需要进行选择，并允许随时修改。

在标准成本法下：按照资源＋费用项目制定费率，费率资料见表3－121。

表3－121　　　　　　　　　　资源＋费用项目费率

序号	资源类别	资源代号	资源名称	费用类型	费用编码	费用名称	费率
1	机器设备	0005	制壳设备	制造费用	1	折旧	0.250000
2	机器设备	0006	塑料加工设备	制造费用	1	折旧	0.155000
3	机器设备	0007	装配设备	制造费用	1	折旧	0.436220
4	人工	0009	制壳人工	人工费用	0	直接人工	5.610900
5	人工	0010	制壳管理人员	制造费用	2	管理人员工资	0.755700
6	人工	0011	塑料加工人员	人工费用	0	直接人工	2.023260
7	人工	0012	塑料管理人员	制造费用	2	管理人员工资	0.483510
8	人工	0013	装配人员	人工费用	0	直接人工	11.2600
9	人工	0014	装配管理人员	制造费用	2	管理人员工资	1.64000

操作步骤：

执行"设置""标准费率制定"，选中"制壳设备"｜"增行"，填入信息，如图3－206所示。

图 3 – 206　填入信息

最终结果见图 3 – 207。

	序号	资源类别	资源代号	资源名称	费用类型	费用编码	费用名称	费率
资源档案(1)	1	机器设备	0005	制壳设备	制造费用	1	折旧	0.250000
制壳车间 (0001)	2	机器设备	0006	塑料加工设备	制造费用	1	折旧	0.155000
塑料车间 (0002)	3	机器设备	0007	装配设备	制造费用	1	折旧	0.436220
装配车间 (0003)	4	人工	0009	制壳人工	人工费用	0	直接人工	5.610900
辅助车间 (0004)	5	人工	0010	制壳管理人员	制造费用	2	管理人员工资	0.755700
制壳设备 (0005)	6	人工	0011	塑料人工	人工费用	0	直接人工	2.023260
塑料加工设备 (000	7	人工	0012	塑料管理人员	制造费用	2	管理人员工资	0.483510
装配设备 (0007)	8	人工	0013	装配人工	人工费用	0	直接人工	11.260000
辅助设备 (0008)	9	人工	0014	装配管理人员	制造费用	2	管理人员工资	1.640000
制壳人工 (0009)								
塑料人工 (0011)								
制壳管理人员 (001								
装配人工 (0013)								
装配管理人员 (001								
辅助人工 (0015)								

图 3 – 207　填入结果

（六）科目设置

定义人工、制造、委外费用的基本科目，损益类差异科目及生产成本类科目。科目需要按类别定义，在月末标准成本计算时将根据设置的相应科目生成自定义凭证记录。基本科目设置见表 3 – 122，成本科目设置见表 3 – 123。

表 3 – 122　　　　　　　制壳车间基本科目设置

费用编码	费用名称	科目编码	科目名称
0	直接人工	41050101	结转直接人工
1	折旧	41050102	结转制造费用
2	管理人员工资	41050102	结转制造费用

其他车间科目设置同上。

表 3 – 123　　　　　　　成本科目设置

序　号	1	2	3
类型	生产	生产	生产
存货分类编码	3	201	202
存货分类名称	产成品	自制半成品（壳类）	自制半成品（塑壳）
标准人工费用	410101030201	410101010201	410101020201
人工费用费率差异	410101030202	410101010202	410101020202

续表

序 号	1	2	3
人工费用效率差异	410101030203	410101010203	410101020203
标准固定制造费用	410101030301	410101010301	410101020301
固定制造费用费率差异	410101030302	410101010302	410101020302
固定制造费用效率差异	410101030303	410101010303	410101020303
标准变动制造费用	410101030401	410101010401	410101020401
变动制造费用费率差异	410101030402	410101010402	410101020402
变动制造费用效率差异	410101030403	410101010403	410101020403

前置工作：定义会计科目档案、定义存货分类、定义存货科目、定义存货对方科目、定义费用明细与总账接口。

操作步骤：

执行"业务工作"｜"管理会计"｜"成本管理"｜"设置"｜"科目设置"｜"修改"，对科目进行输入后"保存"，再进行其他车间科目设置，结果如图 3-208 所示。

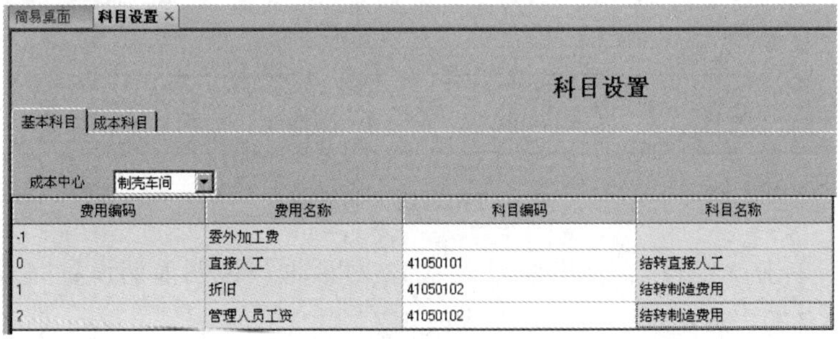

图 3-208 其他车间科目设置

接下来进行成本科目设置，增行、输入、保存，如图 3-209 所示。

图 3-209 成本科目设置

（七）单位标准成本计算

产品单位标准成本包括某产品的材料标准成本、标准人工成本、标准固定制造费用、标准变动制造费用，单位标准成本计算后可以得到单位产品的标准成本。计算过程需要由产品物料清单的低阶向高阶运算，卷算前需要进行低阶码的计算。根据物料工艺路线确定加工生产所经过的标准工序，取各工序工作中心的标准工时及标准费用、标准制造费用计算各阶的人工费用、制造费用，形成产品的成本物料清单。

操作步骤：

1. 执行"成本管理"｜"核算"｜"单位标准成本计算"｜输入版本号，如图 3 – 210 所示。

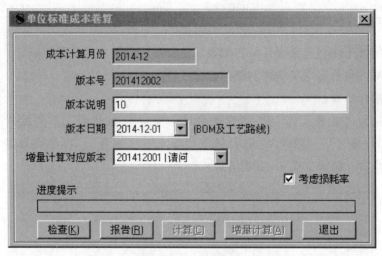

图 3 – 210　输入版本号

2. 单击"检查"，弹出如图 3 – 211 对话框，说明前期设置完成，正确，如有警告或错误，按提示要求改正。

图 3 – 211　系统提示

3. 单击"计算"，如图 3 – 212 所示。

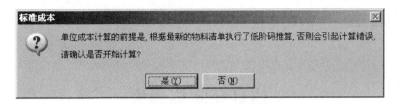

图 3 – 212　单击"计算"

4. 若物料清单有所改变，则在计算之前先进行低阶码推算。执行"生产制造"／"物料清单"／"物料清单维护"／"物料低阶码推算"／"执行"完成操作，如图 3 – 213 所示。

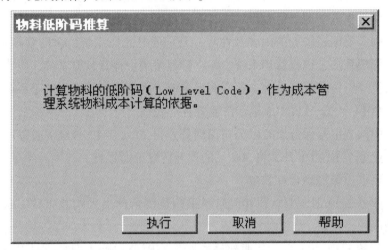

图 3 – 213　完成操作

5. 到成本管理中进行单位标准成本卷积计算。

第四章

信息化实施内容

通过前面若干章节的基础设置，系统已具备处理企业经济业务的信息化环境。现以中国老字号保温瓶有限公司深圳分公司 2014 年 12 月经济业务为例，根据经济业的内容及性质，分别通过总账系统、采购管理系统、生产管理系统、销售管理系统、库存管理系统、存货核算系统、应收款管理系统、应付款管理系统、薪资管理系统、固定资产管理系统等系统对该企业 2014 年 12 月份 105 笔经济业务进行处理。

中国老字号保温瓶有限公司深圳分公司 2014 年 12 月经济业务：

业务 1. 12 月 1 日，将 300 元的现金转存工商银行。

要求：填写现金存款单。

业务 2. 12 月 1 日，供销经营科采购员姚怡预支采购差旅费 1000 元，出纳以现金付讫。

业务 3. 12 月 1 日，从西部证券股份有限公司购入股票（明星电力）10000 股，作为交易性金融资产核算，收到割单一张，列示成交金额 198000，佣金等税费 2000 元，以银行存款付讫。

业务 4. 12 月 1 日，签发工商银行支票一张，向深圳商标专利所购买一项非专利技术，金额为 200000 元。

要求：签发支票，号码为 AE101101。

业务 5. 12 月 1 日，签发工商银行支票一张，金额 800000 元，转作为存出投资款。

要求：签发支票，支票号码为 AE101102。

业务 6. 12 月 1 日，购入去年 12 月 1 日发行的五年后到期一次还本公司债券（10 新港债）1000 股作为持有至到期投资，面额为 600000 元，交易费用 1000 元，实际支付 631000 元，票面利率 5%，按月计息。公司采用实际利率为 4.5%。

业务 7. 12 月 2 日，经理办公室刘思以现金购买档案袋 50 份，价款 500 元。

业务 8. 12 月 2 日，财务科以现金购买空白财务报表 50 套，增值税专用发票列明价款 300 元和税额 51 元。

业务 9. 12 月 2 日，签发工商银行支票一张，支票号码为 AE101103，向深圳市税务局建设分局第四税务所购买印花税税票 200 元。

业务 10. 12 月 2 日，供销经营科周乐向财务科借款 1000 元，出纳以现金付讫。

业务 11. 12 月 3 日，由中山市非常保温容器公司承兑的一张银行承兑汇票到期，收到货款 70200 元。

业务 12. 12 月 4 日，由哈尔滨百货公司承兑的一张商业承兑汇票到期，收到货款 26325 元。

业务 13. 12 月 4 日，由深圳常山百货公司承兑的一张银行承兑汇票到期，收到货款 45630 元。

业务 14. 12 月 4 日，由东莞市百货公司承兑的一张商业承兑汇票到期，收到货款 76050 元。

业务 15. 12 月 5 日，收到长沙日用百货公司支票一张，偿还其前欠货款 8424 元，存入工商银行，支票号码为 AE101104。

业务 16. 12 月 5 日，收到惠州完美日用百货公司支票一张，偿还其前欠货款 35100 元，存入工商银行，支票号码为 AE101105。

业务 17. 12 月 6 日，收到代垫中山市非常保温容器公司的包装费一张支票 1680 元，送存银行，支票号码为 AE101106。

业务 18. 12 月 7 日，向工商银行借入短期借款 300000 元。

业务 19. 12 月 7 日，从工商银行借入长期借款 15000000 元。

业务 20. 12 月 8 日，本公司签发并承兑的一张商业承兑汇票到期，收到工商银行转来收款方（北京有色金属公司）托收票款的委托收款凭证付款通知联，如数支付票数 262080 元。

业务 21. 12 月 8 日，签发支票一张，支付前欠普奥涂料供应公司的货款 7020 元，支票号码为 AE101107。

业务 22. 12 月 8 日，签发支票一张，支付前欠北京有色金属公司的货款 32760 元，支票号码为 AE101108。

业务 23. 12 月 9 日，签发支票一张，支付前欠潮州机械制造有限公司的货款 12870 元。

要求：签发支票，支票号码为 AE101109。

业务 24. 12 月 9 日，用工商银行存款支付各项税费 29696 元，其中：营业税 1000 元，城市维护建设税 1000 元，所得税 1080 元，个人所得税 5676 元，教育费附加 2000 元，增值税未交增值税 18940 元。

业务 25. 12 月 10 日，向工商银行申请签发银行本票一张，金额为 100000 元，交给采购员张敏向开封金属材料公司采购不锈钢吸水管。

要求：填制本票申请书。

业务 26. 12 月 10 日，签发支票一张支付教育经费 9600 元。

要求：签发转账支票，支票号码为 AE101110。

业务 27. 12 月 10 日，采购员张敏用面额 100000 元的本票，向开封金属材料公司购入不锈钢吸管 35000 支，无税单价 2.36，价税合计 96642 元，余额暂作"其他应收款"处理。

业务 28. 12 月 10 日，采购员张敏交来开封金属材料公司签发支票一张，金额 3358 元，系结清用本票采购不锈钢水管的余额，财务科当天送存银行，支票号码为 AE101111。

业务 29. 12 月 11 日，签发工商银行支票一张，金额为 1000 元，给百货大楼支付商品交易会摊位费，收到商品交易会开出发票。

要求：签发支票，支票号码为 AE101112。

业务 30. 12 月 11 日，收到工商银行转来市内电话局专用托收凭证，付讫市内电话费 2000 元。

业务 31. 12 月 11 日，从银行本票存款账户中转存 200000 元到银行存款工行人民币账户，支票号码为 AE101113。

业务 32. 12 月 12 日，向普奥涂料供应公司购入稀释剂 10 千克，增值税专用发票列明价款 600 元和税款 102 元，货已验收入库，价款尚未支付。

业务 33. 12 月 12 日，向普奥涂料供应公司购入油漆 60 千克，增值税专用发票列明价款 1200 元和税款 204 元，货已验收入库，价款尚未支付。

业务 34. 12 月 13 日，向北京有色金属公司购入马口铁 45 吨，增值税专用发票列明价款 252000 元和税 42840 元。货已验收入库，价款尚未支付。

业务 35. 12 月 13 日，向佛山铝材厂购买铝片 5 吨，价税合计 117000

元。铝片已验收入库，支票号码为 AE101114。

业务 36. 12 月 13 日，向汕头市铝制品厂购买铝配件 10000 套，价税合计共 44460 元，支票号码为 AE101115。

业务 37. 12 月 13 日，向成都塑料厂购入塑料粒子 60 吨，增值税专用发票列明价款 600000 元和税额 102000 元，货已验收入库，价款尚未支付。

业务 38. 12 月 14 日，向工商银行申请签发银行本票一张，金额为 100000 元。

业务 39. 12 月 14 日，开给中山市非常保温容器公司增值税专用发票，货已发出，货款尚未收到，暂不结转销售成本，销售成本结转见业务 85。

表 4 –1　　　　　　　　　　有关销售数据

名称	单位	数量	无税单价	无税金额	税额	价税合计
铝壳气压保温瓶	只	500	60	30000.00	5100.00	35100.00
铁壳保温瓶	只	500	40	20000.00	3400.00	23400.00
塑壳保温瓶（大）	只	500	69	34500.00	5865.00	40365.00

业务 40. 12 月 14 日，制壳车间为生产铝壳 8000 只，领用铝片 8 吨，稀释剂 8 千克，油漆 8 千克，该产品完工入库。

业务 41. 12 月 14 日，制壳车间为生产铁壳 8000 只，领用马口铁 8 吨，稀释剂 8 千克，油漆 8 千克，该产品完工入库。

业务 42. 12 月 15 日，塑料车间为生产塑壳（大）10000 只，领用塑料粒子 10 吨，该产品完工入库。

业务 43. 12 月 15 日，塑料车间为生产塑壳（中）10000 只，领用塑料粒子 5 吨，该产品完工入库。

业务 44. 12 月 15 日，塑料车间为生产塑壳（小）10000 只，领用塑料粒子 4 吨，该产品完工入库。

业务 45. 12 月 15 日，塑料车间为生产塑配件（大）10000 只，领用塑料粒子 5 吨，该产品完工入库。

业务 46. 12 月 15 日，塑料车间为生产塑配件（中）10000 只，领用塑料粒子 4 吨，该产品完工入库。

业务 47. 12 月 15 日，塑料车间为生产塑配件（小）10000 只，领用塑料粒子 2 吨，该产品完工入库。

业务 48. 12 月 15 日，塑料车间为生产气压式塑配件 10000 只，领用塑料粒子 2 吨，该产品完工入库。

业务 49. 12 月 16 日，向郑州瓶胆总厂购买瓶胆大、中、小，发票已到，货已验收入库，但价款尚未支付。

表 4 - 2   有关购货数据

存货名称	计量单位	数量	不含税单价	无税金额	原币税额
瓶胆（大）	只	84000	4.96	416640	70828.80
瓶胆（中）	只	240000	3.9	936000	159120.00
瓶胆（小）	只	80000	3.1	248000	42160.00

业务 50. 12 月 16 日，向开封金属材料公司购入黑铁托盘和不锈钢吸管，发票已到，货已验收入库，但价款尚未支付。

表 4 - 3   黑铁托盘和不锈钢吸管购买数据

存货名称	计量单位	数量	不含税单价	无税金额	税额
黑铁托盘	只	500000	1.20	600000.00	102000.00
不锈钢吸管	支	500000	1.80	900000.00	153000.00

业务 51. 12 月 16 日，向内蒙古杜家橡胶厂购入口圈和底垫，发票已到，货已验收入库，但价款尚未支付。

表 4 - 4   口圈和底垫购买数据

存货名称	计量单位	数量	不含税单价	无税金额	税额
口圈	只	500000	0.80	400000.00	68000.00
底垫	只	500000	0.50	250000.00	42500.00

业务 52. 12 月 16 日，向韶关市纸品厂购入纸盒和纸箱，发票已到，货已验收入库，价款尚未支付。

表 4 - 5   纸盒和纸箱购买数据

存货名称	计量单位	数量	不含税单价	无税金额	税额
纸盒	只	600000	2.1	1260000.00	214200
纸箱	只	50	5.1	255.00	43.35

业务53. 12月17日，向深圳自来水厂购入10000立方水，不含税单价为4元，货款尚未支付。

业务54. 12月17日，向深圳供电局购入10000度电，不含税单价为1元，货款尚未支付。

业务55. 12月17日，向平安保险公司购入财产保险949份，单价为1元，机动车辆保险400份，单价为1元，用期初预付款结算。

业务56. 12月17日，向深圳平安邮局购入报刊500份，单价为1元，用期初预付款结算。

业务57. 12月17日，装配车间下发订单：生产8000只铝壳气压保温瓶，生产8000只铁壳保温瓶，塑壳保温瓶（大）10000只，塑壳保温瓶（中）10000只，塑壳保温瓶（小）10000只，领料情况详见领料单，产品完工入库。

业务58. 12月17日，各个车间领用公共材料，制壳车间领料：扳手、安全钳各1把，电动机1台、压力表1只，汽油、机油各1升。螺丝圆钉1盒，水100方，电100度。塑料车间领料：扳手、安全钳各1把，电动机1台、压力表1只，汽油、机油各1升，螺丝圆钉1盒，水200方，电200度。装配车间领料：扳手、安全钳各1把，电动机1台、压力表1只，汽油、机油各1升，螺丝圆钉1盒，水150方，电150度。经理办领用：水100方，电100度，扳手、安全钳各1把。

业务59. 12月18日，开给东莞市百货公司增值税专用发票，货已发出，货款尚未收到，暂不结转销售成本。

表4-6　　　　　　向东莞市百货公司销售的有关数据

存货名称	计量单位	数量	单价	无税金额	税额
铝壳气压保温瓶	只	4000	60	240000	40800
铁壳保温瓶	只	6000	39	234000	39780
塑壳保温瓶（大）	只	8000	69	552000	93840
塑壳保温瓶（中）	只	7000	45	315000	53550
塑壳保温瓶（小）	只	5000	35	175000	29750

业务60. 12月18日，开给惠州市百货公司开出增值税专用发票，货已发出，货款尚未收到，暂不结转销售成本。

表 4 – 7 向惠州市百货公司销售的有关数据

存货名称	计量单位	数量	无税单价	无税金额	税额	价税合计
铁壳保温瓶	只	1500	40	60000	10200	70200
塑壳保温瓶（大）	只	1500	70	105000	17850	122850
塑壳保温瓶（中）	只	2000	50	100000	17000	117000

业务 61. 12 月 18 日，开给哈尔滨百货公司开出增值税专用发票，货已发出，货款尚未收到，暂不结转销售成本。

表 4 – 8 向哈尔滨百货公司销售的有关数据

存货名称	计量单位	数量	无税单价	无税金额	税额	价税合计
铝壳气压保温瓶	只	2000	58	116000	19720	135720
塑壳保温瓶（中）	只	2000	45	90000	15300	105300
塑壳保温瓶（小）	只	2000	35	70000	11900	81900

业务 62. 12 月 18 日，开给东莞市百货公司开出增值税专用发票，货已发出，货款尚未收到，暂不结转销售成本。

表 4 – 9 向东莞市百货公司销售的有关数据

存货名称	计量单位	数量	无税单价	无税金额	税额	价税合计
铝壳气压保温瓶	只	1000	60	60000	10200	70200
塑壳保温瓶（中）	只	2000	45	90000	15300	105300
塑壳保温瓶（小）	只	3000	36	108000	18360	126360

业务 63. 12 月 19 日，签发工商银行支票一张，支付广告费 5200 元，收到美奥广告公司开出发票，支票号码为 AE101116。

业务 64. 12 月 19 日，向工商银行申请签发银行本票一张，金额 20000 元。

业务 65. 12 月 19 日，信隆饭店开来发票一张，要求结算本月本公司招待客户就餐费 3000 元，用银行存款付讫，支票号码为 AE101117。

业务 66. 12 月 19 日，购买待安装固定资产（建造仓库工程）一台，价税合计金额为 117000 元，用银行存款付讫，支票号码为 AE101118。

业务 67. 12 月 19 日，签发工商银行支票一张，金额为 50000 元，捐赠给宝安区宜春小学，支票号码为 AE101119。

业务 68. 12 月 19 日，签发工商银行支票一张，支付短期借款利息 3500 元，支票号码为 AE101120。

业务 69. 12 月 20 日，签发中国银行支票一张，偿还中国银行短期借款 200000 元，支票号码为 AE101121。

业务 70. 12 月 20 日，签发支票一张，向工商银行提取现金 2000 元。

要求：签发支票，支票号码为 AE101122。

业务 71. 12 月 20 日，姚怡报销差旅费 900 元，并交回多余现金 100 元。

业务 72. 12 月 20 日，签发并承兑的一张商业承兑汇票到期，收到工商银行转来收款方（佛山铝材厂）托收票款的委托收款凭证付款通知联，如数支付票款 609570 元。

业务 73. 12 月 20 日，签发并承兑的一张商业承兑汇票到期，收到工商银行转来收款方（汕头市铝制品厂）托收票款的委托收款凭证付款通知联，如数支付票款 22230 元。

业务 74. 12 月 20 日，收到东莞市百货公司支票一张，偿还前欠货款 1822860 元，存入工商银行，支票号码为 AE101123。

业务 75. 12 月 21 日，制壳车间下发订单：生产铁壳 10000 只，生产铝壳 10000 只，领用材料见领料单，并进行相应的材料出库业务，产品没有完工。

业务 76. 12 月 22 日，塑料车间下发订单：生产塑壳（大）10000 只，生产塑壳（中）10000 只，生产塑壳（小）10000 只，生产塑配件（大）10000 套，生产塑配件（中）10000 套，生产塑配件（小）10000 套，气压式塑配件 5000 套，领用材料见领料单，并进行相应的材料出库业务，产品没有完工。

业务 77. 12 月 23 日，装配车间下发订单：生产 40 只铝壳气压保温瓶，生产 40 只铁壳保温瓶，塑壳保温瓶（大）40 只，塑壳保温瓶（中）15 只，塑壳保温瓶（小）15 只，领用材料见领料单，并进行相应的材料出库业务，产品没有完工。

业务 78. 12 月 24 日，将开源证券公司预付的房租 60000 元确认为收入。

业务 79. 12 月 27 日，根据"工资结算汇总表"和"社会保险费、公积金及有关经费计算表"，计提交付各种保险费、公积金或经费以及结转本月代扣各种款项。签发工商银行支票一张，号码 AE101l23，收款人为中国老字号保温瓶有限公司深圳分公司工会（已填制），根据"工资结算汇总表"，将代扣的职工工会会费 32405 元划转本公司工会银行存款户。填制行政拨交工会经费缴款书，通过工商银行丰汇支行交付本月工会经费。收到工商银行转来深圳市社会保险事业基金结算管理中心的职工社会保险基金结算表和医疗保险费申报结算表等托收凭证，款项已从社保基金账户划转，填制相关单据并记账。

表 4 - 10   从社保基金专户划转的各项基金

社保基金	单位交付金额	个人交付金额	合计
交付养老保险费			
交付医疗保险费			
交付失业保险费			
交付生育保险费			
交付工伤保险费			
合计			

业务 80. 12 月 27 日，查明一台注塑设备，生产设备原值 1178745 元，工艺技术较落后，其预计可收回金额低于账面价值 15000 元。

要求：计提固定资产减值准备。

业务 81. 12 月 27 日，根据设备管理科提供的"房屋、设备折旧及摊销计算汇总表"，计提固定资产折旧、投资性房地产折旧。

表 4 - 11   房屋、设备折旧及摊销计算汇总

名称	金额（元）
制壳车间固定资产	
塑料车间固定资产	
装配车间固定资产	
辅助车间固定资产	
行政管理部门固定资产	
投资性房地产 – 出租房屋	
合计	

业务 82. 辅助车间费用处理，辅助车间提供的服务按制壳车间、塑料

车间、装配车间 0.3：0.5：0.2 的比率进行分摊。

业务 83. 12 月 27 日，根据"工资结算汇总表""各项保险费、公积金、经费计算表""华通保温瓶有限公司职工费用报销单"等支付职工薪酬的原始资料，对应付职工薪酬进行汇总，并根据所提供产品产量资料，在有关产品之间进行应付职工薪酬的分配。

　　要求：填制应付职工薪酬汇总分配计算表，产品产量资料见业务，登记各车间产品成本计算表（部分产品成本计算表略）。

表 4 – 12　　　　　　　　　　　　产品产量

车间	产品	完工产品产量	在产品
制壳车间	铝壳	8000	10000
	铁壳	8000	10000
塑料车间	塑壳（大）	10000	10000
	塑壳（中）	10000	10000
	塑壳（小）	10000	10000
	塑配件（大）	10000	10000
	塑配件（中）	10000	10000
	塑配件（小）	10000	10000
	气压塑配件	10000	5000
装配车间	铝壳气压保温瓶	8000	40
	铁壳保温瓶	8000	40
	塑壳保温瓶（大）	10000	40
	塑壳保温瓶（中）	10000	15
	塑壳保温瓶（小）	10000	15

　　业务 84. 12 月 27 日，按产品产量分配结转制壳、塑料、装配各车间完工产品的制造费用和辅助费用。各车间产品产量资料如下：

表 4 – 13　　　　　　各车间产品投料程度与完工程度

车间	产品	完工产品	在产品产量	投料程度	完工程度	约当量	产品产量
制壳车间	铝壳	8000	10000	100%	50%		
	铁壳	8000	10000	100%	50%		

续表

车间	产品	完工产品	在产品产量	投料程度	完工程度	约当量	产品产量
	塑壳（大）	10000	10000	100%	50%		
	塑壳（中）	10000	10000	100%	50%		
	塑壳（小）	10000	10000	100%	50%		
塑料车间	塑配件（大）	10000	10000	100%	50%		
	塑配件（中）	10000	10000	100%	50%		
	塑配件（小）	10000	10000	100%	50%		
	气压塑配件	10000	5000	100%	50%		
	塑壳保温瓶（大）	10000	40	100%	50%		
	塑壳保温瓶（中）	10000	15	100%	50%		
装配车间	塑壳保温瓶（小）	10000	15	100%	50%		
	铝壳气压保温瓶	8000	40	100%	50%		
	铁壳保温瓶	8000	40	100%	50%		

业务 85. 12 月 28 日，结转装配车间领用自制半成品的成本并制单。

业务 86. 12 月 28 日，计算并结转本月装配车间完工产成品的成本，并一次性计算结转销售产品的销售成本。

本月完工产成品的数量如下：

表 4 – 14　　　　　　　　　　本月完工产成品的数量汇总

产品名称	完工数量（只）
铝壳气压保温瓶	8000
铁壳保温瓶	8000
塑壳保温瓶（大）	10000
塑壳保温瓶（中）	10000
塑壳保温瓶（小）	10000

要求：编制完成装配车间产品成本计算表（部分产品成本计算表已登记）；填制产成品收、发、存月报表。

业务 87. 12 月 28 日，根据"工资结算汇总表"，签发支票一张，收款人为本公司职工工资户，金额为 520885 元，委托中国银行办理代发工资转存信用卡业务，发放工资及其他款项共计 520885 元，并支银行手续费 200 元。工资发放清单以软盘形式同时送交银行，并经银行审核，支票号码为 AE101124。

业务 88. 12 月 29 日，签发工商银行支票一张，支票号码为 AE101125，收款人为中国老字号保温瓶有限公司深圳分公司公积金专户（已填制），缴付职工住房公积金 90734 元，其中包括企业承担部分和个人承担部分。

业务 89. 12 月 30 日，将已批准报废的原值为 109325 元，累计折旧为 85674.38 元电加热烘缸运往南山区废品回收公司处理，收到该公司开具的收购凭证和支票各一张，收购金额 20000 元，企业填制进账单，将其与支票一同送存工商银行。收到深圳运输服务公司开具的运费账单一张，以现金支付运费 l25.50 元。此项设备清理完毕，结转清理净损益。

业务 90. 12 月 30 日，年末财产清查，发现盘盈瓶胆中号 1 只，金额为 4 元，经批准转作为营业外收入。

业务 91. 12 月 30 日，年末财产清查，发现盘亏瓶胆大号 1 只，金额为 5 元，系搬运中发生的损耗，批准后转作管理费用。

业务 92. 12 月 30 日，年末财产清查，发现现金盘盈 800 元，经批准转作为营业外收入。

业务 93. 12 月 30 日，摊销非专利技术的价值 2000 元。

业务 94. 12 月 30 日，按照应收款项的 0.5% 计提坏账准备。

业务 95. 12 月 31 日，预提短期借款利息按 1%（月利率），预提长期借款利息 0.6%（月利率）。在信息化系统中业务 96－业务 105 依次完成，每做一笔业务记账一次。

业务 96. 12 月 31 日，计算并结转持有至到期投资的损益。

业务 97. 12 月 31 日，计算并结转本月应交房产税及上地使用税（包括租用的和自用的）

本月应计房产税：

自用房屋：房产账面原值×（1－扣除率 20%）×年税率 1.2%÷12

该公司自己用房账面原值为 2383500 元。

出租房屋：月租金收入×税率 12%

本月应计土地使用税：

年税额 5 元/平方米×3600 平方米÷12

业务 98. 12 月 31 日，结转本期增值税并按销售产品应交增值税（销项税额减进项税额）的 7% 计征城市维护建设税、3% 计征教育费附加。

要求：编制产品营业税金及附加计算表

业务 99. 12 月 31 日，填制营业税纳税申报表，结转本月出租房屋应交营业税，并分别按应交营业税的 7% 计征城市维护建设税、3% 计征教育费附加。

业务 100. 12 月 31 日，将损益类各账户余额结转"本年利润"账户。

业务 101. 12 月 31 日，对本月利润总额进行纳税调整（12 月），填制本月企业所得税纳税申报表及附表，并估计未来能取得足够的应纳税所得额供用可抵扣暂时性差异。

要求：填写纳税调整表与递延资产、递延资产负债。

业务 102. 12 月 31 日，将"所得税费用"结转至"本年利润"。

业务 103. 12 月 31 日，将"本年利润"结转至"利润分配—未分配利润"。

业务 104. 12 月 31 日，根据股东大会决议，分别按全年税后利润的 10% 提取法定盈余公积，10% 提取任意盈余公积，将本月净利润的 50% 按出资比例向投资方分配现金股利，尚未发放。

业务 105. 12 月 31 日，将"利润分配"其余各明细账户的余额，转入"利润分配—未分配利润"账户。

第一节　总账业务

一　总账系统功能与其他子系统的关系

（一）总账系统的主要功能

总账系统功能主要包括系统设置、凭证处理、出纳管理、账表管理、综合辅助账、期末处理等模块。总账系统模块结构图如图 4 - 1 所示。

1. 系统设置

通过严密的制单控制保证填制凭证的正确性。本系统提供资金赤字控制、支票控制、预算控制、外币折算误差控制以及查看科目最新余额等功能，加强对发生业务的及时管理和控制。制单赤字控制科控制出纳科目、个人往来科目、客户往来科目、供应商往来科目。可根据需要增加、删除或修改会计科目。

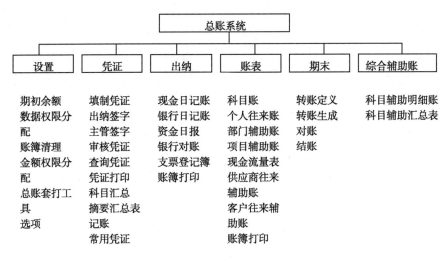

图 4 - 1　总账系统模块结构

2. 凭证处理

输入、修改和删除凭证，对机内凭证进行审核、查询、汇总和打印。根据已经审核的记账凭证登记明细账、日记账和总分类账。

3. 账簿管理

提供按多种条件查询总账、日记账、明细账等，具有总账、明细账和凭证联查功能，月末打印正式账簿。

4. 出纳管理

为出纳人员提供一个集成办公环境，加强对现金及银行存款的管理。提供支票登记账簿功能，用来登记支票的领用情况；并可完成银行日记账、现金日记账，随时生成最新的资金日报表。定期将企业银行日记账与银行出具的对账单进行核对，并编制银行存款余额调节表。

5. 综合辅助账

用于综合查询科目辅助明细账。

6. 期末处理

自动完成月末分摊、计提、对应转账、销售成本、汇总损益、期间损益结转等业务。进行试算平衡、对账、结账、生成月末工作报告。

（二）总账系统与其他子系统的主要关系

总账系统属于财务管理系统的一部分，而财务系统与其他系统成并行关系。账务系统既可以独立运行，也可以同其他系统协同运转。总账系统是财务管理系统的一个基本的子系统，它概括地反映企业供产销等全部经济业务的综合信息，它在财务管理系统中处于中枢地位。总账系统与其他系统之间的数据传递关系，如图 4－2 所示。

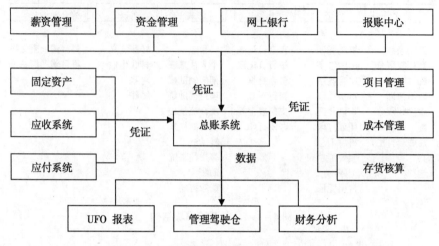

图 4－2　总账系统与其他系统的主要关系

二　总账系统经济业务

中国老字号保温瓶有限公司深圳分公司 2014 年 12 月份总账系统经济业务如下：

业务 1. 12 月 1 日，将 300 元的现金转存工商银行。

要求：填写现金存款单。

业务 2. 12 月 1 日，供销经营科采购员姚怡预支采购差旅费 1000 元，出纳以现金付讫。

业务 3. 12 月 1 日，从西部证券股份有限公司购入股票（明星电力）10000 股，作为交易性金融资产核算，收到交割单一张，列示成交金额 198000，佣金等税费 2000 元，以银行存款付讫。

业务 4. 12 月 1 日，签发工商银行支票一张，向深圳商标专利所购买一项非专利技术，金额为 200000 元。

要求：签发支票，支票号码为 AE101101。

业务 5. 12 月 1 日，签发工商银行支票一张，金额 800000 元，转作为存出投资款。

要求：签发支票，支票号码为 AE101102。

业务 6. 12 月 1 日，购入去年 12 月 1 日发行的五年后到期一次还本公司债券（10 新港债）1000 手作为持有至到期投资，面额为 600000 元，交易费用 1000 元，实际支付 631000 元，票面利率 5%，按月计息。公司采用实际利率为 4.5%。

业务 7.12 月 2 日，经理办公室刘思以现金购买档案袋 50 份，价款 500 元。

业务 8.12 月 2 日，财务科以现金购买空白财务报表 50 套，增值税专用发票列明价款 300 元和税额 51 元。

业务 9.12 月 2 日，签发工商银行支票一张，支票号码为 AE101103，向深圳市税务局建设分局第四税务所购买印花税税票 200 元。

业务 10.12 月 2 日，供销经营科周乐向财务科借款 1000 元，出纳以现金付讫。

业务 17.12 月 6 日，收到代垫中山市非常保温容器公司的包装费一张支票 1680 元，送存银行，支票号码为 AE101106。

业务 18.12 月 7 日，向工商银行借入短期借款 300000 元。

业务 19.12 月 7 日，从工商银行借入长期借款 15000000 元。

业务 24.12 月 9 日，用工商银行存款支付各项税费 29696 元，其中：营业税 1000 元，城市维护建设税 1000 元，所得税 1080 元，个人所得税 5676 元，教育费附加 2000 元，增值税未交增值税 18940 元。

业务 25.12 月 10 日，向工商银行申请签发银行本票一张，金额为 100000 元，交给采购员张敏向开封金属材料公司采购不锈钢吸水管。

要求：填制本票申请书。

业务 26.12 月 10 日，签发支票一张支付教育经费 9600 元。

要求：签发转账支票，支票号码为 AE101110。

业务 28.12 月 10 日，采购员张敏交来开封金属材料公司签发支票一张，金额 3358 元，系结清用本票采购不锈钢水管的余额，财务科当天送存银行，支票号码为 AE101111。

业务 29.12 月 11 日，签发工商银行支票一张，金额为 1000 元，给百货大楼支付商品交易会摊位费，收到商品交易会开出发票。

要求：签发支票，支票号码为 AE101112。

业务 30.12 月 11 日，收到工商银行转来市内电话局专用托收凭证，付讫市内电话费 2000 元。

业务 31.12 月 11 日，从银行本票存款账户中转存 200000 元到银行存款工行人民币账户，支票号码为 AE101113。

业务 38. 12 月 14 日，向工商银行申请签发银行本票一张，金额为 100000 元。

业务 63. 12 月 19 日，签发工商银行支票一张，支付广告费 5200 元，收到美奥广告公司开出发票，支票号码为 AE101116。

业务 64. 12 月 19 日，向工商银行申请签发银行本票一张，金额 20000 元。

业务 65. 12 月 19 日，信隆饭店开来发票一张，要求结算本月本公司招待客户就餐费 3000 元，用银行存款付讫，支票号码为 AE101117。

业务 66. 12 月 19 日，购买待安装固定资产（建造仓库工程）一台，价税合计金额为 117000 元，用银行存款付讫，支票号码为 AE101118。

业务 67. 12 月 19 日，签发工商银行支票一张，金额为 50000 元，捐赠给宝安区宜春小学，支票号码为 AE101119。

业务 68. 12 月 19 日，签发工商银行支票一张，支付短期借款利息 3500 元，支票号码为 AE101120。

业务 69. 12 月 20 日，签发中国银行支票一张，偿还中国银行短期借款 200000 元，支票号码为 AE101121。

业务 70. 12 月 20 日，签发支票一张，向工商银行提取现金 2000 元。

要求：签发支票，支票号码为 AE101122。

业务 71. 12 月 20 日，姚怡报销差旅费 900 元，并交回多余现金 100 元。

业务 79. 12 月 27 日，根据"工资结算汇总表"和"社会保险费、公积金及有关经费计算表"，计提交付各种保险费、公积金或经费以及结转本月代扣各种款项。签发工商银行支票一张，号码 AE101l23，收款人为中国老字号保温瓶有限公司深圳分公司工会（已填制），根据"工资结算汇总表"，将代扣的职工工会会费 32405 元划转本公司工会银行存款户。填制行政拨交工会经费缴款书，通过工商银行丰汇支行交付本月工会经费。收到工商银行转来深圳市社会保险事业基金结算管理中心的职工社会保险基金结算表和医疗保险费申报结算表等托收凭证，款项已从社保基金账户划转，填制相关单据并记账。

业务 87. 12 月 28 日，根据"工资结算汇总表"，签发支票一张，收款人为本公司职工工资户，金额为 520885 元，委托中国银行办理代发工资转存信用卡业务，发放工资及其他款项共计520885元，并支银行手续费200元。工资发放清单以软盘形式同时送交银行，并经银行审核，支票号码为AE101124。

业务88.12月29日，签发工商银行支票一张，支票号码为AE101125，收款人为中国老字号保温瓶有限公司深圳分公司公积金专户（已填制），缴付职工住房公积金90734，其中包括企业承担部分和个人承担部分。

业务89.12月29日，作为交易性金融资产的股票（明星电力），其2014年年末收盘时总价值193000元。

业务90.12月30日，将已批准报废的原值为109325元，累计折旧为85674.38元电加热烘缸运往南山区废品回收公司处理，收到该公司开具的收购凭证和支票各一张，收购金额20000元，企业填制进账单，将其与支票一同送存工商银行。收到深圳运输服务公司开具的运费账单一张，以现金支付运费125.50元。此项设备清理完毕，结转清理净损益。

业务93.12月30日，年末财产清查，发现现金盘盈800元，经批准转作为营业外收入。

业务94.12月30日，摊销非专利技术的价值2000元。

业务95.12月30日，按照应收款项的0.5%计提坏账准备。

三　总账管理系统经济业务处理

（一）填制总账系统经济业务凭证

记账凭证是登记账簿的依据，在实行计算机处理账务后，电子账簿的准确与完整完全依赖于记账凭证，因而使用者要确保记账凭证输入的准确完整。记账凭证是总账系统处理的起点，也是所有查询数据的最主要的一个来源。日常业务处理首先从填制凭证开始。

记账凭证的内容一般包括两部分：一是凭证头部分，包括凭证类别、凭证编号、凭证日期和附件张数等；二是凭证正文部分，包括摘要、会计分录和金额等。如果输入会计科目有辅助核算要求，则应输入辅助核算内容。

操作步骤：

1. 在"业务工作"选项卡中，执行"总账"｜"凭证"｜"填制凭证"命令，进入"填制凭证"窗口。

2. 单击"增加"按钮。

3. 单击凭证类别的参照按钮，选择凭证类别，如图 4-3 所示。

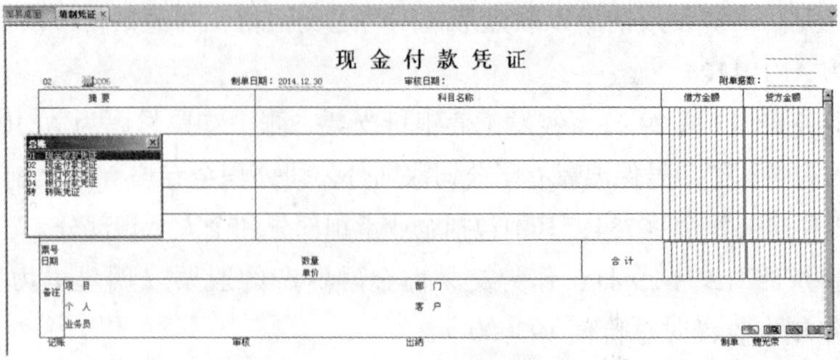

图 4-3　选择凭证类别

4. 修改凭证日期。

5. 在摘要栏录入摘要，若常用摘要有相同摘要，可参照常用摘要。

6. 按回车键，或用鼠标单击"科目名称"栏，单击科目名称栏的参照按钮（或按 F2 键），选择业务所对应的会计科目，或者直接在科目名称栏输入科目编码。

7. 按回车键，或用鼠标单击"借方金额"栏，录入借方金额。

8. 按回车键（复制上一行的摘要），用鼠标单击"科目名称"栏（第二行），单击科目名称栏的参照按钮（或按 F2 键），选择所对应得会计科目，或者直接在科目名称栏输入科目编码。

9. 按回车键，或用鼠标单击"贷方金额"栏，录入贷方金额，或直接按"＝"键，如图 4-4 所示。

图 4-4　录入贷方金额

10. 同理，填制相应业务的其他凭证。

（二）出纳签字

出纳凭证由于涉及企业现金的收入与支出，应加强对出纳凭证的管理。出纳人员可通过出纳签字功能对制单员填制的带有现金和银行存款科目的凭证进行检查核对，主要核对出纳凭证的出纳科目的金额是否正确，审查认为错误或有异议的凭证，应交予填制人员修改后再核对。

操作步骤：

1. 重新注册，更换操作员为"602"。

2. 执行"凭证"｜"出纳签字"命令，打开"出纳签字"对话框。

3. 单击"确定"按钮，打开"出纳签字"列表窗口。

4. 单击"确定"按钮，打开待签字的"收款或付款凭证"。

5. 单击"签字"按钮，单击"下张"按钮，再单击"签字"按钮，直到将已经填制的所有收付凭证进行出纳签字，如图4-5所示。

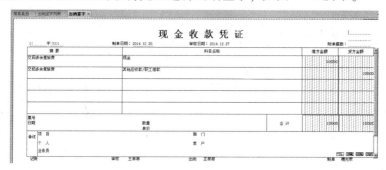

图 4-5　出纳签字

6. 单击"退出"按钮退出。

提示：①出纳签字的操作既可以在"凭证审核"后进行，也可以在"凭证审核"前进行。②进行出纳签字的操作员应已在系统管理中赋予了出纳的权限。③要进行出纳签字的操作应满足以下3个条件：首先，在总账系统的"选项"中已经设置了"出纳凭证必须经由出纳签字"；其次，已经在会计科目中进行了"指定科目"的操作；最后，凭证中所使用的会计科目是已经在总账系统中设置为"日记账"辅助核算内容的会计科目。④如果发现已经进行了出纳签字的凭证有错误，应在取消出纳签字后再在填制凭证功能中进行修改。

（三）审核凭证

审核凭证是审核员按照财会制度，对制单员填制的记账凭证进行检查核对，主要审核记账凭证是否与原始凭证相符，会计分录是否正确等、审查认为错误或有异议的凭证，应打上出错标记，同时可写入出错原因并交与填制人员修改后，再审核。只有具有审核凭证权限的人才能使用本功能。

操作步骤：

1. 以操作员为"601"登陆企业应用平台。

2. 执行"凭证"｜"审核凭证"命令，打开"凭证审核"对话框。

3. 单击"确定"按钮，进入"凭证审核"列表窗口。

4. 单击"确定"按钮，打开待审核的凭证。

5. 单击"审核"按钮（第 1 张凭证审核完成后，系统自动翻页到第 2 张待审核的凭证），再单击"审核"按钮，直到将已经填制的凭证全部审核签字，或者可以进行批量审核，如图 4 – 6 所示。

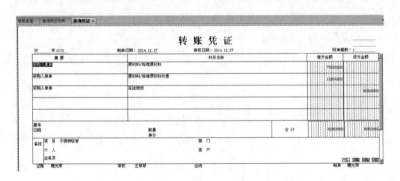

图 4 – 6　凭证全部审核签字

6. 单击"退出"按钮退出。

提示：①系统要求制单人和审核人不能是同一个人，因此在审核凭证前一定要首先检查一下，当前操作员是否就是制单人，如果是，则应更换操作员。②凭证审核的操作权限应首先在"系统管理"的权限中进行赋权，其次还要注意在总账系统的选项中是否设置了"凭证审核控制到操作员"的选项，如果设置了该选项，则应继续设置审核的明细权限，即"数据权限"中的"用户"权限。只有在"数据权限"中设置了某用户有权审核其他某一用户所填制凭证的权限，该用户才真正拥有了审核凭证的权限。③在凭证审核的功能中除了可以分别对单张凭证进行审核外，还可以执行"成批审核"的功能，对符合条件的待审核凭证进行成批审核。

④在审核凭证的功能中还可以对有错误的凭证进行"标错"处理，还可以"取消"审核。⑤已审核的凭证将不能直接修改，只能在取消审核后才能在填制凭证的功能中进行修改。

（四）记账

记账即登记账簿，它是以会计凭证为依据，将经济业务全面、系统、连续地记录到具有账户基本结构的账簿中去，是会计核算主要方法之一。登记账簿是由有记账权限的操作员发出记账指令，由计算机按照预先设计的记账程序自动进行合法性检验、科目汇总、登记账簿等操作。

记账凭证经审核签字后，即可用来登记总账和明细账、日记账、部门账、往来账、项目账以及备查账等。本系统记账采用向导方式，使记账过程更加明确。

操作步骤：

1. 执行"总账"｜"凭证"｜"记账"，如图4-7所示。

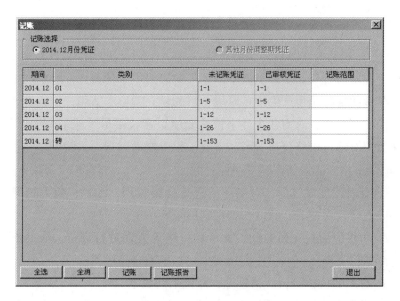

图4-7　记账选择

2. 选择"全选"｜"记账"｜弹出"试算结果平衡"单击"确定"记账完毕，如图4-8所示，退出。

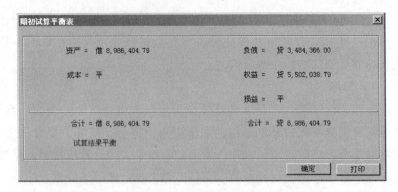

图 4-8　试算结果平衡

第二节　采购管理业务

一　采购管理系统功能与其他子系统的关系

（一）采购管理系统的主要功能

企业所属行业和生产类型不同，采购形式也多种多样。对生产企业来说，存货的采购是生产的准备阶段，目的是采购生产适用、价格公道、质量合格的原材料；对商业企业来说，要使企业获得尽可能多的销售收入，采够适销对路且价格公道的商品就成了很重要的因素。采购管理的主要任务是相同的，主要包括以下几项：

1. 有效管理供应商。对供应商进行分类管理，维护供应商档案信息和供应商存货对照表，建立长期稳定的采购渠道。

2. 对供应商在交付时间、质量和价格等方面进行评价，取消不合格供应商的供货资格，在供应商档案中增加审查合格的供应商。

3. 对采购价格进行严格管理，降低采购成本。

4. 根据采购计划、请购单、销售订单生成采购订单或手工输入采购订单，既要保证生产的顺利进行和向客户的及时交付，又要保持较低的库存，降低成本。

5. 接收货物后及时填写采购到货单，并通知检验部门进行质量检验。

6. 接收供应商开具的采购发票，进行采购结算，并将结算单转给财务部门记账和及时支付货款。

7. 进行采购订单执行情况查询、分析。

（二）采购管理系统与其他子系统的主要关系

采购管理系统既可以单独使用，也可以与供应链系统的 MPS/MRP 计划、合同管理、质量管理、库存管理、存货核算、销售管理、售前分析系统集成使用，采购必须形成应付，因此与财务管理系统中的应付款管理系统有紧密联系，其间的数据关系如图 4 - 9 所示。

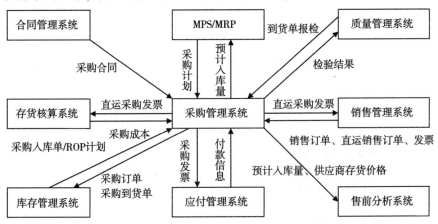

图 4 - 9　采购管理系统与其他子系统的主要关系

1. 采购管理系统可以参照合同状态为生效状态、性质为采购类、标的来源为存货的合同生成采购订单；同时可以多个合同生成一张采购订单，或一个合同生成多张采购订单，在采购订单及其后续关联的业务单据中记载并显示相应的合同号及合同标的编码等信息。

2. 主生产计划/需求规划系统中的采购计划是请购单、采购订单的来源之一。请购单、采购订单可以通过拷贝采购计划生成，也可以在采购计划的基础上进行"计划批量生单"。已审核采购订单增加预计入库量，为 MRP 运算提供数据基础。采购请购单、采购订单和采购到货单为 MPS/MRP 运算提供数据来源。

3. 采购管理系统可参照销售管理系统的销售订单生成采购订单；在直运业务必有订单模式下，直运采购订单必须参照直运销售订单生成，直运采购发票必须参照直运采购订单生成；如果直运业务非必有订单，那么直运采购发票和直运销售发票可相互参照。

4. 在库存管理系统可以手工录入采购入库单，也可以参照采购订单、采购到货单生成采购入库单。

5. 采购发票在采购管理系统录入后，在应付款管理中审核登记应付明细账，进行制单生成凭证。应付款系统进行付款并核销相应应付单据后回写付款核销信息。

6. 直运采购发票在存货核算系统进行记账、登记存货明细表并制单生成凭证。

7. 采购结算单在存货核算系统进行制单生成凭证。存货核算系统为采购管理系统提供采购成本。

8. 采购到货单在存货核算系统报检后，在质量管理系统自动生成来料报检单。来料不良品处理单的退回数量回写到货单，根据到货单生成到货退回单。来料检验单、来料不良品处理单回写到货单的合格数量、不合格数量和拒收数量。

9. 采购管理系统为售前分析系统 ATP 模拟提供预计收入量，为模拟报价提供供应商存货价格。

二　采购管理系统经济业务

采购管理系统具体经济业务如下：

业务 27. 12 月 10 日，采购员张敏用面额 100000 元的本票，向开封金属材料公司购入不锈钢吸管 35000 支，无税单价 2.36，价税合计 96642 元，余额暂作"其他应收款"处理。

业务 32. 12 月 12 日，向普奥涂料供应公司购入稀释剂 10 千克，增值税专用发票列明价款 600 元和税款 102 元，货已验收入库，价款尚未支付。

业务 33. 12 月 12 日，向普奥涂料供应公司购入油漆 60 千克，增值税专用发票列明价款 1200 元和税款 204 元，货已验收入库，价款尚未支付。

业务 34. 12 月 13 日，向北京有色金属公司购入马口铁 45 吨，增值税专用发票列明价款 252000 元和税 42840 元。货已验收入库，价款尚未支付。

业务 35. 12 月 13 日，向佛山铝材厂购买铝片 5 吨，价税合计 117000 元。铝片已验收入库，支票号码为 AE101114。

业务 36. 12 月 13 日，向汕头市铝制品厂购买铝配件 10000 套，价税合计共 44460 元，支票号码为 AE101115。

业务 37. 12 月 13 日，向成都塑料厂购入塑料粒子 60 吨，增值税专用发票列明价款 600000 元和税额 102000 元，货已验收入库，价款尚未支付。

业务 49. 12 月 16 日，向郑州瓶胆总厂购买瓶胆大、中、小，发票已到，货已验收入库，但价款尚未支付。

业务 50. 12 月 16 日，向开封金属材料公司购入黑铁托盘和不锈钢吸管，发票已到，货已验收入库，但价款尚未支付。

业务 51. 12 月 16 日，向内蒙古杜家橡胶厂购入口圈和底垫，发票已到，货已验收入库，但价款尚未支付。

业务 52. 12 月 16 日，向韶关市纸品厂购入纸盒和纸箱，发票已到，货已验收入库，价款尚未支付。

业务 53. 12 月 17 日，向深圳自来水厂购入 10000 立方水，不含税单价为 4 元，货款尚未支付。

业务 54. 12 月 17 日，向深圳供电局购入 10000 度电，不含税单价为 1 元，货款尚未支付。

业务 55. 12 月 17 日，向平安保险公司购入财产保险 949 份，单价为 1 元，机动车辆保险 400 份，单价为 1 元，用期初预付款结算。（采购普通发票，无税率）

业务 56. 12 月 17 日，向深圳平安邮局购入报刊 500 份，单价为 1 元，用期初预付款结算。（采购普通发票、无税率）

三 采购管理系统经济业务处理

（一）采购业务介绍

普通采购业务适用于大多数企业的日常采购业务，与其他企业一起，提供对采购请购、采购订货、到货检验、采购入库、采购发票、采购成本核算、采购付款全过程管理。

（二）采购业务流程

采购业务流程如图 4－10 所示。

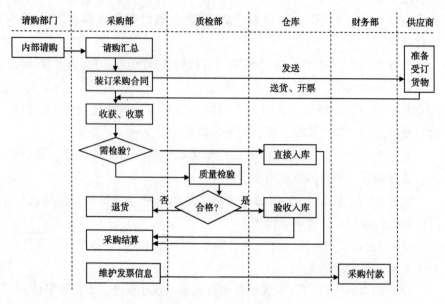

图 4 - 10 采购业务流程

1. 录入请购单

采购请购是指企业内部向采购部门提出采购申请，或采购部门汇总企业内部采购需求提出采购清单。请购是采购业务处理的起点，也是 MPS/MRP 计划与采购订单的中间过渡环节，用于描述和生成采购的需求，如采购什么货物、采购多少、何时使用、谁用等内容；同时，也可为采购订单提供建议内容，如建议供应商、建议订货日期等。对于样品试制业务，企业通常不按采购计划采购，可以根据生产订单进行临时采购，按生产订单生成请购单。

操作步骤：

（1）在"业务工作"选项中，执行"供应链" | "采购管理"命令，打开采购管理系统。

（2）执行"请购" | "请购单"命令，打开"采购请购单"窗口。

（3）单击"增加"按钮，选择采购类型为"普通采购"，修改采购日期为 2014 - 12 - 10 日，"存货"编码为"0107"，在"数量"栏中输入数量"35000"，在"无税单价"栏中输入相应金额 2.36，在供应商处输入开封金属材料公司，请购部门为供销经营科，请购人员为张敏，如图 4 - 11 所示。

图 4 – 11　录入请购单

（4）单击"保存"按钮。

（5）单击"审核"按钮，直接审核该请购单。最后生成请购单列表，如图 4 – 12 所示。

图 4 – 12　审核请购单

2. 根据请购单生成采购订单

采购订单是企业与供应商之间签订的采购合同、购销协议等，主要内容包括采购什么货物、采购多少、由谁供货、什么时间到货、到货地点、运输方式、价格、运费等。它可以是企业采购合同中关于货物的明细内容，也可以是一种订货的口头协议。通过采购订单的管理，可以帮助企业实现采购业务的事前预测、事中控制、事后统计。本业务需要录入采购订单，采购订单可以直接输入，也可以根据请购单自动生成。这里采用"生单"的方式直接生成"采购订单"。

操作步骤：

（1）在采购管理系统中，执行"采购订货"｜"采购订单"命令，打开"采购订单"窗口。

（2）单击"增加"按钮，修改订单日期为业务发生日期。

（3）单击表体"生单"按钮，选择请购单，出现如图 4 – 13 所示窗口，单击"确定"按钮。

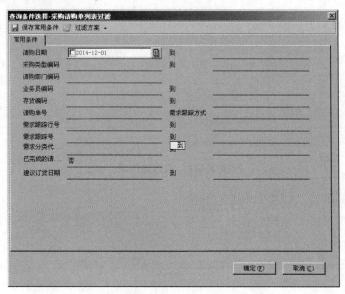

图 4 – 13　根据请购单生成采购订单

（4）双击鼠标左键选中需要拷贝的请购单，即打上"Y"选中标志，如图 4 – 14 所示。

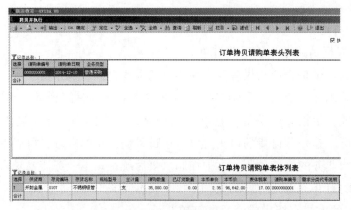

图 4 – 14　打上"Y"选中标志

（5）单击"OK"按钮，选中的"请购单"资料自动传递到采购订单中，如图 4 – 15 所示。

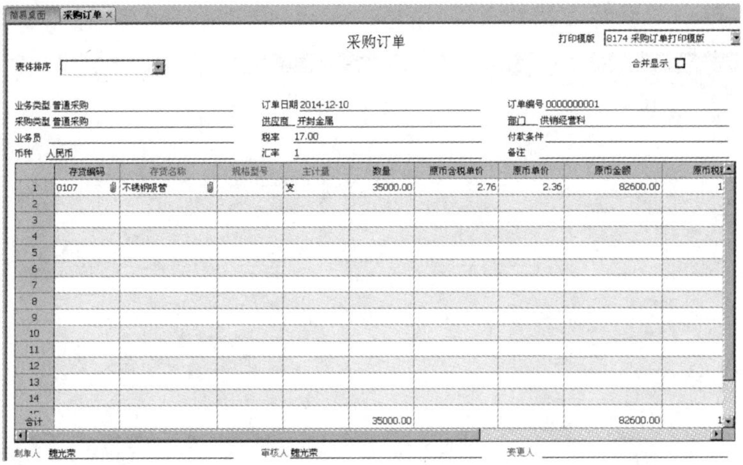

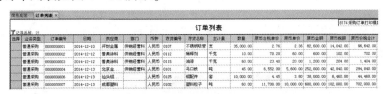

图 4 – 15　选中的“请购单”资料自动传递到采购订单

（6）修改不含税单价信息，重新输入 2.36，录入供应商，在“计划到货日期”栏选择相应日期，修改完成后单击“保存”按钮。

（7）单击“审核”按钮，审核确认复制生成的采购订单。最终生成采购订单列表如图 4 – 16 所示。

订单列表

选择	业务类型	订单编号	日期	供应商	部门	币种	存货编号	存货名称	主计量	数量	原币含税单价	原币单价	原币金额	原币税额	原币价税合计
	普通采购	0000000001	2014-12-10	开封金属	供销经营科	人民币	0107	不锈钢吸管	支	35,000.00	2.76	2.36	82,600.00	14,042.00	96,642.00
	普通采购	0000000002	2014-12-12	普奥涂料	供销经营科	人民币	0112	稀释剂	千克	10.00	70.20	60.00	600.00	102.00	702.00
	普通采购	0000000003	2014-12-12	普奥涂料	供销经营科	人民币	0115	油漆	千克	60.00	23.40	20.00	1,200.00	204.00	1,404.00
	普通采购	0000000004	2014-12-13	北京金...	供销经营科	人民币	0101	马口铁	吨	45.00	6,552.00	5,600.00	252,000.00	42,840.00	294,840.00
	普通采购	0000000006	2014-12-13	汕头铝...		人民币	0125	铝配件	套	10,000.00	4.45	3.80	38,000.00	6,460.00	44,460.00
	普通采购	0000000007	2014-12-13	成都塑料		人民币	0102	塑料粒子	吨	60.00	11,700.00	10,000.00	600,000.00	102,000.00	702,000.00

图 4 – 16　最终生成采购订单列表

提示：对于购买保险及报刊等采用普通采购发票，填制采购订单时将税率改为 0，录入采购发票时选择普通采购发票。

3. 采购到货单

采购到货是采购订货和采购入库的中间环节，一般由采购业务员根据供方通知或送货单填写，确认对方所送货物、数量、价格等信息，以入库通知单的形式传递到仓库作为保管员收货的依据。

操作步骤：

（1）在采购管理系统中，执行“采购到货”｜“到货单”命令，打开“到货单”窗口。

（2）单击“增加”按钮，修改日期为业务发生日期。

（3）单击表体"生单"按钮，选择采购订单，出现如图 4 – 17 所示窗口，单击"确定"按钮。

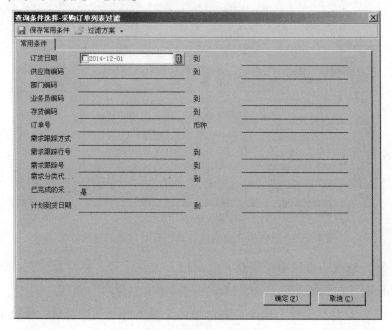

图 4 – 17　查询条件选择

（4）双击鼠标左键选中需要复制的采购订单，即打上"Y"选中标志按钮，如图 4 – 18 所示。

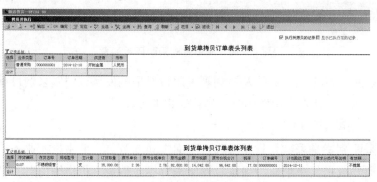

图 4 – 18　选中需要复制的采购订单

（5）单击"OK"按钮，如图 4 – 19 所示。

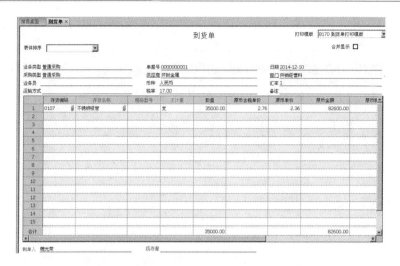

图 4 - 19 单击"OK"按钮

（6）修改相应日期，修改完成后单击"保存"按钮。

（7）单击"审核"按钮，到货单列表如图4-20所示。

选择	业务类型	单据号	日期	供应商	币种	存货编码	存货名称	主计量	数量	原币含税单价	原币单价	原币金额	原币税额	原币价税合计	税率税率	订单号
	普通采购	0000000001	2014-12-10	开封金属	人民币	0107	不锈钢眼管	支	35,000.00	2.76	2.36	82,600.00	14,042.00	96,642.00	17.00	0000000001
	普通采购	0000000002	2014-12-12	普惠涂料	人民币	0112	稀释剂	千克	10.00	70.20	60.00	600.00	102.00	702.00	17.00	0000000002
	普通采购	0000000003	2014-12-12	普惠涂料	人民币	0115	油漆	千克	60.00	23.40	20.00	1,200.00	1,404.00	17.00		0000000003
	普通采购	0000000004	2014-12-13	北京金	人民币	0101	马口铁	吨	45.00	6,552.00	5,600.00	252,000.00	42,840.00	294,840.00	17.00	0000000004
	普通采购	0000000006	2014-12-13	汕头钮	人民币	0125	钮配件	箱	10,000.00	4.45	3.80	38,000.00	6,460.00	44,460.00	17.00	0000000006

图 4 - 20 到货单列表

（8）在库存管理系统进行入库处理。

（9）在存货核算系统进行单据记账处理。

4. 填制采购发票

采购发票是供应商开出的销售货物的凭证，系统根据采购发票确认采购成本，并据以登记应付账款。采购发票按业务性质分为蓝字发票和红字发票，按发票类型分为增值税专用发票、普通发票和运费发票。

收到供应商开具的增值税专用发票，则需要在采购管理系统中录入采购专用发票，或根据采购订单和采购入库单生成采购专用发票，如果收到供应商开具的普通发票，则录入或生成普通发票。

操作步骤：

（1）在采购管理系统中，执行"采购发票" | "专用采购发票"命令，打开"专用发票"窗口。

（2）单击"增加"按钮。

（3）单击"生单"按钮，选择采购入库单蓝字（也可以选择采购订单），出现如图 4 - 21 所示窗口，单击"确定"按钮。

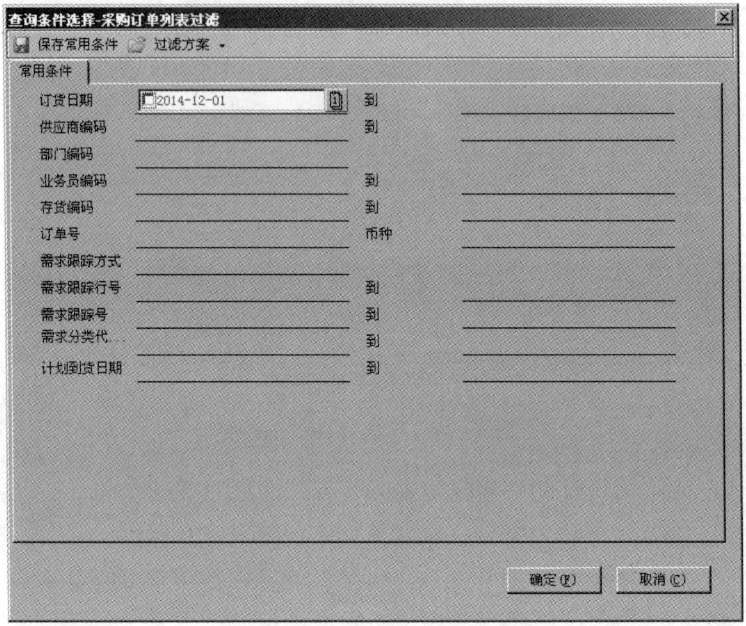

图 4 - 21　选择采购入库单

（4）双击所要选择的采购订单，选择栏显示"Y"，如图 4 - 22 所示。

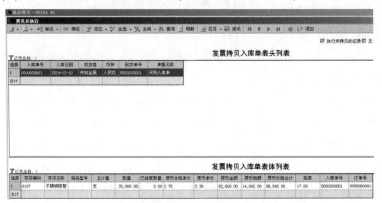

图 4 - 22　选择栏显示"Y"

（5）单击"OK"按钮，如图 4 - 23 所示。

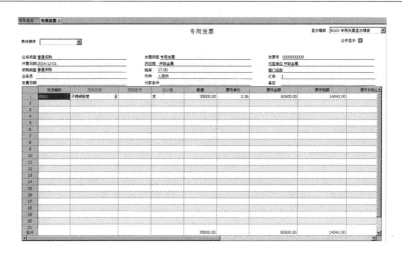

图4-23　单击"OK"按钮

（6）所有信息输入、修改完成后，单击"保存"按钮。查询采购发票列表如图4-24所示。

图4-24　查询采购发票列表

5. 采购结算

采购结算就是采购报账，是指采购人员根据采购入库单、采购发票核算采购入库成本。

采购结算生成采购结算单，它是记载采购入库单记录与采购发票记录对应关系的结算对照表。采购结算分为自动结算和手工结算。采购自动结算是由系统自动将符合条件的采购入库单记录和采购发票记录进行结算。系统按照3种结算模式进行自动结算：入库单和发票结算、红蓝入库单结算、红蓝发票结算。

操作步骤：

（1）在采购管理系统中，执行"采购结算"｜"手工结算"命令。系统弹出"采购手工结算"对话框。

（2）单击"选单"按钮，系统出现"结算选单"对话框，如图4 – 25 所示。

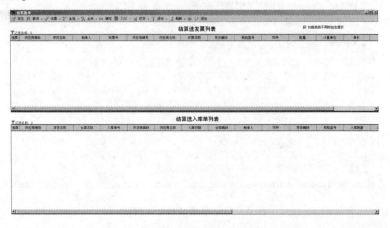

图4 – 25　系统出现"结算选单"

（3）单击"查询"｜"确定"，分别选择发票和入库单，分别选中出现"Y"标志出现，如图 4 – 26 所示。

图4 – 26　分别选择发票和入库单

（4）单击"OK"按钮，出现如图 4 – 27 所示。

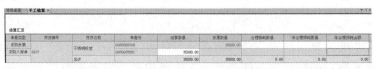

图4 – 27　单击"OK"按钮

（5）单击结算按钮，系统提示结算完成，单击确定。

（6）到应付系统完成相应业务。

（7）同理操作，完成其他的采购业务。

第三节　生产管理系统业务

一　生产管理系统功能与其他子系统的关系

（一）生产管理系统的主要功能

本系统定义组成各产成品的所有零配件及原材料组成，以达到以下目的：1. 标准成本卷叠计算，包括物料、人工、制造费用等；2. 新产品的成本模拟，作为拟定售价的参考；3. 物料需求计划计算用料的基础；4. 计划品、模型及选项类物料需求预测展开的依据；5. 支持按订单配置产品的组件选配；6. 领料、发料的依据。

主要功能：

1. 支持标准、模型、选项类和计划四种类型的物料清单。

2. 支持主要物料清单、客户物料清单、订单物料清单和替代物料清单，同时支持公用物料清单。

3. 任一类型的物料清单均支持多版本及版本生效日期。

4. 物料清单支持新建、审核、停用三种状态，用于在不同应用领域控制 BOM 的处理。

5. 使用者可按实际需要，选择建立成品损耗率或组成子件的损耗率资料。

（二）生产管理系统与其他子系统的主要关系

基础档案中物料的工艺路线是建立物料清单可选择性先行建立的资料，即物料清单可在建立物料工艺路线之后建立，也可先于工艺路线之前建立。如果在建立物料清单前有建立物料的工艺路线，则可指定清单中各子件的工序号。

《工程变更》可拷贝《物料清单》中已有的物料各版本的物料清单（若物料清单系统先于工程变更上线时），以进行变更修改；《工程变更》建立的物料清单，可发行至《物料清单》系统。《物料清单》中的模型和选项类清单是《销售管理》和《出口管理》系统中报价单、销售订单订购 ATO 模型、PTO 模型时进行选配的依据。《物料清单》中的计划清单是《主生产计划》和《需求规划》系统可作为产品系列预测的依据，标准清单是《主生产计划》和《需求规划》系统计划物料需求的基础。《物料清单》的标准物料清单是《生产订单》《委外管理》系统中生产订单、委外单产生子件用量的计算依据。《物料清单》的模型清单、选项类清单、标准清单，可供成本管理系统计算物料标准成本之用。《物料清单》的模型清单、选项类清单、标准清单，可供售前分析系统模拟物料成本、报价之用。

二　生产管理系统经济业务

生产管理系统经济业务如下：

业务 40. 12 月 14 日，制壳车间为生产铝壳 8000 只，领用铝片 8 吨，稀释剂 8 千克，油漆 8 千克，该产品完工入库。

业务 41. 12 月 14 日，制壳车间为生产铁壳 8000 只，领用马口铁 8 吨，稀释剂 8 千克，油漆 8 千克，该产品完工入库。

业务 42. 12 月 15 日，塑料车间为生产塑壳（大）10000 只，领用塑料粒子 10 吨，该产品完工入库。

业务 43. 12 月 15 日，塑料车间为生产塑壳（中）10000 只，领用塑料粒子 5 吨，该产品完工入库。

业务 44. 12 月 15 日，塑料车间为生产塑壳（小）10000 只，领用塑料粒子 4 吨，该产品完工入库。

业务 45. 12 月 15 日，塑料车间为生产塑配件（大）10000 只，领用塑料粒子 5 吨，该产品完工入库。

业务 46. 12 月 15 日，塑料车间为生产塑配件（中）10000 只，领用塑料粒子 4 吨，该产品完工入库。

业务 47. 12 月 15 日，塑料车间为生产塑配件（小）10000 只，领用塑料粒子 2 吨，该产品完工入库。

业务 48. 12 月 15 日，塑料车间为生产气压式塑配件 10000 只，领用塑料粒子 2 吨，该产品完工入库。

业务 57. 12 月 17 日，装配车间下发订单：生产 8000 只铝壳气压保温瓶，生产 8000 只铁壳保温瓶，塑壳保温瓶（大）10000 只，塑壳保温瓶（中）10000 只，塑壳保温瓶（小）10000 只，领料情况详见领料单，产品完工入库。

业务 75. 12 月 21 日，制壳车间下发订单：生产铁壳 10000 只，生产铝壳 10000 只，领用材料见领料单，并进行相应的材料出库业务，产品没有完工。

业务 76. 12 月 22 日，塑料车间下发订单：生产塑壳（大）10000 只，生产塑壳（中）10000 只，生产塑壳（小）10000 只，生产塑配件（大）10000 套，生产塑配件（中）10000 套，生产塑配件（小）10000 套，气压式塑配件 5000 套，领用材料见领料单，并进行相应的材料出库业务，产品没有完工。

业务 77. 12 月 23 日，装配车间下发订单：生产 40 只铝壳气压保温瓶，生产 40 只铁壳保温瓶，塑壳保温瓶（大）40 只，塑壳保温瓶（中）15 只，塑壳保温瓶（小）15 只，领用材料见领料单，并进行相应的材料出库业务，产品没有完工。

三 生产管理系统经济业务处理

生产管理系统可以新增、修改、删除、查询标准与非标准生产订单资料。若是非标准生产订单，可手动建立其子件需求资料（可从主要清单或替代清单导入）。可修改、删除和查询按 MPS/MRP/BRP 计划自动生成的锁定状态的生产订单及其子件需求资料。输入生产订单时，若有选择主要或替代物料清单，则可自动产生生产订单的子件需求资料。

未审核/锁定状态的生产订单（含手动输入/自动生成）母件资料中，除"生产订单号、行号、类型、生产订单类别、母件编码、母件结构自由项"外，其它输入栏位均可修改（自动生成的生产订单和由销售订单转入的生产订单其"状态"不可改）；生产订单子件资料中，所有输入栏位都可修改。

未审核/锁定状态的生产订单（含手动输入/自动生成）可被删除，生产订单行号删除后其子件资料自然被删除；标准生产订单其子件资料不可被全部删除，非标准生产订单子件资料删除则无此限制。若生产订单中 PE 子件存在库存预留，删除该子件时系统自动释放该子件的预留量。但如果生产订单行有序列号明细资料，则该生产订单行不可被删除。

操作步骤：

（一）选择"生产制造"｜"生成订单"｜"生成订单生成"｜"生产订单手动录入"｜菜单命令，单击"增加"按钮，录入业务所要求的生产订单，生产部门及预入库部门必输（为简化处理，完工日期为领料当天），如图 4 - 28 所示。

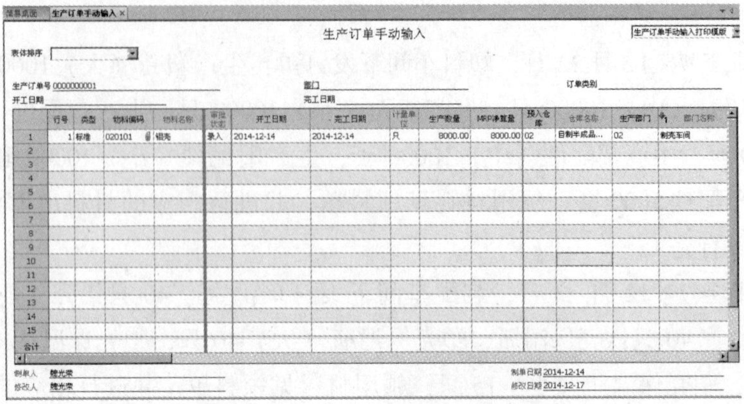

图 4 - 28   录入业务所要求的生产订单

（二）保存后审核生产订单。

（三）按生产订单领料（到库存管理进行材料出库）。

（四）生产完成后，到库存管理系统中进行完工入库。

第四节   销售管理系统业务

一   销售管理系统功能与其他子系统的关系

（一）销售管理系统的主要功能

销售管理系统提供对企业销售业务全流程的管理。以企业应用为基本对象，增强业务管理监控功能，提供对价格、信用的实时检查控制；支持以订单为核心的业务模式，支持普通批发销售、零售、委托代销业务、直运销售、分期收款销售、销售调拨等多种类型的销售业务，满足不同用户需求，用户可根据实际情况构建自己的销售管理平台。

销售管理系统的主要任务是编制并审核销售订单、发货单、销售发票等数据，经审核的发货单可以自动生成销售出库单并冲减商品库存量，进行销售出库单的记账与制单，完成销售成本的核算，根据销售发票完成销售收入和税金的核算；以销售发票为依据，记录应收账款的形成情况。

具体包括：销售订单管理，根据客户的订货数量录入、修改、查询、审核销售订单，了解订单执行/未执行情况；销售物流管理，根据销售订单填制销售发货单，并据此生成销售出库单，在库存管理办理出库；销售资金流管理，依据销售发货单开具销售发票，发票审核后即形成应收账款，在"应收系统"可以查询和制单，并依此收款；销售计划管理，是在部门、业务员、存货、存货类及其组合为对象考核销售的计划数与定额数的完成情况，进行考核评估；价格政策，提供最新售价、最新成本加成以及按价格政策定价等三种价格依据，同时，按价格政策定价时，支持商品促销价，可以按客户定价，按存货定价时还支持按不同自由项定价；远程应用，可对销售订单、销售发票、发货单等进行远程录入、查询；批次与追踪管理，对于出库跟踪入库属性存货，在销售开单时可手工选择明细的入库记录，并提供先进先出、后进先出两种自动跟踪的方法；信用管理，提供了针对信用期限和信用额度两种管理角度，同时，既可以针对客户进行信用管理，也可以针对部门、针对业务员进行信用额度、信用期限的管理。超过信用额度可以根据信用审批人权限进行审批。

（二）销售管理系统与其他子系统的主要关系

销售管理系统即可以单独使用，也可以与供应链管理系统的物料需求计划、库存管理、存货核算、采购管理集成使用，销售必然形成应收，因此与财务管理系统中的应收款管理系统有紧密联系，数据关系如图4－29所示。

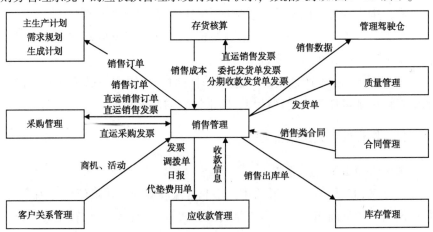

图4－29 销售管理系统与其他子系统的主要关系

1. 销售管理系统中的销售订单作为需求规划系统 MRP 毛需求的来源之一。

2. 采购管理可参照销售管理的销售订单生成采购订单；在直运业务必有订单模式下，直运采购订单必须参照直运销售订单生成；如果直运业务非必有订单，且没有直运销售订单，那么直运采购发票和直运销售发票可相互参照。

3. 根据选项设置，销售出库单既可以在销售管理系统生成传递到库存管理系统审核，也可以在库存管理系统参照销售管理系统的单据生成销售出库单；库存管理为销售管理提供可用于销售的存货的可用量。

4. 销售发票、销售调拨单、零售日报、代垫费用在应收款管理中审核登记应收明细账，进行制单生成凭证；应收款系统进行收款并核销相应应收单据后回写收款核销信息。

5. 直运销售发票、委托代销发货单发票、分期收款发货单发票、存货核算系统登记存货明细账，并制单生成凭证；存货核算系统为销售管理系统提供销售成本。

6. 启用《质量管理》时，销售发货单进行发货报检，生成发退货报检单；销售退货单生成红字销售出库单后，在《库存管理》进行报检生成发退货报检单。

7. 启用《CRM》时，销售报价单、销售订单可参照客户关系管理中的商机进行录入。

8. 启用《合同管理》时，可参照合同生成销售订单，销售单据可联查合同，销售管理中的部分账表增加合同号、合同标的编码。

9. 启用《生产订单》时，销售报价单、销售订单可以进行 ATO 件，可批量下达生产，生成生产订单。

10. 启用《主生产计划》《需求规划》时，已锁定、已审核的未关闭的销售订单余量作为主生产计划、需求计划的需求来源。

二　销售管理系统经济业务

销售管理系统经济业务：

业务 39. 12 月 14 日，开给中山市非常保温容器公司增值税专用发票，货已发出，货款尚未收到，暂不结转销售成本，销售成本结转见业务 85。

表 4 - 1　　　　　　　　　　　有关销售数据

名称	单位	数量	无税单价	无税金额	税额	价税合计
铝壳气压保温瓶	只	500	60	30000.00	5100.00	35100.00
铁壳保温瓶	只	500	40	20000.00	3400.00	23400.00
塑壳保温瓶（大）	只	500	69	34500.00	5865.00	40365.00

业务59. 12月18日，开给东莞市百货公司增值税专用发票，货已发出，货款尚未收到，暂不结转销售成本。

表4-6　　　　　　　　　向东莞市百货公司销售的有关数据

存货名称	计量单位	数量	单价	无税金额	税额
铝壳气压保温瓶	只	4000	60	240000	40800
铁壳保温瓶	只	6000	39	234000	39780
塑壳保温瓶（大）	只	8000	69	552000	93840
塑壳保温瓶（中）	只	7000	45	315000	53550
塑壳保温瓶（小）	只	5000	35	175000	29750

业务60. 12月18日，开给惠州市百货公司开出增值税专用发票，货已发出，货款尚未收到，暂不结转销售成本。

表4-7　　　　　　　　　向惠州市百货公司销售的有关数据

存货名称	计量单位	数量	无税单价	无税金额	税额	价税合计
铁壳保温瓶	只	1500	40	60000	10200	70200
塑壳保温瓶（大）	只	1500	70	105000	17850	122850
塑壳保温瓶（中）	只	2000	50	100000	17000	117000

业务61. 12月18日，开给哈尔滨百货公司开出增值税专用发票，货已发出，货款尚未收到，暂不结转销售成本。

表4-8　　　　　　　　　向哈尔滨百货公司销售的有关数据

存货名称	计量单位	数量	无税单价	无税金额	税额	价税合计
铝壳气压保温瓶	只	2000	58	116000	19720	135720
塑壳保温瓶（中）	只	2000	45	90000	15300	105300
塑壳保温瓶（小）	只	2000	35	70000	11900	81900

业务62. 12月18日，开给东莞市百货公司开出增值税专用发票，货已发出，货款尚未收到，暂不结转销售成本。

表4-9　　　　　　　　　向东莞市百货公司销售的有关数据

存货名称	计量单位	数量	无税单价	无税金额	税额	价税合计
铝壳气压保温瓶	只	1000	60	60000	10200	70200
塑壳保温瓶（中）	只	2000	45	90000	15300	105300
塑壳保温瓶（小）	只	3000	36	108000	18360	126360

三　销售管理系统经济业务处理

普通销售业务模式支持正常的销售业务，适用于大多数企业的日常销售业务，与其他系统一起，提供对销售报价、销售订货、销售发货、销售出库、销售开票、销售收款结算、结转销售成本全过程处理。

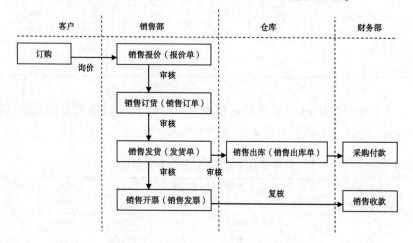

图 4 - 30　销售管理系统经济业务处理

（一）填制销售订单

销售订货是指由购销双方确认的客户订货过程，用户根据销售订单组织货源，并对订单的执行进行管理、控制和追踪。销售订单是反映由购销双方确认的客户要货需求的单据，它可以是企业销售合同中关于货物的明细内容，也可以是一种订货的口头协议。

操作步骤：

1. 在销售管理系统中，执行"销售订货" ｜ "销售订单"命令，打开"销售订单"窗口。

2. 单击"增加"按钮，根据业务要求录入相应信息，如图 4 - 31 所示。

3. 单击"保存"按钮，对销售订单进行保存。

4. 单击"审核"按钮，对销售订单进行审核。

（二）填制销售发货单

销售发货是企业执行与客户签订的销售合同或销售订单，将货物发往客户的行为，是销售业务的执行阶段。发货单是销售方给客户发货的凭

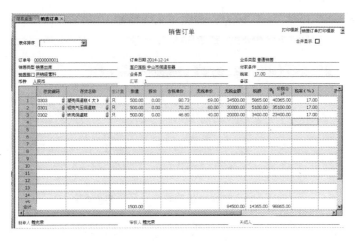

图 4 – 31 填制销售订单

据,是销售发货业务的执行载体。无论工业企业还是商业企业,发货单都是销售管理的核心单据。

操作步骤:

1. 执行"销售发货"|"发货单"命令,打开发货单窗口。

2. 单击"增加"按钮,系统自动显示"查询条件选择—参照订单"窗口,如图 4 – 32 所示。

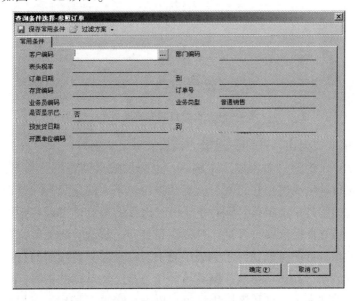

图 4 – 32 填制销售发货单

3. 单击"确定"按钮,系统弹出相应订单,双击选择需要生成的销售发货单，即出现"Y"标志，如图 4-33 所示。

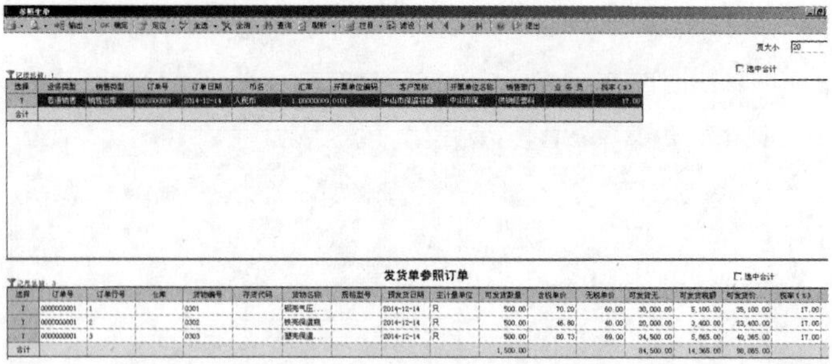

图 4-33　双击选择需要生成的销售发货单

4. 单击"确定"，系统自动生成发货单，输入发货仓库名称，单击"保存"按钮，再单击"审核"按钮，如图 4-34 所示。

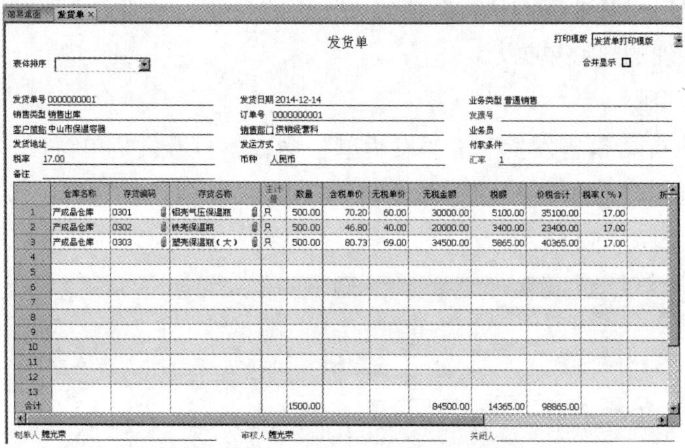

图 4-34　系统自动生成发货单

5. 单击"退出"按钮，退出"销售发货单"窗口

提示：①销售订单可以手工输入，也可以根据销售报价单参照生成。②参照报价单生成的销售订单，所有从报价单带入的信息均可修改，同时还可以在销售订单上增行、删行。③已经保存的报价单可以在报价单列表中查询，所选择报价打开后，可以执行弃审、修改、删除等操作。④已经保存的销售订单可以在订单列表中查询。没有被下游参照的订单可以在打开单据后执行弃审、修改、删除等操作。⑤已经审核的销售订单可以修改。在订单列表中，打开该销售订单，单击"变更"按钮，可以修改。⑥销售发货单可以手工输入，也可以参照销售订单生成。⑦如果销售系统选项中设置了"普通销售必有订单"，则不能手工录入销售发票，只能参照生

成销售发票。如果需要手工录入，则需要先取消"普通销售必有订单"选项。⑧如果销售订单、发货单等单据已经被下游单据参照，则不能直接修改、删除。如果需要修改或删除，则必须先删除下游单据，然后取消审核，再修改或删除。⑨若采取"先开票后发货"，应先填写发票，再参照发票填写发货单，并非参照"销售订单"；若采取"先发货后开票"应先填写发货单，然后根据发货单生成发票，不可选取参照"销售订单"生成发票。

（三）在库存管理中生成相应的销售出库单并审核

如图 4 – 35，销售出库单是销售出库业务的主要凭据，在库存管理用于存货出库数量核算，在存货核算用于存货出库成本核算（如果存货核算销售成本的核算选择依据销售出库单）。

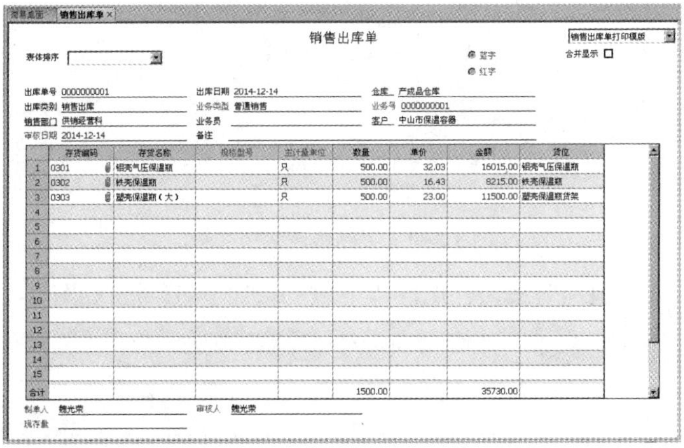

图 4 – 35　在库存管理中生成相应的销售出库单并审核

（四）生成销售专用发票

销售专用发票即增值税专用发票，销售开票是在销售过程中企业给客户开具销售发票及其所附清单的过程，它是销售收入确认、销售成本计算、应交销售税金确认和应收账款确认的依据，是销售业务的重要环节。销售发票是在销售开票过程中用户所开具的原始销售单据，包括增值税专用发票、普通发票及其所附清单。对于未录入税号的客户，可以开具普通发票，不可开具专用发票。销售发票复核后通知财务部门的应收款管理核算应收账款，在应收款管理审核登记应收明细账，制单生成凭证。

操作步骤：

1. 在销售管理系统中，执行"销售开票" | "销售专用发票"命令，打开"销售专用发票"窗口。

2. 单击"增加"按钮, 弹出查询窗口, 如图 4 – 36 所示。

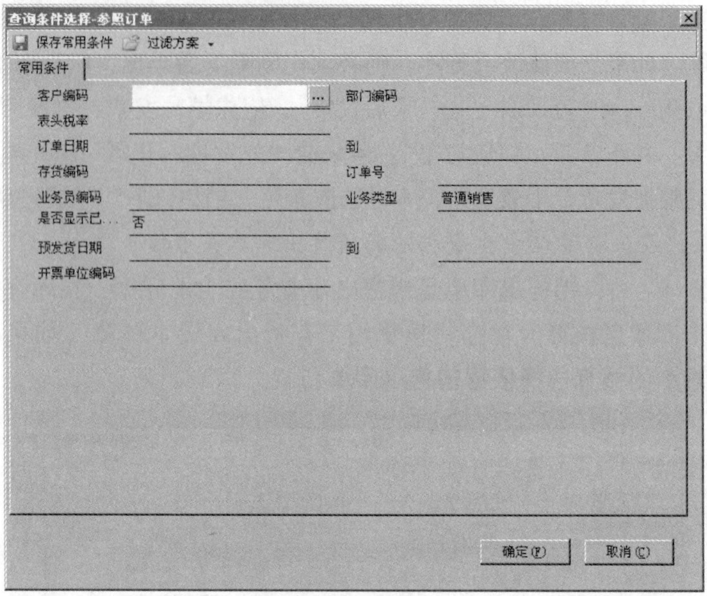

图 4 – 36　生成销售专用发票

3. 单击"取消"按钮, 执行"生单", 参照发货单, 如图 4 – 37 所示。

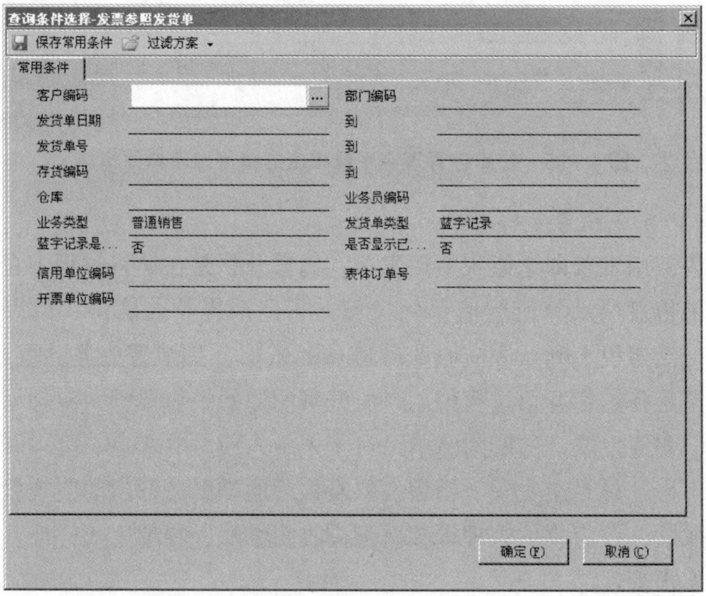

图 4 – 37　执行"生单"

4. 单击"确定"，双击"选择"对话框下选中，即出现"Y"标志，如图4-38所示。

图4-38　双击"选择"对话框下选中

5. 单击"OK"，系统自动生成一张销售专用发票。修改发票日期、发票号和仓库，确认后单击"保存"按钮，确认并保存发票信息，如图4-39所示。

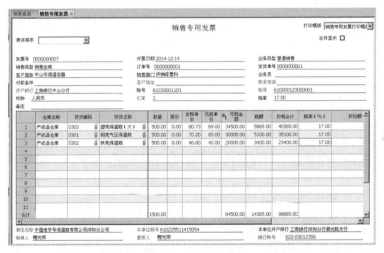

图4-39　系统自动生成一张销售专用发票

6. 单击"复核"按钮，保存销售专用发票的信息。

（五）在应收系统确认、收取应收款项。

（六）期末在成本管理系统结转销售成本。

第五节　库存管理业务

一　库存管理系统功能与其他子系统的关系

（一）*库存管理系统的主要功能*

1. 初始设置：进行系统选项设置，期初结存及期初不合格的登记和维护工作。

2. 日常业务：进行出入库和库存管理的日常业务操作。

3. 条形码管理：进行条形码规则设置、规则分配、条形码生成、条形码批量生单等操作。

4. 其他业务处理：进行批次冻结、失效日期维护、在库品报检、远程应用、整理现存量等操作。

5. 对账：进行库存与存货数据核对，以及仓库与货位数据核对。

6. 月末结账：每月月底进行月末结账操作。

7. ROP：进行 ROP 选项设置、ROP 采购计划运算维护及查询 ROP 相关报表。

8. 报表：查询各类报表，包括库存账、批次账、货位账、统计表、储备分析报表。

（二）库存管理系统与其他子系统的主要关系，如图 4 - 40 所示。

二　库存管理系统经济业务

库存管理系统经济业务如下：

业务 27. 12 月 10 日，采购员张敏用面额 100000 元的本票，向开封金属材料公司购入不锈钢吸管 35000 支，无税单价 2.36 元，价税合计 96642 元，余额暂作"其他应收款"处理。

业务 32. 12 月 12 日，向普奥涂料供应公司购入稀释剂 10 千克，增值税专用发票列明价款 600 元和税款 102 元，货已验收入库，价款尚未支付。

业务 33. 12 月 12 日，向普奥涂料供应公司购入油漆 60 千克，增值税专用发票列明价款 1200 元和税款 204 元，货已验收入库，价款尚未支付。

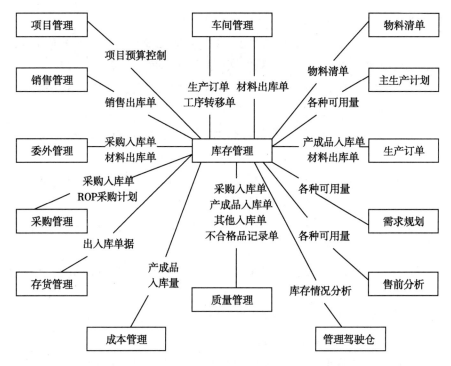

图 4 - 40 库存管理系统与其他子系统的主要关系

业务 34. 12 月 13 日，向北京有色金属公司购入马口铁 45 吨，增值税专用发票列明价款 252000 元和税 42840 元。货已验收入库，价款尚未支付。

业务 35. 12 月 13 日，向佛山铝材厂购买铝片 5 吨，价税合计 117000元。铝片已验收入库，支票号码为 AE101114。

业务 36. 12 月 13 日，向汕头市铝制品厂购买铝配件 10000 套，价税合计共 44460 元，支票号码为 AE101115。

业务 37. 12 月 13 日，向成都塑料厂购入塑料粒子 60 吨，增值税专用发票列明价款 600000 元和税额 102000 元，货已验收入库，价款尚未支付。

业务 38. 12 月 14 日，向工商银行申请签发银行本票一张，金额为100000 元。

业务 39. 12 月 14 日，开给中山市非常保温容器公司增值税专用发票，货已发出，货款尚未收到，暂不结转销售成本，销售成本结转见业务 85。

业务 40. 12 月 14 日，制壳车间为生产铝壳 8000 只，领用铝片 8 吨，稀释剂 8 千克，油漆 8 千克，该产品完工入库。

业务 41. 12 月 14 日，制壳车间为生产铁壳 8000 只，领用马口铁 8 吨，稀释剂 8 千克，油漆 8 千克，该产品完工入库。

业务 42. 12 月 15 日，塑料车间为生产塑壳（大）10000 只，领用塑料粒子 10 吨，该产品完工入库。

业务 43. 12 月 15 日，塑料车间为生产塑壳（中）10000 只，领用塑料粒子 5 吨，该产品完工入库。

业务 44. 12 月 15 日，塑料车间为生产塑壳（小）10000 只，领用塑料粒子 4 吨，该产品完工入库。

业务 45. 12 月 15 日，塑料车间为生产塑配件（大）10000 只，领用塑料粒子 5 吨，该产品完工入库。

业务 46. 12 月 15 日，塑料车间为生产塑配件（中）10000 只，领用塑料粒子 4 吨，该产品完工入库。

业务 47. 12 月 15 日，塑料车间为生产塑配件（小）10000 只，领用塑料粒子 2 吨，该产品完工入库。

业务 48. 12 月 15 日，塑料车间为生产气压式塑配件 10000 只，领用塑料粒子 2 吨，该产品完工入库。

业务 49. 12 月 16 日，向郑州瓶胆总厂购买瓶胆大，中，小，发票已到，货已验收入库，但价款尚未支付。

业务 50. 12 月 16 日，向开封金属材料公司购入黑铁托盘和不锈钢吸管，发票已到，货已验收入库，但价款尚未支付。

业务 51. 12 月 16 日，向内蒙古杜家橡胶厂购入口圈和底垫，发票已到，货已验收入库，但价款尚未支付。

业务 52. 12 月 16 日，向韶关市纸品厂购入纸盒和纸箱，发票已到，货已验收入库，价款尚未支付。

业务 53. 12 月 17 日，向深圳自来水厂购入 10000 立方水，不含税单价为 4 元，货款尚未支付。

业务 54. 12 月 17 日，向深圳供电局购入 10000 度电，不含税单价为 1 元，货款尚未支付。

业务 55. 12 月 17 日，向平安保险公司购入财产保险 949 份，单价为 1 元，机动车辆保险 400 份，单价为 1 元，用期初预付款结算。（采购普通发票，无税率）

业务 56. 12 月 17 日，向深圳平安邮局购入报刊 500 份，单价为 1 元，用期初预付款结算（采购普通发票、无税率）。

业务 57. 12 月 17 日，装配车间下发订单：生产 8000 只铝壳气压保温瓶，生产 8000 只铁壳保温瓶，塑壳保温瓶（大）10000 只，塑壳保温瓶（中）10000 只，塑壳保温瓶（小）10000 只，领料情况详见领料单，产品完工入库。

业务 58. 12 月 17 日，各个车间领用公共材料，制壳车间领料：扳手、安全钳各 1 把，电动机 1 台、压力表 1 只，汽油、机油各 1 升，螺丝圆钉 1 盒，水 100 方，电 100 度。塑料车间领料：扳手、安全钳各 1 把，电动机 1 台、压力表 1 只，汽油、机油各 1 升，螺丝圆钉 1 盒，水 200 方，电 200 度。装配车间领料：扳手、安全钳各 1 把，电动机 1 台、压力表 1 只，汽油、机油各 1 升，螺丝圆钉 1 盒，水 150 方，电 150 度。经理办领用：水 100 方，电 100 度，扳手、安全钳各 1 把。

业务 59. 12 月 18 日，开给东莞市百货公司增值税专用发票，货已发出，货款尚未收到，暂不结转销售成本。

业务 60. 12 月 18 日，开给惠州市百货公司增值税专用发票，货已发出，货款尚未收到，暂不结转销售成本。

业务 61. 12 月 18 日，开给哈尔滨百货公司增值税专用发票，货已发出，货款尚未收到，暂不结转销售成本。

业务 62. 12 月 18 日，开给东莞市百货公司增值税专用发票，货已发出，货款尚未收到，暂不结转销售成本。

业务 75. 12 月 21 日，制壳车间下发订单：生产铁壳 10000 只，生产铝壳 10000 只，领用材料见领料单，并进行相应的材料出库业务，产品没有完工。

业务 76. 12 月 22 日，塑料车间下发订单：生产塑壳（大）10000 只，生产塑壳（中）10000 只，生产塑壳（小）10000 只，生产塑配件（大）10000 套，生产塑配件（中）10000 套，生产塑配件（小）10000 套，气压式塑配件 5000 套，领用材料见领料单，并进行相应的材料出库业务，产品没有完工。

业务 77. 12 月 23 日，装配车间下发订单：生产 40 只铝壳气压保温瓶，生产 40 只铁壳保温瓶，塑壳保温瓶（大）40 只，塑壳保温瓶（中）15 只，塑壳保温瓶（小）15 只，领用材料见领料单，并进行相应的材料出库业务，产品没有完工。

业务 85. 12 月 28 日，结转装配车间领用自制半成品的成本并制单。

业务 86. 12 月 28 日，计算并结转本月装配车间完工产成品的成本，并一次性计算结转销售产品的销售成本。

要求：编制完成装配车间产品成本计算表（部分产品成本计算表已登记）；填制产成品收、发、存月报表。

业务 91. 12 月 30 日，年末财产清查，发现盘盈瓶胆中号 1 只，金额为 4 元，经批准转作为营业外收入。

业务 92. 12 月 30 日，年末财产清查，发现盘亏瓶胆大号 1 只，金额为 5 元，系搬运中发生的损耗，批准后转作管理费用。

三　库存管理系统经济业务处理

（一）采购入库单

采购入库单是根据采购到货签收的实收数量填制的单据。当采购管理系统与库存管理系统集成使用时，采购入库单需要在库存管理系统中录入。如果采购管理系统不与库存管理系统集成使用，则采购入库业务在采购管理系统中进行处理。库存管理系统与采购管理系统之间的关系如图 4 –41 所示。

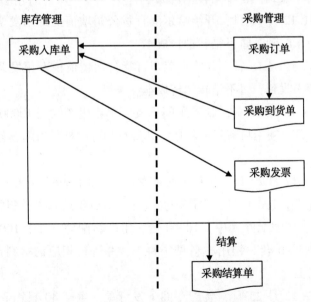

图 4 –41　库存管理系统与采购管理系统之间的关系

操作步骤：

1. 在库存管理系统中，执行"入库业务"｜"采购入库单"命令，打开"采购入库单"窗口。

2. 单击"增加"按钮，单击"生单"按钮，选择"采购到货单"出现采购到货单列表，如图4－42所示。

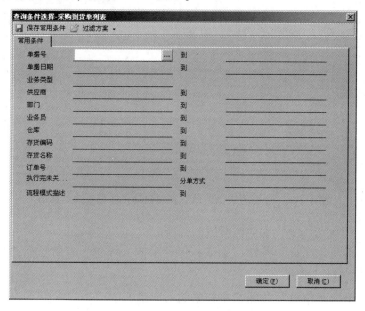

图4－42 采购到货单列表

3. 单击"确定"，出现"到货单生单列表"，如图4－43所示。

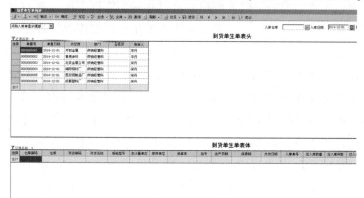

图4－43 到货单生单列表

4. 双击鼠标左键，选中需要入库的到货单，即打上"Y"选中标志。

5. 单击"OK"按钮，选中的"到货单"资料自动传递到采购入库单中，如图 4-44 所示。可以对生成的采购入库单进行有限制的修改。

图 4-44　选中的"到货单"资料自动传递到采购入库单

6. 双击"仓库"选择所对应的仓库。

7. 单击"保存"按钮，确认并保存采购入库单，有货位管理的添加相应的"货位"。

8. 单击"审核"按钮，审核采购入库单。

9. 到存货核算系统进行记账。

提示：①采购入库单必须在库存管理系统中录入或生成。②在库存管理系统中录入或生成的采购入库单，可以在采购管理系统中查看，但不能修改或删除。③如果需要手工录入采购入库单，则在库存管理系统中打开采购入库单窗口时，单击"增加"按钮，可以直接录入采购入库单信息。④如果在采购选项中设置了"普通业务必有订单"只能参照生成。如果需要手工录入采购入库单，则需要先取消"普通业务必有订单"选项。⑤采购入库单可以拷贝采购订单生成，也可以拷贝采购到货单生成。如果拷贝采购订单生成，则单击"生单"按钮，打开"过滤条件选择"对话框，选择单据后单击"确定"按钮，生成采购入库单。⑥根据上游单据拷贝生成下游单据后，上游单据不能直接修改、弃审。删除下游单据后，其上游单据才能执行"弃审"操作，弃审后才能修改。⑦查询采购入库单，可以在采购系统中查看"采购入库单列表"⑧如果采购的货物指定了货位，必须录入货位后才能审核。

（二）材料出库单

材料出库单是领用材料时所填制的出库单据，当从仓库中领用材料用于生产或委外加工时，就需要填制材料出库单。只有工业企业才有材料出库单，商业企业没有此单据。

1. 数据来源

材料出库单可以根据生产车间的需要手工填制，也可以根据定义的产品结构使用配比出库方式自动计算原材料出库的相关信息；还可以根据生产订单、委外订单生成材料出库单；可以由限额领料单生成；生成、委外、工序倒冲也可以生成材料出库单。

2. 数据流程

（1）在库存管理系统中，填制材料出库单。

（2）在库存管理系统中，对材料出库单进行审核处理。

（3）审核后的材料出库单可以在存货核算系统中进行记账，确认原材料领用的成本。

3. 操作步骤：

（1）执行"库存管理"｜"出库业务"｜"材料出库单"窗口中，单击工具栏上的"增加"按钮。

（2）单击"生单"，选择生单来源为"生产订单"（注意：不是同一个仓库的材料不能一起出库）双击鼠标左键选中需要出库的生产订单，即打上"Y"选中标志，如图4－45所示。

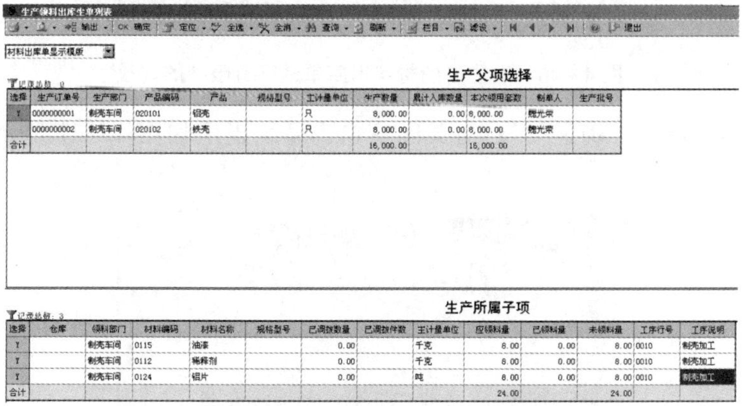

图4－45　双击鼠标左键选中需要出库的生产订单

（3）单击"OK"按钮，选中的"生产订单"资料自动传递到材料出库单中，可以对生成的材料出库单进行有限制的修改。

提示：到单据设置中给材料出库单增加项目及项目大类后再填写。执行"基础设置"｜"单据设置"｜"库存管理"｜"材料出库单"｜"显示"｜"材料出库单显示模板"，选中"项目""项目大类"，如图 4 – 46 所示。

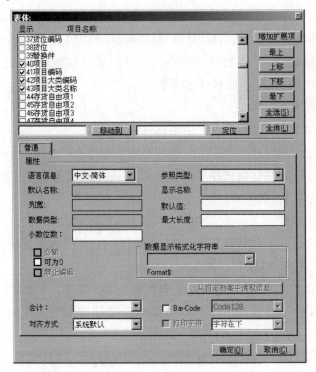

图 4 – 46 对生成的材料出库单进行有限制的修改

（4）单击"确定"，然后关闭窗口，系统提示如图 4 – 47 所示单击"是"。

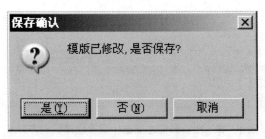

图 4 – 47 单击"确定"

（5）在"材料出库单"窗口中，单击工具栏上的"审核"按钮，完成审核工作，如图4-48所示。

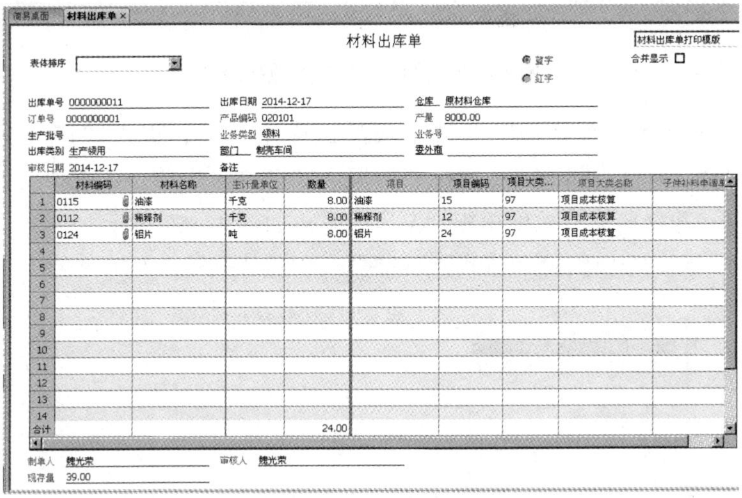

图4-48 完成审核工作

（6）如果领出的是半成品并且系统自带价格，将其价格清空。

（7）在存货系统进行记账处理生成凭证（对于领出的半成品不记账，待其成本计算出再记账；领出的原材料、辅助料、低值易耗品等需要记账处理）。

（三）产成品入库单

对于工业企业，产成品是广义的概念，是指企业自制的产成品、半成品。产成品入库单一般指产成品验收入库时所填制的入库单据。产成品入库单是工业企业入库单据的主要部分。只有工业企业核算类型才有产成品入库单，商业企业核算类型没有此单据。另外，产成品一般在入库时无法确定产品的总成本和单位成本，所以在填制产成品入库单时，一般只有数量，没有单价和金额。

产成品入库单可以手工直接录入，也可以参照生产订单（父项产品及子项材料中的产出品）生成，在与质量管理系统集成使用时，还可以参照产品检验单、产品不良处理单生成，并可传递到"存货核算"系统中进行记账和生成凭证等操作；与生产订单关联的产成品入库单保存时，如果有倒冲料则系统会自动生成材料出库单。产成品入库的业务流程，如图4-49所示。

操作步骤：

图 4 - 49   产成品入库的业务流程

1. 执行"库存管理"｜"产成品入库单"｜，进入"产成品入库单"界面，单击"生单"，选择"根据生产订单"生单。系统弹出生产订单列表，选择所需订单即出现"Y"标志，如图 4 - 50 所示。

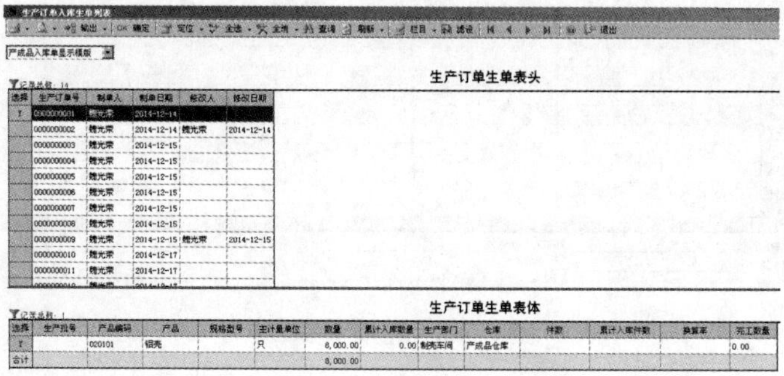

图 4 - 50   选择所需订单

2. 单击"OK"按钮，补充货位信息，入库类别，如图 4 - 51 所示。

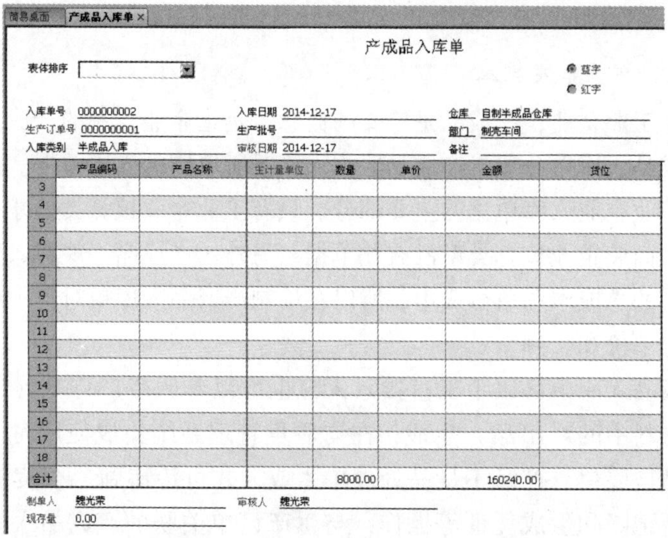

图 4 - 51   补充货位信息，入库类别

3. 单击"保存","审核"后退出。

（四）生成销售出库单

销售出库单是销售出库业务的主要凭据，在库存管理中用于存货出库数量核算，在存货核算中用于存货出库成本核算。

操作步骤：

1. 库存管理系统中执行"出库业务""销售出库单"命令，此处不再需要生单，单击前后翻页即可，然后"修改"，添加相应"货位"，"保存"后"审核"，出库完成，如图 4 - 52 所示。

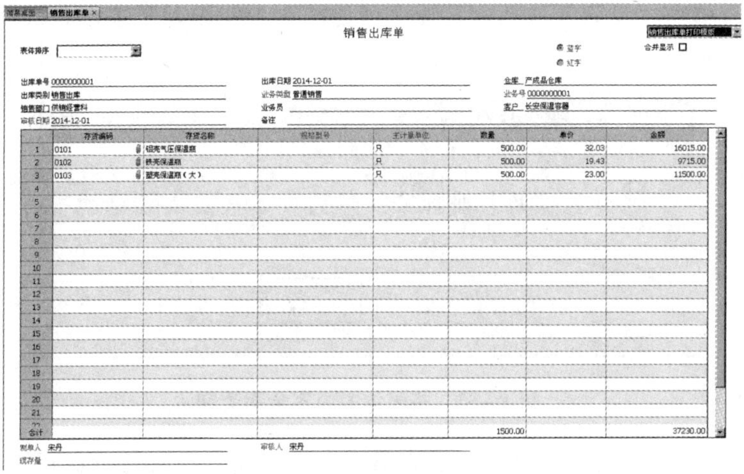

图 4 - 52　出库完成

2. 销售出库暂不记账，期末结转成本时再进行相关业务处理。

提示：①在销售管理系统选项中设置了"销售生成出库单"，则系统根据销售发货单自动生成出库单。②如果在销售管理选项中没有设置"销售生成出库单"，则在库存管理系统再录入销售出库单。③窗口中单击"生单"按钮，系统显示出库单查询窗口，用户自行选择过滤单据生成销售出库单。④在库存管理系统中生成的销售出库单，可以在销售管理系统的账表查询中，通过联查单据查询到该销售出库单。⑤在由库存管理生单向销售管理生单切换时，如果有已审核/复核的发货单、发票未在库存管理系统生成销售出库单，将无法生成销售出库单。因此，应检查已审核/复核的销售单据是否已经全部生成销售出库单后再切换。⑥系统自动生成的销售出库单不能修改，可以直接审核。⑦如若采取移动平均法、全月一次加权平均法核算存货，一般在期末处理销售成本核算。

（五）盘点业务

盘点单是用来进行仓库存货的实物数量和账面数量核对工作的单据，用户可使用盘点单进行实盘，然后将实盘数量录入系统，与账面数量进行比较。

操作步骤：

1. 在库存管理系统中，单击"盘点业务"，打开盘点单。单击"增加"按钮，进入新添盘点业务操作界面。输入业务日期为"2014 年 12 月 30 日"，选择盘点仓库为"原材料仓"，出入库类别分别为"盘亏出库"和"盘盈入库"。

2. 单击"盘库"按钮，系统提示如图 4 – 53 所示，表示将表体的内容全部清空。

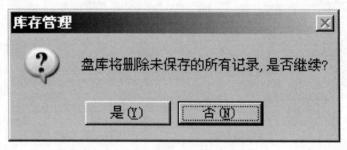

图 4 – 53　将表体的内容全部清空

3. 单击"是"，选择"按仓库盘点""账面为零时是否盘点"选项，如图 4 – 54 所示。

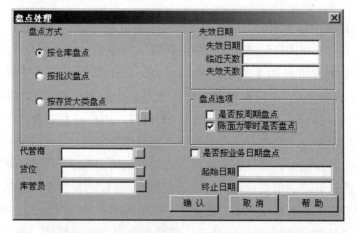

图 4 – 54　选择"按仓库盘点""账面为零时是否盘点"

4. 单击"确认"，系统自动将该仓库中的存货和存货在该仓库中的账面数量逐一列出，并按照盘点库存中的实际存货存储数量对应盘点单上相应的存货，逐一填列在"盘点数量"或"盘点件数"栏，手动输入盘盈盘亏数量，盘亏瓶胆（大）1只填到调整入库数量1，盘盈瓶胆（中）1只填到调整出库数量1只，如图4-55所示。

图4-55 盘点单

5. 保存后并审核，如图4-56所示。

	存货编码	存货名称	主计量单位	账面数量	调整入库数量	调整出库数量	账面调节数量	盘点数量
1	0103	瓶胆（大）	只	74005.00	1.00	0.00	74006.00	74005.00
2	0104	瓶胆（中）	只	213961.00	0.00	1.00	213960.00	213961.00
3	0105	瓶胆（小）	只	70009.00	0.00	0.00	70009.00	70009.00
4	0106	黑铁托盘	只	492041.00	0.00	0.00	492041.00	492041.00
5	0108	口圈	只	453939.00	0.00	0.00	453939.00	453939.00
6	0109	高瓶	只	453940.00	0.00	0.00	453940.00	453940.00
7	0110	纸盒	只	553935.00	0.00	0.00	553935.00	553935.00
8	0111	纸箱	只	104.00	0.00	0.00	104.00	104.00
9	0116	压力表	只	27.00	0.00	0.00	27.00	27.00
10	0107	不锈钢保管	支	527030.00	0.00	0.00	527030.00	527030.00
11	0125	钳配件	套	4010.00	0.00	0.00	4010.00	4010.00
12	0117	电动机	台	17.00	0.00	0.00	17.00	17.00
13	0122	机油	升	13.00	0.00	0.00	13.00	13.00
14	0123	汽油	升	11.00	0.00	0.00	11.00	11.00
15	0112	稀释剂	千克	6.00	0.00	0.00	6.00	6.00
合计				2862257.97	1.00	1.00	2862257.97	2862257.97

图4-56 保存后并审核

6. 在盘点单上如果有盘亏的存货，则在库存管理系统中，执行"出库业务"｜"其他出库单"命令，打开其他出库单，直接单击末张，不需再生成，如图4-57所示。

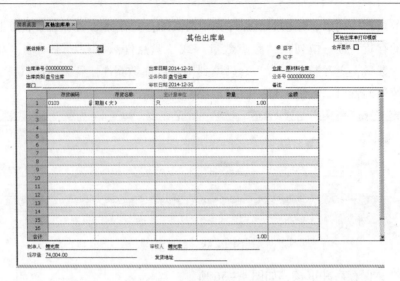

图 4 – 57　打开其他出库单

7. 单击"审核"。

8. 在盘点单上如果有盘盈的存货，则在库存管理系统中，执行"入库业务" ｜"其他入库单"命令，打开其他入库单，单击末张，审核，如图 4 – 58 所示。

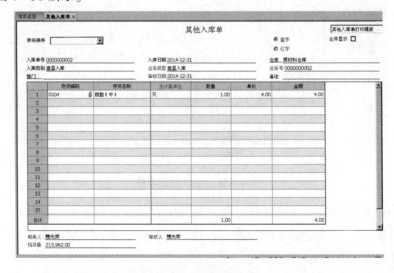

图 4 – 58　其他入库单

9. 然后在存货核算系统中进行正常单据记账，生成凭证，如图 4 – 59 所示。

图 4-59　生成凭证

10. 在总账中结转盘盈盘亏损益，填制凭证，如图 4-60 和图 4-61 所示。

图 4-60　结转盘盈盘亏损益 1

图 4-61　结转盘盈盘亏损益 2

提示：①必须先选择仓库才能选择存货。②盘点时在日常业务中允许零出库（即允许账面负结存），盘库时选择"账面为零时是否盘点"项；或者在表体内容中找出结存的存货记录，先将其删掉，待后期账面为正数时再对其进行盘点。③存货可以设置盘点周期和盘点时间，盘点时可以按周期进行盘点。

（六）领用办公材料

操作步骤：

1. 在库存管理系统，单击"领料申请"，增加，输入领料申请单内容，保存，审核，如图 4-62 所示。

图 4-62　输入领料申请单

2. 执行"库存管理" | "出库业务" | "材料出库单" | "生单" | "领料申请单蓝字"，弹出如图 4-63 所示。

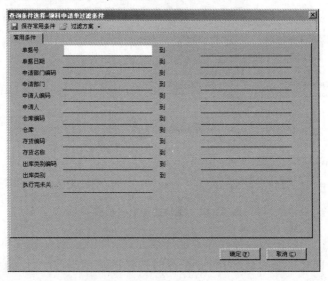

图 4-63　领料申请单过滤条件

3. 单击"确定"，选中"经理办"，即打上"Y"标志，如图4－64所示。

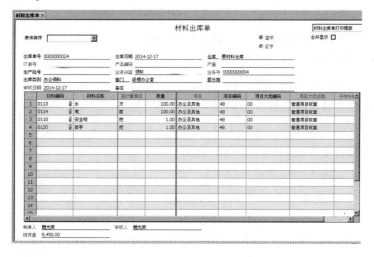

图4－64 选中"经理办"

4. 单击"OK"自动生成出库单，填入项目及项目大类，分别选择"项目成本核算"和"车间管理人员工资"，"保存"并"审核"，如图4－65所示。

图4－65 自动生成出库单

5. 到存货核算进行正常单据记账并生成凭证，如图 4 – 66 所示。

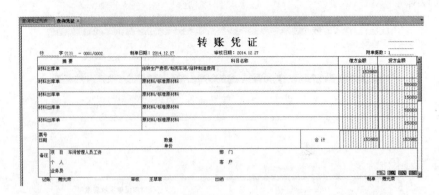

图 4 – 66　正常单据记账并生成凭证

第六节　存货核算业务

一　存货核算系统功能与其他子系统的关系

（一）存货核算系统的主要功能

1. 提供按部门、按仓库、按存货核算功能。

2. 提供六种计价方式，满足不同存货管理的需要。

3. 为不同的业务类型提供成本核算功能。

4. 进行出入库成本调整，处理各种异常。

5. 方便的计划价/售价调整功能。

6. 存货跌价准备提取，满足企业管理需要。

7. 自动形成完整的存货账簿。

8. 符合业务规则的凭证自动生成。

9. 功能强大的查询统计功能。

（二）存货核算系统与其他子系统的主要关系，如图 4 – 67 所示。

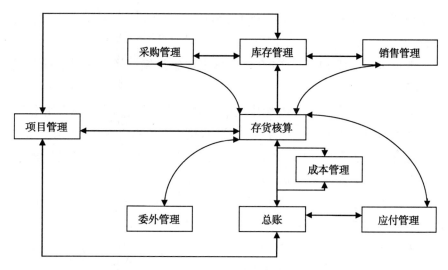

图 4 - 67　存货核算系统与其他子系统的主要关系

二　存货核算系统经济业务

存货核算系统经济业务如下：

业务 27. 12 月 10 日，采购员张敏用面额 100000 元的本票，向开封金属材料公司购入不锈钢吸管 35000 支，无税单价 2.36，价税合计 96642 元，余额暂作"其他应收款"处理。

业务 32. 12 月 12 日，向普奥涂料供应公司购入稀释剂 10 千克，增值税专用发票列明价款 600 元和税款 102 元，货已验收入库，价款尚未支付。

业务 33. 12 月 12 日，向普奥涂料供应公司购入油漆 60 千克，增值税专用发票列明价款 1200 元和税款 204 元，货已验收入库，价款尚未支付。

业务 34. 12 月 13 日，向北京有色金属公司购入马口铁 45 吨，增值税专用发票列明价款 252000 元和税 42840 元。货已验收入库，价款尚未支付。

业务 35. 12 月 13 日，向佛山铝材厂购买铝片 5 吨，价税合计 117000 元。铝片已验收入库，支票号码为 AE101114。

业务 36. 12 月 13 日，向汕头市铝制品厂购买铝配件 10000 套，价税合计共 44460 元，支票号码为 AE101115。

业务 37. 12 月 13 日，向成都塑料厂购入塑料粒子 60 吨，增值税专用发票列明价款 600000 元和税额 102000 元，货已验收入库，价款尚未支付。

业务 38. 12 月 14 日，向工商银行申请签发银行本票一张，金额为 100000 元。

业务 39. 12 月 14 日，开给中山市非常保温容器公司增值税专用发票，货已发出，货款尚未收到，暂不结转销售成本，销售成本结转见业务 85。

业务 40. 12 月 14 日，制壳车间为生产铝壳 8000 只，领用铝片 8 吨，稀释剂 8 千克，油漆 8 千克，该产品完工入库。

业务 41. 12 月 14 日，制壳车间为生产铁壳 8000 只，领用马口铁 8 吨，稀释剂 8 千克，油漆 8 千克，该产品完工入库。

业务 42. 12 月 15 日，塑料车间为生产塑壳（大）10000 只，领用塑料粒子 10 吨，该产品完工入库。

业务 43. 12 月 15 日，塑料车间为生产塑壳（中）10000 只，领用塑料粒子 5 吨，该产品完工入库。

业务 44. 12 月 15 日，塑料车间为生产塑壳（小）10000 只，领用塑料粒子 4 吨，该产品完工入库。

业务 45. 12 月 15 日，塑料车间为生产塑配件（大）10000 只，领用塑料粒子 5 吨，该产品完工入库。

业务 46. 12 月 15 日，塑料车间为生产塑配件（中）10000 只，领用塑料粒子 4 吨，该产品完工入库。

业务 47. 12 月 15 日，塑料车间为生产塑配件（小）10000 只，领用塑料粒子 2 吨，该产品完工入库。

业务 48. 12 月 15 日，塑料车间为生产气压式塑配件 10000 只，领用塑料粒子 2 吨，该产品完工入库。

业务 49. 12 月 16 日，向郑州瓶胆总厂购买瓶胆大、中、小，发票已到，货已验收入库，但价款尚未支付。

业务 50. 12 月 16 日，向开封金属材料公司购入黑铁托盘和不锈钢吸管，发票已到，货已验收入库，但价款尚未支付。

业务 51. 12 月 16 日，向内蒙古杜家橡胶厂购入口圈和底垫，发票已到，货已验收入库，但价款尚未支付。

业务 52. 12 月 16 日，向韶关市纸品厂购入纸盒和纸箱，发票已到，货已验收入库，价款尚未支付。

业务 53. 12 月 17 日，向深圳自来水厂购入 10000 立方水，不含税单价为 4 元，货款尚未支付。

业务 54. 12 月 17 日，向深圳供电局购入 10000 度电，不含税单价为 1 元，货款尚未支付。

业务 55. 12 月 17 日，向平安保险公司购入财产保险 949 份，单价为 1 元，机动车辆保险 400 份，单价为 1 元，用期初预付款结算。（采购普通发票，无税率）

业务 56. 12 月 17 日，向深圳平安邮局购入报刊 500 份，单价为 1 元，用期初预付款结算。（采购普通发票、无税率）

业务 57. 12 月 17 日，装配车间下发订单：生产 8000 只铝壳气压保温瓶，生产 8000 只铁壳保温瓶，塑壳保温瓶（大）10000 只，塑壳保温瓶（中）10000 只，塑壳保温瓶（小）10000 只，领料情况详见领料单，产品完工入库。

业务 58. 12 月 17 日，各个车间领用公共材料，制壳车间领料：扳手、安全钳各 1 把，电动机 1 台、压力表 1 只，汽油、机油各 1 升，螺丝圆钉 1 盒，水 100 方，电 100 度。塑料车间领料：扳手、安全钳各 1 把，电动机 1 台、压力表 1 只，汽油、机油各 1 升，螺丝圆钉 1 盒，水 200 方，电 200 度。装配车间领料：扳手、安全钳各 1 把，电动机 1 台、压力表 1 只，汽油、机油各 1 升，螺丝圆钉 1 盒，水 150 方，电 150 度。经理办领用：水 100 方，电 100 度，扳手、安全钳各 1 把。

业务 75. 12 月 21 日，制壳车间下发订单：生产铁壳 10000 只，生产铝壳 10000 只，领用材料见领料单，并进行相应的材料出库业务，产品没有完工。

业务 76. 12 月 22 日，塑料车间下发订单：生产塑壳（大）10000 只，生产塑壳（中）10000 只，生产塑壳（小）10000 只，生产塑配件（大）10000 套，生产塑配件（中）10000 套，生产塑配件（小）10000 套，气压式塑配件 5000 套，领用材料见领料单，并进行相应的材料出库业务，产品没有完工。

业务 77. 12 月 23 日，装配车间下发订单：生产 40 只铝壳气压保温瓶，生产 40 只铁壳保温瓶，塑壳保温瓶（大）40 只，塑壳保温瓶（中）15 只，塑壳保温瓶（小）15 只，领用材料见领料单，并进行相应的材料出库业务，产品没有完工。

业务 85. 12 月 28 日，结转装配车间领用自制半成品的成本并制单。

业务 86. 12 月 28 日，计算并结转本月装配车间完工产成品的成本，并一次性计算结转销售产品的销售成本。

要求：编制完成装配车间产品成本计算表（部分产品成本计算表已登记）；填制产成品收、发、存月报表。

三　存货核算系统经济业务处理

在存货出入库业务实务管理的同时，还需要对存货成本（价值）进行核算，但不同的存货核算计价方法有不同的处理流程。全月平均法、计划价法在单据记账之后，在期末对所有记账单据进行记账时，根据单据信息和账面信息同时计算该单据存货成本。因此，存货成本核算分两个步骤：单据记账和期末处理。

存货核算系统的操作流程图如图 4－68 所示。

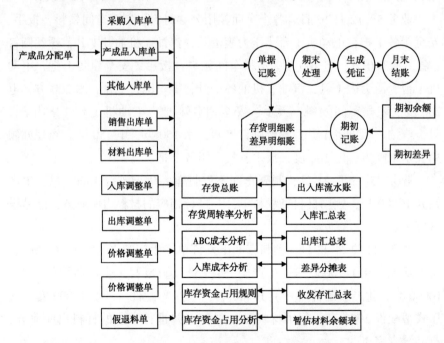

图 4－68　存货核算系统的操作流程

单据记账是登记存货明细账、差异明细账、差价明细账、受托代销商品明细账和受托代销商品差价账，同时是对除全月平均法外的其他几种存货计价方法，对存货进行出库成本的计算。特殊单据记账是针对调拨单、形态转换、组装单据，它的特殊性在于这类单据都是出入库单据对应的，并且其入库的成本数据来源于该存货原仓库按照存货计价方法计算出的出库成本。

（一）进行正常单据记账

单据记账用于将用户所输入的单据登记存货明细账。

操作步骤：

1. 登录存货核算系统，执行“业务核算” | “正常单据记账”命令，系统弹出如图 4－69 所示。

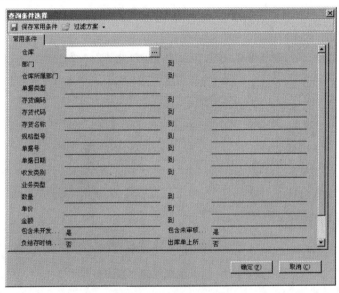

图 4－69　查询条件选择

2. 单击“确定”，弹出正常单据记账列表，如图 4－70 所示。

正常单据记账列表

选择	日期	单据号	存货编码	存货名称	规格型号	存货代码	单据类型	仓库名称	收发类别	数量	单价	金额	计划单价	计划
Y	2014-12-01	0000000001	0301	马口铁			采购入库单	原材料仓库	采购入库	45.00	5,600.00	252,000.00	5,600.00	252,00
Y	2014-12-01	0000000002	0302	塑料粒子			采购入库单	原材料仓库	采购入库	60.00	10,000.00	600,000.00	10,000.00	600,00
Y	2014-12-01	0000000003	0312	不锈钢焊管			采购入库单	原材料仓库	采购入库	35,000.00	2.36	82,600.00	2.00	70,00
Y	2014-12-01	0000000004	0313	稀释剂			采购入库单	原材料仓库	采购入库	10.00	60.00	600.00	10.00	100.
Y	2014-12-01	0000000004	0316	油漆			采购入库单	原材料仓库	采购入库	60.00	20.00	1,200.00	20.00	1,200
Y	2014-12-01	0000000005	0317	铝片			采购入库单	原材料仓库	采购入库	5.00	20,000.00	100,000.00	20,000.00	100,00
Y	2014-12-01	0000000006	0318	铝配件			采购入库单	原材料仓库	采购入库	10,000.00	3.80	38,000.00	3.80	38,00
小计										45,180.00		1,074,400.00		

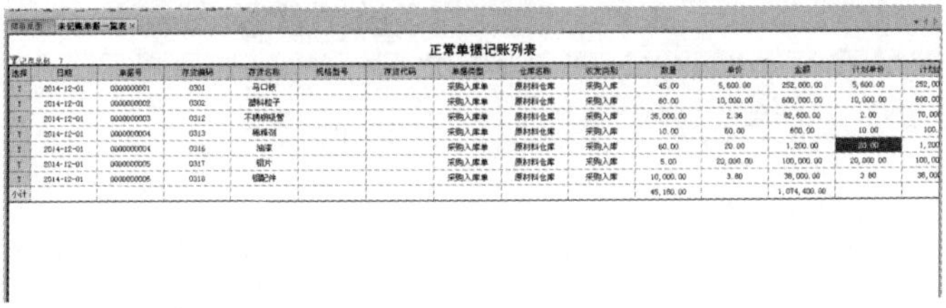

图 4－70　弹出正常单据记账列表

3. 选中所需记账的未记账单据，再单击“记账”按钮。

提示：①记账时如果单据量特别大，可以分仓库、分收发类别分开进行记账。②记账前先检查所有入库单，即采购入库单和其他入库单是否有单价。③在进行单据记账时，注意各单据的颜色，以分辨该单据是否能进行记账操作。

（二）根据记账生成凭证

生成凭证用于对本会计月已记账单据生成凭证，并可对已生成的所有凭证进行查询显示；所生成的凭证可在账务系统中显示及生成科目总账。

操作步骤：

1. 执行"财务核算"｜"生成凭证"命令，进入"生成凭证"窗口。

2. 单击"选择"按钮，进入生成凭证"查询条件"对话框，如图 4 - 71 所示。

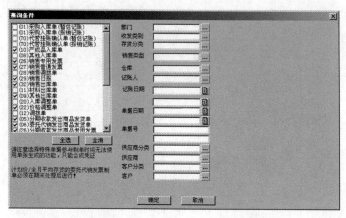

图 4 - 71　进入生成凭证"查询条件"

3. 单击"确定"按钮，系统弹出"未生成凭证单据一览表"窗口，选择需要生成的单据，如图 4 - 72 所示。

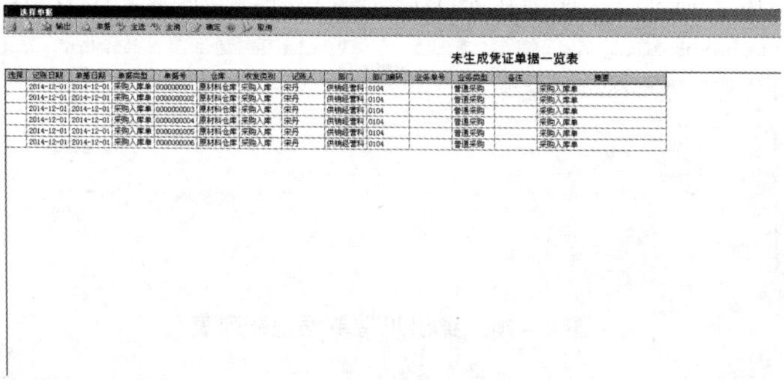

图 4 - 72　选择需要生成的单据

4. 选择单据类型后，单击"确定"按钮，核对入账科目是否正确，并且选择凭证类型为"转账凭证"，如图4－73所示。

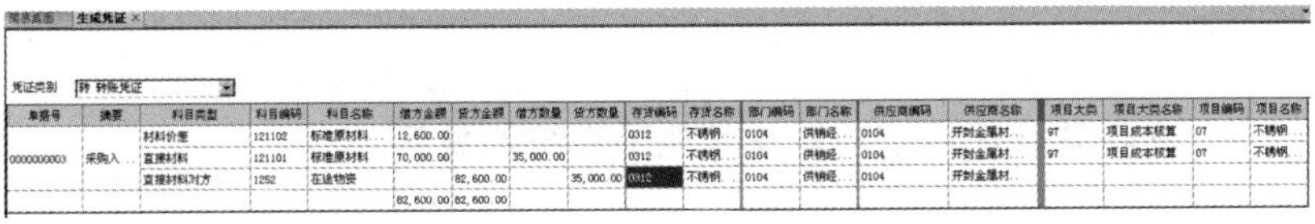

图4－73　核对入账科目

标准成本法下，会有价差和量差，分别采用的科目是原材料——标准原材料价差，原材料——标准原材料量差。

5. 单击"生成"按钮，单击"保存"，系统显示"已生成"标志，如图4－74所示。

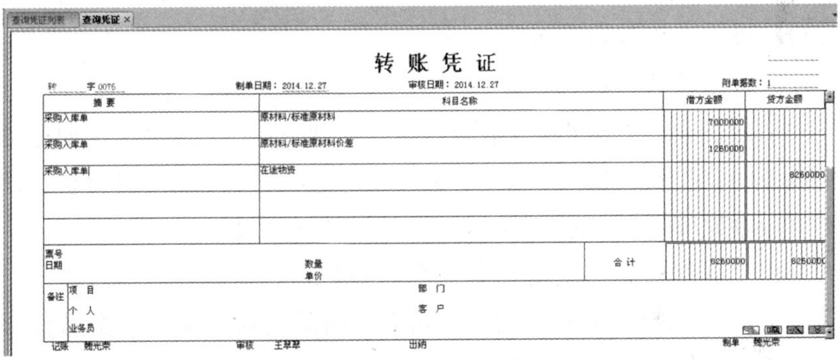

图4－74　系统显示"已生成"标志

6. 执行"财务核算"｜"凭证列表"命令，可以查询生成的结转销售成本的凭证。

提示：①记账后的单据在"正常单据记账"窗口不再显示。②只有记账后的单据才能进行制单。③存货核算系统制单时，单击"生成"按钮表示每张销售出库单分别生成记账凭证，单击"合成"按钮表示多张销售出库单并生成一张记账凭证。④如果存货科目和对方科目没有事先设置，则可以在生成凭证界面手工补充输入会计科目或修改会计科目，以保证生成的凭证完全正确。

第七节　应收款管理业务

一　应收款管理系统功能与其他子系统的关系

（一）应收款系统的主要功能

应收款管理系统主要实现企业与客户业务往来账款的核算与管理，在应收款管理系统中，以销售发票、费用单、其他应收单等原始单据为依据，记录销售业务及其他业务所形成的往来款项，处理应收款的收回、坏账、转账等业务；提供票据处理的功能，实现对应收票据的管理。

根据对客户往来款项核算和管理的程度不同，系统提供了"详细核算"和"简单核算"两种应用方案。不同的应用方案，其系统功能、产品接口、操作流程等均不相同。

1. "详细核算"应用方案

如果在企业销售业务中应收款核算与管理内容比较复杂，需要追踪每一笔业务的应收款、收款等情况，并希望对应收款项进行各种分析；或者需要将应收款核算到产品一级，那么可以选择该方案。

采用"详细核算"应用方案，系统能提供以下功能：

（1）记录应收款项的形成，包括由于商品交易和非商品交易所形成的所有应收项目。

（2）处理应收项目的收款和转账情况。

（3）对应收票据进行记录和管理。

（4）随应收项目的处理过程自动生成凭证，向总账系统进行传递。

（5）对外币业务及汇兑损益进行处理。

（6）提供针对多种条件的各种查询及分析。

后续内容均以"详细核算"应用方案为标准展开。

2. "简单核算"应用方案

如果销售业务中应收账款业务并不十分复杂，或者现销业务很多，则可以选择"简单核算"应用方案。在该方案中，应收系统只是连接总账与业务系统的一座桥梁，即只是对销售系统生成的发票进行审核并生成凭证传递到总账，而不能对发票进行其他的处理，也不能对往来明细进行实时查询、分析。此时，往来明细只能在总账中进行简单的查询。在该方案下，其主要功能包括：

（1）接受销售系统的发票，对其进行审核。

（2）对销售发票进行制单处理，传递给总账。

具体选择哪一种方案，可以在应收款管理系统的选项设置中通过设置"应收账款核算模型"来设置。

（二）应收款系统与其他子系统的主要关系

应收款管理系统与其他系统的关系如图 4 – 75 所示。

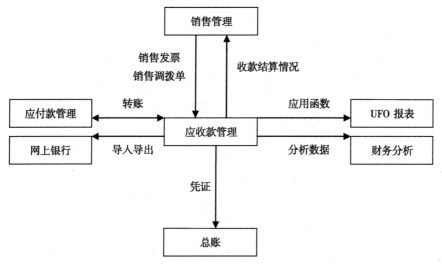

图 4 – 75　应收款管理系统与其他系统的关系

销售管理系统向应收款管理系统提供已复核的销售发票、销售调拨单以及代垫费用单，在应收款管理系统对发票进行审核并据以进行收款结算处理，生成凭证。应收款管理系统为销售系统提供销售发票、销售调拨单的收款结算情况以及代垫费用的核销情况。

二　应收款管理系统经济业务

应收款管理系统经济业务如下：

业务 11. 12 月 3 日，由中山市非常保温容器公司承兑的一张银行承兑汇票到期，收到货款 70200 元。

业务 12. 12 月 4 日，由哈尔滨百货公司承兑的一张商业承兑汇票到期，收到货款 26325 元。

业务 13.12 月 4 日，由深圳常山百货公司承兑的一张银行承兑汇票到期，收到货款 45630 元。

业务 14.12 月 4 日，由东莞市百货公司承兑的一张商业承兑汇票到期，收到货款 76050 元。

业务 15.12 月 5 日，收到长沙日用百货公司支票一张，偿还其前欠货款 8424 元，存入工商银行，支票号码为 AE101104。

业务 16.12 月 5 日，收到惠州完美日用百货公司支票一张，偿还其前欠货款 35100 元，存入工商银行，支票号码为 AE101105。

业务 17.12 月 6 日，收到代垫中山市非常保温容器公司的包装费一张支票 1680 元，送存银行，支票号码为 AE101106。

业务 39.12 月 14 日，开给中山市非常保温容器公司增值税专用发票，货已发出，货款尚未收到，暂不结转销售成本，销售成本结转见业务 85。

业务 59.12 月 18 日，开给东莞市百货公司增值税专用发票，货已发出，货款尚未收到，暂不结转销售成本。

业务 60.12 月 18 日，开给惠州市百货公司开出增值税专用发票，货已发出，货款尚未收到，暂不结转销售成本。

业务 61.12 月 18 日，开给哈尔滨百货公司开出增值税专用发票，货已发出，货款尚未收到，暂不结转销售成本。

业务 62.12 月 18 日，开给东莞市百货公司开出增值税专用发票，货已发出，货款尚未收到，暂不结转销售成本。

业务 74.12 月 20 日，收到东莞市百货公司支票一张，偿还前欠货款 1822860 元，存入工商银行，支票号码为 AE101123。

业务 78.12 月 24 日，将开源证券公司预付的房租 60000 元确认为收入。

业务 95.12 月 30 日，按照应收款项的 0.5% 计提坏账准备。

三 应收款管理系统经济业务处理

日常处理是应收款管理系统的重要组成部分，是经常性的应收业务处理工作。日常业务主要完成企业日常的应收款入账、收款业务录入、收款业务核销、应收并账、汇兑损益以及坏账的处理，及时记录应收、收款业务的发生，为查询和分析往来业务提供完整、正确的资料，加强对往来款项的监督管理，提高工作效率。

（一）应收单据处理

销售发票与应收单是应收款管理系统日常核算的原始单据。如果应收款管理系统与销售管理系统集成使用，销售发票和代垫费用在销售管理系统中录入，在应收系统中可对这些单据进行查询、核销、制单等操作。此时应收系统需要录入的只限于应收单。如果没有使用销售系统，则所有销售发票和应收单均需在应收系统中录入。

1. 应收单据审核

应收单据既可以在的单据录入完成后直接审核；也可以在"应收单据处理"｜"应收单据审核"中进行审核。在单据录入完成后直接审核则可以直接进行制单处理，如果此时不进行制单处理则可以在制单功能中再进行制单。

系统提供用户手工审核、自动批审核的功能。在【应收单据审核】界面中显示的单据可包括所有已审核、未审核的应收单据，包括从销售管理系统传入的单据。做过后续处理如核销、制单、转账等处理的单据在【应收单据审核】中不能显示。对这些单据的查询，可在【单据查询】中进行。在应收单据审核列表界面，用户也可在此进行应收单的增加、修改、删除等操作。

操作步骤：

（1）在企业应用平台，打开"业务工作"选项卡，执行"财务会计"｜"应收款管理"｜"应收单据处理"｜"应收单据审核"命令，单击"确定"按钮。选择需要审核的应收单据，在列表的"选择"处单击，出现 Y 表示选择成功，如图 4-76 所示。

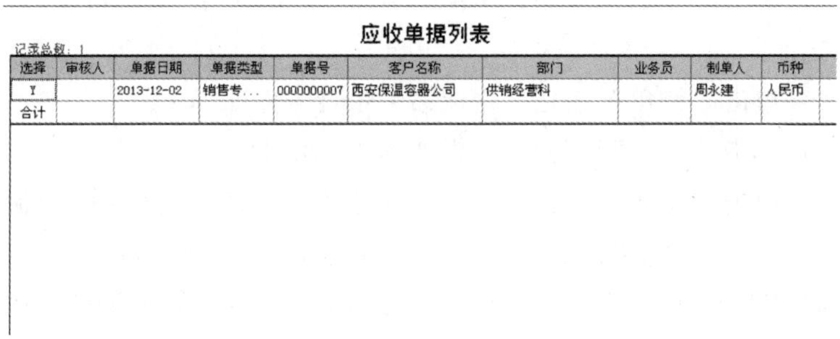

应收单据列表

记录总数：

选择	审核人	单据日期	单据类型	单据号	客户名称	部门	业务员	制单人	币种
Y		2013-12-02	销售专…	0000000007	西安保温容器公司	供销经营科		周永建	人民币
合计									

图 4-76 应收单据列表

（2）选择需要审核的单据，单击"审核"按钮，系统提示"本次审核成功"。

（3）单击"确定"，单击"退出"按钮退出。

2. 应收单制单

制单即生成凭证，并将凭证传递至总账记账。应收款系统在各业务处理过程中都提供了实时制单的功能，除此之外，系统提供了一个统一制单的平台，可以在此快速、成批生成凭证，并可依据规则进行合并制单等处理。在此，可以录入销售业务中的各类发票，以及销售业务之外的应收单。根据业务模型的不同，可以处理的单据类型也不同。若与销售系统合成，则销售发票及代垫费用产生的应收单据不在应收系统中录入，由销售系统传递，除此之外的应收单在此录入。若不与销售系统合成，在此，可以录入销售业务中的各类发票，以及销售业务之外的应收单。

操作步骤：

（1）应收款管理系统中，执行"制单处理"命令，打开"制单查询"对话框。

（2）选中"发票制单"前的复选框，单击"确定"按钮，进入"销售发票制单"窗口，如图 4 - 77 所示。

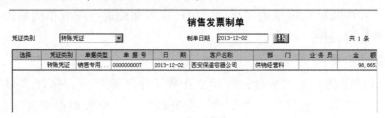

图 4 - 77　销售发票制单

（3）单击"全选"按钮，单击"凭证类别"栏的下三角按钮，选择"转账凭证"。

（4）单击"制单"按钮，生成第 1 张转账凭证。

（5）单击"保存"按钮，结果如图 4 - 78 所示。

（6）单击"下张"按钮，再单击保存按钮，完成全部单据的制单。

提示：①在"制单查询"窗口中，系统已默认制单内容为"发票制单"，如果需要选中其他内容制单，可以选中要制单内容前的复选框。②如果所选择的凭证类型错误，可以在生成凭证后再修改。③如果一次生成了多张记账凭证，可以在保存了一张凭证后再打开其他的凭证，直到全部保存为止，未保存的凭证视为放弃本次凭证生成的操作。④只有在凭证保存后才能传递到总账系统，再在总账系统中进行审核和记账等。

图4-78　销售发票制单结果

（二）收款单据处理

收款单据处理主要是对结算单据（收款单、付款单即红色收款单）进行管理，包括收款单、付款单的录入，以及单张结算单的核销。应收系统的收款单用来记录企业所收到的客户款项，款项性质包括应收款、预收款、其他费用等。其中应收款、预收款性质的收款单将与发票、应收单、付款单进行核销勾对。应收系统付款单用来记录发生销售退货时，企业开具的退付给客户的款项。该付款单可与应收、预收性质的收款单、红字应收单、红字发票进行核销。

1. 收款单据录入

收款单据录入是将已收到的客户款项（包括客户支付的销售定金）或退回客户的款项，录入到应收款管理系统。录入包括收款单与付款单（即红字收款单）的录入。收款单用来记录企业所收到的客户款项，款项性质包括应收款、预收款、其他费用等。其中应收款、预收款性质的收款单将与发票、应收单、付款单进行核销勾对。

操作步骤：

（1）应收款管理系统中，执行"收款单据处理"｜"收款单据录入"命令，打开"收款单"窗口。

（2）单击"增加"按钮。修改开票日期为"2014-12-03"，在"客户"栏录入"0101"，或单击"客户"栏参照按钮，选择"中山市保温容器公司"，在"结算方式"栏录入"402"，或单击"结算方式"栏的下三角按钮，选择"银行承兑汇票"，在"金额"栏录入"70200.00"，把科目改为应收票据-银行承兑汇票，如图4-79所示。

图 4 - 79　把科目改为应收票据 - 银行承兑汇票

（3）单击"保存"按钮。直接在此单击"审核"，系统提示"是否立即制单"，如图 4 - 80 所示。

图 4 - 80　系统提示"是否立即制单"

（4）单击"是"，将凭证补充完整后保存（如图 4 - 81 所示）或者按（2）审核收款单操作。

图 4 - 81　将凭证补充完整后保存

提示：①在单击收款单的"保存"按钮后，系统会自动生成收款单表体的内容。②表体中的款项类型系统默认为“应收款”，可以修改。款项类型还包括“预收款”和“其他费用”。③若一张收款单中，表头客户与表体客户不同，则视表体客户的款项为代付款。④在填制收款单后，可以直接单击“核销”按钮进行单据核销的操作。⑤如果是退款给客户，则可以单击“切换”按钮，填制红字收款单。

2. 审核收款单

主要完成收付款单的自动审核、批量审核功能。在【收款单据审核】界面中显示的单据包括全部已审核、未审核的收款单据，余额 =0 的单据在【收款单据审核】中不能显示。对这些单据的查询，可在【单据查询】中进行。在收款单据审核列表界面，用户也可在此进行收款单、付款单的增加、修改、删除等操作。

操作步骤：

（1）在应收款管理系统中，单击“收款单据处理” | “收款单据审核”，打开“收款单过滤条件”对话框。

（2）单击“确定”按钮，打开“收款单列表”窗口，如图 4 - 82 所示。

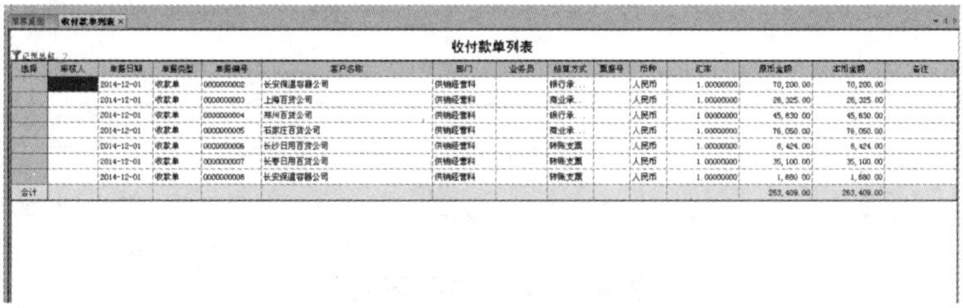

收付款单列表

选择	审核人	单据日期	单据类型	单据编号	客户名称	部门	业务员	结算方式	票据号	币种	汇率	原币金额	本币金额	备注
		2014-12-01	收款单	0000000002	长安保温容器公司	供销经营科		银行承...		人民币	1.00000000	70,200.00	70,200.00	
		2014-12-01	收款单	0000000003	上海百货公司	供销经营科		商业承...		人民币	1.00000000	26,325.00	26,325.00	
		2014-12-01	收款单	0000000004	郑州百货公司	供销经营科		银行承...		人民币	1.00000000	45,630.00	45,630.00	
		2014-12-01	收款单	0000000005	石家庄百货公司	供销经营科		商业承...		人民币	1.00000000	76,050.00	76,050.00	
		2014-12-01	收款单	0000000006	长沙日用百货公司	供销经营科		转账支票		人民币	1.00000000	8,424.00	8,424.00	
		2014-12-01	收款单	0000000007	长春日用百货公司	供销经营科		转账支票		人民币	1.00000000	35,100.00	35,100.00	
		2014-12-01	收款单	0000000008	长安保温容器公司	供销经营科		转账支票		人民币	1.00000000	1,680.00	1,680.00	
合计												263,409.00	263,409.00	

图 4 - 82 打开“收款单列表”

（3）选择需要审核的收款单。

（4）单击“审核”按钮，系统提示“本次审核成功单据 1 张”。

（5）单击“确定”按钮，再单击“退出”按钮退出。

（三）收款单制单

制单即生成凭证，并将凭证传递至总账记账。系统在各个业务处理的过程中都提供了实时制单的功能；除此之外，系统提供了一个统一制单的平台，可以在此快速、成批生成凭证，并可依据规则进行合并制单等处理。

操作步骤：

1. 在应收款管理系统中，执行“制单处理”命令，进入“制单查询"窗口。

2. 在"制单查询"窗口中，选中"收付款单制单"。

3. 单击"确定"按钮，进入"制单"窗口，如图 4 – 83 所示。

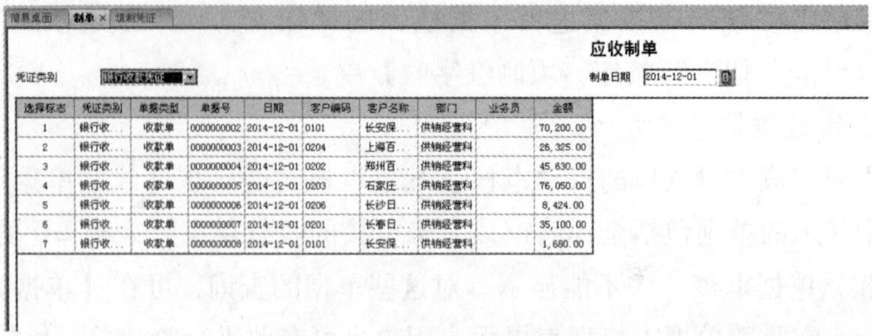

图 4 – 83　进入"制单"窗口

4. "制单"窗口中，单击"全选"按钮。

5. 单击"制单"按钮，生成记账凭证，如图 4 – 84 所示。

图 4 – 84　生成记账凭证

6. 补充完整凭证，填入借方科目"10020101"银行存款单击"保存"按钮。

7. 单击"退出"按钮退出

提示：①如果在"单据查询"窗口中，选中"收付款单制单"后，再去掉"发票制单"的选项，则会打开"收付款单制单"窗口。如果不去掉"发票制单"选项，虽然制单窗口显示的是"应收制单"，但两种待制的单据都会显示出来。②在制单功能中还可以根据需要进行合并制单。

（四）核销处理

单据核销指用户日常进行的收款核销应收款的工作。单据核销的作用是解决收回客商款项核销该客商应收款的处理，建立收款与应收款的核销记录，监督应收款及时核销，加强往来款项的管理。核销方式分为两种：
1 手工核销：指由用户手工确定收款单核销与它们对应的应收单据的工作。通过本功能可以根据查询条件选择需要核销的单据，然后手工核销，加强了往来款项核销的灵活性。2 自动核销：指用户确定收款单核销与它们对应的应收单据的工作。通过本功能可以根据查询条件选择需要核销的单据，然后系统自动核销，加强了往来款项核销的效率性。

操作步骤：

1. "应收款管理" | "核销处理" | "手工核销"，打开"核销条件"对话框，如图 4 - 85 所示。

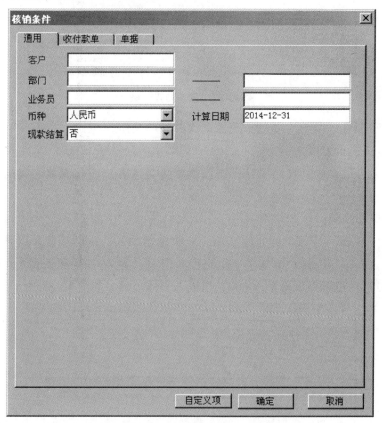

图 4 - 85 打开"核销条件"对话框

2. 单击"客户"栏参照按钮，选择"东莞市百货公司"。

3. 单击"确定"按钮，打开"单据核销"对话框，如图 4 - 86 所示。

图 4－86　打开"单据核销"对话框

4. 在本次计算金额栏的相应位置录入结算金额"76050",如图4－87所示。

图 4－87　录入结算金额

5. 单击"保存"按钮,完成此次的核销操作。

(五) 转账处理

通过预收冲应收处理客户的预收款,与该客户应收欠款之间的核销业务。

操作步骤;

1. 执行"应收单据处理" │ "应收单据录入" │ "应收单—其他应收单录入",单击"增加",输入基本信息,客户"开源证券",科目"1131"应收账款,金额 60000,只输入表体项目,如图4－88 所示。

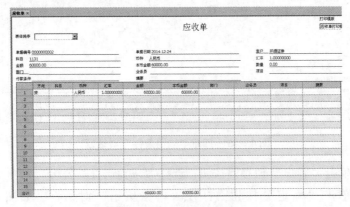

图 4－88　输入表体项目

2. 单击"保存" | "审核", 系统提示是否立即制单, 单击"是", 自动打开生成凭证页面, 将凭证补充完整, 单击"保存", 如图 4 – 89 所示。

图 4 – 89 将凭证补充完整

3. 单击"应收款管理" | "转账" | "预收冲应收", 打开"预收冲应收"对话框。

4. 在预收款页签里, 单击客户栏参照按钮, 选择供应商"开源证券", 单击"过滤"按钮, 系统将该供应商所以满足条件的预收款的日期, 结算方式, 金额等项目列出。

5. 在转账金额栏录入预收款的转账金额 60000, 如图 4 – 90 所示。

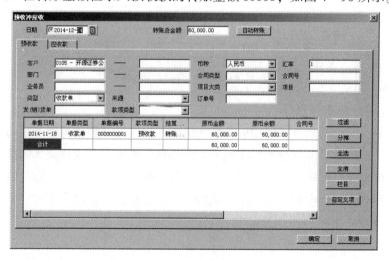

图 4 – 90 预收款的转账金额

6. 单击"自动转账"按钮, 系统提示"是否立即制单", 如图4 – 91 所示。

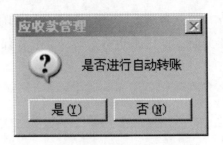

图 4 – 91　系统提示"是否立即制单"

7. 单击"是"按钮，生成一张转账凭证。

8. 单击"保存"按钮，如图 4 – 92 所示。

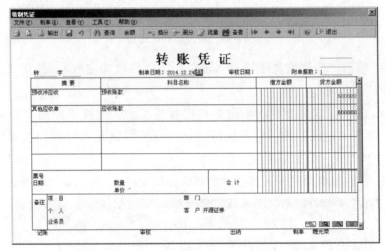

图 4 – 92　单击"保存"按钮

（六）坏账处理

企业应于期末分析各项应收款项的可回收性，并预计可能产生的坏账损失。对预计可能发生的坏账损失，计提坏账准备，企业计提坏账准备的方法由企业自行确定。系统提供了几种备选的坏账处理方式，即应收余额百分比法、销售余额百分比法、账龄分析法和直接转销法。本研究采用应收账款百分比法。

操作步骤：

1. 执行"应收款管理"｜"坏账处理"｜"计提坏账准备"，如图 4 – 93 所示。

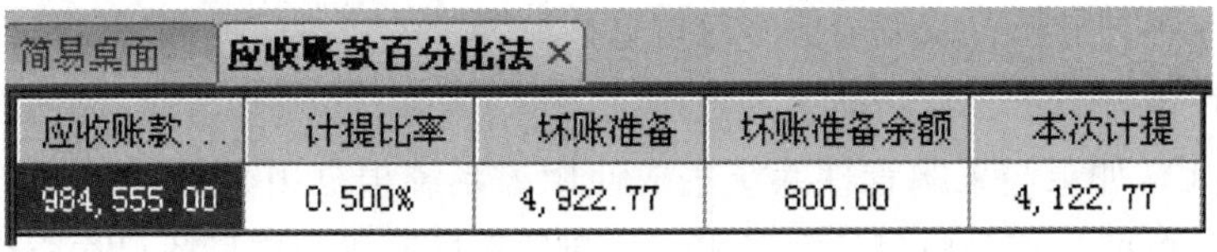

图4-93 计提坏账准备

2. 单击"OK"确认，提示是否立即制单。单击"是"自动生成凭证，修改凭证类别后保存，如图4-94所示。

图4-94 修改凭证类别后保存

第八节 应付款管理系统业务

一 应付款管理系统功能与其他子系统的关系

（一）应付款管理系统的主要功能

应付款管理主要实现企业与供应商业务往来账款进行核算与管理，在应付款管理系统中，以采购发票、其他应付单等原始单据为依据，记录采购业务及其他业务所形成的应付款项，处理应付款项的支付、冲销等情况；提供票据处理的功能，实现对应付票据的管理。

根据对供应商往来款项核算和管理的程度不同，系统提供了"详细核算"和"简单核算"等两种应用方案。不同的应用方案，其系统功能、产品接口、操作流程等均不相同。

1. "详细核算"应用方案。如果在企业采购业务中应付款核算与管理内容比较复杂，需要追踪每一笔业务的应付款情况，并希望对应收付款项进行各种分析；或者需要将应付款核算到产品一级，那么可以选择该方案。在该方案下，其功能主要包括：

（1）如果与采购管理系统集成使用，系统根据由采购管理系统传递过来的单据，记录应付款的形成。非商品交易形成的应付项目在应付款管理系统中记录；若应付款不与采购管理系统集成使用，采购发票和应付单都在应付款管理系统中直接记录。

（2）处理应付项目的付款及转账业务。

（3）对应付单据进行记录和管理。

（4）在应付项目的处理过程中生成凭证，并向总账系统进行传递。

（5）对外币业务及汇兑损益进行处理。

（6）根据所提供的条件，提供各种查询及分析。

2. "简单核算"应用方案。如果采购业务中应付账款业务并不十分复杂，或者现购业务很多，则可以选择"简单核算"的方案，该方案中，应付系统只是连接总账与采购业务系统的一座桥梁，即只是对采购系统生成的发票审核并生成凭证传递到总账，而不能对发票进行其他的处理，也不能对往来明细进行实时查询、分析。此时，往来明细只能在总账系统中进行简单的查询。在该方案下，其主要功能包括：

（1）接受采购系统的发票，对其进行审核。

（2）对采购发票进行制单处理。

（二）应付款管理系统与其他子系统的主要关系

应用"详细核算"方案时应付款管理系统与其他系统的关系如图4-95所示。

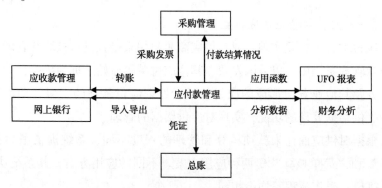

图 4 - 95　应付款管理系统与其他系统的关系

采购管理系统向应付款管理系统提供已结算的采购发票，由应付款管理系统生成凭证，并根据发票进行付款结算处理。应付款管理系统为采购系统提供采购发票的付款结算情况。

应付款管理系统向总账系统传递凭证，并能够查询其所生成的凭证。

应付款管理系统与应收款管理系统之间可以运行转账处理，如应付冲应收；同时对于既是客户又是供应商的往来业务对象，可以同时查询应收和应付往来明细。

应付款管理系统向 UFO 提供应用函数。

应付款管理与网上银行进行付款单的导入导出。

二　应付款管理系统经济业务

应付款管理系统经济业务如下：

业务 20. 12 月 8 日，本公司签发并承兑的一张商业承兑汇票到期，收到工商银行转来收款方（北京有色金属公司）托收票款的委托收款凭证付款通知联，如数支付货款 262080 元。

业务 21. 12 月 8 日，签发支票一张，支付前欠普奥涂料供应公司的货款 7020 元，支票号码为 AE101107。

业务 22. 12 月 8 日，签发支票一张，支付前欠北京有色金属公司的货款 32760 元，支票号码为 AE101108。

业务 23. 12 月 9 日，签发支票一张，支付前欠潮州机械制造有限公司的货款 12870 元。要求：签发支票，支票号码为 AE101109。

业务 27. 12 月 10 日，采购员张敏用面额 100000 元的本票，向开封金属材料公司购入不锈钢吸管 35000 支，无税单价 2.36，价税合计 96642元，余额暂作"其他应收款"处理。

业务 33. 12 月 12 日，向普奥涂料供应公司购入油漆 60 千克，增值税专用发票列明价款 1200 元和税款 204 元，货已验收入库，价款尚未支付。

业务 34. 12 月 13 日，向北京有色金属公司购入马口铁 45 吨，增值税专用发票列明价款 252000 元和税 42840 元，货已验收入库，价款尚未支付。

业务 35. 12 月 13 日，向佛山铝材厂购买铝片 5 吨，价税合计 117000元。铝片已验收入库，支票号码为 AE101114。

业务 36. 12 月 13 日，向汕头市铝制品厂购买铝配件 10000 套，价税合计共 44460 元，支票号码为 AE101115。

业务 37. 12 月 13 日，向成都塑料厂购入塑料粒子 60 吨，增值税专用发票列明价款 600000 元和税额 102000 元，货已验收入库，价款尚未支付。

业务 38.12 月 14 日，向工商银行申请签发银行本票一张，金额为 100000 元。

业务 49.12 月 16 日，向郑州瓶胆总厂购买瓶胆大、中、小，发票已到，货已验收入库，但价款尚未支付。

业务 50.12 月 16 日，向开封金属材料公司购入黑铁托盘和不锈钢吸管，发票已到，货已验收入库，但价款尚未支付。

业务 51.12 月 16 日，向内蒙古杜家橡胶厂购入口圈和底垫，发票已到，货已验收入库，但价款尚未支付。

业务 52.12 月 16 日，向韶关市纸品厂购入纸盒和纸箱，发票已到，货已验收入库，价款尚未支付。

业务 53.12 月 17 日，向深圳自来水厂购入 10000 立方水，不含税单价为 4 元，货款尚未支付。

业务 54.12 月 17 日，向深圳供电局购入 10000 度电，不含税单价为 1 元，货款尚未支付。

业务 55.12 月 17 日，向平安保险公司购入财产保险 949 份，单价为 1 元，机动车辆保险 400 份，单价为 1 元，用期初预付款结算（采购普通发票，无税率）。

业务 56.12 月 17 日，向深圳平安邮局购入报刊 500 份，单价为 1 元，用期初预付款结算（采购普通发票、无税率）。

业务 57.12 月 17 日，装配车间下发订单：生产 8000 只铝壳气压保温瓶，生产 8000 只铁壳保温瓶，塑壳保温瓶（大）10000 只，塑壳保温瓶（中）10000 只，塑壳保温瓶（小）10000 只，领料情况详见领料单，产品完工入库。

业务 72.12 月 20 日，签发并承兑的一张商业承兑汇票到期，收到工商银行转来收款方（佛山铝材厂）托收票款的委托收款凭证付款通知联，如数支付票款 609570 元。

业务 73.12 月 20 日，签发并承兑的一张商业承兑汇票到期，收到工商银行转来收款方（汕头市铝制品厂）托收票款的委托收款凭证付款通知联，如数支付票款 22230 元。

三　应付款管理系统经济业务处理

日常处理是应付款管理系统的主要组成部分，是经常性的应付业务处理工作。日常业务主要完成企业日常的应付款、付款业务录入、应付款、付款业务核销、应付并账、汇总损益计算，通过及时记录应付、付款业务的发生，为查询和分析往来业务提供完整、准确的资料，加强对往来款项的监督管理，提高工作效率。

（一）应付单据处理

采购发票与应付单是应付款管理系统日常核算的原始单据。如果应付款管理系统与采购管理系统集成使用，采购发票在采购管理系统中录入，在应付系统中可对这些单据进行审核、查询、核销、制单等操作，此时应付系统需要录入的只限于应付单。如果没有使用采购系统，则所有发票和应付单均需在应付系统中录入。

1. 应付单据录入

单据录入是本系统处理的起点，可以录入采购业务中的各类发票，以及采购业务之外的应付单。操作步骤：

（1）执行"应付款管理"｜"应付单据处理"｜"应付单据录入"，系统弹出如图4－96所示。

图4－96　应付单据录入

（2）选择"应付单—其他应付单"，单击"确定"，"增加"，输入应付单信息后保存审核。

2. 审核应付单据

应付单据审核主要提供用户批量审核。系统提供用户手工审核、自动批审核的功能。在【应付单据审核】界面中显示的单据可包括所有已审核、未审核的应付单据，包括从采购管理系统传入的单据。做过后续处理如核销、制单、转账等处理的单据在【应付单据审核】中不能显示。对这些单据的查询，可在【单据查询】中进行。批审中也可以进行新增单据、单据修改，批量删除等操作，其约束条件与应付单据录入相同。在"应付单据审核"界面中，系统提供手工审核、自动成批审核的功能。应付单据审核界面中显示的单据包括全部已审核、未审核的应付单据，也包括从采购管理系统传入的单据。做过后续处理如核销、制单、转账等处理的单据在应付单据审核中不能显示。对这些单据的查询，可在"单据查询"中进行。

操作步骤：

（1）在应付款管理系统中，执行"应付单据处理" | "应付单据审核"命令，打开"应付单查询条件"对话框，如图 4-97 所示。

图 4-97　打开"应付单查询条件"对话框

（2）单击"确定"按钮，进入"应付单据列表"窗口，如图 4-98

所示。

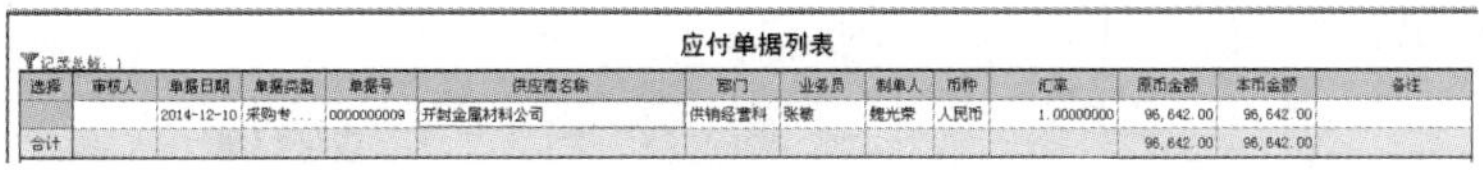

应付单据列表

记录总数：1

选择	审核人	单据日期	单据类型	单据号	供应商名称	部门	业务员	制单人	币种	汇率	原币金额	本币金额	备注
		2014-12-10	采购专...	0000000009	开封金属材料公司	供销经营科	张敏	魏光荣	人民币	1.00000000	96,642.00	96,642.00	
合计											96,642.00	96,642.00	

图 4-98　进入“应付单据列表”

（3）选择需要审核的单据，单击“审核”按钮，系统提示“本次审核成功”。

（4）单击“确定”按钮，再单击“退出”按钮退出。

（二）制单处理

制单即生成凭证，并将凭证传递至总账记账。系统对不同的单据类型或不同的业务处理提供实时制单的功能；除此之外，系统提供了一个统一制单的平台，可以在此快速、成批生成凭证，并可依据规则进行合并制单等处理。

操作步骤：

1. 在应付款管理系统中，执行“制单处理”命令，打开“制单查询”对话框，如图 4-99 所示。

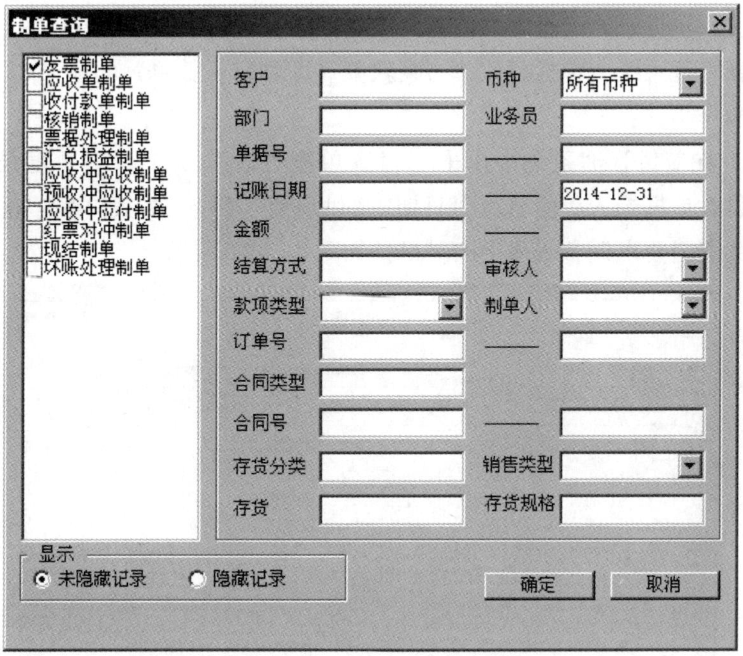

图 4-99　打开“制单查询”

2. 选中"发票制单"前的复选框，单击"确定"按钮，进入"采购发票制单"窗口，如图 4 - 100 所示。

图 4 - 100　进入"采购发票制单"

3. 选中第一张发票，单击"制单"，生成凭证，修改凭证类别后保存。

提示：①在"制单查询"窗口中，系统已默认的制单内容为"发票制单"，如果需要选中其他内容制单，可以选中要制单内容前的复选框。②如果所选择的凭证类型错误，可以在生成凭证后再修改。③如果一次生成了多张记账凭证，可以在保存了一张凭证后再打开其他的凭证，直到全部保存为止，未保存的凭证视为放弃本次凭证生成的操作。④只有在凭证保存后才能传递到总账系统，再在总账系统中进行审核和记账等。

（三）付款单据录入

付款单据录入是将支付供应商款项依据供应商应收回的款项，录入到应付款管理系统，包括付款单与收款单（即红字付款单）的录入。

操作步骤：

1. 在应付管理系统中单击"付款单据处理" | "付款单据录入"，进入付款单据录入界面填写"日期""供应商""结算方式""金额"，根据相关资料要求调整表体中的科目，如图 4 - 101 所示。

图 4 - 101　调整表体中的科目

2. 数据录入完成后单击"保存"，并"审核"弹出"是否立即制单"对话框，如图 4 - 102 所示，单击"是"，弹出凭证填写。

图 4 - 102　是否立即制单

3. 修改凭证类别保存，如图 4 - 103 所示。

图 4 - 103　修改凭证类别保存

（四）核销处理

核销处理指用户日常进行的付款核销应付款的工作。单据核销的作用是处理付款核销应付款，建立付款与应付款的核销记录，监督应付款及时核销，加强往来款项的管理。核销有两种方法：①手工核销，用户手工确定系统内付款与应付款的对应关系，选择进行核销。通过本功能可以根据查询条件选择需要核销的单据，然后手工核销，加强了往来款项核销的灵活性。②自动核销，系统自动确定系统内付款与应付款的对应关系，选择进行核销。通过本功能可以根据查询条件选择需要核销的单据，然后系统自动核销，加强了往来款项核销的效率性。

操作步骤：

1. 执行"应付款管理"｜"核销处理"｜"手工核销"，弹出核销条件对话框，如图 4 - 104 所示。

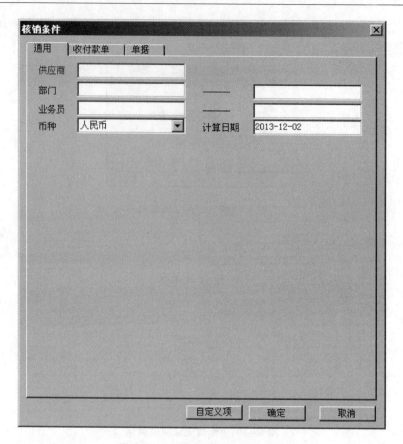

图4-104 弹出核销条件对话框

2. 单击"供应商"栏参照按钮，选择供应商，单击"确定"，输入本次结算金额，单击保存，即核销成功。

（五）转账处理

转账处理包括应付冲应付、预付冲应付、应付冲应收、红票对冲，本例是预付冲应付。通过预付冲应付处理供应商的预付款，红字预付款，红字应付款之间的转账核销业务。

操作步骤：

1. 单击"应付款管理"｜"转账"｜"预付冲应付"，打开"预付冲应付"对话框。

2. 在预付款页签中，单击供应商参照按钮，选择供应商"深圳平安邮局"，单击过滤按钮，系统将改供应商所以满足条件的预付款的日期，结算方式，金额等项目列出。

3. 在转账金额栏录入预付款的转账金额，如图 4 - 105 所示。

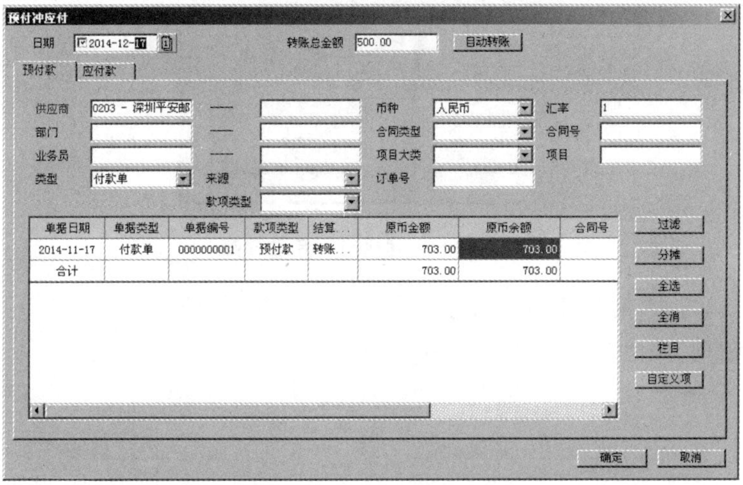

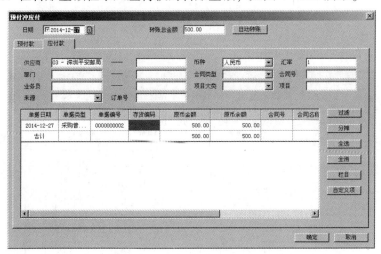

图 4 - 105　录入预付款的转账金额

4. 单击应付标签，单击"过滤"按钮，系统将按供应商所有满足条件的应付款的日期，结算方式，金额等项目列出。

5. 在转账金额栏录入应付款的转账金额，如图 4 - 106 所示。

图 4 - 106　录入应付款的转账金额

6. 单击"自动转账"按钮，系统提示"是否进行自动转账"，如图 4 - 107 所示。

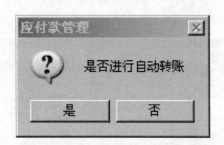

图 4 - 107　是否进行自动转账

7. 单击"是"按钮，系统提示"是否立即制单"，单击"是"，生成一张凭证，修改凭证类别，如图 4 - 108 所示。

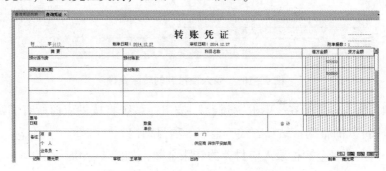

图 4 - 108　修改凭证类别

8. 单击"保存"按钮，生成凭证，如图 4 - 109 所示。

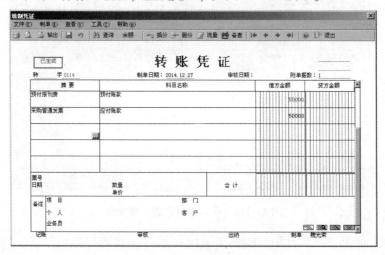

图 4 - 109　生成凭证

第九节　薪资管理业务

一　薪资管理系统功能与其他子系统的关系

（一）薪资管理系统的主要功能

1. 初始设置

尽管各个单位的工资核算有很多共性，但也存在一些差异。通过信息系统初始设置，可以根据企业需要建立工资账套数据，设置工资系统运行所需要的各项基础信息，为日常处理建立应用环境。初始设置的主要内容包括：

（1）工资账套参数设置

系统提供多工资类别核算；工资核算币种；扣零处理；个人所得税扣税处理；是否核算计件工资等账套参数设置。

（2）基础档案设置

系统提供人员附加信息设置；人员类别、部门选择设置；人员档案设置；代发工资的银行名称设置等。可以由企业自行设计工资项目及计算公式，并提供计件工资标准设置和工资方案设置。

2. 薪资业务处理

薪资管理系统管理企业所有人员的工资数据，对人员增减、工资变动进行处理；自动计算个人所得税、结合工资发放形式进行找零设置或向代发工资的银行传输工资数据；自动计算、汇总工资数据；支持计件工资核算模式；自动完成工资分摊和相关费用计提，并可以直接产生凭证传递到总账系统；提供对不同工资类别数据的汇总，从而实现统一工资核算的功能。

3. 工资报表管理及统计分析

工资核算的结果最终通过报表和凭证体现。系统提供了各种工资表、汇总表、明细表、统计表、分析表等，并且提供了凭证查询和自定义报表查询功能。齐全的工资报表形式、简便的工资资料查询方式，满足了企业多层次、多角度查询的需要。

（二）薪资管理系统与其他子系统的主要关系

薪资管理系统与用友 ERP－U8 其他子系统之间的关系，如图 4－110

所示。

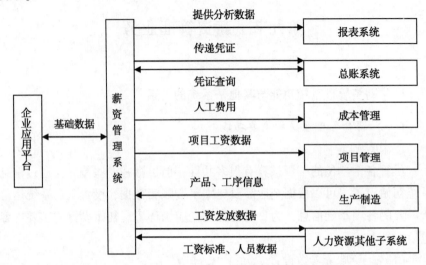

图 4 – 110　薪资管理系统与其他子系统之间的关系

　　薪资管理系统与企业应用平台共享基础数据。薪资管理系统将工资计提、分摊结果自动生成转账凭证，传递到总账系统，两个系统可相互查询凭证，在总账中还可联查工资系统原始单据。工资系统向成本管理系统传送人员的人工费用数据。薪资管理系统向项目管理系统传递项目的工资数据。薪资管理系统中计件工资所需的产品信息可取自生产制造基础档案中的物料清单，未启用生产制造时取基础档案中的产品结构；工序可取自生产制造基础档案中的标准工序。人力资源系统将指定了对应关系的工资项目及人员属性对应信息传递到薪资管理系统中，同时薪资管理系统可以根据人力资源的要求从薪资管理系统中读取工资数据，作为社保等数据的计提基础；在发生人事变动时，人事管理向薪资管理发送人事变动通知。报表系统可以从薪资管理系统取得数据，进行加工分析。

二　薪资管理系统经济业务

　　薪资管理系统经济业务如下：

　　业务 79. 12 月 27 日，根据"工资结算汇总表"和"社会保险费、公积金及有关经费计算表"，计提交付各种保险费、公积金或经费以及结转本月代扣各种款项。签发工商银行支票一张，支票号码为 AE101123，收款人为西安华通保温瓶有限公司工会（已填制），根据"工资结算汇总表"，将代扣的职工工会会费 32405 元划转本公司工会银行存款户。填制行政拨交工会经费缴款书，通过工商银行静安支行交付本月工会经费，并收到工商银行转来西安市社会保险事业基金结算管理中心的职工社会保险基金结算表和医疗保险费申报结算表等托收凭证，款项已从社保基金账户划转，填制相关单据并记账。

业务 87. 12 月 28 日，根据"工资结算汇总表"，签发支票一张，收款人为本公司职工工资户，金额为 520885 元，委托中国银行办理代发工资转存信用卡业务，发放工资及其他款项共计 520885 元，并支银行手续费 200 元。工资发放清单以软盘形式同时送交银行，并经银行审核，支票号码为 AE101124。

业务 88. 12 月 29 日，签发工商银行支票一张，支票号码为 AE101125，收款人为中国老字号保温瓶有限公司深圳分公司公积金专户（已填制），缴付职工住房公积金 90734，其中包括企业承担部分和个人承担部分。

三 薪资管理系统经济业务处理

（一）工资变动设置

用于日常工资数据的调整变动以及工资项目增减等。比如，平常水电费扣发、事病假扣发、奖金录入等。首次进入本功能前，需先进行工资项目设置，然后再录入数据。人力资源部向设立了对应关系的工资项目传递工资数据，资料见表 4 – 15。

表 4 – 15　　　　　　　　　　工资变动

部门	人员类别	基本工资	岗位工资	绩效工资	上年月平均工资
公司管理人员	公司管理人员	4000	2000		5500
制壳车间	车间管理人员	3500	1000		4300
	生产工人	1500		2000	3200
塑料车间	车间管理人员	3800	1000		4800
	生产工人	1500		2200	3700
装配车间	车间管理人员	3500	900		4400
	生产工人	1200		2500	3700
辅助车间	生产工人	1800		300	2000

病假工资扣款：200 元/月/人

操作步骤：

1. 打开工资类别"行政管理部门"，执行"设置"｜"选项"｜"编辑"｜"税率设置"，将"实发合计"改为"应发合计"，如图 4 – 111 所示。

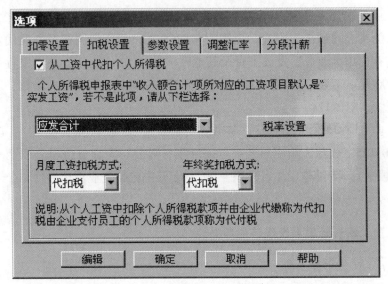

图 4 – 111　将"实发合计"改为"应发合计"

2. 将附加费用更改为 3200，单击"确定"，如图 4 – 112 所示。

图 4 – 112　将附加费用更改为 3200

3. 执行"业务处理"｜"工资变动"命令，进入"工资变动"

窗口。

4. 单击“计算”按钮，单击“汇总”按钮，计算全部工资项目内容，病假扣款金额手动输入，如图 4－113 所示。

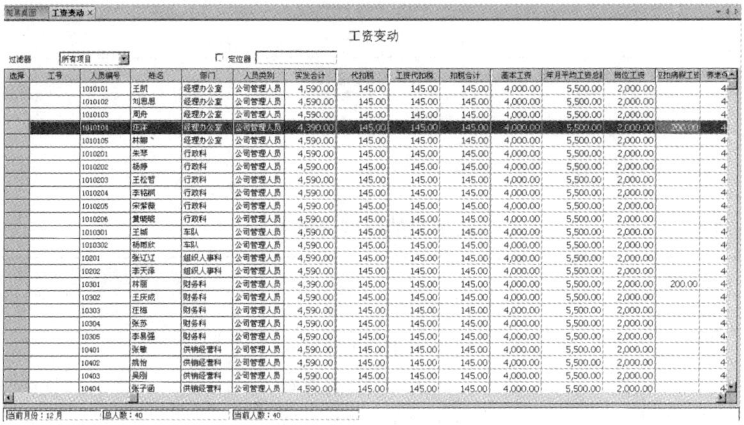

选择	工号	人员编号	姓名	部门	人员类别	实发合计	代扣税	工资代扣税	扣税合计	基本工资	年月平均工资总	岗位工资	应扣病假工资	养老保
		1010101	王凯	经理办公室	公司管理人员	4,590.00	145.00	145.00	145.00	4,000.00	5,500.00	2,000.00		4
		1010102	刘思恩	经理办公室	公司管理人员	4,590.00	145.00	145.00	145.00	4,000.00	5,500.00	2,000.00		4
		1010103	周舟	经理办公室	公司管理人员	4,590.00	145.00	145.00	145.00	4,000.00	5,500.00	2,000.00		4
		1010104	庄洋	经理办公室	公司管理人员	4,390.00	145.00	145.00	145.00	4,000.00	5,500.00	2,000.00	200.00	4
		1010105	林娜`	经理办公室	公司管理人员	4,590.00	145.00	145.00	145.00	4,000.00	5,500.00	2,000.00		4
		1010201	朱琴	行政科	公司管理人员	4,590.00	145.00	145.00	145.00	4,000.00	5,500.00	2,000.00		4
		1010202	杨婷	行政科	公司管理人员	4,590.00	145.00	145.00	145.00	4,000.00	5,500.00	2,000.00		4
		1010203	王松哲	行政科	公司管理人员	4,590.00	145.00	145.00	145.00	4,000.00	5,500.00	2,000.00		4
		1010204	李铭枫	行政科	公司管理人员	4,590.00	145.00	145.00	145.00	4,000.00	5,500.00	2,000.00		4
		1010205	宋紫薇	行政科	公司管理人员	4,590.00	145.00	145.00	145.00	4,000.00	5,500.00	2,000.00		4
		1010206	黄晓晓	行政科	公司管理人员	4,590.00	145.00	145.00	145.00	4,000.00	5,500.00	2,000.00		4
		1010301	王斌	车队	公司管理人员	4,590.00	145.00	145.00	145.00	4,000.00	5,500.00	2,000.00		4
		1010302	杨雨欣	车队	公司管理人员	4,590.00	145.00	145.00	145.00	4,000.00	5,500.00	2,000.00		4
		10201	张辽辽	组织人事科	公司管理人员	4,590.00	145.00	145.00	145.00	4,000.00	5,500.00	2,000.00		4
		10202	李天泽	组织人事科	公司管理人员	4,590.00	145.00	145.00	145.00	4,000.00	5,500.00	2,000.00		4
		10301	林丽	财务科	公司管理人员	4,390.00	145.00	145.00	145.00	4,000.00	5,500.00	2,000.00	200.00	4
		10302	王庆成	财务科	公司管理人员	4,590.00	145.00	145.00	145.00	4,000.00	5,500.00	2,000.00		4
		10303	汪梅	财务科	公司管理人员	4,590.00	145.00	145.00	145.00	4,000.00	5,500.00	2,000.00		4
		10304	张苏	财务科	公司管理人员	4,590.00	145.00	145.00	145.00	4,000.00	5,500.00	2,000.00		4
		10305	李易强	财务科	公司管理人员	4,590.00	145.00	145.00	145.00	4,000.00	5,500.00	2,000.00		4
		10401	张馨	供销经营科	公司管理人员	4,590.00	145.00	145.00	145.00	4,000.00	5,500.00	2,000.00		4
		10402	姚怡	供销经营科	公司管理人员	4,590.00	145.00	145.00	145.00	4,000.00	5,500.00	2,000.00		4
		10403	吴刚	供销经营科	公司管理人员	4,590.00	145.00	145.00	145.00	4,000.00	5,500.00	2,000.00		4
		10404	张子涵	供销经营科	公司管理人员	4,590.00	145.00	145.00	145.00	4,000.00	5,500.00	2,000.00		4

图 4－113　计算全部工资项目内容

5. 依次定义其他各个部门。

(二) 工资分摊设置

财会部门根据工资费用分配表，将工资费用根据用途进行分配，并编制转账会计凭证，传递到总账系统供登账处理之用。单击【业务处理】中的【工资分摊】功能菜单，即可进入该功能。工资分摊中能查询到无权限的部门工资数据，这里只受功能权限控制，不受数据权限控制。

工资分摊的类型及计提标准

1. 职工人员工资 = 应发合计 × 100%

2. 企业承担的福利，见表 4－16。

表 4－16　企业承担的福利分配标准

项目	计提基数	计提比例（%）
养老保险费	上年月平均工资总额	22
住房公积金	上年月平均工资总额	7
医疗保险费	上年月平均工资总额	12
失业保险费	上年月平均工资总额	2
生育保险费	上年月平均工资总额	0.5
工伤保险费	上年月平均工资总额	0.5

续表

项目	计提基数	计提比例（%）
工会经费	本月应发合计	2
教育经费	本月应发合计	1.5
所得税	代扣税	100
应付职工薪酬	本月应发合计	100

3. 个人承担的福利，见表 4 – 17。

表 4 – 17   个人承担的福利分配标准

项目	计提基数	计提比例（%）
养老保险费	上年月平均工资总额	8
住房公积金	上年月平均工资总额	7
医疗保险费	上年月平均工资总额	2
失业保险费	上年月平均工资总额	1
工会经费	上年月平均工资总额	5

操作步骤：

（1）打开工资类别"行政管理部门"。

（2）执行"业务处理" | "工资分摊"命令，打开"工资分摊"对话框。

（3）选择"行政管理部门及下属部门"，如图 4 – 114 所示。

图 4 – 114　选择"行政管理部门及下属部门"

（4）单击"工资分摊设置"按钮，打开"分摊类型设置"对话框。

（5）单击"增加"按钮，打开"分摊计提比例设置"对话框。在"计提类型名称"栏录入相应计提名称，在"分摊计提比例"栏录入相应比例，如图4－115所示。

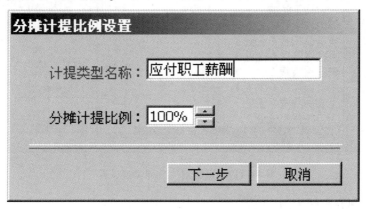

图4－115 分摊计提比例设置

（6）单击"下一步"按钮，打开"分摊构成设置"对话框。在"分摊构成设置"对话框中，选择分摊构成的各个项目内容，如图4－116所示。

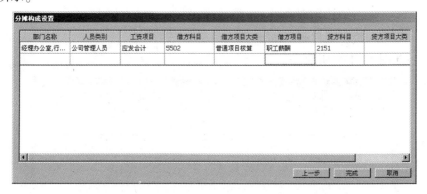

图4－116 在"分摊计提比例"栏录入相应比例

（7）单击"完成"按钮，返回到"分摊类型设置"对话框，如图4－117所示。

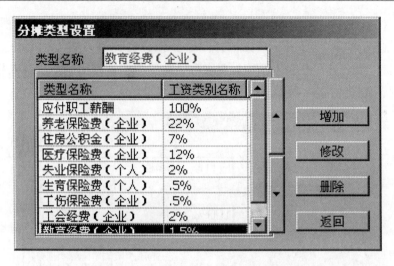

图 4 – 117　返回到"分摊类型设置"

以制壳车间为例

车间管理人员应付工资：

　　借：结转生产费用——制壳车间——结转制造费用

　　　贷：应付职工薪酬

生产工人：

　　借：结转生产费用——制壳车间——结转直接人工

　　　贷：应付职工薪酬

如图 4 – 118 所示。

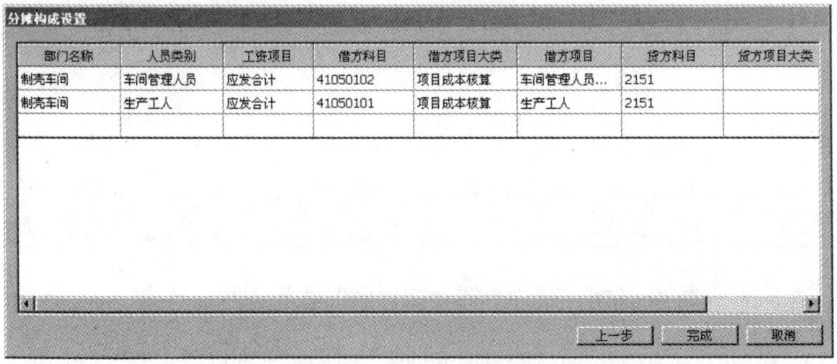

部门名称	人员类别	工资项目	借方科目	借方项目大类	借方项目	贷方科目	贷方项目大类
制壳车间	车间管理人员	应发合计	41050102	项目成本核算	车间管理人员…	2151	
制壳车间	生产工人	应发合计	41050101	项目成本核算	生产工人	2151	

图 4 – 118　分摊构成设置

车间管理人员养老保险（企业）

　　借：结转生产费用——制壳车间——结转制造费用

　　　贷：其他应付款——应付养老保险

车间管理人员养老保险（个人）

　　　　借：应付职工薪酬

　　　　　　贷：其他应付款——应付养老保险

所得税：

　　　　借：应付职工薪酬

　　　　　　贷：应交税金——应交个人所得税

其他车间类似如此。

（三）工资分摊并生成转账凭证

　　工资分配及费用分摊的结果最后通过转账凭证的形式传递到总账，避免二次录入。

　　操作步骤：

　　1. 执行"业务处理" | "工资分摊"命令，打开"工资分摊"对话框。

　　2. 分别选中各个分摊名称前的复选框，并单击选中各个部门，选中"明细到工资项目"复选框，如图 4 – 119 所示。

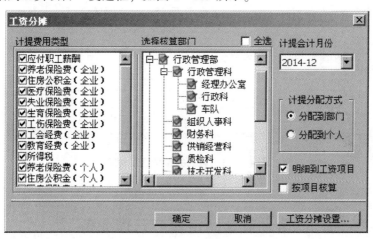

图 4 – 119　选中"明细到工资项目"

　　3. 单击"确定"按钮，进入"人员工资一览表"窗口，如图 4 – 120 所示。

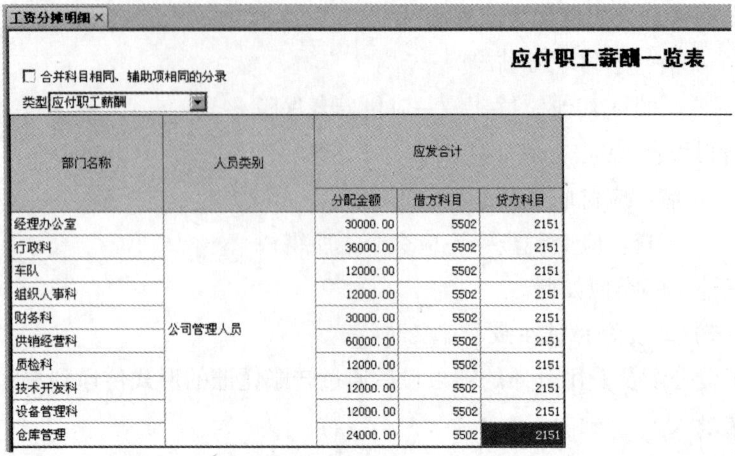

图 4 – 120　进入"人员工资一览表"

　　4. 单击"制单"按钮，选择凭证类别为"转账凭证"，单击"保存"按钮，补充完整凭证后保存，如图 4 – 121 所示。

图 4 – 121　补充完整凭证后保存

第十节　固定资产管理业务

一　固定资产管理系统功能与其他子系统的关系

(一) 固定资产管理系统的主要功能

　　固定资产管理系统的作用是完成企业固定资产日常业务的核算和管理，生成固定资产卡片，按月反映固定资产的增加、减少、原值变化及其他变动，并输出相应的增减变动明细账，保证企业固定资产的安全完整并充分发挥其效能；同时，按月自动计提折旧，生成折旧分配凭证，保证再生产的资金来源。此外，还可输出一些与"设备管理"相关的报表和账簿，以分析固定资产的利用效果。固定资产管理系统主要功能体现在以下几个方面：

1. 固定资产系统初始设置

运行固定资产系统并打开该账套后，要进行必要的系统初始设置工作，具体包括：系统初始设置、部门设置、类别设置、使用状况定义、增减方式定义、折旧方法定义、卡片样式定义等，这些均是系统顺利运转的基础。

2. 固定资产卡片管理

固定资产管理在企业中分为两部分，一是固定资产卡片台账管理，二是固定资产的会计处理，考虑到这两方面的使用习惯和管理的科学性，系统首先提供了卡片管理的功能。在用友 ERP - U8 应用系统中，主要从卡片、变动单及资产评估三方面来实现卡片管理。"卡片"中主要实现录入原始卡片、卡片修改、卡片删除、资产增加及资产减少等功能，不仅实现了固定资产的文字资料管理，而且还实现了固定资产的图片管理；"变动单"中实现固定资产变动的各项管理；此外，还单独列示"资产评估"，来完成评估数据和成果的管理。

3. 固定资产折旧管理

自动计提折旧形成折旧清单和折旧分配表，并按分配表自动制作记账凭证，并传送到账务系统，同时在本系统中可修改、删除和查询此凭证。对折旧进行分配时，可以再单部门或多部门之间进行分配。

4. 固定资产月末对账、结账

月末，按照系统初始设置的账务系统接口，自动与账务系统进行对账，并根据对账结果和初始设置决定是否结账。

5. 固定资产账、表查询

通过"我的账表"对系统所提供的全部账表进行管理，资产管理部门可随时查询分析表、统计表、账簿和折旧表，提高资产管理效率。

另外，系统还能提供固定资产的多种自定义功能，可自定义折旧方法、汇总分配周期、卡片项目等；为适应行政事业单位固定资产管理的需要，提供整套账不提折旧功能。

（二）固定资产管理系统与其他子系统的主要关系

固定资产管理系统与其他子系统的主要关系，如图 4 – 122 所示。

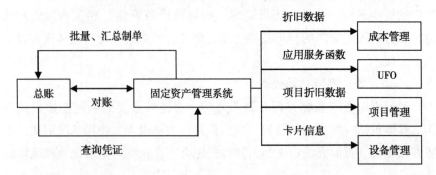

图 4 – 122   固定资产管理系统与其他子系统的主要关系

固定资产管理系统中资产的增加、减少以及原值和累计折旧的调整、折旧计提都要将有关数据通过记账凭证的形式传输到总账系统，同时通过对账保持固定资产账目与总账的平衡，并可以查询凭证。固定资产管理系统为成本管理系统提供折旧费用数据，UFO 报表系统可以通过使用相应的函数从固定资产系统中提取分析数据，另外还可向项目管理系统传递项目的折旧数据，向设备管理系统提供卡片信息。

二   固定资产管理系统经济业务

固定资产管理系统经济业务如下：

业务 80. 12 月 27 日，查明一台注塑设备，生产设备原值 1178745 元，工艺技术较落后，其预计可收回金额低于账面价值 15000 元。

要求：计提固定资产减值准备。

业务 81. 12 月 27 日，根据设备管理科提供的"房屋、设备折旧及摊销计算汇总表"，计提固定资产折旧、投资性房地产折旧。

业务 90. 12 月 30 日，将已批准报废的原值为 109325 元，累计折旧为 85674. 38 元电加热烘缸运往南山区废品回收公司处理，收到该公司开具的收购凭证和支票各一张，收购金额 20000 元，企业填制进账单，将其与支票一同送存工商银行。收到深圳运输服务公司开具的运费账单一张，以现金支付运费 125. 50 元。此项设备清理完毕，结转清理净损益。

三 固定资产管理系统经济业务处理

(一) 资产减少

资产在使用过程中，总会由于各种原因，如毁损、出售、盘亏等，退出企业，该部分操作称为"资产减少"。本系统提供资产减少的批量操作，为同时清理一批资产提供方便。

操作步骤：

1. 单击"卡片" | "资产减少"，打开"资产减少"对话框。

2. 选择要减少的资产，输入相对应的编号或卡片号00008，然后单击"增加"按钮，将资产添加到资产减少表中。

3. 在表内输入资产减少的信息：减少日期2014.12.30、减少方式"报废"、清理收入20000元、清理费用125.5元。单击"确定"按钮，即完成该资产的减少，如图4-123所示。

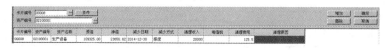

图4-123 完成该资产的减少

4. 执行"处理" | "批量制单"，选中单据出现"Y"标志，如图4-124所示。

图4-124 选中单据出现"Y"标志

5. 选择"制单设置"，将科目补充完整，修改凭证类别，如图4-125所示。

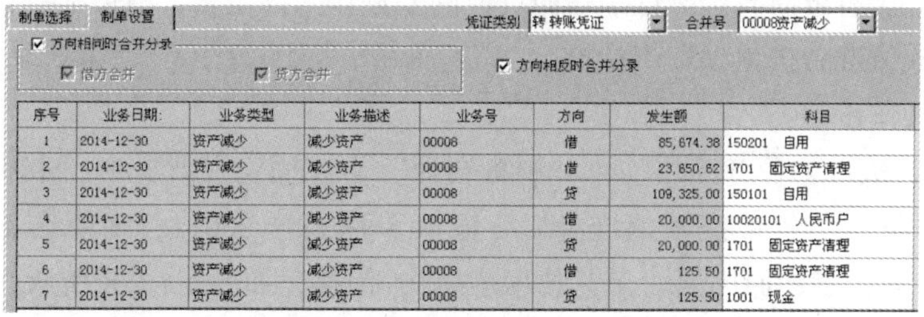

序号	业务日期	业务类型	业务描述	业务号	方向	发生额	科目
1	2014-12-30	资产减少	减少资产	00008	借	85,674.38	150201 自用
2	2014-12-30	资产减少	减少资产	00008	借	23,650.62	1701 固定资产清理
3	2014-12-30	资产减少	减少资产	00008	贷	109,325.00	150101 自用
4	2014-12-30	资产减少	减少资产	00008	借	20,000.00	10020101 人民币户
5	2014-12-30	资产减少	减少资产	00008	贷	20,000.00	1701 固定资产清理
6	2014-12-30	资产减少	减少资产	00008	借	125.50	1701 固定资产清理
7	2014-12-30	资产减少	减少资产	00008	贷	125.50	1001 现金

图4-125 修改凭证类别

6. 单击"凭证",更改凭证类别后保存,如图 4 – 126 所示。

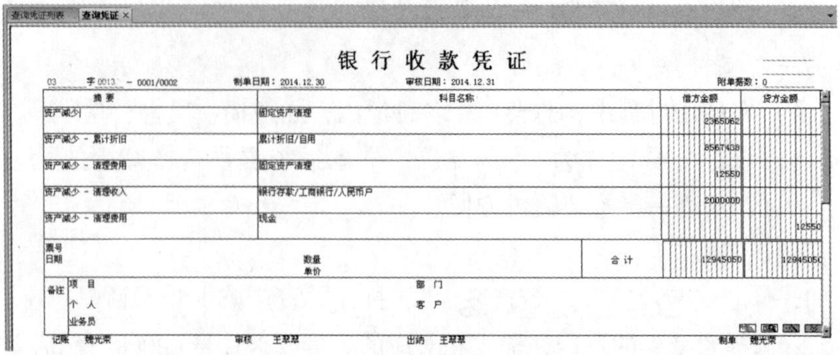

图 4 – 126　更改凭证类别保存

7. 在总账系统填制结转固定资产处理损益凭证,如图 4 – 127 所示。

图 4 – 127　填制结转固定资产处理损益凭证

(二) 固定资产减值准备

企业应当在期末至少在每年年度终了,对固定资产逐项进行检查,如果由于市价持续下跌,或技术陈旧等原因导致其可回收金额低于账面价值的,应当将可回收金额低于账面价值的差额作为固定资产减值准备,固定资产减值准备按单项资产计提。

操作步骤:

1. 执行"业务工作" | "财务会计" | "固定资产" | "卡片" | "变动单" | "计提减值准备" | 输入卡片编号 00011,减值准备金额 15000 元,变动原因是"工艺技术落后",保存,如图 4 – 128 所示。

固定资产变动单

—计提减值准备—

变动单编号	00001	变动日期	2014-12-27
卡片编号	00011	资产编号 02100004	开始使用日期 2008-11-01
资产名称		生产设备	规格型号
减值准备金额	15000.00	币种 人民币	汇率 1
原值	1178745.00	累计折旧	471367.05
累计减值准备金额	15000.00	累计转回准备金额	0.00
可回收市值	692377.95		
变动原因			工艺技术落后
		经手人	魏光荣

图 4 – 128　固定资产变动单

2. 执行"处理"｜"批量制单"｜"确定"，如图 4 – 129 所示。

制单选择	制单设置		凭证类别 转 转账凭证		合并号		
已用合并号	序号	业务日期	业务类型	业务描述	业务号	发生额	合并号	选择
	1	2014-12-27	变动单	计提减值准备	00001	15,000.00	1	Y
	2	2014-12-27	折旧计提	折旧计提	01	68,231.48		

图 4 – 129　批量制单

3. 选中第一张单据，选择凭证类别"转账凭证"，单击到"制单设置"页签，补充完整科目借方为 5901 资产减值损失，如图 4 – 130 所示。

简易桌面	批量制单 ×						
制单选择	制单设置			凭证类别 转 转账凭证		合并号 1	
☑ 方向相同时合并分录					☑ 方向相反时合并分录		
☑ 借方合并		☑ 贷方合并					
序号	业务日期	业务类型	业务描述	业务号	方向	发生额	科目
1	2014-12-27	变动单	计提减值准备	00001	借	15,000.00	5901 资产减值损失
2	2014-12-27	变动单	计提减值准备	00001	贷	15,000.00	1505 固定资产减值准备

图 4 – 130　单击到"制单设置"页签

4. 单击"凭证"，自动生成转账凭证，保存，如图 4 – 131 所示。

图 4 – 131　自动生成转账凭证

提示：需要在计提折旧后才能进行减值，但不能生成有关折旧凭证。

（三）计提折旧

自动计提折旧是固定资产系统的主要功能之一。系统每期计提折旧一次，根据录入系统的资料自动计算每项资产的折旧，并自动生成折旧分配表，然后制作记账凭证，将本期的折旧费用自动登账。执行此功能后，系统将自动计提各个资产当期的折旧额，并将当期的折旧额自动累加到累计折旧项目。

操作步骤：

1. 执行"处理"｜"计提本月折旧"命令，系统弹出"是否要查看折旧清单？"信息提示框，如图 4－132 所示。

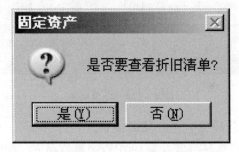

图 4－132　是否要查看折旧清单

2. 单击"是"按钮，系统提示"本操作将计提本月折旧，并花费一定时间，是否要继续？"，如图 4－133 所示。

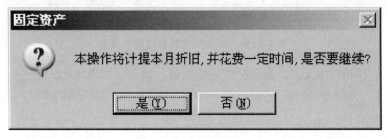

图 4－133　是否要继续

3. 单击"是"按钮，打开"折旧清单"窗口，如图 4－134 所示，单击"退出"按钮退出。

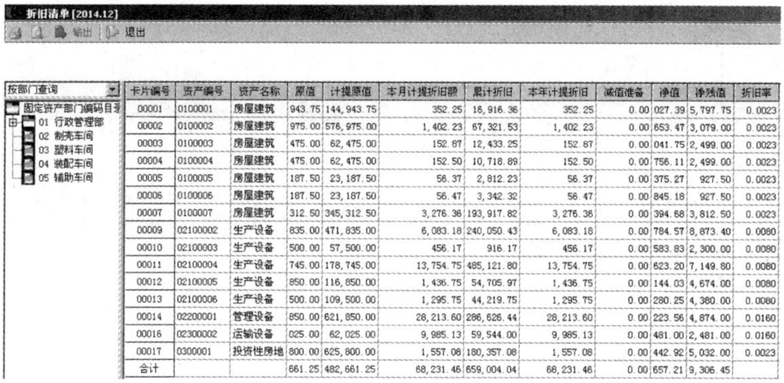

折旧清单[2014.12]

输出　退出

按部门查询

固定资产部门编码目录
01 行政管理部
02 制壳车间
03 塑料车间
04 装配车间
05 辅助车间

卡片编号	资产编号	资产名称	原值	计提原值	本月计提折旧额	累计折旧	本年计提折旧	减值准备	净值	净残值	折旧率
00001	0100001	房屋建筑	943.75	144,943.75	352.25	16,916.36	352.25	0.00	027.39	5,797.75	0.0023
00002	0100002	房屋建筑	975.00	576,975.00	1,402.23	67,321.53	1,402.23	0.00	653.47	3,079.00	0.0023
00003	0100003	房屋建筑	475.00	62,475.00	152.87	12,433.25	152.87	0.00	041.75	2,499.00	0.0023
00004	0100004	房屋建筑	475.00	62,475.00	152.50	10,718.89	152.50	0.00	756.11	2,499.00	0.0023
00005	0100005	房屋建筑	187.50	23,187.50	56.37	2,812.23	56.37	0.00	375.27	927.50	0.0023
00006	0100006	房屋建筑	187.50	23,187.50	56.47	3,342.32	56.47	0.00	845.18	927.50	0.0023
00007	0100007	房屋建筑	312.50	345,312.50	3,276.36	193,917.82	3,276.36	0.00	394.68	3,812.50	0.0023
00009	02100002	生产设备	835.00	471,835.00	6,083.18	240,050.43	6,083.18	0.00	784.57	8,873.40	0.0080
00010	02100003	生产设备	500.00	57,500.00	456.17	916.17	456.17	0.00	583.83	2,300.00	0.0080
00011	02100004	生产设备	745.00	178,745.00	13,754.75	485,121.80	13,754.75	0.00	623.20	7,149.80	0.0080
00012	02100005	生产设备	850.00	116,850.00	1,436.75	54,705.97	1,436.75	0.00	144.03	4,674.00	0.0080
00013	02100006	生产设备	500.00	109,500.00	1,295.75	44,219.75	1,295.75	0.00	280.25	4,380.00	0.0080
00014	02200001	管理设备	850.00	621,850.00	28,213.60	286,626.44	28,213.60	0.00	223.56	4,874.00	0.0160
00016	02300002	运输设备	025.00	62,025.00	9,985.13	59,544.00	9,985.13	0.00	481.00	2,481.00	0.0160
00017	0300001	投资性房地	800.00	625,800.00	1,557.08	180,357.08	1,557.08	0.00	442.92	5,032.00	0.0023
合计			661.25	482,661.25	68,231.46	659,004.04	68,231.46	0.00	657.21	9,306.45	

图 4 – 134　打开"折旧清单"

（四）折旧分配处理

折旧分配表是编制记账凭证，把计提折旧额分配到成本和费用的依据。什么时候生成折旧分配凭证根据在初始化或选项中选择的折旧分配汇总周期确定，如果选定的是一个月，则每期计提折旧后自动生成折旧分配表；如果选定的是三个月，则只有到三的倍数的期间，即第 3、6、9、12 期间计提折旧后才自动生成折旧分配凭证。折旧分配表有两种类型：部门折旧分配表和类别折旧分配表，只能选择一个制作记账凭证。操作步骤：

1. 打开"折旧分配表"窗口，如图 4 – 135 所示。

折旧分配表 ×

◉ 按部门分配
○ 按类别分配

部门分配条件...

01 (2014.12-->2014.12)

部门编号	部门名称	项目编号	项目名称	科目编号	科目名称	折 旧 额
010101	经理办公室			5502	管理费用	4,153.15
010102	行政科			5502	管理费用	4,153.15
010103	车队			5502	管理费用	4,153.15
0102	组织人事科			5502	管理费用	4,153.15
0103	财务科			5502	管理费用	4,153.12
0104	供销经营科			5405	其他业务成	1,557.08
0104	供销经营科			5502	管理费用	4,153.15
0105	质检科			5502	管理费用	4,153.15
0106	技术开发科			5502	管理费用	4,153.15
0107	设备管理科			5502	管理费用	4,153.15
0108	仓库管理			5502	管理费用	4,153.14
02	制壳车间			41050102	结转制造费	6,491.90
03	塑料车间			41050202	结转制造费	15,613.15
04	装配车间			41050302	结转制造费	1,589.62
05	辅助车间			41050402	结转制造费	1,448.25
合计						68,231.46

图 4 – 135　打开"折旧分配表"

2. 单击"凭证",直接生成记账凭证,补充完整项目目录,保存,进行审核记账。如图 4 - 136 所示。

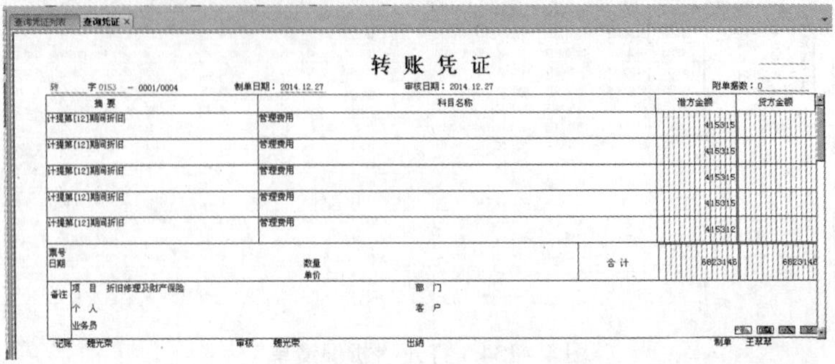

图 4 - 136 审核记账

提示:①计提折旧功能对各项资产每期计提一次折旧,并自动生成折旧分配表,然后制作记账凭证,将本期的折旧费用自动登账。②部门转移和类别调整的资产当月计提的折旧分配到变动后的部门和类别。③在一个期间内可以多次计提折旧,每次计提折旧后,只是将计提的折旧累加到月初的累计折旧上,不会重复累计。④若上次计提折旧确已制单并已传递到总账系统,则必须删除该凭证才能重新计提折旧。计提折旧后又对账套进行了影响折旧计算或分配的操作,必须重新计提折旧,否则系统不允许结账。⑤资产的使用部门和资产折旧要汇总的部门可能不同,为了加强资产管理,使用部门必须是明细部门,而折旧分配部门不一定分配到明细部门,不同的单位处理可能不同,因此要在计提折旧后,分配折旧费用时做出选择。⑥在折旧费用分配表界面,可以单击"制单"按钮制单,也可以以后利用"批量制单"功能进行制单。

注意:发生的减值准备业务会影响资产计提折旧额准确,所以在减值准备完成后进行重新折旧计算。

第十一节 标准成本管理业务

一 标准成本管理系统功能与其他子系统的关系

(一) 标准成本管理系统的主要功能

标准成本是按要素项,在建立数量标准的基础上确定的,所以在能够确认交易量时就能直接确认标准成本，与交易过程保持同步的成本计量记录，大大简化了核算，也便于实现成本的过程跟踪和信息监控。

（二）标准成本管理系统与其他子系统的主要关系

标准成本管理系统与其他子系统的主要关系，如图 4－137 所示。

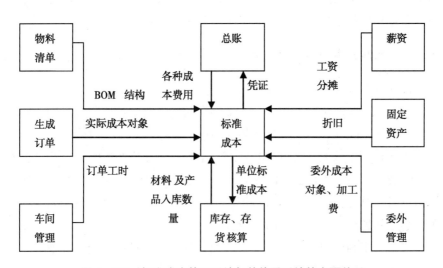

图 4－137　标准成本管理系统与其他子系统的主要关系

1. 存货核算系统

本系统引用存货系统提供的以出库类别和会计期间划分的领料单（出库单）汇总表，包括领料部门、成本对象（产品）、领用量、领料额、单价。存货系统可以从成本系统中取单位标准成本数据。从存货系统取数，只能取专用材料。专用材料条件：领料部门＋期间＋出库类别＋成本对象（按订单领料）。

2. 薪资管理系统

本系统引用薪资管理系统提供的，以人员类别划分并且按部门和会计期间汇总的应计入生产成本的直接人工费用和间接人工费用。

3. 固定资产系统

本系统引用固定资产系统提供的按部门和会计期间汇总的折旧费用分配表。

4. 总账系统

本系统引用总账系统提供的应计入生产成本的间接费用（制造费用）

或其他费用数据。如果用户无固定资产系统与工资系统，也可以引用总账系统中应计入生产成本的人工费用及折旧费用数据。本系统将成本核算结果自动生成转账凭证，传递到总账系统。

5. 生产制造系统

如果用户启用了生产制造系统，并且只有用户在"生产制造"系统制定了生产订单的产品，并且该产品已经符合投产日期条件后，方能进行该产品及其相关子项产品的日常成本资料录入工作。

二　标准成本管理系统经济业务

标准成本管理经济业务如下：

业务 82. 辅助车间费用处理，辅助车间提供的服务按制壳车间、塑料车间、装配车间 0.3 : 0.5 : 0.2 的比率进行分摊。

业务 83. 12 月 27 日，根据"工资结算汇总表""各项保险费、公积金、经费计算表""保温瓶有限公司职工费用报销单"等支付职工薪酬的原始资料，对应付职工薪酬进行汇总，并根据所提供产品产量资料，在有关产品之间进行应付职工薪酬的分配。

要求：填制应付职工薪酬汇总分配计算表，产品产量资料见业务，登记各车间产品成本计算表。

业务 84. 12 月 27 日，按产品产量分配结转制壳、塑料、装配各车间完工产品的制造费用和辅助费用。

业务 86. 12 月 28 日，计算并结转本月装配车间完工产成品的成本，并一次性计算结转销售产品的销售成本。

要求：编制完成装配车间产品成本计算表（部分产品成本计算表已登记）；填制产成品收、发、存月报表。

三　标准成本管理系统经济业务处理

（一）各项费用的取数

需要先进行定义产品属性，刷新后如图 4 - 138 所示。

注意:要得到最新的产品信息,请"刷新"!　　　　　　　　　　　　　　　　　　　　期间:2014.

	成本中心编码	成本中心名称	产品编码	产品名称	订单号	订单行号	工序行号	BOM版本号	替代标识号	规格型号	停用标志	订
1	03	装配车间	0301	铝壳气压保温瓶	0000000010	1	0	10			启用	正常
2	03	装配车间	0301	铝壳气压保温瓶	0000000024	1	0	10			启用	正常
3	03	装配车间	0302	铁壳保温瓶	0000000011	1	0	10			启用	正常
4	03	装配车间	0302	铁壳保温瓶	0000000025	1	0	10			启用	正常
5	03	装配车间	0303	塑壳保温瓶	0000000012	1	0	10			启用	正常
6	03	装配车间	0303	塑壳保温瓶	0000000026	1	0	10			启用	正常
7	03	装配车间	0304	塑壳保温瓶	0000000013	1	0	10			启用	正常
8	03	装配车间	0304	塑壳保温瓶	0000000027	1	0	10			启用	正常
9	03	装配车间	0305	塑壳保温瓶	0000000014	1	0	10			启用	正常
10	03	装配车间	0305	塑壳保温瓶	0000000029	1	0	10			启用	正常
11	01	制壳车间	020101	铝壳	0000000001	1	0	10			启用	正常
12	01	制壳车间	020101	铝壳	0000000016	1	0	10			启用	正常
13	01	制壳车间	020102	铁壳	0000000002	1	0	10			启用	正常
14	01	制壳车间	020102	铁壳	0000000015	1	0	10			启用	正常
15	02	塑料车间	020201	塑壳(大)	0000000017	1	0	10			启用	正常
16	02	塑料车间	020201	塑壳(大)	0000000003	1	0	10			启用	正常
17	02	塑料车间	020202	塑壳(中)	0000000018	1	0	10			启用	正常
18	02	塑料车间	020202	塑壳(中)	0000000004	1	0	10			启用	正常
19	02	塑料车间	020203	塑壳(小)	0000000019	1	0	10			启用	正常
20	02	塑料车间	020203	塑壳(小)	0000000005	1	0	10			启用	正常
21	02	塑料车间	020204	塑配件(大)	0000000020	1	0	10			启用	正常
22	02	塑料车间	020204	塑配件(大)	0000000006	1	0	10			启用	正常

图 4 – 138　定义产品属性

1. 材料及外购半成品耗用表

本表用于材料消耗数据录入或从存货出库单读取数据,是标准成本计算时必须录入的数据表。

(1) 执行成本管理中"数据录入"选项,进入"材料及外购半成品耗用",单击"取数"按钮,如图 4 – 139 所示。

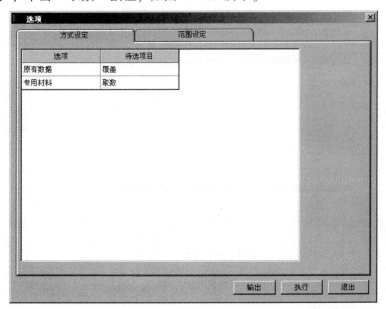

图 4 – 139　单击"取数"按钮

(2) 选择到"范围设定"页签,单击"全选",单击"执行",如图 4 – 140 所示。

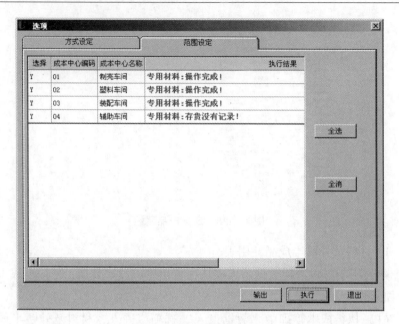

图 4 – 140　单击"执行"

（3）单击"退出"，如图 4 – 141 所示。

图 4 – 141　单击"退出"

（4）同样的方法完成其他费用的取数。

2. 人工费用表

本表用于录入各成本中心的人工费用消耗数据，或从薪资管理系统读取工资分摊结果数据。用于输入在一个会计期间成本中心所耗用的直接人工费用和计入制造费用的管理人员工资。根据在【选项】中的定义，数据可以来源于总账系统、薪资管理系统和手工录入，如图 4 – 142 所示。

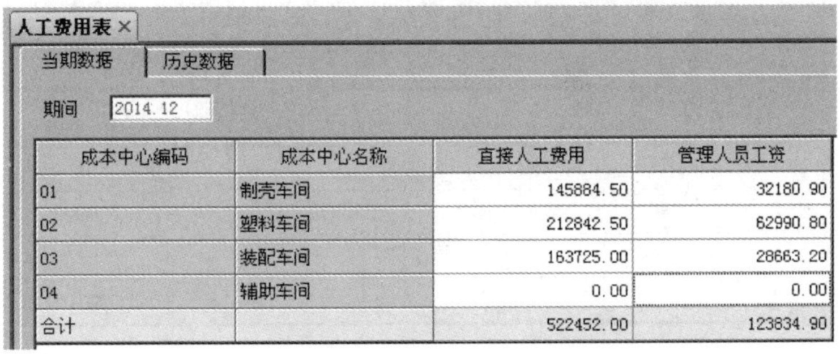

成本中心编码	成本中心名称	直接人工费用	管理人员工资
01	制壳车间	145884.50	32180.90
02	塑料车间	212842.50	62990.80
03	装配车间	163725.00	28663.20
04	辅助车间	0.00	0.00
合计		522452.00	123834.90

图 4－142　根据在【选项】中的定义数据来源

3. 折旧费用表

用于输入在一个会计期间成本中心所耗用的折旧费用。根据在【选项】中的定义，数据可以来源于总账系统、固定资产系统和手工录入。如果在【选项】中选择“制造费用无明细”，则本表不能操作，如图4－143 所示。

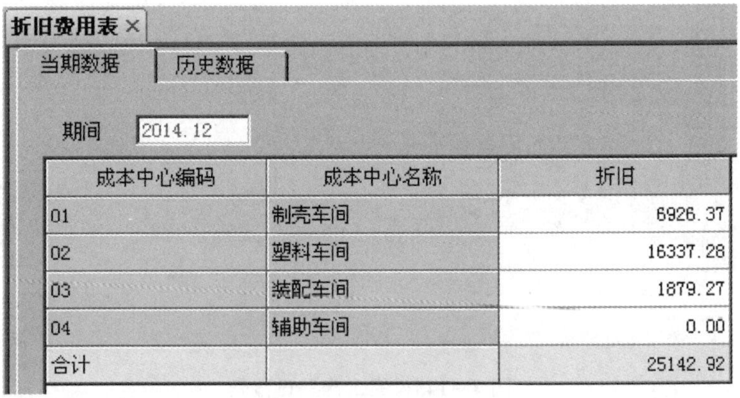

成本中心编码	成本中心名称	折旧
01	制壳车间	6926.37
02	塑料车间	16337.28
03	装配车间	1879.27
04	辅助车间	0.00
合计		25142.92

图 4－143　折旧费用表

4. 制造费用表

本表用于输入在一个会计期间成本中心所耗用的制造费用。根据在【选项】中的定义，数据可以来源于总账系统和手工录入，如果制造费用有明细，要分别按明细输入各部门的制造费用，如图 4－144 所示。

图 4 –144　制造费用表

5. 完工产品日报表

本表用于录入各产品的实际完工数量统计数据。用于统计在一个会计期间内，各个基本生产成本中心所生产完工的产品数量，此表是日报表，由系统自动汇总成月报表。本表数据为计算成本所必需，如果未录入完工数量可能无法进行计算，如图 4 – 145 所示。

图 4 –145　完工产品日报表

6. 工时日报表

本表为统计各实际成本对象费用项目所耗用的实际资源工时，用于录入各产品的实际生产工时统计数据。用户可以按天取数或一次录入，系统最后会汇总所有日期的工时之和，如图 4 – 146 所示。

图 4 - 146　工时日报表

7. 月末在产品处理

本表用于录入各产品的期末在产品数量数据。如果无在产品数据或选项中选择"订单关闭时计算完工差异"可以不录入本表。统计在一个会计期间内，各个基本生产成本中心的月末在产品盘点数据。按在产推算数量输入在线盘点数据，如图 4 - 147 所示。

图 4 - 147　月末在产品处理

8. 在产品每月变动约当数

本表用于录入各产品的在产品约当系数，如果无在产品或选项中选择"订单关闭时计算完工差异"可以不录入本表，如图 4 - 148 所示。

在产品约当系数表 ×

期间：2014.12

	成本	成本中心名称	产品编码	产品名称	订单类型	订单号	订单行号	BOM	约当数量(材料)	约当数量(人工)	约当数量(制造)
小计									28.0000	21.0000	21.0000
1	01	制壳车间	020101	铝壳	生产订单	0000000001	1	10	1.0000	1.0000	1.0000
2	01	制壳车间	020102	铁壳	生产订单	0000000002	1	10	1.0000	1.0000	1.0000
3	01	制壳车间	020102	铁壳	生产订单	0000000015	1	10	1.0000	0.5000	0.5000
4	01	制壳车间	020101	铝壳	生产订单	0000000016	1	10	1.0000	0.5000	0.5000
5	02	塑料车间	020201	塑壳(大)	生产订单	0000000003	1	10	1.0000	1.0000	1.0000
6	02	塑料车间	020202	塑壳(中)	生产订单	0000000004	1	10	1.0000	1.0000	1.0000
7	02	塑料车间	020203	塑壳(小)	生产订单	0000000005	1	10	1.0000	1.0000	1.0000
8	02	塑料车间	020204	塑配件(大)	生产订单	0000000006	1	10	1.0000	1.0000	1.0000
9	02	塑料车间	020205	塑配件(中)	生产订单	0000000007	1	10	1.0000	1.0000	1.0000
10	02	塑料车间	020206	塑配件(小)	生产订单	0000000008	1	10	1.0000	1.0000	1.0000
11	02	塑料车间	020207	气压式塑配件	生产订单	0000000009	1	10	1.0000	1.0000	1.0000
12	02	塑料车间	020201	塑壳(大)	生产订单	0000000017	1	10	1.0000	0.5000	0.5000
13	02	塑料车间	020202	塑壳(中)	生产订单	0000000018	1	10	1.0000	0.5000	0.5000
14	02	塑料车间	020203	塑壳(小)	生产订单	0000000019	1	10	1.0000	0.5000	0.5000
15	02	塑料车间	020204	塑配件(大)	生产订单	0000000020	1	10	1.0000	0.5000	0.5000
16	02	塑料车间	020205	塑配件(中)	生产订单	0000000021	1	10	1.0000	0.5000	0.5000
17	02	塑料车间	020206	塑配件(小)	生产订单	0000000022	1	10	1.0000	0.5000	0.5000
18	02	塑料车间	020207	气压式塑配件	生产订单	0000000023	1	10	1.0000	0.5000	0.5000
19	03	装配车间	0301	铝壳气压保温瓶	生产订单	0000000010	1	10	1.0000	1.0000	1.0000
20	03	装配车间	0302	铁壳保温瓶	生产订单	0000000011	1	10	1.0000	1.0000	1.0000
21	03	装配车间	0303	塑壳保温瓶	生产订单	0000000012	1	10	1.0000	1.0000	1.0000
22	03	装配车间	0304	塑壳保温瓶	生产订单	0000000013	1	10	1.0000	1.0000	1.0000
23	03	装配车间	0305	塑壳保温瓶	生产订单	0000000014	1	10	1.0000	1.0000	1.0000
合计									28.0000	28.0000	28.0000

图 4 - 148　在产品每月变动约当数

（二）根据本月发生的各项费用进行成本计算

用户在每个会计期间，将成本资料录入完毕后，就可以执行【标准成本计算】功能，进入此功能后，系统将自动根据用户设置的系统选项及有关各个费用的分配方法，结合本期实际的数据，自动进行计算。在计算中系统将自动检查各种计算所需的数据是否完备，系统将提示不能进行计算的原因。标准成本计算需完成标准成本计算前的数据环境检查，完成产品、半成品生产材料耗用标准成本的量差、价差计算，完成人工费用、制造费用的归集分配及价差、量差的计算，完成原材料、自制半成品材料费用向产成品的逐阶卷积，完成标准成本凭证记录的生成。

前置工作：单位标准成本计算、单位标准成本版本管理设定基础核算版本、材料及外购半成品耗表、委外材料耗用表、人工费用表、制造费用表、折旧费用表、委外加工费用表、完工产品日报表、月末在产品处理表、在产品每月变动约当数、出入库单记账、生产订单、委外订单。

操作步骤：

1. 单击"核算"｜"标准成本计算"｜"检查"按钮，进行成本核算检查，如图 4 - 149 所示，提示检查通过，符合计算条件则可以进行计算，否则进行错误及警告的更正。

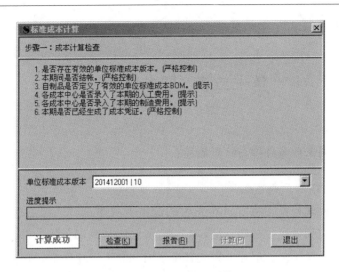

图 4 – 149 标准成本计算

2. 单击"计算"按钮，进行成本计算，提示计算成功。

（三）结转本期发生的人工费用、制造费用及各种差异处理并生成凭证

系统自动将需要生成凭证的记录汇总，用户通过选择凭证生成的方式，决定如何生成凭证，系统根据用户的需要，按总账规定的凭证格式生成凭证，完成向总账传递数据的功能。

操作步骤：

执行"成本管理"｜"核算"｜"凭证处理"｜"生成凭证"，选中单据进行制单，如图 4 – 150 所示。

图 4 – 150 自动生成凭证

单击"制单",修改凭证后保存。

第十二节　期末处理业务

一　期末业务处理与结账流程

(一) 期末业务处理

期末处理是指在将本月所发生的经济业务全部计入账后所要做的工作,主要包括计提、分摊、结转、对账和结账。期末会计业务与日常业务相比较,数量不多,但业务种类繁杂且时间紧迫。在手工会计工作中,每到会计期末,会计人员的工作非常繁忙。然而,在计算机处理下,由于各会计期间的许多期末业务具有较强的规律性,由计算机来处理这些有规律的业务,不但节省会计人员的工作量,也可以加强财务核算的规范性。

企业的经理、投资者、债权人等决策者都需要关于企业经营状况的定期信息,通过月末结账,据以结算账目编制财务报告,核算财务状况及资金变动情况,以及企业的供应链管理所需要的各种相关数据报表等。在用友 ERP - U8 管理系统中,月末业务处理是自动完成的,企业完成当月所有工作后,系统将相关各个系统的单据封存,各种数据计入有关的账表当中,完成会计期间的月末处理工作。

(二) 期末结账流程

供应链月末结账可分为四个步骤,如图 4 - 151 所示。

二　期末经济业务

在信息化系统中业务 95 - 业务 105 依次完成,每做一笔业务记账一次。期末处理经济业务如下:

业务 95. 12 月 31 日,预提短期借款利息按 1% (月利率),预提长期借款利息 0.6% (月利率)。

业务 96. 12 月 31 日,计算并结转持有至到期投资的损益。

业务 97. 12 月 31 日,计算并结转本月应交房产税及土地使用税 (包括租用的和自用的)

本月应计房产税:

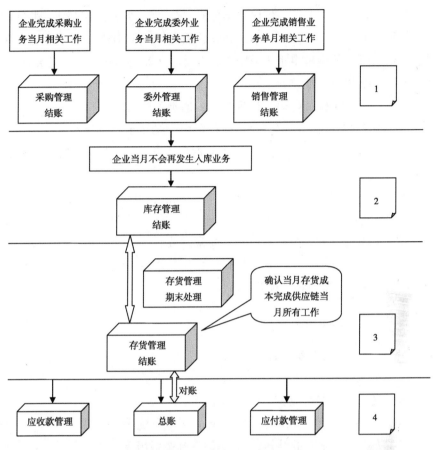

图 4 – 151 供应链月末结账四个步骤

自用房屋：房产账面原值×（1 – 扣除率20%）×年税率1.2%÷12

该公司自己用房账面原值为2383500元。

出租房屋：月租金收入×税率12%

本月应计土地使用税：

年税额5元/平方米×3600平方米÷12

业务98.12月31日，结转本期增值税并按销售产品应交增值税（销项税额减进项税额）的7%计征城市维护建设税、3%计征教育费附加。

要求：编制产品营业税金及附加计算表

业务99.12月31日，填制营业税纳税申报表，结转本月出租房屋应交营业税，并分别按应交营业税的7%计征城市维护建设税、3%计征教育费附加。

业务 100. 12 月 31 日，将损益类各账户余额结转"本年利润"账户。

业务 101. 12 月 31 日，对本月利润总额进行纳税调整（12 月份），填制本月企业所得税纳税申报表及附表，并估计未来能取得足够的应纳税所得额供用可抵扣暂时性差异。

要求：填写纳税调整表与递延资产、递延资产负债。

业务 102. 12 月 31 日，将"所得税费用"结转至"本年利润"。

业务 103. 12 月 31 日，将"本年利润"结转至"利润分配—未分配利润"。

业务 104. 12 月 31 日，根据股东大会决议，分别按全年税后利润的 10% 提取法定盈余公积，10% 提取任意盈余公积，将本月净利润的 50% 按出资比例向投资方分配现金股利，尚未发放。

业务 105. 12 月 31 日，将"利润分配"其余各明细账户的余额，转入"利润分配—未分配利润"账户。

三　期末经济业务处理

（一）期初自定义结转设置

1. 自定义结转

自定义转账功能可以完成的转账业务主要有：

（1）"费用分配"的结转，　　　如：工资分配等

（2）"费用分摊"的结转，　　　如：制造费用等。

（3）"税金计算"的结转，　　　如：增值税等。

（4）"提取各项费用"的结转，如：提取福利费等。

（5）"部门核算"的结转。

（6）"项目核算"的结转。

（7）"个人核算"的结转。

（8）"客户核算"的结转。

（9）"供应商核算"的结转。

本账套自定义结转资料见表 4 – 18、表 4 – 19。

表 4 – 18　　　　　　　　　　　　　　自定义结转

自定义项目编码	自定义项目	计算公式
0001	计提短期利息	按（月利率）的 1% 提取

自定义项目编码	自定义项目	计算公式
0002	计提长期利息	按（月利率）的 0.6% 提取
0003	计提房产税	自用房屋：房产账面价值 ×（1－20%（扣除率））× 1.2%（年税率）÷12，该公司自己用房账面原值为 238350
0004	租赁房产税	出租房屋：月租金收入 × 12%（税率）
0004	计提土地使用税	年税额 5 元/平方米 ×3600 平方米 ÷12
0005	计提营业税	出租房屋 5%
0006	计提城市维护建设税	按照所交营业税，消费税，增值税三项之和的 7% 提取
0007	计提教育费附加	按照所交营业税，消费税，增值税三项之和的 3% 提取
0008	计提债券利息	按 5% 计提
0009	调整所得税	
0010	提取任意盈余公积	净利润的 5% 提取
0011	提取法定盈余公积	净利润的 10% 提取
0012	提取中国石油公司股利	中国石油有限公司 80%
0013	提取广东省深圳矿业总公司股利	深圳矿业 20%
0014	结转本年利润	
0015	结转利润分配	
0016	结转所得税	

表 4 - 19　　　　　　　　　自定义结转公式

转账序号	摘要	科目编码	项目	方向	金额公式
0001	计提短期借款利息	550303		借	JG（）
	计提短期借款利息	2182		贷	QM（2101，月）×0.01
0002	计提长期借款利息	550303		借	JG（）
	计提长期借款利息	2182		贷	QM（2301，月）×0.006
0003	计提房产税	5502	税金	借	JG（）
	计提房产税	217109		贷	2383500×0.8×0.012/12
	计提房产税	217110		贷	5×3600/12
0004	租赁房产税	5405		借	JG（）
	租赁房产税	217109		贷	FS（5102，月，贷）×0.12

续表

转账序号	摘要	科目编码	项目	方向	金额公式
0005	计提营业税	540202		借	JG ()
	计提营业税	217103		贷	FS (5102，月，贷) ×0.05
0006	计提城市维护建设税	540201		借	JG ()
	计提城市维护建设税	217108		贷	FS (217103，月，贷) ×0.07
	计提城市维护建设税	217108		贷	QM (217102，月，贷) ×0.07
0007	计提教育费附加	540203		借	JG ()
	计提教育费附加	217111		贷	FS (217103，月，贷) ×0.03
	计提教育费附加	217111		贷	QM (217102，月，贷) ×0.03
0008	计提债券利息	1402	应计利息	借	QM (1402，月，借，59) ×0.05/12 注：59 为"持有至到期投资—成本"的项目编号
	计提债券利息	5201		贷	(QM (1402，月，借，59) +QM (1402，月，借，60)) ×0.045/12 注：59 为"持有至到期投资—成本"的项目编号
	计提债券利息	1402	利息调整	贷	CE ()
0009	调整所得税	580101		借	JG ()
	调整所得税	217106		贷	FS (3131，月，贷) ×0.25
	调整所得税	217106		贷	FS (5502，月，借，49) ×0.25×0.4 注：49 为"管理费用 - 业务招待费"的项目编号
	调整所得税	217106		贷	FS (560102，月，借) ×0.25
	调整所得税	217106		贷	FS (5901 所得税，月，借) ×0.25
	调整所得税	217106		贷	FS (5103，月，贷) ×0.25
	调整所得税	217106		贷	FS (560101，月，借) ×0.25
0010	提取法定盈余公积	314102		借	JG ()
	提取法定盈余公积	312101		贷	FS (314115，月，贷) ×0.8×0.1
0011	提取任意盈余公积	314109		借	JG ()
	提取任意盈余公积	312102		贷	FS (314115，月，贷) ×0.1
0012	提取中国石油公司股利	2161		贷	JG ()
	提取中国石油公司股利	314110		借	FS (314115，月，贷) ×0.5×0.8
0013	提取广东省深圳矿业总公司股利	2161		贷	JG ()
	提取广东省深圳矿业总公司股利	314110		借	FS (314115，月，贷) ×0.5×0.2

续表

转账序号	摘要	科目编码	项目	方向	金额公式
0014	结转本年利润	3131		借	JG ()
	结转本年利润	314115		贷	FS (3131, 月, 贷) - FS (3131, 月, 借)
0015	结转利润分配	314115		借	JG ()
	结转利润分配	314109		贷	FS (314109, 月, 借)
	结转利润分配	314102		贷	FS (314102, 月, 借)
	结转利润分配	314110		贷	FS (314110, 月, 借)
0016	结转所得税	3131		借	JG ()
	结转所得税	580101		贷	FS (580101, 月, 借)
	结转所得税	580102		贷	FS (580102, 月, 借)

2. 对应结转

当两个或多个上级科目的下级科目及辅助项有一一对应关系时,可进行将其余额按一定比例系数进行对应结转,可一对一结转,也可一对多结转。本功能只结转期末余额,详见表4-20。

表4-20 对应结转

结转编码	转出科目	转入科目
0001	应交税金—应交增值税—销项税	应交税金—未交增值税
0002	应交税金—应交增值税—进项税	应交税金—未交增值税

3. 期间损益结转

将本月"期间损益"转入"本年利润"。

(二) 设置自定义结转凭证

操作步骤:

(1) 执行"总账" | "期末" | "转账定义" | "自定义转账"命令,进入"自定义转账设置"窗口。

(2) 单击"增加"按钮,打开"转账目录"设置对话框。

(3) 输入转账序号"0001",转账说明"计提短期借款利息",选择凭证类别"转账凭证",如图4-152所示。

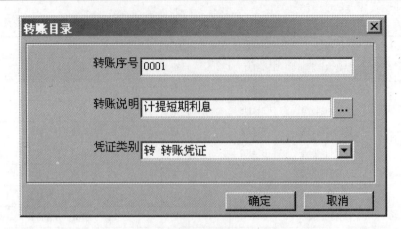

图 4 - 152 选择凭证类别"转账凭证"

（4）单击"确定"按钮，继续定义转账凭证分录信息。

（5）增行，选择科目编码，借方"财务费用——利息支出"550303，方向借方，金额公式通过公式向导定义，如图 4 - 153 所示。

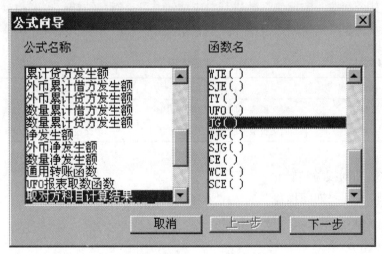

图 4 - 153 金额公式通过公式向导定义

（6）选择"JG"，表示"取对方科目计算结果"，单击"下一步"，如图 4 - 154 所示。

图 4 - 154 单击 "下一步"

（7）默认直接单击"完成"，然后"增行"，填入贷方信息，科目为"2182"应付利息，方向为贷方，输入金额公式或利用向导，选择"QM"，如图 4 - 155 所示。

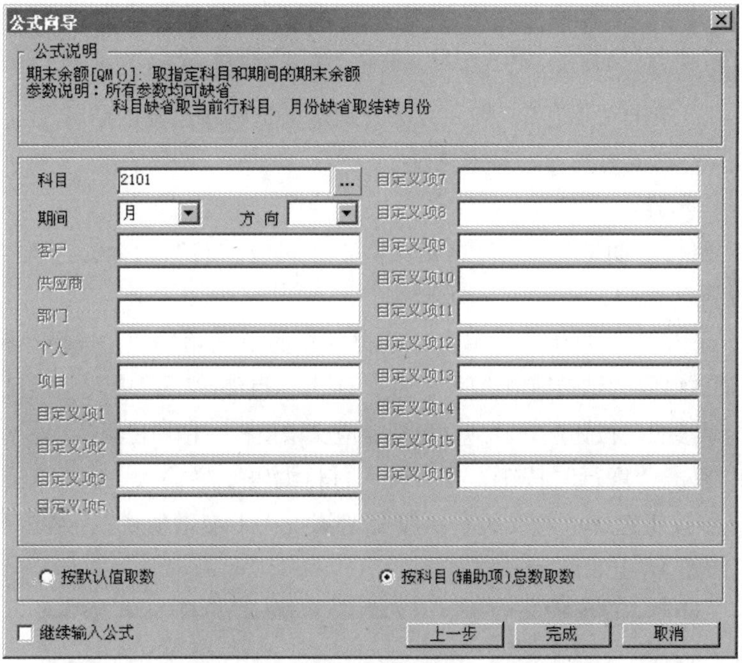

图 4 - 155 公式向导

（8）选择科目为"2101 短期借款"，单击"继续输入公式"，选择"＊"，单击"下一步"，在公式名称栏内选择"常数"，单击"下一步"，输入 0.01，如图 4 - 156 所示。

图 4 – 156　单击"下一步"，输入 0.01

（9）单击"完成"按钮，如图 4 – 157 所示。

图 4 – 157　单击"完成"按钮

（10）单击"保存"，按此方法分别定义资料中已知的结转。

（三）设置对应结转转账凭证

操作步骤：

1. 执行"期末"｜"转账定义"｜"对应结转"命令，进入"对应结转设置"窗口。

2. 录入编号"0001"，单击凭证类别栏的下三角按钮，选择"转账凭证"，输入摘要"结转销项税额"，在"转出科目编码"栏输入"科目编码"或单击"参照"按钮选择"应交税费—应交增值税—销项税额"。

3. 单击"增行"按钮，在"转入科目编码"栏输入"科目编码"或单击参照按钮选择"应交税费—应交增值税—未交增值税"，结转系数为"1"，如图 4 – 158 所示。

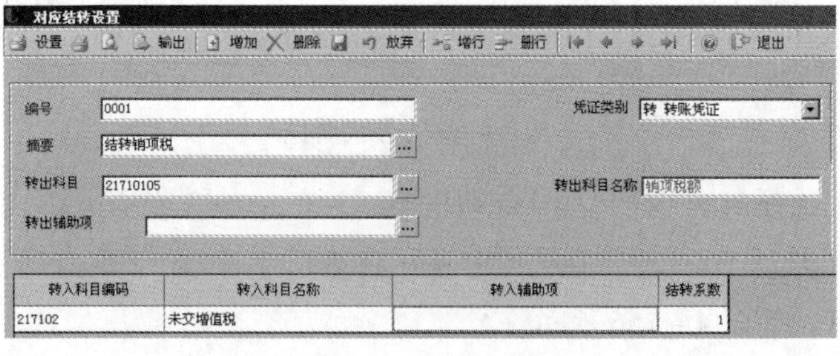

图 4 – 158　对应对转设置

4. 单击"保存"按钮，单击"退出"按钮。

提示：①对应结转不仅可以进行两个科目一对一结转，还可以进行科目的一（一个转出科目）对多（多个转入科目）的结转。②对应结转的科目可为上级科目，但其下级科目的科目结构必须一致（相同明细科目），如果有辅助核算，则两个科目的辅助账类也必须一一对应。③对应结转只能结转期末余额。

（四）设置期间损益结转转账凭证

执行"转账定义""期间损益"，修改凭证类别为"转账凭证"，本年利润科目为"3131 本年利润"，单击空白区域，单击"确定"，如图4-159 所示。

损益科目编号	损益科目名称	损益科目账类	本年利润科目编码	本年利润科目名称	本年利润科目账类
5101	主营业务收入		3131	本年利润	
5102	其他业务收入		3131	本年利润	
5103	公允价值变动损益		3131	本年利润	
5201	投资收益		3131	本年利润	
5203	补贴收入		3131	本年利润	
5301	营业外收入		3131	本年利润	
5401010101	标准材料费用		3131	本年利润	
5401010102	标准材料费用价差		3131	本年利润	
5401010103	标准材料费用量差		3131	本年利润	
5401010201	标准人工费用		3131	本年利润	
5401010202	标准人工费用费率差		3131	本年利润	
5401010203	标准人工费用效率差		3131	本年利润	
5401010301	标准固定制造费用		3131	本年利润	
5401010302	标准固定制造费用…		3131	本年利润	

图4-159　单击空白区域，单击"确定"

操作步骤：

1. 计提短期借款利息、长期借款利息等

（1）"总账""期末""转账生成"，选中"计提短期借款利息"和"计提长期借款利息"，如图4-160 所示。

图 4 – 160   选中"计提短期借款利息"和"计提长期借款利息"

（2）单击"确定"，自动生成凭证并保存，如图 4 – 161 所示。

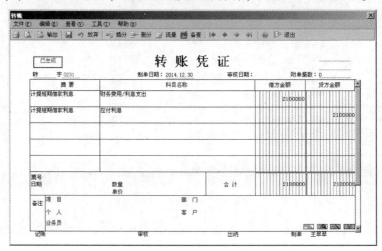

图 4 – 161   自动生成凭证

2. 结转销项税、进项税

"转账生成""对应结转"选中，如图 4 – 162 所示。

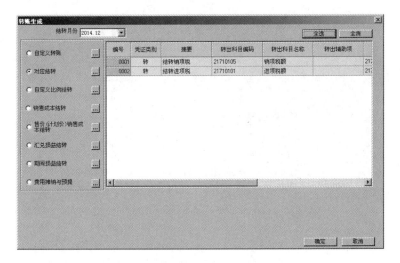

图 4 – 162 转账生成""对应结转"选中

单击"确定",自动生成凭证并保存,如图 4 – 163 所示。

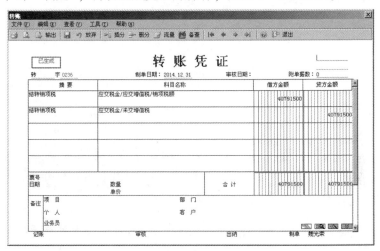

图 4 – 163 自动生成凭证并保存

3. 结转期间损益

操作步骤:

执行"期末"│"转账生成"│"期间损益结转"│"全选"│"确定",如图 4 – 164 所示。

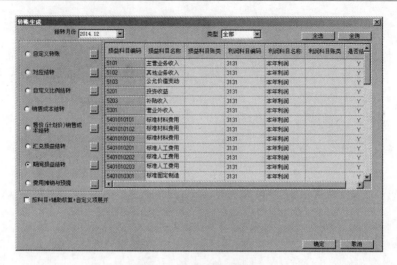

图 4-164　结转期间损益

直接生成凭证保存，如图 4-165 所示。

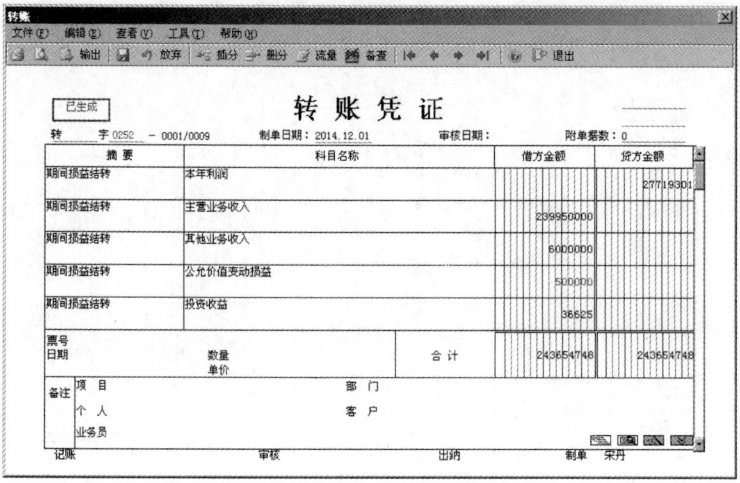

图 4-165　直接生成凭证保存

注意：需要将前面的凭证审核记账后再操作。

4. 调整递延所得税

递延所得税调整见表 4-21。

表 4 - 21　　　　　期末暂时性差异和递延所得税资产（负债）分析

调整事项	资产或负债账面价值	计税基础	暂时性差异	递延所得税资产	递延所得税负债
交易性金融资产（公允价值变动）	193000	198000	5000	1250	
应收账款（计提坏账准备）	1926384	1930506.77	4122.77	1030.69	
固定资产（计提固定资产减值准备）	5730870.25	5745870.25	15000	3750	
合计			24122.77	6030.69	
本期期初递延所得税资产					7000

在总账中填写凭证：

借：递延所得税资产　6030.69

贷：递延所得税负债 - 7000.00

借：所得税费用/递延所得税 - 13030.69

如图 4 - 166 所示。

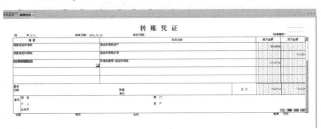

图 4 - 166　在总账中填写凭证

5. 提取分配股利（前面所有业务凭证已记账）

执行"转账生产"｜"自定义转账"｜，提取股利，如图 4 - 167 所示。

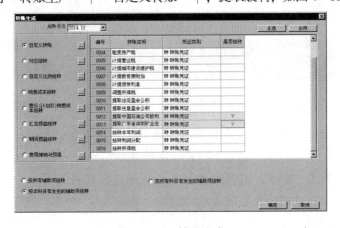

图 4 - 167　转账生成

单击"确定",将生成的凭证保存。

四　结账处理业务

(一) 采购管理月末结账

使用采购管理系统时,要逐月进行月末结账,即将每月的采购相关单据及数据封存,并将当月的采购数据记入有关账表中。

1. 结账

操作步骤:

(1) 在采购管理系统中,单击"月末结账",进入月末结账界面,如图 4 – 168 所示。

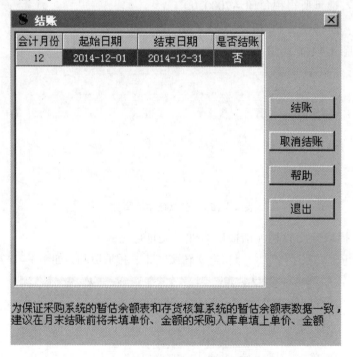

图 4 – 168　进入月末结账界面

(2) 选择结账的月份,必须连续选择,否则不允许结账,单击结账月份所对应行"选择标记"空白栏,系统显示"选中"标志。

(3) 单击"结账"按钮,系统自动提示进行月末结账。

(4) 结账完成后,系统提示"月末结账完毕",单击"确定"按钮。

2. 取消结账

如果操作错误需要取消当月结账时，可按以下提示进行操作。

（1）在采购管理系统中，单击"月末结账"，进入月末结账界面。

（2）单击已结账月份所对应的"选择标记"空白栏，系统提示"选中"标志。

（3）单击"取消结账"按钮。

（4）系统提示"取消月末结账完毕"，单击"确定"按钮，完成取消月末结账工作。

（二）销售管理月末结账

1. 结账

销售管理系统的月末结账是在每个会计期间终了时将本会计期间的销售单据封存，并将当月的销售数据计入有关账表中。

操作步骤：

（1）在销售管理系统中，单击"销售月末结账"，进入月末结账界面，如图4-169所示。

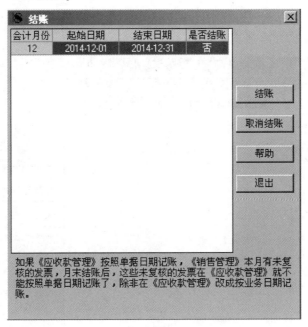

图4-169　销售月末结账

（2）系统将应结账月份用蓝条标出，只能对蓝条所在月份进行月末结账，单击"月末结账"按钮，系统自动完成月末结账。

（3）如果销售管理系统中还有已填制完成但未进行审核的单据时，系统提示"存在未审核的单据，是否继续进行月末结账"，并将未审核单据类型标出。用户可以选择继续结账或取消结账，即有未审核的单据仍可月末结账；但年底结账时，所有单据必须审核才能结账。

2. 取消结账

当月末结账发生错误时，可以取消月末结账，正确处理后再结账。

操作步骤：

（1）在销售管理系统中，单击"月末结账"，进入月末结账界面。

（2）单击"取消结账"按钮，完成取消月末结账工作。

（三）库存管理月末结账

库存管理系统月末结账是将每月的出入库单据逐月封存，并将当月的出入库数据计入有关账表中。结账后本月不能再填制单据。

1. 结账

操作步骤：

（1）在库存管理系统中，单击"月末结账"，进入库存管理月末结账界面，如图 4 – 170 所示。

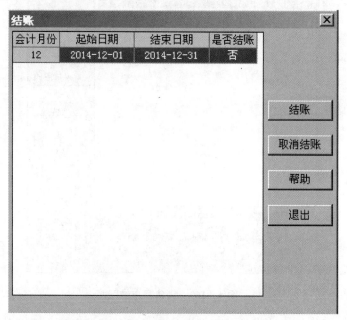

图 4 – 170　库存管理月末结账

（2）系统将应结账月份用蓝条标出，只能对蓝条所在月份进行月末结账，单击"结账"按钮，系统自动完成月末结账工作。

2. 取消结账

当某月结账发生错误时，可以取消月末结账，正确处理后再结账。

操作步骤：

（1）在库存管理系统中，单击"月末结账"按钮，进入月末结账界面。

（2）单击"取消结账"按钮，完成取消月末结账工作。

3. 库存系统对账

在库存管理系统中，月末结账后可以与存货核算系统进行对账。

（1）库存和存货对账

库存管理系统与存货核算系统对账的内容为结账月份各仓库各存货的收发存数量。

操作步骤：

①在库存管理系统中，单击"对账"｜"库存与存货对账"，打开"库存存货对账"对话框，如图4－171所示。

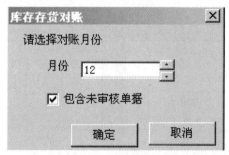

图4－171 库存存货对账

②输入对账月份后，单击"确定"按钮，系统开始对账。

③系统执行完对账后，提示对账结果，如图4－172所示。

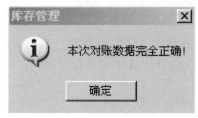

图4－172 提示对账结果

（2）库存账与货位账对账

库存管理系统可进行库存台账与货位卡片对账的功能。

操作步骤：

①在库存管理系统中，单击"对账"｜"库存账与货位账对账"，进入库存台账与货位卡片核对窗口。

②系统执行完对账后，显示对账结果。

（四）存货核算月末结账

1. 期末处理

在存货核算系统中，如果存货成本按全月平均法或计划价/售价方式核算，当月业务全部完成后，用户要进行期末处理。

操作步骤：

（1）在存货核算系统中，单击"业务核算"｜"期末处理"，系统显示期末处理界面，如图 4 – 173 所示。

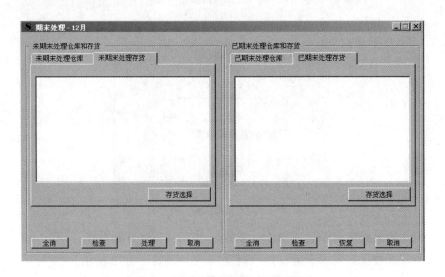

图 4 – 173　系统显示期末处理界面

（2）选择要处理的仓库、部门或存货，系统自动显示应期末处理的会计月份。确认后系统自动计算所选仓库、部门或存货的成本，如图4 – 174 所示。

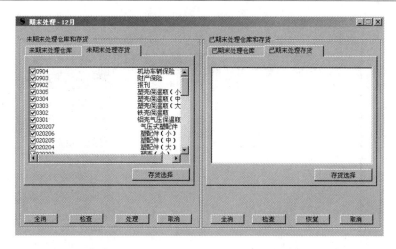

图 4 - 174 系统自动计算所选仓库、部门或存货的成本

（3）系统显示计算出的各个仓库，存货成本，当所选仓库/部门/存货为全月平均方式核算时，系统自动计算此仓库/部门/存货中各存货的全月平均单价，并计算本会计月的出库成本，生成期末成本处理表，用户可对此进行打印，如果出库成本不符合要求，用户可选择"取消"按钮，然后对出库成本进行调整后，再进行处理。用户如果选择"确认"按钮，系统将对明细账回填出库成本，完成后，系统提示用户"期末处理完成"。

当所选仓库/部门/存货为计划价/售价核算时，系统自动计算此仓库/部门/存货中各存货的差异率/差价率，并形成差异/差价结转单，此单据用户不可修改；如果用户认为此单有误，可按"取消"按钮取消此次处理；如果用户认为此单无误，应选择"确认"按钮并记账。

2. 取消期末处理

存货核算系统允许取消期末处理。

操作步骤：

（1）在存货核算系统中，单击"业务核算" | "期末处理"，进入期末处理界面。

（2）单击"已期末处理仓库"页签，选择要回复期末处理的仓库、部门或存货，单击"确定"，系统自动进行恢复。

3. 月末结账

（1）在存货核算系统中，单击"业务核算" | "月末结账"，进入存货核算月末结账界面，如图 4 - 175 所示。

图 4 - 175　存货核算月末结账界面

　　(2) 系统显示当前应结账月份，只能对该月份进行月末结账，单击"确认"按钮，系统自动完成月末结账工作。

　　4. 恢复存货核算月末结账

　　当某月结错时，可使用取消结账功能取消月末结账状态，但必须要用下个月日期登陆进行取消操作。

　　操作步骤：

　　(1) 用已结账月份的下月日期登录"企业应用平台"，进入"存货核算"。

　　(2) 在存货核算系统中，单击"业务核算" ｜ "月末结账"，打开月末结账对话框。

　　(3) 系统提示当前应取消结账月份，只能对该月取消月末结账，单击"确认"按钮，系统提示完成取消月末结账工作。

　　5. 与总账系统对账

　　本功能用于存货核算系统与总账系统核对存货科目和差异科目在各会计月份借贷方发生金额、数量以及期末结存的金额、数量信息。

　　操作步骤：

　　(1) 在存货核算系统中，单击"业务核算" ｜ "与总账对账"，进入与总账对账窗口。

（2）系统自动列出存货科目和差异科目的期初、发生及结存数据，该显示内容可通过"格式"按钮进行设置。

（3）可选择"明细"按钮，列出每一行科目的明细记录。

（4）可在明细对账记录查询中联查业务单据及凭证。

（五）应收模块结账

应收期末处理指用户进行的期末结账工作。如果当月业务已全部处理完毕，就需要执行月末结账功能，只有月末结账后，才可以开始下月工作。

1. 结账

如果已经确认本月的各项处理已经结束，可以选择执行月末结账功能。当执行了月末结账功能后，该月将不能再进行任何处理。

操作步骤：

（1）用鼠标单击【其他处理】—【期末处理】—【月末结账】，如图4－176所示。

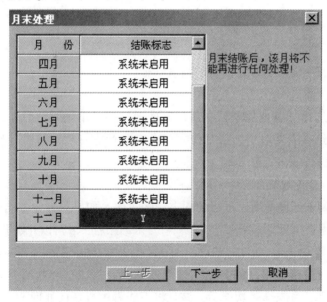

图4－176 月末结账

（2）选择结账月份，双击结账标志一栏，标志选择该月进行结账。

（3）单击【下一步】按钮，系统将月末结账的检查结果列示，您可以单击其中任意一项，以检查其详细信息。单击【取消】按钮，取消此次操作，如图 4 – 177 所示。

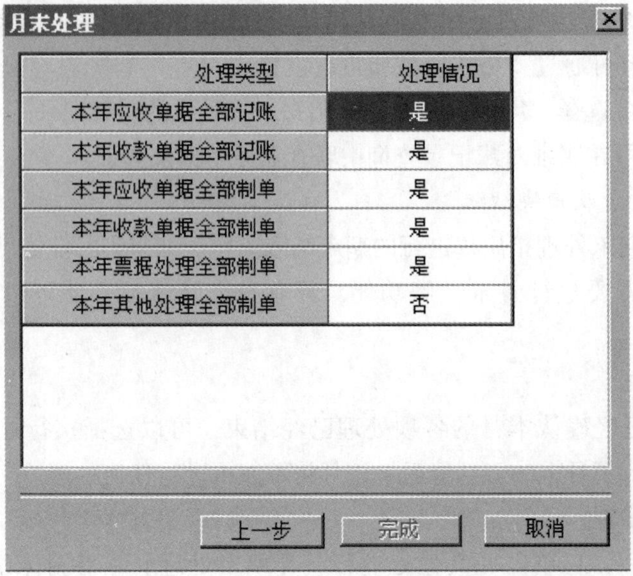

图 4 –177　单击其中任意一项，检查其详细信息

（4）单击【确认】按钮，执行结账功能。

2. 取消结账

本功能帮助取消最近月份的结账状态。

操作步骤

（1）选择【其他处理】—【期末处理】—【取消月结】。

（2）选择需要取消结账月份，双击结账标志一栏，单击【确认】按钮，系统执行取消结账功能。

（六）应付模块结账

应付期末处理指用户进行的期末结账工作。如果当月业务已全部处理完毕，就需要执行月末结账功能，只有月末结账后，才可以开始下月工作。

1. 结账

如果已经确认本月的各项处理已经结束，可以选择执行月末结账功能。当执行了月末结账功能后，该月将不能再进行任何处理。

【操作步骤】

（1）单击【其他处理】—【期末处理】—【月末结账】，如图4 – 178 所示。

（2）选择结账月份，双击结账标志一栏，标志选择该月进行结账。

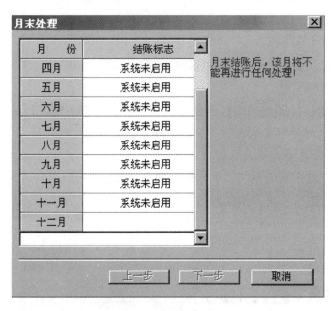

图 4 – 178　月末结账

（3）单击【下一步】按钮，系统将月末结账的检查结果列示，可以
单击其中任意一项，以检查其详细信息。单击【取消】按钮，取消此次
操作，如图 4 – 179 所示。

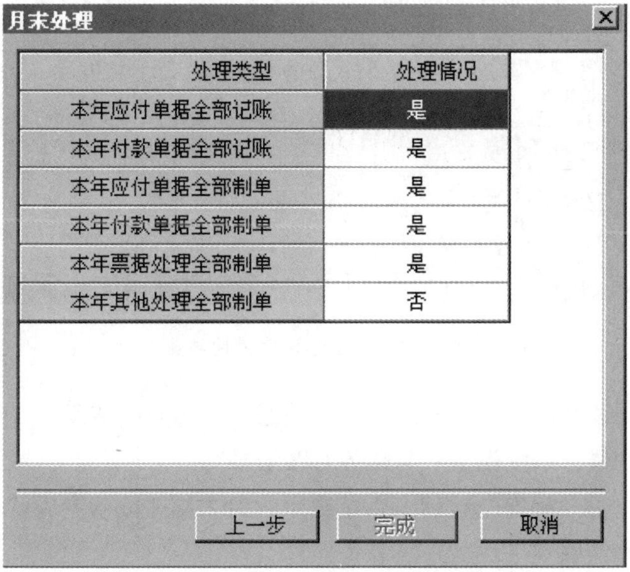

图 4 – 179　系统将月末结账的检查结果列示

（4）单击【确认】按钮，执行结账功能。

2. 取消结账

本功能帮助取消最近月份的结账状态。

操作步骤

（1）选择【其他处理】—【期末处理】—【取消结账】。

（2）选择要恢复结账的月份，系统即会进行相关的处理。

（七）固定资产模块结账

当固定资产系统完成了本月全部制单业务后，可以进行月末结账。月末结账每月进行一次，结账后当期数据不能修改。

1. 结账

操作步骤：

（1）单击"处理" | "月末结账"对话框，如图 4 – 180 所示。

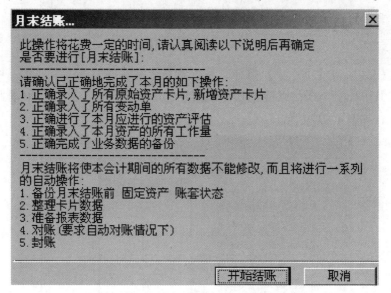

图 4 – 180　固定资产模块结账

（2）阅读系统提示，单击"开始结账"按钮开始结账。

（3）稍候，系统提示"与账务对账结果"。

（4）单击"确定"按钮，系统提示"月末结账成功完成！"。

2. 取消结账

取消结账又称"反结账"，是系统提供给的一个纠错功能。如果由于某种原因，在结账后发现结账前的操作有误，而结账后不能修改结账前的数据，因此可使用此功能恢复到结账前状态去修改错误。

操作步骤

（1）以要恢复的月份登录。

（2）从【处理】菜单中单击【恢复月末结账前状态】，屏幕显示提示信息，提醒要恢复到登录月末结转前状态，单击"是"，系统即执行本操作，并提示最新可修改日期。

（八）薪资模块结账

月末结转是将当月数据经过处理后结转至下月。每月工资数据处理完毕后均可进行月末结转。由于在工资项目中，有的项目是变动的，即每月的数据均不相同，在每月工资处理时，均需将其数据清为 0，而后输入当月的数据，此类项目即为清零项目。

1. 结账

操作步骤：

（1）在薪资管理系统中，单击"业务处理" | "月末处理"，打开"月末处理"对话框，如图 4 – 181 所示。

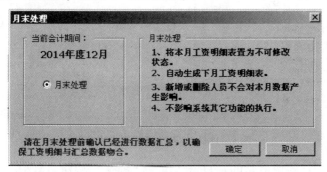

图 4 – 181　薪资模块结账

（2）单击"确定"按钮，弹出系统提示框"月末处理后，本月工资将不许变动！继续月末处理吗？"，如图 4 – 182 所示。

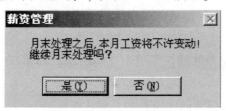

图 4 – 182　弹出系统提示框

（3）若单击"否"按钮，则退回薪资管理主界面；单击"是"按钮，系统继续提示"是否选择清零项？"，如图 4 – 183 所示。

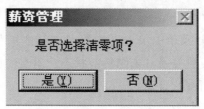

图 4 – 183　是否选择清零项

（4）若选"否"按钮，则下月项目完全继承当前月数据；若选"是"按钮，打开"选择清零项目"对话框，如图 4 – 184 所示。

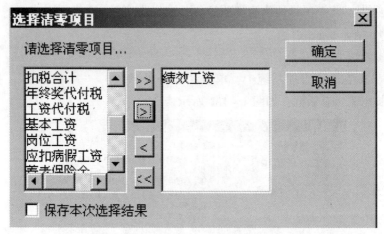

图 4 – 184　打开"选择清零项目"

（5）选择需要清零的项目后，单击"确认"按钮，系统提示"月末处理完毕！"。

2. 取消结账

在工资管理系统结账后，发现还有一些业务或其他事项需要在已结账月进行账务处理，此时需要使用反结账功能，取消已结账标记。

操作步骤

（1）选择【业务处理】菜单中【反结账】菜单项，屏幕显示反结账界面；

（2）选择要反结账的工资类别，确认即可。

（九）总账模块结账

在手工会计处理中，都有结账的过程，在计算机会计处理中也应有这一过程，以符合会计制度的要求，因此本系统特别提供了【结账】功能。结账只能每月进行一次。

1. 结账

操作步骤

（1）选择【期末】—【结账】进入此功能，屏幕显示结账向导一——选择结账月份，单击要结账月份，如图 4-185 所示。

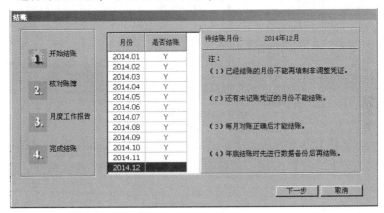

图 4-185 单击要结账月份

（2）选择结账月份后单击【下一步】，屏幕显示结账向导二——核对账簿，如图 4-186 所示。

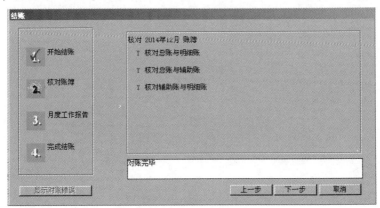

图 4-186 核对账簿

（3）按【对账】按钮，系统对要结账的月份进行账账核对，在对账过程中，可按【停止】按钮中止对账，对账完成后，单击【下一步】，屏幕显示结账向导三——月度工作报告。若需打印，则单击【打印月度工作报告】即可打印，如图 4 – 187 所示。

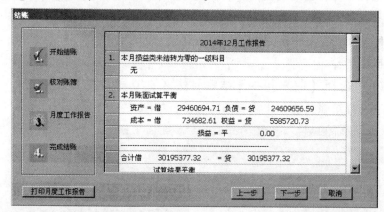

图 4 – 187　结账核对

（4）查看工作报告后，单击【下一步】，屏幕显示结账向导四——完成结账。按【结账】按钮，若符合结账要求，系统将进行结账，否则不予结账。

2. 取消结账

操作方法

在"结账向导一"中，选择要取消结账的月份上，按［Ctrl + Shift + F6］键即可进行反结账。

第五章

财务报表

第一节 通用财务报表

一 资产负债表

（一）资产负债表概述

资产负债表是反映企业在某一特定日期全部资产、负债和所有者权益情况的会计报表，它表明权益在某一特定日期所拥有或控制的经济资源、所承担的现有义务和所有者对净资产的要求权。它是一张揭示企业在一定时点财务状况的静态报表。资产负债表利用会计平衡原则，将合乎会计原则的交易科目分为"资产"和"负债及股东权益"两大区块，在经过分录、转账、分类账、试算、调整等会计程序后，以特定日期的静态企业情况为基准，浓缩成一张报表。

（二）资产负债表公式

资产负债表统资料见表 5 - 1。

表 5 - 1 资产负债表公式

项目名称	年初数公式	期末数公式
货币资金	QC（"1001"，月，，，年，，）＋QC（"1002"，月，，，年，，）＋QC（"1009"，月，，，年，，）	Qm（"1001"，月，，，年，，）＋Qm（"1002"，月，，，年，，）＋Qm（"1009"，月，，，年，，）
交易性金融资产	QC（"1101"，月，，，年，，）	Qm（"1101"，月，，，年，，）
应收票据	QC（"1111"，月，，，年，，）	Qm（"1111"，月，，，年，，）
应收股利	QC（"1121"，月，，，年，，）	Qm（"1121"，月，，，年，，）

项目名称	年初数公式	期末数公式
应收利息	QC（"1122"，月,,，年,,）	Qm（"1122"，月,,,，年,,）
应收款项	QC（"1131"，月,,，年,,）－QC（"1141"，月,,，""，,,,,）	Qm（"1131"，月,,，年,,）－qm（"1141"，月，"贷"，,,,,）
其他应收款	QC（"1133"，月,,，年,,）	Qm（"1133"，月,,，年,,）
预付账款	QC（"1151"，月,,，年,,）	Qm（"1151"，月,,，年,,）
存货	QC（"1201"，月,,，年,,）＋QC（"1211"，月,,，年,,）＋QC（"1243"，月,,，年,,）＋QC（"1251"，月,,，年,,）＋QC（"1252"，月,,，年,,）＋QC（"1253"，月,,，年,,）＋QC（"4101"，月,,，年,,）	Qm（"1201"，月,,，年,,）＋Qm（"1211"，月,,，年,,）＋Qm（"1243"，月,,，年,,）＋Qm（"1251"，月,,，年,,）＋Qm（"1252"，月,,，年,,）＋Qm（"1253"，月,,，年,,）＋Qm（"4101"，月,,，年,,）
流动资产合计		
非流动资产：		
持有至到期投资	QC（"1402"，月,,，年,,）	Qm（"1402"，月,,，年,,）
长期股权投资	QC（"1401"，月,,，年,,）	Qm（"1401"，月,,，年,,）
固定资产	QC（"1501"，月,,，年,,）－QC（"1502"，月,,，年,,）－QC（"1505"，月,,，年,,）	Qm（"1501"，月,,，年,,）－Qm（"1505"，月，"贷"，,,,,）－qm（"1502"，月，"贷"，,,,,）
在建工程	QC（"1603"，月,,，年,,）	Qm（"1603"，月,,，年,,）
工程物资	QC（"1601"，月,,，年,,）	Qm（"1601"，月,,，年,,）
固定资产清理	QC（"1701"，月,,，年,,）	Qm（"1701"，月,,，年,,）
无形资产	QC（"1801"，月,,，年,,）－QC（"1802"，月,,，年,,）	Qm（"1801"，月,,，年,,）＋Qm（"1802"，月,,，年,,）
递延所得税资产	QC（"1912"，月，"借",,，年,,）	Qm（"1912"，月，"借",,，年,,）
非流动资产合计		
资产合计		
短期借款	QC（"2101"，月,,，年,,）	Qm（"2101"，月,,，年,,）
应付票据	QC（"2111"，月,,，年,,）	Qm（"2111"，月,,，年,,）
应付账款	QC（"2121"，月,,，年,,）	Qm（"2121"，月,,，年,,）
预收款项	QC（"2131"，月,,，年,,）	Qm（"2131"，月,,，年,,）
应付职工薪酬	QC（"2151"，月,,，年,,）	Qm（"2151"，月,,，年,,）
应付利息	QC（"2182"，月,,，年,,）	Qm（"2182"，月,,，年,,）
应付股利	QC（"2161"，月,,，年,,）	Qm（"2161"，月,,，年,,）
应交税费	QC（"2171"，月,,，年,,）	Qm（"2171"，月,,，年,,）
其他应付款	QC（"2181"，月,,，年,,）	Qm（"2181"，月,,，年,,）

续表

项目名称	年初数公式	期末数公式
流动负债合计		
非流动负债：		
长期借款	QC（"2301"，月,,，年,,)	Qm（"2301"，月,,，年,,)
递延所得税负债	QC（"2341"，月,,，年,,)	Qm（"2341"，月,,，年,,)
非流动负债合计	ptotal（? G21:? G27)	ptotal（? h21:? h27)
负债合计		
所有者权益		
实收资本（或股本）	QC（"3101"，月,,，年,,)	Qm（"3101"，月,,，年,,)
资本公积	QC（"3111"，月,,，年,,)	Qm（"3111"，月,,，年,,)
盈余公积	QC（"3121"，月,,，年,,)	Qm（"3121"，月,,，年,,)
未分配利润	QC（"3141"，月,,，年,,）+QC（"3131"，月,,，年,,)	Qm（"3141"，月,,，年,,）+Qm（"3131"，月,,，年,,)
所有者权益		
负债和所有者权益		

（三）建立资产负债表

1. 录入单元公式

操作步骤：

（1）单击 C7 单元，执行"数据"｜"编辑公式"｜"单元公式"命令，打开"定义公式"对话框。

（2）单击"函数向导"，打开"函数向导"对话框，在函数分类列表中选择"用友账务函数"，在函数名列表中选择"发生（FS）"。

（3）单击"下一步"按钮，打开"用友账务函数"对话框。单击参照按钮，打开"账务函数"对话框。根据材料信息要求输入公式，如图 5-1 所示。单击"确定"返回，以此类推输入其余公式。

图 5-1 根据材料信息要求输入公式

（4）单击"确认"按钮。

（5）同理，按资料所给公式继续录入其他单元的计算公式，如图 5 - 2 所示。

资产负债表

资产	行次	月初数	期末数	负债和所有者权益	行次	月初数	期末数
单位名称：xxxxxxxxxxxxxxxxxxxxxxxxxx　xxxx 年				xx 月		会企01 单位：元	
流动资产：				流动负债：			
演示赞师资金	1	公式单元	公式单元	短期借款		公式单元	公式单元
交易性金融资产	2	公式单元	公式单元	应付票据		公式单元	公式单元
应收票据	3	公式单元	公式单元	应付账款		公式单元	公式单元
应收股利	4	公式单元	公式单元	预收账款		公式单元	公式单元
应收利息	5	公式单元	公式单元	应付职工薪酬		公式单元	公式单元
应收款项	6	公式单元	公式单元	应付利息		公式单元	公式单元
其他应收款	7	公式单元	公式单元	应付股利		公式单元	公式单元
预付账款	8	公式单元	公式单元	应交税费		公式单元	公式单元
存货	9	公式单元	公式单元	其他应付款		公式单元	公式单元
待处理财产损益	10	公式单元	公式单元				
流动资产合计	11	公式单元	公式单元	流动负债合计		公式单元	公式单元

图 5 - 2　录入其他单元的计算公式

提示：①单元公式是指为报表数据单元进行赋值的公式，单元公式的作用是从账簿、凭证、本表或其他报表等处调用运算所需要的数据，并输入到相应的报表单元中。它既可以将数据单元赋值为数值，也可以赋值为字符。②必须在英文状态下录入计算公式。③计算公式可以直接录入，也可以利用函数向导参照录入。④所录入的公式必须符合公式的模式，否则会被系统判定为公式错误。

2. 将报表格式在我的文档中保存为"zcfzb. rep"

操作步骤：

（1）执行"文件"｜"保存"命令，选择保存文件路径为"D：\ 100 账套备份"，修改文件名为"zcfzb. rep"。

（2）单击"另存为"按钮。

3. 计算报表数据

（1）在报表"格式"状态窗口中，单击"数据"按钮，系统提示"是否确定全表重算"。

（2）单击"是"按钮。进入报表的"数据"状态窗口，生成资产负债表的数据，如图 5 - 3 所示。

资产负债表

资产	行次	月初数	期末数	负债和所有者权益	行次	月初数	期末数
单位名称：中国老字号保温瓶有限公司		2014 年		12 月		会企01 单位：元	
流动资产：				流动负债：			
货币资金	1	2638989.60	16935995.10	短期借款		2000000.00	2100000.00
交易性金融资产	2		193000.00	应付票据		1141920.00	248040.00
应收票据	3	218205.00		应付账款		52650.00	7081653.15
应收股利	4		演示数据	预收账款		60000.00	
应收利息	5			应付职工薪酬			1186.00
应收款项	6	42724.00	979632.23	应付利息		3500.00	112080.00
其他应收款	7	1680.00	1000.00	应付股利			83681.94
预付账款	8	3040.67	1191.67	应交税费		29696.00	-563453.00
存货	9	2068302.30	7240588.24	其他应付款		9600.00	366468.50
待处理财产损益：	10		-8.00				
流动资产合计	11	4972941.57	25351399.24	流动负债合计		3297366.00	9429656.59

图 5 – 3 生成资产负债表的数据

二 利润表

（一）利润表概述

利润表是反映企业一定会计期间生产经营成果的会计报表。企业一定会计期间的经营成果既可能表现为盈利，也可能表现为亏损，因此，利润表也被称为损益表。它全面揭示了企业在某一特定时期实现的各种收入、发生的各种费用、成本或支出，以及企业实现的利润或发生的亏损情况。利润表是根据"收入 – 费用 = 利润"的基本关系来编制的，其具体内容取决于收入、费用、利润等会计要素及其内容，利润表项目是收入、费用和利润要素内容的具体体现。从反映企业经营资金运动的角度看，它是一种反映企业经营资金动态表现的报表，主要提供有关企业经营成果方面的信息，属于动态会计报表。

（二）利润表公式

利润表公式资料见表 5 – 2。

表 5 – 2   利润表公式

项 目	行数	本月数公式	本年累计数公式
一、营业收入	1	fs（5101，月，"贷"，，年，，，"y"）＋ fs（5102，月，"贷"，，年，，，"y"）	? C5 ＋ select（? D5，年@ ＝年 and 月@ ＝月 ＋1）

续表

项　　目	行数	本月数公式	本年累计数公式
减：营业成本	2	fs（5401，月，"借"，，年，，，"y"）＋fs（5405，月，"借"，，年，，，"y"）	？C6＋select（？D6，年@＝年 and 月@＝月＋1）
营业税金及附加	3	fs（5402，月，"借"，，年，，，"y"）	？C7＋select（？D7，年@＝年 and 月@＝月＋1）
销售费用	4	fs（5501，月，"借"，，年，，，"y"）	？C8＋select（？D8，年@＝年 and 月@＝月＋1）
管理费用	5	fs（5502，月，"借"，，年，，，"y"）	？C9＋select（？D9，年@＝年 and 月@＝月＋1）
财务费用（收益以"－"号填列）	6	fs（5503，月，"借"，，年，，，"y"）	？C10＋select（？D10，年@＝年 and 月@＝月＋1）
资产减值损失	7	fs（5701，月，"借"，，年，，，"y"）	？C11＋select（？D11，年@＝年 and 月@＝月＋1）
加：公允价值变动净收益（净损失以"－"号填列）	8	FS（"5103"，月，"贷"，，，，"y"）	？C12＋select（？D12，年@＝年 and 月@＝月＋1）
投资净收益（净损失以"－"号填列）	9	fs（5201，月，"贷"，，年，，，"y"）	？C13＋select（？D13，年@＝年 and 月@＝月＋1）
其中对联营企业与合营企业的投资收益	10		
二、营业利润（亏损以"－"号填列）	11	C5－C6－C7－c8－c9－c10－c11＋c12＋c13＋c14	？C15＋select（？D15，年@＝年 and 月@＝月＋1）
营业外收入	12	fs（5301，月，"贷"，，年，，，"y"）	？C16＋select（？D16，年@＝年 and 月@＝月＋1）
减：营业外支出	13	fs（5601，月，"借"，，年，，，"y"）	？C17＋select（？D17，年@＝年 and 月@＝月＋1）
其中：非流动资产处置净损失（净收益以"－"号填列）	14	fs（571102，月，"借"，，年，，，"y"）	？C18＋select（？D18，年@＝年 and 月@＝月＋1）
三、利润总额（亏损总额以"－"号填列）	15	c15＋c16－c17	？C19＋select（？D19，年@＝年 and 月@＝月＋1）
减：所得税费用	16	fs（5801，月，"借"，，年，，，"y"）＋fs（2341，月，"贷"，年，，，"y"）－fs（1912，月，"借"，，年，，，"y"）	？C20＋select（？D20，年@＝年 and 月@＝月＋1）
四、净利润（净亏损以"－"号填列）	17	c19－c20	？C21＋select（？D21，年@＝年 and 月@＝月＋1）
五、每股收益：	18	c21/QM（"3001"，月，"贷"，，，，，，，，）	？C22＋select（？D22，年@＝年 and 月@＝月＋1）
基本每股收益	19	c21/QM（"3001"，月，"贷"，，，，，，，，）	？C22＋select（？D22，年@＝年 and 月@＝月＋1）
稀释每股收益	20	c21/QM（"3001"，月，"贷"，，，，，，，，）	？C22＋select（？D22，年@＝年 and 月@＝月＋1）

（三）建立利润表

1. 录入单元公式

（1）单击 C5 单元，执行"数据" | "编辑公式" | "单元公式"命令，打开"定义公式"对话框。

（2）单击"函数向导"，打开"函数向导"对话框，在函数分类列表中选择"用友账务函数"在函数名列表中选择"发生（FS）"。

（3）单击"下一步"按钮，打开"用友账务函数"对话框。单击参照按钮，打开"账务函数"对话框。根据材料信息要求输入公式，如图5－4 所示。单击"确定"返回，以此类推输入其余公式。

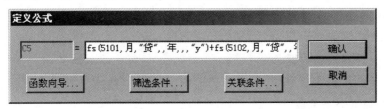

图5－4 录入单元公式

（4）单击"确认"按钮。

（5）同理，按资料所给公式继续录入其他单元的计算公式，如图5－5 所示。

利润表

项目	行数	本月数公式	本年累计数公式
单位名称：中国老字号保温瓶有限公司			2014年12月
一、营业收入	1	公式单元	公式单元
减：营业成本	2	公式单元	公式单元
营业税金及附加	3	公式单元	公式单元
销售费用	4	公式单元	公式单元
管理费用	5	公式单元	公式单元
财务费用	6	公式单元	公式单元
资产减值损失	7	公式单元	公式单元
加：公允价值变动净收益	8	公式单元	公式单元
投资净收益	9	公式单元	公式单元
二、营业利润	10	公式单元	公式单元
营业外收入	11	公式单元	公式单元
减：营业外支出	12	公式单元	公式单元
三、利润总额	13	公式单元	公式单元
减：所得税费用	14	公式单元	公式单元
四、净利润	15	公式单元	公式单元

图5－5 录入其他单元的计算公式

提示：①单元公式是指为报表数据单元进行赋值的公式，单元公式的作用是从账簿、凭证、本表或其他报表等处调用运算所需要的数据，并输入相应的报表单元中。它既可以将数据单元赋值为数值，也可以赋值为字符。②必须在英文状态下录入计算公式。③计算公式可以直接录入，也可以利用函数向导参照录入。④所录入的公式必须符合公式的模式，否则会被系统判定为公式错误。

2. 将报表格式在我的文档中保存为“lrb. rep”

操作步骤：

（1）执行“文件”｜“保存”命令，选择保存文件路径为“D：\100 账套备份”，修改文件名为“lrb. rep”。

（2）单击“另存为”按钮。

3. 计算报表数据

（1）在报表“格式”状态窗口中，单击“数据”按钮，系统提示“是否确定全表重算”

（2）单击“是”按钮。进入报表的“数据”状态窗口，生成利润表的数据，如图 5－6 所示。

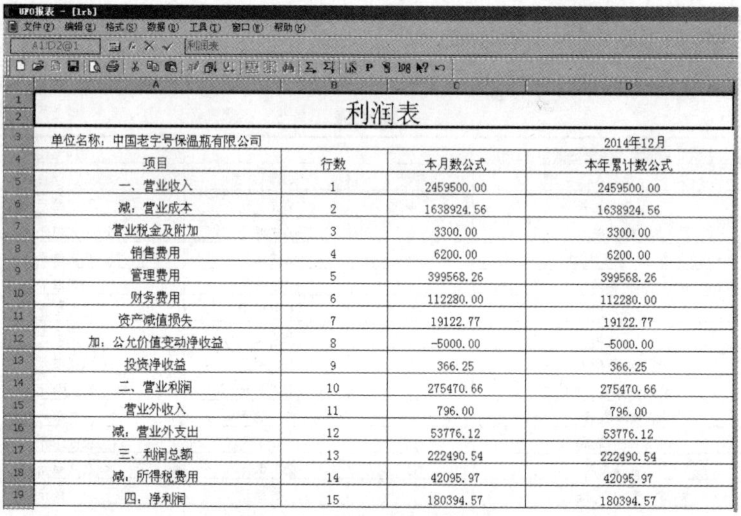

利润表

单位名称：中国老字号保温瓶有限公司　　2014年12月

项目	行数	本月数公式	本年累计数公式
一、营业收入	1	2459500.00	2459500.00
减：营业成本	2	1638924.56	1638924.56
营业税金及附加	3	3300.00	3300.00
销售费用	4	6200.00	6200.00
管理费用	5	399568.26	399568.26
财务费用	6	112280.00	112280.00
资产减值损失	7	19122.77	19122.77
加：公允价值变动净收益	8	-5000.00	-5000.00
投资净收益	9	366.25	366.25
二、营业利润	10	275470.66	275470.66
营业外收入	11	796.00	796.00
减：营业外支出	12	53776.12	53776.12
三、利润总额	13	222490.54	222490.54
减：所得税费用	14	42095.97	42095.97
四：净利润	15	180394.57	180394.57

图 5－6　生成利润表的数据

三 现金流量表

（一）现金流量表概述

现金流量表是反映一家公司在一定时期现金流入和现金流出动态状况的报表。该表是反映一定时期内企业经营活动、投资活动和筹资活动对其现金及现金等价物所产生影响的财务报表，对于评价企业的实现利润、财务状况及财务管理，要比传统的损益表提供更好的基础。

（二）现金流量表公式

现金流量表资料见表 5－3。

表 5－3　　　　　　　　　　　　　现金流量表公式

项　　目	行次	取数公式
一、经营活动产生的现金流量：		
销售商品、提供劳务收到的现金	1	LJXJLL（"月"，"01"，"借",,,"y"）
收到的税费返还	2	LJXJLL（"月"，"02"，"借",,,"y"）
收到的其他与经营活动有关的现金	3	LJXJLL（"月"，"03"，"借",,,"y"）
现金流入小计	4	ptotal（? C6:? C8）
购买商品、接受劳务支付的现金	5	LJXJLL（"月"，"04"，"贷",,,"y"）
支付给职工以及为职工支付的现金	6	LJXJLL（"月"，"05"，"贷",,,"y"）
支付的各项税费	7	LJXJLL（"月"，"06"，"贷",,,"y"）
支付的其他与经营活动有关的现金	8	LJXJLL（"月"，"07"，"贷",,,"y"）
现金流出小计	9	ptotal（? C10:? C13）
经营活动产生的现金流量净额	10	? C9 - ? C14
二、投资活动产生的现金流量：		
收回投资所收到的现金	11	LJXJLL（"月"，"08"，"借",,,"y"）
取得投资收益所收到的现金	12	LJXJLL（"月"，"09"，"借",,,"y"）
处置固定资产、无形资产和其他长期资产所收回的现金净额	13	LJXJLL（"月"，"10"，"借",,,"y"）
收到的其他与投资活动有关的现金	14	LJXJLL（"月"，"11"，"借",,,"y"）
现金流入小计	15	ptotal（? C17:? C20）
购建固定资产、无形资产和其他长期资产所支付的现金	16	LJXJLL（"月"，"12"，"贷",,,"y"）
投资所支付的现金	17	LJXJLL（"月"，"13"，"贷",,,"y"）
支付的其他与投资活动有关的现金	18	LJXJLL（"月"，"14"，"贷",,,"y"）
现金流出小计	19	ptotal（? C22:? C24）

续表

项　目	行次	取数公式
投资活动产生的现金流量净额	20	? C21 - ? C25
三、筹资活动产生的现金流量：		
吸收投资所收到的现金	21	LJXJLL（"月"，"15"，"借"，，，"y"）
借款所收到的现金	22	LJXJLL（"月"，"16"，"借"，，，"y"）
收到的其他与筹资活动有关的现金	23	LJXJLL（"月"，"17"，"借"，，，"y"）
现金流入小计	24	ptotal（? C28:? C30）
偿还债务所支付的现金	25	LJXJLL（"月"，"18"，"贷"，，，"y"）
分配股利、利润或偿付利息所支付的现金	26	LJXJLL（"月"，"19"，"贷"，，，"y"）
支付的其他与筹资活动有关的现金	27	LJXJLL（"月"，"20"，"贷"，，，"y"）
现金流出小计	28	ptotal（? C32:? C34）
筹资活动产生的现金流量净额	29	? C31 - ? C35
四、汇率变动对现金的影响额	30	LJXJLL（"月"，"21"，"借"，，，"y"）
五、现金及现金等价物净增加额	31	? C15 + ? c26 + ? C36 + ? c37

（三）建立现金流量表

1. 录入单元公式

（1）单击 C6 单元，执行"数据"｜"编辑公式"｜"单元公式"命令，打开"定义公式"对话框。

（2）单击"函数向导"，打开"函数向导"对话框，在函数分类列表中选择"用友账务函数"在函数名列表中选择"发生（FS）"。

（3）单击"下一步"按钮，打开"用友账务函数"对话框。单击参照按钮，打开"账务函数"对话框。根据材料信息要求输入公式，如图5 -7所示。单击"确定"返回，以此类推输入其余公式。

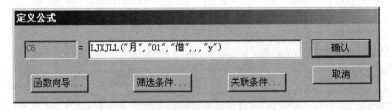

图 5 - 7　根据材料信息要求输入公式

（4）单击"确认"按钮。

（5）同理，按资料所给公式继续录入其他单元的计算公式，如图 5 -

8 所示。

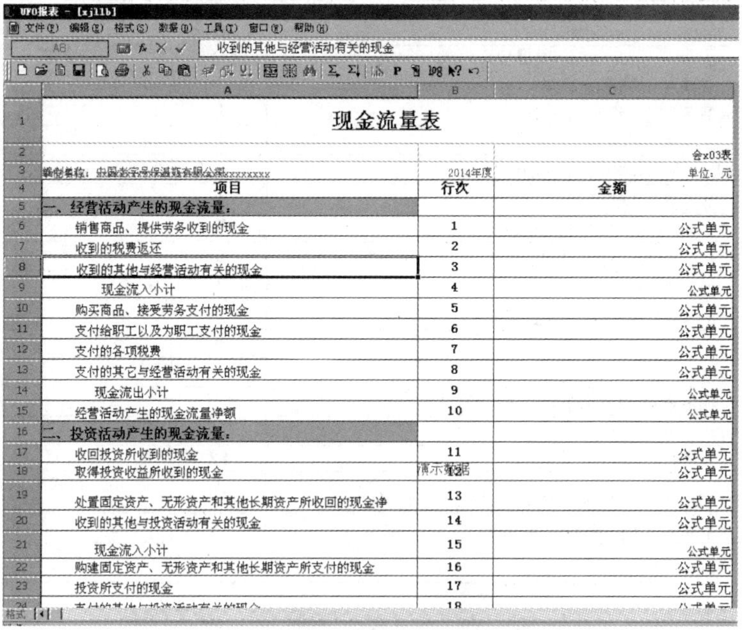

图 5 - 8　录入其他单元的计算公式

提示：①单元公式是指为报表数据单元进行赋值的公式，单元公式的作用是从账簿、凭证、本表或其他报表等处调用运算所需要的数据，并输入相应的报表单元中。它既可以将数据单元赋值为数值，也可以赋值为字符。②必须在英文状态下录入计算公式。③计算公式可以直接录入，也可以利用函数向导参照录入。④所录入的公式必须符合公式的模式，否则会被系统判定为公式错误。

2. 将报表格式在我的文档中保存为"xjllb. rep"。

操作步骤：

（1）执行"文件"｜"保存"命令，选择保存文件路径为"D：\100 账套备份"，修改文件名为"xjllb. rep"。

（2）单击"另存为"按钮。

3. 计算报表数据

（1）在报表"格式"状态窗口中，单击"数据"按钮，系统提示"是否确定全表重算"。

（2）单击"是"按钮。进入报表的"数据"状态窗口，生成现金流量表的数据，如图 5 - 9 所示。

现金流量表

编制单位：中国老字号保温瓶有限公司　　2014年度

会 x03 表
单位：元

项目	行次	金额
一、经营活动产生的现金流量：		
销售商品、提供劳务收到的现金	1	2084589.00
收到的税费返还	2	
收到的其他与经营活动有关的现金	3	5938.00
现金流入小计	4	2,090,527.00
购买商品、接受劳务支付的现金	5	1046530.00
支付给职工以及为职工支付的现金	6	621419.00
支付的各项税费	7	29696.00
支付的其它与经营活动有关的现金	8	64376.50
现金流出小计	9	1,762,021.50
经营活动产生的现金流量净额	10	328,505.50
二、投资活动产生的现金流量：		
收回投资所收到的现金	11	
取得投资收益所收到的现金	12	
处置固定资产、无形资产和其他长期资产所收回的现金净	13	20000.00
收到的其他与投资活动有关的现金	14	
现金流入小计	15	20,000.00

图 5 – 9　生成现金流量表的数据

四　现金流量附表

（一）现金流量附表概述

现金流量表是反映企业报告期现金和现金等价物流入和流出的财务报表。现金流量表分为主表和附表（即补充资料）两大部分。主表的各项目金额实际上就是每笔现金流入、流出的归属，而附表的各项目金额则是相应会计账户的当期发生额或期末与期初余额的差额。

（二）现金流量附表公式

现金流量表附表资料见表 5 – 4。

表 5 – 4　　　　　　　　　　现金流量表附表

项　　目	取数公式
1. 将净利润调节为经营活动的现金流量：	
净利润	"lrb300" – > c21@ 1
加：计提的资产减值准备	FS（"5701"，月，"借",,,,,）
固定资产折旧等	FS（"1502"，月，"贷",,,,,）

项　　目	取数公式
无形资产摊销	DFS（"1802"，"5502"，月，贷，，，，，，，"y"）
固定资产报废损失	FS（"560102"，月，"借"，，，，，）
公允价值变动损益	"lrb300"－＞c12@1
财务费用	FS（"550303"，月，"借"，，，，，）
投资损失（减：收益）	－FS（"5201"，月，"贷"，，，，，"y"）
递延所得税负债（减：递延所得税资产）	QM（"2341"，月，"贷"，，，，，，"y"，，）－Qm（"1912"，月，，，，，，，，"y"，，）
存货的减少（减：增加）	（QC（"1252"，月，，，，，，，"y"，，）＋QC（"1211"，月，，，，，，，"y"，，）＋QC（"1243"，月，，，，，，，"y"，，）＋QC（"1253"，月，，，，，，，"y"，，）＋QC（"1251"，月，，，，，，，"y"，，）＋QC（"4101"，月，，，，，，，"y"，，））－（Qm（"1252"，月，，，，，，，"y"，，）＋Qm（"1211"，月，，，，，，，"y"，，）＋Qm（"1243"，月，，，，，，，"y"，，）＋Qm（"1253"，月，，，　　"y"，，）＋Qm（"1251"，月，，，，，，，"y"，，）＋Qm（"4101"，月，，，，，，，"y"，，））
经营性应收项目的减少（减：增加）	（QC（"1111"，月，，，，，，，　"y"，，）＋QC（"1131"，月，，，，，，，"y"，，）＋QC（"1151"，月，，，，，，，"y"，，）＋QC（"1133"，月，，，，，，，"y"，，））－（Qm（"1111"，月，，，，，，，"y"，，）＋Qm（"1131"，月，，，，，，，"y"，，）＋Qm（"1151"，月，，，，，，，　"y"，，）＋Qm（"1133"，月，，，，，，，"y"，，））
经营性应付项目的增加（减：减少）	（QM（"2111"，月，，，，，，，　"y"，，）＋QM（"2121"，月，，，，，，，"y"，，）＋QM（"2131"，月，，，，，，，"y"，，）＋QM（"2151"，月，，，，，，，"y"，，）＋QM（"2171"，月，，，，，，，"y"，，）＋QM（"2181"，月，，，，，，　"y"，，）＋QM（"2182"，月，，，，，，"y"，，））－（Qc（"2111"，月，，，，，"y"，，）＋Qc（"2121"，月，，，，，，"y"，，）＋Qc（"2131"，月，，，，，，，　"y"，，）＋Qc（"2151"，月，，，，，，，"y"，，）＋Qc（"2171"，月，，，，，，"y"，，）＋Qc（"2181"，月，，，，，，，"y"，，）＋Qc（"2182"，月，，，，，，"y"，，））
经营活动产生的现金流量净额	ptotal（？C6：？C21）

（三）建立现金流量附表

1. 录入单元公式

（1）单击 C6 单元，执行"数据"｜"编辑公式"｜"单元公式"命令，打开"定义公式"对话框。

（2）单击"函数向导"，打开"函数向导"对话框，在函数分类列表中选择"用友账务函数"在函数名列表中选择"发生（FS）"。

（3）单击"下一步"按钮，打开"用友账务函数"对话框。单击参照按钮，打开"账务函数"对话框。根据资料信息要求输入公式，如图 5-10 所示。单击"确定"返回，以此类推输入其余公式。

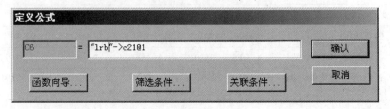

图 5-10　根据资料信息要求输入公式

（4）单击"确认"按钮。

（5）同理，按资料所给公式继续录入其他单元的计算公式，如图 5-11 所示。

	A	B	C
	现金流量表附表		
3	编制单位：中国志字号保温瓶有限公司	2014年度	单位：元
4	**补充资料**	**行次**	**金额**
5	1.将净利润调节为经营活动的现金流量：		
6	净利润	32	公式单元
7	加：计提的资产减值准备	33	公式单元
8	固定资产折旧	34	公式单元
9	无形资产摊销	35	公式单元
10	固定资产报废损失	40	公式单元
11	公允价值变动损益	41	公式单元
12	财务费用	42	公式单元
13	投资损失（减:收益）	43	公式单元
14	递延所得税负债（减:借项）	44	公式单元
15	存货的减少（减:增加）	45	公式单元
16	经营性应收项目的减少（减:增加）	46	公式单元
17	经营性应付项目的增加（减:减少）	47	公式单元
18	经营活动产生的现金流量净额	48	公式单元
19	制表人：	会计主管：	
20	单位负责人：		

图 5-11　录入其他单元的计算公式

提示：①单元公式是指为报表数据单元进行赋值的公式，单元公式的作用是从账簿、凭证、本表或其他报表等处调用运算所需要的数据，并输入相应的报表单元中。它既可以将数据单元赋值为数值，也可以赋值为字符。②必须在英文状态下录入计算公式。③计算公式可以直接录入，也可以利用函数向导参照录入。④所录入的公式必须符合公式的模式，否则会被系统判定为公式错误。

2. 将报表格式在我的文档中保存为"xjllfb. rep"

操作步骤：

（1）执行"文件"｜"保存"命令，选择保存文件路径为"D：\100 账套备份"，修改文件名为"xjllfb"。

（2）单击"另存为"按钮。

3. 计算报表数据

（1）在报表"格式"状态窗口中，单击"数据"按钮，系统提示"是否确定全表重算"。

（2）单击"是"按钮。进入报表的"数据"状态窗口，生成现金流量表附表的数据，如图 5－12 所示。

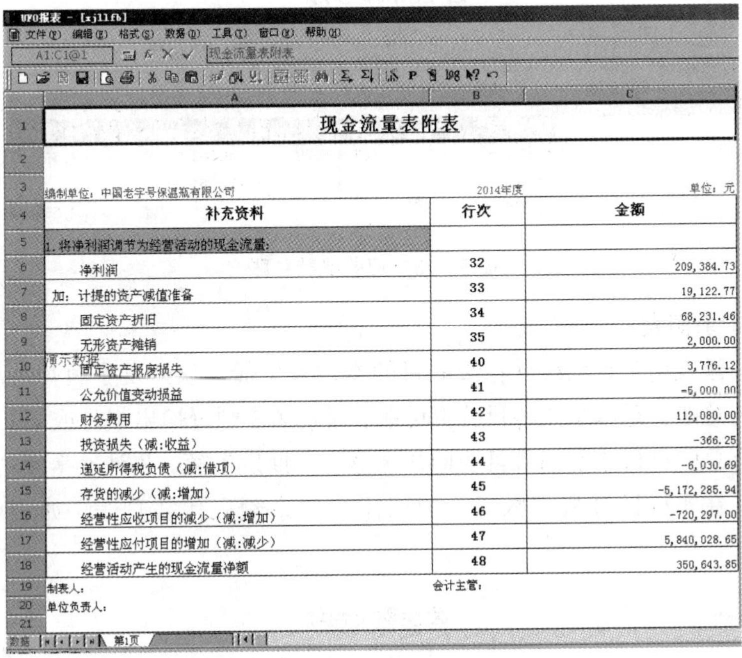

图5－12　生成现金流量表附表的数据

第二节　分系统报表

一　总账系统报表

（一）科目账

1. 总账

总账查询不但可以查询各总账科目的年初余额、各月发生额合计和月末余额，而且还可查询所有二至六级明细科目的年初余额、各月发生额合计和月末余额。查询总账时，标题显示为所查科目的一级科目名称 + 总账，如应收账款总账。联查总账对应的明细账时，明细账显示为应收账款明细账。以应收账款总账为例，如图 5－13 所示。

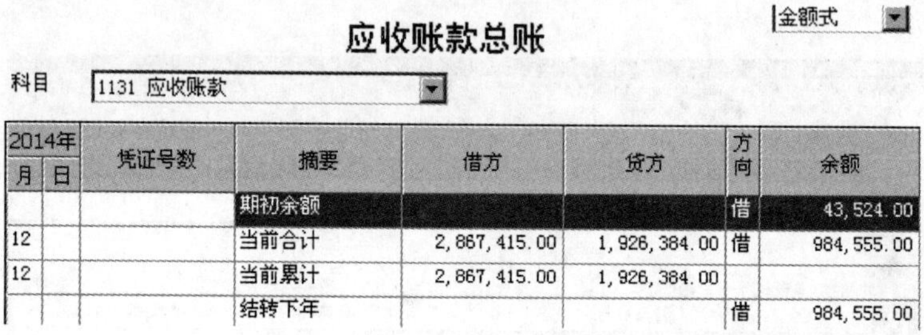
金额式

应收账款总账

科目　1131 应收账款

2014年 月	日	凭证号数	摘要	借方	贷方	方向	余额
			期初余额			借	43,524.00
12			当前合计	2,867,415.00	1,926,384.00	借	984,555.00
12			当前累计	2,867,415.00	1,926,384.00		
			结转下年			借	984,555.00

图 5－13　应收账款总账

2. 余额表

余额表用于查询统计各级科目的本期发生额、累计发生额和余额等。传统的总账，是以总账科目分页设账，而余额表则可输出某月或某几个月的所有总账科目或明细科目的期初余额、本期发生额、累计发生额、期末余额，在实行计算机记账后，建议用户用余额表代替总账，如表 5－5 所示。

表 5－5　　发生额及余额

科目编码	科目名称	期初借方	期初贷方	本期发生借方	本期发生贷方	期末借方	期末贷方
1001	现金	13608.54	0	2900	3276.5	13232.04	0
1002	银行存款	2625381	0	17609927	4032545	16202763	0

续表

科目编码	科目名称	期初借方	期初贷方	本期发生借方	本期发生贷方	期末借方	期末贷方
……	……	……	……	……	……	……	……
1911	待处理财产损溢	0	0	805	813	0	8
资产小计		10813937	1827532	37280770	16806480	31291915	1831220
2101	短期借款	0	2000000	200000	300000	0	2100000
2111	应付票据	0	1141920	893880	0	0	248040
……	……	……	……	……	……	……	……
2341	递延所得税负债	0	7000	0	−7000	0	0
负债小计		0	3484366	2462780	23588071	563453	25173110
3101	实收资本（或股本）	0	3521869	0	0	0	3521869
……	……	……	……	……	……	……	……
3141	利润分配	0	822244.8	234309.4	284518.6	0	872454
权益小计		0	5502039	456800	540481.9	0	5585721
4101	生产成本	0	0	2989623	2254941	734682.6	0
4105	结转生产费用	0	0	709520.1	709520.1	0	0
成本小计		0	0	3699143	2964461	734682.6	0
5101	主营业务收入	0	0	2399500	2399500	0	0
……	……	……	……	……	……	……	……
5901	资产减值损失	0	0	19122.77	19122.77	0	0
损益小计		0	0	4743961	4743961	0	0
合计		10813937	10813937	48643454	48643454	32590050	32590050

3. 明细账

明细账用于平时查询各账户的明细发生情况，及按任意条件组合查询明细账。在查询过程中可以包含未记账凭证。系统提供了三种明细账的查询格式：普通明细账、按科目排序明细账、月份综合明细账。普通明细账是按科目查询，按发生日期排序的明细账；按科目排序明细账是按非末级科目查询，按其有发生的末级科目排序的明细账；月份综合明细账是按非末级科目查询，包含非末级科目总账数据及末级科目明细数据的综合明细账，对各级科目的数据关系一目了然。以应收账款明细账为例，如图5−14所示。

科目 | 1131 应收账款

2014年 月	日	凭证号数	摘要	借方	贷方	方向	余额
			期初余额			借	43,524.00
12	05	03-0005	收款单_长沙日用百货_-		8,424.00	借	35,100.00
12	05	03-0006	收款单_惠州百货_-		35,100.00	平	
12	20	03-0012	收款单_东莞市百货_-		1,822,860.00	贷	1,822,860.00
12	30	转-0166	销售专用发票_中山市保温容器_-	98,865.00		贷	1,723,995.00
12	30	转-0167	销售专用发票_东莞市百货_-	1,773,720.00		借	49,725.00
12	30	转-0168	销售专用发票_惠州百货_-	310,050.00		借	359,775.00
12	30	转-0169	销售专用发票_哈尔滨百货_-	322,920.00		借	682,695.00
12	30	转-0170	销售专用发票_东莞市百货_-	301,860.00		借	984,555.00
12	30	转-0171	其他应收单_开源证券_-	60,000.00		借	1,044,555.00
12	30	转-0172	其他应收单_开源证券_-		60,000.00	借	984,555.00
12			当前合计	2,867,415.00	1,926,384.00	借	984,555.00
12			当前累计	2,867,415.00	1,926,384.00	借	984,555.00
			结转下年			借	984,555.00

图 5 - 14 应收账款明细账

4. 序时账

序时账用于按时间顺序排列每笔业务的明细数据, 如表 5 - 6 所示。

表 5 - 6 序时账

日期	凭证号数	科目编码	科目名称	摘要	方向	金额
2014.12.01	02 - 0001	10020101	人民币户	现金存入银行	借	300
2014.12.01	02 - 0001	1001	现金	现金存入银行	贷	300
……	……	……	……	……	……	……
2014.12.27	转 - 0107	121102	标准原材料价差	采购入库单_财产保险	借	-474.5
2014.12.27	转 - 0107	121102	标准原材料价差	采购入库单_机动车辆保险	借	-400
……	……	……	……	……	……	……
2014.12.31	转 - 0255	314104	应付普通股股利	结转利润分配	贷	83681.94
				合计	借	48643454
					贷	48643454

5. 多栏账

多栏账是总账系统中一个很重要的功能, 用户可以使用本功能设计自己企业需要的多栏明细账, 按明细科目保存为不同的多栏账名称, 在以后的查询中只需要选择多栏明细账直接查询即可。方便快捷, 自由灵活, 可按明细科目自由设置不同样式的多栏账。

6. 综合多栏账

综合多栏账是在多栏账的基础上新增的一个账簿查询方式, 它除了可以以科目为分析栏目查询明细账，也可以以辅助项及自定义项为分析栏目查询明细账，并可完成多组借贷栏目在同一账表中的查询。

7. 日记账

日记账主要用于查询除现金日记账、银行日记账以外的其它日记账，所以先在【会计科目】中将要查询日记账的科目设置为"日记账"。现金日记账、银行日记账在出纳管理中查询。如果某日的凭证已填制完毕但未登记入账，可以通过选择"包含未记账凭证"进行查询。

8. 日报表

日报表用于查询输出某日所有科目的发生额及余额情况（不包括现金、银行存款科目），以 12 月 31 日日报表为例，如图 5 – 15 所示。

科目编码	科目名称	今日共借	今日共贷	方向	今日余额	借方笔数	贷方笔数
1243	库存商品	-360,579.27	-223,556.68	借	855,393.61	49	37
1402	持有至到期投资	2,500.00	133.75	借	633,366.25	1	1
1902	递延所得税资产	6,030.69		借	6,030.69	1	
1911	待处理财产损溢	5.00	13.00	贷	8.00	1	3
2161	应付股利		83,681.94	贷	83,681.94		2
2171	应交税金	-652,136.15	-570,072.00	借	563,453.00	2	13
2341	递延所得税负债		-7,000.00	平			1
3121	盈余公积		33,472.78	贷	133,472.78		2
3131	本年利润	222,490.54	222,490.54	贷	957,924.90	2	1
3141	利润分配	234,309.44	284,518.60	贷	872,453.97	5	4
4101	生产成本	708,976.54	-360,579.27	借	734,682.61	112	49
4105	结转生产费用		671,429.82	平			28
5101	主营业务收入	2,399,500.00		平		1	
5102	其他业务收入	60,000.00		平		1	
5103	公允价值变动损益	-5,000.00		平		1	
5201	投资收益	366.25	2,366.25	平		1	1
5301	营业外收入	796.00	-4.00	平		1	1
5401	主营业务成本	-244,607.52	1,630,167.48	平		20	8
5402	营业务税金及附加	3,300.00	3,300.00	平		3	3
5405	其他业务成本	7,200.00	8,757.08	平		1	1
5501	销售费用		6,200.00	平			2
5502	管理费用	3,261.80	399,588.26	平		4	18
5503	财务费用		112,280.00	平			2
5601	营业外支出		53,776.12	平			2
5701	所得税费用	55,126.66	55,126.66	平		2	2
5901	资产减值损失		19,122.77	平			1
合计		2,441,543.98	2,441,543.98	借	6,395,896.59	209	194

图 5 – 15　日报表

（二）客户往来辅助账

1. 客户往来余额表

客户往来余额表用于查询某往来科目下所有客户的发生额和余额情况，如图 5 – 16 所示。

科目 编码	科目 名称	客户 编号	客户 名称	方向	期初余额 本币	借方 本币	贷方 本币	方向	期末余额 本币
111101	银行承兑汇票	0101	中山市保温容器	借	70,200.00		70,200.00	平	
111101	银行承兑汇票	0103	深圳百货	借	45,630.00		45,630.00	平	
111102	商业承兑汇票	0104	东莞市百货	借	76,050.00		76,050.00	平	
111102	商业承兑汇票	0201	哈尔滨百货	借	26,325.00		26,325.00	平	
1131	应收账款	0101	中山市保温容器	平		98,865.00		借	98,865.00
1131	应收账款	0102	惠州百货	借	35,100.00	310,050.00	35,100.00	借	310,050.00
1131	应收账款	0104	东莞市百货	平		2,075,580.00	1,822,860.00	借	252,720.00
1131	应收账款	0105	开源证券	平		60,000.00	60,000.00	平	
1131	应收账款	0201	哈尔滨百货	平		322,920.00		借	322,920.00
1131	应收账款	0203	长沙日用百货	借	8,424.00		8,424.00	平	
113302	代垫费用	0101	中山市保温容器	借	1,680.00		1,680.00	平	
2131	预收账款	0105	开源证券	贷	60,000.00		-60,000.00	平	
合计：				借	203,409.00	2,867,415.00	2,086,269.00	借	984,555.00

图 5 – 16　客户往来余额表

2. 客户往来明细账

客户往来明细账用于查询指定科目下各往来客户的明细账情况，见图 5 – 17。

年	月	日	凭证号	科目 编码	科目 名称	客户 编码	客户 名称	摘要	借方 本币	贷方 本币	方向	余额 本币
				111101	银行承兑汇票	0101	中山市保温容器	期初余额			借	70,200.00
2014	12	3	03-0001	111101	银行承兑汇票	0101	中山市保温容器	收款单_		70,200.00	平	
				111101	银行承兑汇票	0101	中山市保温容器	小计		70,200.00	平	
				111101	银行承兑汇票	0103	深圳百货	期初余额			借	45,630.00
2014	12	4	03-0003	111101	银行承兑汇票	0103	深圳百货	收款单_		45,630.00	平	
				111101	银行承兑汇票	0103	深圳百货	小计		45,630.00	平	
				111102	商业承兑汇票	0104	东莞市百货	期初余额			借	76,050.00
2014	12	4	03-0004	111102	商业承兑汇票	0104	东莞市百货	收款单_		76,050.00	平	
				111102	商业承兑汇票	0104	东莞市百货	小计		76,050.00	平	
				111102	商业承兑汇票	0201	哈尔滨百货	期初余额			借	26,325.00
2014	12	4	03-0002	111102	商业承兑汇票	0201	哈尔滨百货	收款单_		26,325.00	平	
				111102	商业承兑汇票	0201	哈尔滨百货	小计		26,325.00	平	
2014	12	30	转-0166	1131	应收账款	0101	中山市保温容器	销售专用发票_	98,865.00		借	98,865.00
				1131	应收账款	0101	中山市保温容器	小计	98,865.00		借	98,865.00
				1131	应收账款	0102	惠州百货	期初余额			借	35,100.00
2014	12	5	03-0006	1131	应收账款	0102	惠州百货	收款单_		35,100.00	平	
2014	12	30	转-0168	1131	应收账款	0102	惠州百货	销售专用发票_	310,050.00		借	310,050.00
				1131	应收账款	0102	惠州百货	小计	310,050.00	35,100.00	借	310,050.00
2014	12	20	03-0012	1131	应收账款	0104	东莞市百货			1,822,860.00	贷	1,822,860.00
2014	12	30	转-0167	1131	应收账款	0104	东莞市百货	销售专用发票_	1,773,720.00		贷	49,140.00
2014	12	30	转-0170	1131	应收账款	0104	东莞市百货	销售专用发票_	301,860.00		借	252,720.00
				1131	应收账款	0104	东莞市百货	小计	2,075,580.00	1,822,860.00	借	252,720.00
2014	12	30	转-0171	1131	应收账款	0105	开源证券	其他应收单_	60,000.00		借	60,000.00
2014	12	30	转-0172	1131	应收账款	0105	开源证券	其他应收单_		60,000.00	平	
				1131	应收账款	0105	开源证券	小计	60,000.00	60,000.00	平	
2014	12	30	转-0169	1131	应收账款	0201	哈尔滨百货	销售专用发票_	322,920.00		借	322,920.00

图 5 – 17　往来客户明细账

3. 客户往来两清

可以在此进行客户往来款项的清理勾对工作，以便及时了解应收款的结算情况以及未达账情况，系统提供自动与手工勾对两种方式清理客户欠款。客户往来两清见图 5 – 18。

| | 科目 | 111101 银行承兑汇票 ▾ | | | | | | |

| | 客户 | 0101 中山市保温容器 ▾ | | | | | | |

日期	凭证号	摘要	业务号	借方 本币	贷方 本币	两清	两清日期
2014.11.30		往来期初引入_2014.11.30	0000000001	70,200.00			
2014.12.03	03-0001	收款单			70,200.00		
		合计		70,200.00	70,200.00		

图 5 – 18　客户往来两清

4. 客户往来催款单

客户往来催款单可以显示客户欠款情况，用于打印客户催款单，及时的清理客户借款。客户往来催款单见图 5 – 19。

| | 科目 | 1111 应收票据 ▾ | | | | | | |

| | 客户 | 全部 ▾ | | | | | | |

| 日期 | 客户 | | 凭证号 | 摘要 | 借方 本币 | 贷方 本币 | 两清 | 账龄区间 |
	编号	名称						
2014.11.30	0101	中山市非常保温容器公司		往来期初引入_中山市保温容器	70,200.00			31-60天
2014.12.03	0101	中山市非常保温容器公司	03-0001	收款单_中山市保温容器_-		70,200.00		1-30天
2014.11.28	0103	深圳常山百货公司		往来期初引入_深圳百货_00000	45,630.00			31-60天
2014.12.04	0103	深圳常山百货公司	03-0003	收款单_深圳百货_-		45,630.00		1-30天
2014.11.22	0104	东莞市百货公司		往来期初引入_东莞市百货_000	76,050.00			31-60天
2014.12.04	0104	东莞市百货公司	03-0004	收款单_东莞市百货_-		76,050.00		1-30天
2014.11.28	0201	哈尔滨百货公司		往来期初引入_哈尔滨百货_000	26,325.00			31-60天
2014.12.04	0201	哈尔滨百货公司	03-0002	收款单_哈尔滨百货_-		26,325.00		1-30天
				总计	218,205.00	218,205.00		
				余额				

图 5 – 19　客户往来催款单

5. 客户往来账龄分析

可以通过本功能及时了解各单位往来款余额的时间分布情况，进行科学的账龄分析，及时通过【客户往来催款单】催要货款或通过调整客户的信用额度控制客户延期付款的状况。客户往来账龄分析见图 5 – 20 所示。

| | 科目 | 1131 应收账款 ▾ | | | | | | |

| | 客户 | 全部 ▾ | | | | | | |

| 客户 | | 方向 | 余额 | 1-30天 | | 31-60天 | |
编号	名称			金额	%	金额	%
0101	中山市保温容器	借	98,865.00	98,865.00	100.00		
0102	惠州百货	借	310,050.00	310,050.00	100.00		
0104	东莞市百货	借	252,720.00	252,720.00	100.00		
0201	哈尔滨百货	借	322,920.00	322,920.00	100.00		
数量总计:	——		4	4			
金额总计:	——	借	984,555.00	984,555.00	100.00		

图 5 – 20　客户往来账龄分析

（三）供应商往来辅助账

1. 供应商往来余额表

用于查询某个往来供应商所有科目下的发生额和余额情况，如图 5 - 21 所示。

科目 编码	科目 名称	供应商 编号	供应商 名称	方向	期初余额 本币	借方 本币	货方 本币	方向	期末余额 本币
1151	预付账款	0203	深圳平安邮局	借	703.00	-500.00		借	203.00
1151	预付账款	0204	平安保险	借	2,337.67	-1,349.00		借	988.67
211101	商业承兑汇票	0101	北京金属公司	货	262,080.00	262,080.00		平	
211101	商业承兑汇票	0102	郑州颥胆总厂	货	14,040.00			货	14,040.00
211101	商业承兑汇票	0111	佛山铝材厂	货	609,570.00	609,570.00		平	
211101	商业承兑汇票	0112	汕头铝制品厂	货	22,230.00	22,230.00		平	
211102	银行承兑汇票	0103	成都塑料	货	234,000.00			货	234,000.00
2121	应付账款	0101	北京金属公司	货	32,760.00	32,760.00	294,840.00	货	294,840.00
2121	应付账款	0102	郑州颥胆总厂	平			1,872,748.80	货	1,872,748.80
2121	应付账款	0103	成都塑料	平			702,000.00	货	702,000.00
2121	应付账款	0104	开封金属	平		96,642.00	1,851,642.00	货	1,755,000.00
2121	应付账款	0105	普奥涂料	货	7,020.00	7,020.00	2,106.00	货	2,106.00
2121	应付账款	0107	内蒙杜家橡胶厂	平			760,500.00	货	760,500.00
2121	应付账款	0108	韶关市纸品厂	平			1,474,498.35	货	1,474,498.35
2121	应付账款	0110	潮州机械	货	12,870.00	12,870.00		平	
2121	应付账款	0111	佛山铝材厂	平			117,000.00	货	117,000.00
2121	应付账款	0112	汕头铝制品厂	平			44,460.00	货	44,460.00
2121	应付账款	0203	深圳平安邮局	平		500.00	500.00	平	
2121	应付账款	0204	平安保险	平		1,349.00	1,349.00	平	
2121	应付账款	0205	深圳自来水厂	平			46,800.00	货	46,800.00
2121	应付账款	0206	深圳供电局	平			11,700.00	货	11,700.00
合计：				货	1,191,529.33	1,043,172.00	7,180,144.15	货	7,328,501.48

图 5 - 21　供应商所有科目往来余额表

2. 供应商往来明细账

用于查询某个往来供应商所有科目的明细账情况，如图 5 - 22 所示。

年	月	日	凭证号	科目 编码	科目 名称	供应商 编码	供应商 名称	摘要	借方 本币	货方 本币	方向	余额 本币
2014	12	27	转-0103	2121	应付账款	0107	内蒙杜家橡胶厂	采购专用发票 -		760,500.00	货	760,500.00
				2121		0107	内蒙杜家橡胶厂	小计		760,500.00		760,500.00
2014	12	27	转-0104	2121	应付账款	0108	韶关市纸品厂	采购专用发票 -		1,474,498.35	货	1,474,498.35
				2121		0108	韶关市纸品厂	小计		1,474,498.35		1,474,498.35
				2121		0110	潮州机械	期初余额			货	12,870.00
2014	12	9	04-0009	2121	应付账款	0110	潮州机械	付款单 -	12,870.00		平	
				2121		0110	潮州机械	小计	12,870.00		平	
2014	12	27	转-0086	2121	应付账款	0111	佛山铝材厂	采购专用发票 -		117,000.00	货	117,000.00
				2121		0111	佛山铝材厂	小计		117,000.00		117,000.00
2014	12	27	转-0087	2121	应付账款	0112	汕头铝制品厂	采购专用发票 -		44,460.00	货	44,460.00
				2121		0112	汕头铝制品厂	小计		44,460.00		44,460.00
2014	12	27	转-0110	2121	应付账款	0203	深圳平安邮局	采购普通发票 -		500.00	货	500.00
2014	12	27	转-0113	2121	应付账款	0203	深圳平安邮局	采购普通发票 -	500.00		平	
				2121		0203	深圳平安邮局	小计	500.00	500.00	平	
2014	12	27	转-0109	2121	应付账款	0204	平安保险	采购普通发票 -		1,349.00	货	1,349.00
2014	12	27	转-0114	2121	应付账款	0204	平安保险	采购普通发票 -	1,349.00		平	
				2121		0204	平安保险	小计	1,349.00	1,349.00	平	
2014	12	27	转-0111	2121	应付账款	0205	深圳自来水厂	采购专用发票 -		46,800.00	货	46,800.00
				2121		0205	深圳自来水厂	小计		46,800.00		46,800.00
2014	12	27	转-0112	2121	应付账款	0206	深圳供电局	采购专用发票 -		11,700.00	货	11,700.00
				2121		0206	深圳供电局	小计		11,700.00		11,700.00
								合计	1,043,172.00	7,180,144.15	货	7,328,501.48

图 5 - 22　供应商所有科目往来明细账

3. 供应商往来两清

可以在此进行供应商往来款项的清理勾对工作，以便及时了解应收款的结算情况以及未达账情况，系统提供自动与手工勾对两种方式清理供应商欠款，如图 5 - 23 所示。

| 科目 | 2121 应付账款 |
| 供应商 | 0101 北京金属公司 |

日期	凭证号	摘要	业务号	借方 本币	贷方 本币	两清	两清日期
2014.11.20		往来期初引入_	0000000006		32,760.00		
2014.12.08	04-0008	付款单		32,760.00			
2014.12.27	转-0085	采购专用发票			294,840.00		
		合计		32,760.00	327,600.00		

图 5 – 23　供应商往来款项两清

4. 供应商往来对账单

供应商往来对账单见图 5 – 24 所示。

| 科目 | 2121 应付账款 |
| 供应商 | 全部 |

日期	编号	名称	凭证号	摘要	借方 本币	贷方 本币	两清	账龄区间
2014.12.27	0104	开封金属材料公司	转-0102	采购专用发票_开封金属_-		1,755,000.00		1-30天
2014.11.22	0105	普奥涂料供应公司		往来期初引入_普奥涂料_000		2,340.00		31-60天
2014.11.22	0105	普奥涂料供应公司		往来期初引入_普奥涂料_000		4,680.00		31-60天
2014.12.08	0105	普奥涂料供应公司	04-0007	付款单_普奥涂料_-	7,020.00			1-30天
2014.12.27	0105	普奥涂料供应公司	转-0079	采购专用发票_普奥涂料_-		702.00		1-30天
2014.12.27	0105	普奥涂料供应公司	转-0080	采购专用发票_普奥涂料_-		1,404.00		1-30天
2014.12.27	0107	内蒙杜家橡胶厂股份有限公司	转-0103	采购专用发票_内蒙杜家橡胶		760,500.00		1-30天
2014.12.27	0108	韶关市纸品厂有限责任公司	转-0104	采购专用发票_韶关市纸品厂		1,474,498.35		1-30天
2014.11.18	0110	潮州机械制造有限公司		往来期初引入_潮州机械_000		11,700.00		31-60天
2014.11.18	0110	潮州机械制造有限公司		往来期初引入_潮州机械_000		468.00		31-60天
2014.11.18	0110	潮州机械制造有限公司		往来期初引入_潮州机械_000		702.00		31-60天
2014.12.09	0110	潮州机械制造有限公司	04-0009	付款单_潮州机械_-	12,870.00			1-30天
2014.12.27	0111	佛山铝材厂有限公司	转-0086	采购专用发票_佛山铝材厂_-		117,000.00		1-30天
2014.12.27	0112	汕头市铝制品厂股份公司	转-0087	采购专用发票_汕头铝制品厂		11,160.00		1-30天
2014.12.27	0203	深圳平安邮局	转-0110	采购普通发票_深圳平安邮局		500.00		1-30天
2014.12.27	0203	深圳平安邮局	转-0113	采购普通发票_深圳平安邮局	500.00			1-30天
2014.12.27	0204	平安保险公司	转-0109	采购普通发票_平安保险_-		1,349.00		1-30天
2014.12.27	0204	平安保险公司	转-0114	采购普通发票_平安保险_-	1,349.00			1-30天
2014.12.27	0205	深圳自来水厂	转-0111	采购专用发票_深圳自来水厂		46,800.00		1-30天
2014.12.27	0206	深圳供电局	转-0112	采购专用发票_深圳供电局_		11,700.00		1-30天
				总计	151,141.00	7,232,794.15		
				余额		7,081,653.15		

图 5 – 24　供应商往来对账单

5. 供应商往来账龄分析

可以在本功能了解单位往来款余额的时间分布情况，见图 5 - 25 所示。

科目	2121 应付账款 ▼
供应商	全部 ▼

供应商		方向	余额	1-30天		31-60天	
编号	名称			金额	%	金额	%
0101	北京金属公司	贷	294,840.00	294,840.00	100.00		
0102	郑州瓶胆总厂	贷	1,872,748.80	1,872,748.80	100.00		
0103	成都塑料	贷	702,000.00	702,000.00	100.00		
0104	开封金属	贷	1,755,000.00	1,755,000.00	100.00		
0105	普奥涂料	贷	2,106.00	2,106.00	100.00		
0107	内蒙杜家橡胶厂	贷	760,500.00	760,500.00	100.00		
0108	韶关市纸品厂	贷	1,474,498.35	1,474,498.35	100.00		
0111	佛山铝材厂	贷	117,000.00	117,000.00	100.00		
0112	汕头铝制品厂	贷	44,460.00	44,460.00	100.00		
0205	深圳自来水厂	贷	46,800.00	46,800.00	100.00		
0206	深圳供电局	贷	11,700.00	11,700.00	100.00		
数量总计：	——			11	11		
金额总计：	——	贷	7,081,653.15	7,081,653.15	100.00		

图 5 - 25　供应商往来账龄分析

（四）个人往来账

1. 个人往来余额表

用于查询某个人往来核算科目下所有人的发生额及余额情况，如图 5 - 26 所示。

科目	113303 职工借款 ▼

部门编码	部门名称	个人编码	个人名称	方向	期初余额	本期借方发生	本期贷方发生	累计借方发生	累计贷方发生	方向	期末余额
0104	供销经营科	10402	姚怡	平		1,000.00	1,000.00	1,000.00	1,000.00	平	
0104	供销经营科	10410	周乐		1,000.00			1,000.00		借	1,000.00
合计				平		2,000.00	1,000.00	2,000.00	1,000.00	借	1,000.00

图 5 - 26　个人往来余额表

2. 个人往来明细账

本功能用于查询某部门核算科目（即在【会计科目】中账类设为个人往来的科目）下各个人的明细账，如图 5 - 27 所示。

科目：	113303		职工借款				月份： 2014.12 - 2014.12				
年	月	日	凭证号	部门		个人		摘要	借方	贷方	方向	余额
				编码	名称	编码	名称		本币	本币		本币
2014	12	1	02-0002	0104	供销经营科	10402	姚怡	预支差旅费_2014.12.01	1,000.00		借	1,000.00
2014	12	20	01-0001	0104	供销经营科	10402	姚怡	交回多余差旅费_2014.12.20		100.00	借	900.00
2014	12	27	转-0138	0104	供销经营科	10402	姚怡	报销差旅费_2014.12.27		900.00	平	
				0104	供销经营科	10402	姚怡	小计	1,000.00	1,000.00	平	
2014	12	2	02-0005	0104	供销经营科	10410	周乐	职工借款_2014.12.02	1,000.00		借	1,000.00
				0104	供销经营科	10410	周乐	小计	1,000.00		借	1,000.00
				0104	供销经营科			部门小计	2,000.00	1,000.00	借	1,000.00
								合计：	2,000.00	1,000.00	借	1,000.00

图 5 - 27　个人往来明细账

3. 个人往来清理

本功能用于对个人借款、还款情况进行清理，能够及时地了解个人借款、还款情况，清理个人借款，如图5-28所示。

| 科目： | 113303 职工借款 | | | | | | |
| 个人 | 10402 姚怡 | | | | | | |

日期	凭证号数	摘要	借方金额	贷方金额	两清	两清日期
2014.12.01	02-0002	预支差旅费__2014.12.01	1,000.00			
2014.12.20	01-0001	交回多余差旅费__2014.12.20		100.00		
2014.12.27	转-0138	报销差旅费__2014.12.27		900.00		
		合计	1,000.00	1,000.00		

图 5-28　个人往来清理

4. 个人往来催款单

个人往来催款单用于打印个人催款单，及时地清理个人借款，如图5-29所示。

| 科目 | 113303 职工借款 | | | | |
| 部门：供销经营科 | | 个人 姚怡 | | | |

日期	凭证号数	摘要	借方	贷方	两清
2014.12.01	02-0002	预支差旅费_2014.12.01	1,000.00		
2014.12.20	01-0001	交回多余差旅费_2014.12.20		100.00	
2014.12.27	转-0138	报销差旅费_2014.12.27		900.00	
		合计	1,000.00	1,000.00	
		余额			

图 5-29　个人往来催款单

5. 个人往来账龄分析

个人借款控制与管理是企业内部控制制度的一部分，需要科学的管理手段，本功能通过账龄区间的设置由系统科学统计个人往来款余额的时间分布情况，由此进行账龄分析，及时清理个人借款，如图5-30所示。

（五）部门辅助账

1. 部门总账

部门总账用于查询某部门的各费用、收入科目（即在【会计科目】中账类设为部门核算的科目）的发生额及余额汇总情况。

科目：其他应收款/职工借款(113303)

部门编码	部门名称	个人编码	姓名	方向	余额	1—30天	31—60天
0104	供销经营科	10410	周乐	借	1,000.0	1,000.00	
			人　　数	借		1	1
			合　　计	借	1,000.0	1,000.00	
			百分比(%)	借		100.00	

图 5 – 30　个人往来账龄分析表

2. 部门明细账

本功能用于查询某部门的各个费用、收入科目（即在【会计科目】中账类设为部门核算的科目）的明细账。

3. 部门收支分析

为了加强对各部门收支情况的管理，系统提供部门收支分析功能，可对所有部门核算科目的发生额及余额按部门进行分析，如图 5 – 31 所示。

全部	收入科目	费用科目						
科目编码	科目名称	统计方式	方向	合计	01 行政管理部	0101 行政管理科	010101 经理办公室
				金额	金额	金额	金额
113301	备用金	期初	借				
		借方					
		贷方					
		期末	借				
费用科目	合计	期初	借				
		借方					
		贷方					
		期末	借				

图 5 – 31　部门收支分析表

（六）项目辅助账

1. 项目总账

项目总账用于查询某部门、项目下的各费用、收入科目（即在【会计科目】中账类设为项目核算的科目）的发生额及余额汇总情况，如图 5 – 32 所示。

2. 项目明细账

项目明细账用于查询某项目及部门的各个费用、收入科目的明细账，如图 5 – 33 所示。

3. 项目统计分析

可统计所有项目的发生额及余额情况。选择【账表】—【项目辅助

项目 铝壳气压保温瓶

部门

科目编码	科目名称	方向	期初余额	本期借方发生	本期贷方发生	方向	期末余额
1243010101	标准材料费用	借	160,000.00	256,240.00	240,225.00	借	176,015.00
1243010102	标准材料费用价差	平		2,787.42	1,742.14	借	1,045.28
1243010201	标准人工费用	平		151,120.00	141,675.00	借	9,445.00
1243010202	标准人工费用费率差	平		-61,195.07	-38,246.92	贷	22,948.15
1243010301	标准固定制造费用	平		6,800.00	6,375.00	借	425.00
1243010302	标准固定制造费用费率差	平		-3,068.04	-1,917.53	贷	1,150.51
1243010401	标准变动制造费用	平		23,040.00	21,600.00	借	1,440.00
1243010402	标准变动制造费用费率差	平		-3,269.43	-2,043.40	借	1,226.03
1243020102	标准材料费用价差	平			95.24	贷	95.24
1243020202	标准人工费用费率差	平			459.64	贷	459.64
1243020302	标准固定制造费用费率差	平			126.31	贷	126.31
1243020402	标准变动制造费用费率差	平			4,898.15	贷	4,898.15
合计		借	160,000.00	372,454.88	374,988.63	借	157,466.25

图 5-32　项目总账

项目 铝壳气压保温瓶

部门

2014年 月	日	凭证号数	科目编码	科目名称	摘要	借方	贷方	方向	余额
12	27	转-0137	1243010401	标准变动制造费用	专用发票		2,880.00	贷	20,160.00
12	27	转-0156	1243010401	标准变动制造费用	产成品入库单	23,040.00		借	2,880.00
12	27	转-0161	1243010401	标准变动制造费用	专用发票		1,440.00	借	1,440.00
12					当前合计	23,040.00	21,600.00	借	1,440.00
12					当前累计	23,040.00	21,600.00	借	1,440.00
12	31	转-0217	1243010402	标准变动制造费用费率差	结转产品入库异-变动制造费率差	-3,269.43		贷	3,269.43
12	31	转-0228	1243010402	标准变动制造费用费率差	结转销售成本差异-变动制造费率差		-2,043.40	贷	1,226.03
12					当前合计	-3,269.43	-2,043.40	贷	1,226.03
12					当前累计	-3,269.43	-2,043.40	贷	1,226.03
12	31	转-0222	1243020102	标准材料费用价差	结转材料出库差异-材料价差		95.24	贷	95.24
12					当前合计		95.24	贷	95.24
12					当前累计		95.24	贷	95.24
12	31	转-0222	1243020202	标准人工费用费率差	结转材料出库差异-人工费率差		459.64	贷	459.64
12					当前合计		459.64	贷	459.64
12					当前累计		459.64	贷	459.64
12	31	转-0222	1243020302	标准固定制造费用费率差	结转材料出库差异-固定制造费差		126.31	贷	126.31
12					当前合计		126.31	贷	126.31
12					当前累计		126.31	贷	126.31
12	31	转-0222	1243020402	标准变动制造费用费率差	结转材料出库差异-变动制造费率差		4,898.15	贷	4,898.15
12					当前合计		4,898.15	贷	4,898.15
12					当前累计		4,898.15	贷	4,898.15
					合计	372,454.88	374,988.63	借	157,466.25

图 5-33　项目明细账

账】—【项目统计分析】，屏幕显示项目统计表查询条件窗，如图 5-34
所示。

项目分类及项目名称	项目编号	Bom版本号	统计方式	方向	合计 金额	产成品(124301) 金额
产成品(01)			期初	借	1,060,000.00	1,060,000.00
			借方		1,416,098.01	1,416,098.01
			贷方		1,630,167.48	1,630,167.48
			期末	借	845,930.53	845,930.53
铝壳气压保温瓶(02)	02	10	期初	借	160,000.00	160,000.00
			借方		372,454.88	372,454.88
			贷方		369,409.29	369,409.29
			期末	借	163,045.59	163,045.59
塑壳保温瓶（大）(03)	03	10	期初	借	280,000.00	280,000.00
			借方		332,754.74	332,754.74
			贷方		370,019.31	370,019.31
			期末	借	242,735.43	242,735.43
塑壳保温瓶（小）(05)	05	10	期初	借	120,000.00	120,000.00
			借方		224,163.80	224,163.80
			贷方		251,642.55	251,642.55
			期末	借	92,521.25	92,521.25
塑壳保温瓶（中）(04)	04	10	期初	借	224,000.00	224,000.00
			借方		262,158.67	262,158.67
			贷方		386,007.23	386,007.23
			期末	借	100,151.44	100,151.44
铁壳保温瓶(01)	01	10	期初	借	276,000.00	276,000.00
			借方		224,565.92	224,565.92
			贷方		253,089.10	253,089.10
			期末	借	247,476.82	247,476.82
合计			期初	借	1,060,000.00	1,060,000.00

图 5-34　项目统计分析

4. 项目成本一览表

可以按项目统计查询各项目成本费用的发生以及冲减后的余额，若想查询某科目的项目成本一览表，则应先将该科目本身及要核算的下级科目都设为项目核算科目，再在项目成本多栏账查询条件中选择该科目即可，如图 5-35 所示。

项目代码	项目名称	成本支出				冲减后余额
		小计	标准材料费用	标准材料费用价差	标准材料费用量差	
01	铁壳保温瓶	133,934.42	131,440.00	2,494.42		133,934.42
02	铝壳气压保温瓶	259,027.42	256,240.00	2,787.42		259,027.42
03	塑壳保温瓶（大）	233,599.54	230,000.00	3,599.54		233,599.54
04	塑壳保温瓶（中）	162,999.56	160,000.00	2,999.56		162,999.56
05	塑壳保温瓶（小）	124,999.03	120,000.00	4,999.03		124,999.03
合计		914,559.97	897,680.00	16,879.97		914,559.97

图 5-35　项目成本一览表

5. 项目成本多栏明细账

项目成本多栏明细账可以按项目统计查询各项目成本费用的发生明细以及冲减后的余额，若想查询某科目的项目成本多栏明细账，则应先将该科目本身及要核算的下级科目都设为项目核算科目，再在项目成本多栏账查询条件中选择该科目即可，如图 5 – 36 所示。

项目代码	项目名称	2014年		凭证号	摘要	成本支出			冲减后余额
		月	日			标准材料费用	标准材料费用价差	标准材料费用量差	
01	铁壳保温瓶				期初余额	276,000.00			276,000.00
01	铁壳保温瓶	12	27	转-0134	专用发票	-98,580.00			177,420.00
		12	27	转-0135	专用发票	-24,645.00			152,775.00
		12	27	转-0157	产成品入库单	131,440.00			284,215.00
		12	27	转-0161	专用发票	-8,215.00			276,000.00
		12	31	转-0218	结转产成品入库差异-材料价差		2,494.42		278,494.42
		12	31	转-0227	结转销售成本差异-材料价差		-1,425.39		277,069.03
					当前合计		1,069.03		277,069.03
					本年累计		1,069.03		277,069.03
02	铝壳气压保温瓶				期初余额	160,000.00			160,000.00
02	铝壳气压保温瓶	12	27	转-0134	专用发票	-128,120.00			31,880.00
		12	27	转-0136	专用发票	-64,060.00			-32,180.00
		12	27	转-0137	专用发票	-32,030.00			-64,210.00
		12	27	转-0156	产成品入库单	256,240.00			192,030.00
		12	27	转-0161	专用发票	-16,015.00			176,015.00
		12	31	转-0217	结转产成品入库差异-材料价差		2,787.42		178,802.42
		12	31	转-0228	结转销售成本差异-材料价差		-1,742.14		177,060.28
					当前合计	16,015.00	1,045.28		177,060.28
					本年累计	16,015.00	1,045.28		177,060.28
03	塑壳保温瓶（大）				期初余额	280,000.00			280,000.00
03	塑壳保温瓶（大）	12	27	转-0134	专用发票	-184,000.00			96,000.00
		12	27	转-0135	专用发票	-34,500.00			61,500.00
		12	27	转-0158	产成品入库单	230,000.00			291,500.00
		12	27	转-0161	专用发票	-11,500.00			280,000.00
		12	31	转-0219	结转产成品入库差异-材料价差		3,599.54		283,599.54
		12	31	转-0229	结转销售成本差异-材料价差		-1,999.75		281,599.79
					当前合计		1,599.79		281,599.79

图 5 – 36　项目成本多栏明细账

二　采购管理系统报表

(一) 统计表

1. 到货明细表

到货明细表可以按照到货单查询存货的到货、入库明细，如图 5 – 37 所示。

单据日期	存货名称	主计量	数量	实收数量	合格数量	本币无税单价	本币金额	本币税额	本币价税合计	税率	订单号	计划到货日期
2014-12-10	不锈钢吸管	支	35,000.00	35,000.00	35,000.00	2.36	82,600.00	14,042.00	96,642.00	17.00	0000000001	2014-12-11
2014-12-12	稀释剂	千克	10.00	10.00	10.00	60.00	600.00	102.00	702.00	17.00	0000000002	2014-12-12
2014-12-12	油漆	千克	60.00	60.00	60.00	20.00	1,200.00	204.00	1,404.00	17.00	0000000003	2014-12-12
2014-12-13	马口铁	吨	45.00	45.00	45.00	5,600.00	252,000.00	42,840.00	294,840.00	17.00	0000000004	2014-12-13
2014-12-13	铝配件	套	10,000.00	10,000.00	10,000.00	3.80	38,000.00	6,460.00	44,460.00	17.00	0000000006	2014-12-13
2014-12-13	塑料粒子	吨	60.00	60.00	60.00	10,000.00	600,000.00	102,000.00	702,000.00	17.00	0000000007	2014-12-13
2014-12-13	铝片	吨	5.00	5.00	5.00	20,000.00	100,000.00	17,000.00	117,000.00	17.00	0000000008	2014-12-13
2014-12-16	瓶胆（大）	只	84,000.00	84,000.00	84,000.00	4.96	416,640.00	70,828.80	487,468.80	17.00	0000000009	2014-12-16
2014-12-16	瓶胆（中）	只	240,000…	240,000…	240,000.00	3.90	936,000.00	159,120.00	1,095,120.00	17.00	0000000009	2014-12-16
2014-12-16	瓶胆（小）	只	80,000.00	80,000.00	80,000.00	3.10	248,000.00	42,160.00	290,160.00	17.00	0000000009	2014-12-16
2014-12-16	黑铁托盘	只	500,000…	500,000…	500,000.00	1.20	600,000.00	102,000.00	702,000.00	17.00	0000000010	2014-12-16
2014-12-16	不锈钢吸管	支	500,000…	500,000…	500,000.00	1.80	900,000.00	153,000.00	1,053,000.00	17.00	0000000010	2014-12-16
2014-12-16	口圈	只	500,000…	500,000…	500,000.00	0.80	400,000.00	68,000.00	468,000.00	17.00	0000000011	2014-12-16
2014-12-16	底垫	只	500,000…	500,000…	500,000.00	0.50	250,000.00	42,500.00	292,500.00	17.00	0000000011	2014-12-16
2014-12-16	纸盒	只	600,000…	600,000…	600,000.00	2.10	1,260,000.00	214,200.00	1,474,200.00	17.00	0000000012	2014-12-16
2014-12-16	纸箱	只	50.00	50.00	50.00	5.10	255.00	43.35	298.35	17.00	0000000012	2014-12-16
2014-12-17	水	方	10,000.00	10,000.00	10,000.00	4.00	40,000.00	6,800.00	46,800.00	17.00	0000000013	2014-12-17
2014-12-17	电	度	10,000.00	10,000.00	10,000.00	1.00	10,000.00	1,700.00	11,700.00	17.00	0000000014	2014-12-17
2014-12-17	财产保险	份	949.00	949.00	949.00	1.00	949.00		949.00		0000000015	2014-12-17
2014-12-17	机动车辆保险	份	400.00	400.00	400.00	1.00	400.00		400.00		0000000015	2014-12-17
2014-12-17	报刊	份	500.00	500.00	500.00	1.00	500.00		500.00		0000000016	2014-12-17
总计			3,071,0…	3,071,0…	3,071,0…		6,137,1…	1,043,0…	7,180,144.15			

图 5 – 37　到货明细表

2. 采购明细表

采购明细表可以查询采购发票的明细情况，包括数量、价税、费用、损耗等信息，如图 5 – 38 所示。

发票日期	发票号	存货名称	主计量	数量	本币单价	本币金额	本币税额	本币价税合计	原币单价	原币累计付款
2014-12-10	0000000…	不锈钢吸管	支	35,000.00	2.36	82,600.00	14,042.00	96,642.00	2.36	96,642.00
2014-12-27	0000000…	财产保险	份	949.00	1.00	949.00		949.00	1.00	949.00
2014-12-27	0000000…	机动车辆保险	份	400.00	1.00	400.00		400.00	1.00	400.00
2014-12-27	0000000…	报刊	份	500.00	1.00	500.00		500.00	1.00	500.00
2014-12-27	0000000…	稀释剂	千克	10.00	60.00	600.00	102.00	702.00	60.00	
2014-12-27	0000000…	油漆	千克	60.00	20.00	1,200.00	204.00	1,404.00	20.00	
2014-12-27	0000000…	马口铁	吨	45.00	5,600.00	252,000.00	42,840.00	294,840.00	5,600.00	
2014-12-27	0000000…	铝片	吨	5.00	20,000.00	100,000.00	17,000.00	117,000.00	20,000.00	
2014-12-27	0000000…	铝配件	套	10,000.00	3.80	38,000.00	6,460.00	44,460.00	3.80	
2014-12-27	0000000…	塑料粒子	吨	60.00	10,000.00	600,000.00	102,000.00	702,000.00	10,000.00	
2014-12-27	0000000…	瓶胆（大）	只	84,000.00	4.96	416,640.00	70,828.80	487,468.80	4.96	
2014-12-27	0000000…	瓶胆（中）	只	240,000.00	3.90	936,000.00	159,120.00	1,095,120.00	3.90	
2014-12-27	0000000…	瓶胆（小）	只	80,000.00	3.10	248,000.00	42,160.00	290,160.00	3.10	
2014-12-27	0000000…	黑铁托盘	只	500,000.00	1.20	600,000.00	102,000.00	702,000.00	1.20	
2014-12-27	0000000…	不锈钢吸管	支	500,000.00	1.80	900,000.00	153,000.00	1,053,000.00	1.80	
2014-12-27	0000000…	口圈	只	500,000.00	0.80	400,000.00	68,000.00	468,000.00	0.80	
2014-12-27	0000000…	底垫	只	500,000.00	0.50	250,000.00	42,500.00	292,500.00	0.50	
2014-12-27	0000000…	纸盒	只	600,000.00	2.10	1,260,000.00	214,200.00	1,474,200.00	2.10	
2014-12-27	0000000…	纸箱	只	50.00	5.10	255.00	43.35	298.35	5.10	
2014-12-27	0000000…	水	方	10,000.00	4.00	40,000.00	6,800.00	46,800.00	4.00	
2014-12-27	0000000…	电	度	10,000.00	1.00	10,000.00	1,700.00	11,700.00	1.00	
总计				3,071,079.00		6,137,144.00	1,043,000.15	7,180,144.15		98,491.00

图 5 – 38　采购明细表

3. 入库明细表

入库明细表可以查询采购入库单的明细情况，如图 5 – 39 所示。

入库日期	入库单号	仓库名称	存货名称	主计量	入库数量	本币单价	本币金额	计划价/售价	计划金额	计划到货日
2014-12-10	0000000001	原材料仓库	不锈钢吸管	支	35,000.00	2.36	82,600.00	2.00	70,000.00	2014-12-11
2014-12-12	0000000002	原材料仓库	稀释剂	千克	10.00	60.00	600.00	10.00	100.00	2014-12-12
2014-12-13	0000000003	原材料仓库	油漆	千克	60.00	20.00	1,200.00	20.00	1,200.00	2014-12-12
2014-12-13	0000000004	原材料仓库	马口铁	吨	45.00	5,600.00	252,000.00	5,600.00	252,000.00	2014-12-13
2014-12-13	0000000006	原材料仓库	铝配件	套	10,000.00	3.80	38,000.00	3.80	38,000.00	2014-12-13
2014-12-13	0000000007	原材料仓库	塑料粒子	吨	60.00	10,000.00	600,000.00	10,000.00	600,000.00	2014-12-13
2014-12-13	0000000008	原材料仓库	铝片	吨	5.00	20,000.00	100,000.00	20,000.00	100,000.00	2014-12-13
2014-12-16	0000000009	原材料仓库	瓶胆（大）	只	84,000.00	4.96	416,640.00	5.00	420,000.00	2014-12-16
2014-12-16	0000000009	原材料仓库	瓶胆（中）	只	240,000.00	3.90	936,000.00	4.00	960,000.00	2014-12-16
2014-12-16	0000000009	原材料仓库	瓶胆（小）	只	80,000.00	3.10	248,000.00	3.00	240,000.00	2014-12-16
2014-12-16	0000000010	原材料仓库	黑铁托盘	只	500,000.00	1.20	600,000.00	1.00	500,000.00	2014-12-16
2014-12-16	0000000010	原材料仓库	不锈钢吸管	支	500,000.00	1.80	900,000.00	2.00	1,000,000.00	2014-12-16
2014-12-16	0000000011	原材料仓库	口圈	只	500,000.00	0.80	400,000.00	0.50	250,000.00	2014-12-16
2014-12-16	0000000011	原材料仓库	底垫	只	500,000.00	0.50	250,000.00	0.50	250,000.00	2014-12-16
2014-12-16	0000000012	原材料仓库	纸盒	只	600,000.00	2.10	1,260,000.00	2.00	1,200,000.00	2014-12-16
2014-12-16	0000000012	原材料仓库	纸箱	只	50.00	5.10	255.00	5.00	250.00	2014-12-16
2014-12-17	0000000013	原材料仓库	水	方	10,000.00	4.00	40,000.00	5.00	50,000.00	2014-12-17
2014-12-17	0000000014	原材料仓库	电	度	10,000.00	1.00	10,000.00	1.50	15,000.00	2014-12-17
2014-12-17	0000000015	其他仓库	财产保险	份	949.00	1.00	949.00	1.50	1,423.50	2014-12-17
2014-12-17	0000000015	其他仓库	机动车辆保险	份	400.00	1.00	400.00	2.00	800.00	2014-12-17
2014-12-17	0000000016	其他仓库	报刊	份	500.00	1.00	500.00	2.00	1,000.00	2014-12-17
总计					3,071,079.00		6,137,144.00		5,949,773.50	

图 5 – 39　入库明细表

4. 结算明细表

结算明细表可以查询采购结算的明细情况，如图 5 – 40 所示。

5. 未完成业务明细表

用户可以查询未完成业务的单据明细情况，包括入库单、发票，货到

结算日期	结算单号	存货名称	结算数量	结算单价	结算金额	发票号	入库单号	结算暂估单价	结算暂估金额	仓库名称
2014-12-27	000000000000003	马口铁	45.00	5,600.00	252,000.00	0000000012	0000000004	5,600.00	252,000.00	原材料仓库
2014-12-27	000000000000006	塑料粒子	60.00	10,000.00	600,000.00	0000000007	0000000007	10,000.00	600,000.00	原材料仓库
2014-12-27	000000000000007	瓶胆（…	84,000.00	4.96	416,640.00	0000000016	0000000009	4.96	416,640.00	原材料仓库
2014-12-27	000000000000007	瓶胆（…	240,000.00	3.90	936,000.00	0000000016	0000000009	3.90	936,000.00	原材料仓库
2014-12-27	000000000000008	瓶胆（…	80,000.00	3.10	248,000.00	0000000016	0000000009	3.10	248,000.00	原材料仓库
2014-12-27	000000000000008	黑铁托盘	500,000.00	1.20	600,000.00	0000000017	0000000010	1.20	600,000.00	原材料仓库
2014-12-10	000000000000001	不锈钢…	35,000.00	2.36	82,600.00	0000000009	0000000001	2.36	82,600.00	原材料仓库
2014-12-27	000000000000009	不锈钢…	500,000.00	1.80	900,000.00	0000000017	0000000010	1.80	900,000.00	原材料仓库
2014-12-27	000000000000009	口圈	500,000.00	0.80	400,000.00	0000000018	0000000011	0.80	400,000.00	原材料仓库
2014-12-27	000000000000010	底垫	500,000.00	0.50	250,000.00	0000000018	0000000011	0.50	250,000.00	原材料仓库
2014-12-27	000000000000010	纸盒	600,000.00	2.10	1,260,000.00	0000000019	0000000012	2.10	1,260,000.00	原材料仓库
2014-12-27	000000000000010	纸箱	50.00	5.10	255.00	0000000019	0000000012	5.10	255.00	原材料仓库
2014-12-27	000000000000002	稀释剂	10.00	60.00	600.00	0000000010	0000000002	60.00	600.00	原材料仓库
2014-12-27	000000000000011	水	10,000.00	4.00	40,000.00	0000000020	0000000013	4.00	40,000.00	原材料仓库
2014-12-27	000000000000012	电	10,000.00	1.00	10,000.00	0000000021	0000000014	1.00	10,000.00	原材料仓库
2014-12-27	000000000000004	油漆	60.00	20.00	1,200.00	0000000011	0000000003	20.00	1,200.00	原材料仓库
2014-12-27	000000000000004	铝片	5.00	20,000.00	100,000.00	0000000013	0000000008	20,000.00	100,000.00	原材料仓库
2014-12-27	000000000000005	铝配件	10,000.00	3.80	38,000.00	0000000014	0000000006	3.80	38,000.00	原材料仓库
2014-12-27	000000000000014	报刊	500.00	1.00	500.00	0000000002	0000000016	1.00	500.00	其他仓库
2014-12-27	000000000000013	财产保险	949.00	1.00	949.00	0000000015	0000000015	1.00	949.00	其他仓库
2014-12-27	000000000000013	机动车	400.00	1.00	400.00	0000000001	0000000015	1.00	400.00	其他仓库
总计			3,071,079.00		6,137,144.00				6,137,144.00	

图 5 – 40 结算明细表

票未到为暂估入库，票到货未到为在途存货。

6. 受托结算明细表

用户可以查询受托代销采购入库单中各货物的入库、结算情况。商业账套选择受托代销业务时可以使用。

7. 费用明细表

费用明细表可以查询运费发票的明细数据。

8. 增值税发票处理状态明细表

增值税发票处理状态明细表可以统计符合条件的增值税发票的处理情况，如图 5 – 41 所示。

发票号	开票日期	供应商简称	存货名称	主计量	发票数量	本币金额	税率	本币税额	结算日期	已入库数量	入库日期
0000000009	2014-12-10	开封金属	不锈钢…	支	35,000.00	82,600.00	17.00	14,042.00	2014-12-10	35,000.00	2014-12-10
0000000010	2014-12-27	普奥涂料	稀释剂	千克	10.00	600.00	17.00	102.00	2014-12-27	10.00	2014-12-12
0000000011	2014-12-27	普奥涂料	油漆	千克	60.00	1,200.00	17.00	204.00	2014-12-27	60.00	2014-12-12
0000000012	2014-12-27	北京金属	马口铁	吨	45.00	252,000.00	17.00	42,840.00	2014-12-27	45.00	2014-12-13
0000000013	2014-12-27	佛山铝材厂	铝片	吨	5.00	100,000.00	17.00	17,000.00	2014-12-27	5.00	2014-12-13
0000000014	2014-12-27	汕头铝制	铝配件	套	10,000.00	38,000.00	17.00	6,460.00	2014-12-27	10,000.00	2014-12-13
0000000015	2014-12-27	成都塑料	塑料粒子	吨	60.00	600,000.00	17.00	102,000.00	2014-12-27	60.00	2014-12-13
0000000016	2014-12-27	郑州瓶胆	瓶胆（…	只	84,000.00	416,640.00	17.00	70,828.80	2014-12-27	84,000.00	2014-12-16
0000000016	2014-12-27	郑州瓶胆	瓶胆（…	只	240,000.00	936,000.00	17.00	159,120.00	2014-12-27	240,000.00	2014-12-16
0000000016	2014-12-27	郑州瓶胆	瓶胆（…	只	80,000.00	248,000.00	17.00	42,160.00	2014-12-27	80,000.00	2014-12-16
0000000017	2014-12-27	开封金属	黑铁托盘	只	500,000.00	600,000.00	17.00	102,000.00	2014-12-27	500,000.00	2014-12-16
0000000017	2014-12-27	开封金属	不锈钢…	支	500,000.00	900,000.00	17.00	153,000.00	2014-12-27	500,000.00	2014-12-16
0000000018	2014-12-27	内蒙杜家	口圈	只	500,000.00	400,000.00	17.00	68,000.00	2014-12-27	500,000.00	2014-12-16
0000000018	2014-12-27	内蒙杜家	底垫	只	500,000.00	250,000.00	17.00	42,500.00	2014-12-27	500,000.00	2014-12-16
0000000019	2014-12-27	韶关市纸	纸盒	只	600,000.00	1,260,000.00	17.00	214,200.00	2014-12-27	600,000.00	2014-12-16
0000000019	2014-12-27	韶关市纸	纸箱	只	50.00	255.00	17.00	43.35	2014-12-27	50.00	2014-12-16
0000000020	2014-12-27	深圳自来…	水	只	10,000.00	40,000.00	17.00	6,800.00	2014-12-27	10,000.00	2014-12-17
0000000021	2014-12-27	深圳供电局	电	度	10,000.00	10,000.00	17.00	1,700.00	2014-12-27	10,000.00	2014-12-17
总计					3,069,230.00	6,135,295.00		1,043,000.15		3,069,230.00	

图 5 – 41 增值税发票处理状态明细查询表

9. 采购综合统计表

用户可以按照报表汇总条件查询采购业务的入库、开票、付款统计情况，如图 5 – 42 所示。

存货名称	主计量	入库数量	入库金额	发票数量	发票本币金额	发票本币价税合
不锈钢吸管	支	35,000.00	82,600.00			
稀释剂	千克	10.00	600.00			
油漆	千克	60.00	1,200.00			
马口铁	吨	45.00	252,000.00			
铝配件	套	10,000.00	38,000.00			
塑料粒子	吨	60.00	600,000.00			
铝片	吨	5.00	100,000.00			
瓶胆（大）	只	84,000.00	416,640.00			
瓶胆（中）	只	240,000.00	936,000.00			
瓶胆（小）	只	80,000.00	248,000.00			
黑铁托盘	只	500,000.00	600,000.00			
不锈钢吸管	支	500,000.00	900,000.00			
口圈	只	500,000.00	400,000.00			
底垫	只	500,000.00	250,000.00			
纸盒	只	600,000.00	1,260,000.00			
纸箱	只	50.00	255.00			
水	方	10,000.00	40,000.00			
电	度	10,000.00	10,000.00			
财产保险	份	949.00	949.00			
机动车辆保险	份	400.00	400.00			
报刊	份	500.00	500.00			
不锈钢吸管	支			35,000.00	82,600.00	96,642.00
稀释剂	千克			10.00	600.00	702.00
油漆	千克			60.00	1,200.00	1,404.00

图 5-42　采购综合统计表

10. 采购计划综合统计表

用户可以按照存货或存货分类对入库、出库、结存、采购订货、销售发货、结存情况进行汇总统计，从而综合地反映企业的购销存情况，如图 5-43 所示。

存货编码	期初数量	采购入库数量	采购入库金额	其他入库数量	其他入库金额	其他出库数量	材料出库数量	采购订单数量	采购订单金额	结存数量
0101	4.00	45.00	252,000.00				18.00	45.00	252,000.00	31.00
0102	3.00	60.00	600,000.00				63.00	60.00	600,000.00	
0103	45.00	84,000.00	416,640.00			1.00	10,040.00	84,000.00	416,640.00	74,004.00
0104	56.00	240,000.00	936,000.00	1.00	4.00		26,095.00	240,000.00	936,000.00	213,962.00
0105	24.00	80,000.00	248,000.00				10,015.00	80,000.00	248,000.00	70,009.00
0106	81.00	500,000.00	600,000.00				8,040.00	500,000.00	600,000.00	492,041.00
0107	70.00	535,000.00	982,600.00				8,040.00	535,000.00	982,600.00	527,030.00
0108	89.00	500,000.00	400,000.00				46,150.00	500,000.00	400,000.00	453,939.00
0109	90.00	500,000.00	250,000.00				46,150.00	500,000.00	250,000.00	453,940.00
0110	85.00	600,000.00	1,260,000.00				46,150.00	600,000.00	1,260,000.00	553,935.00
0111	54.00	50.00	255.00					50.00	255.00	104.00
0112	32.00	10.00	600.00				36.00	10.00	600.00	6.00
0113		10,000.00	40,000.00				550.00	10,000.00	40,000.00	9,450.00
0114		10,000.00	10,000.00				550.00	10,000.00	10,000.00	9,450.00
0115	15.00	60.00	1,200.00				36.00	60.00	1,200.00	39.00
0116	30.00						3.00			27.00
0117	20.00						3.00			17.00
0118	80.00						4.00			76.00
0119	70.00									70.00
0120	50.00						4.00			46.00
0121	18.00						3.00			15.00
0122	16.00						3.00			13.00
0123	14.00						3.00			11.00
0124	45.97	5.00	100,000.00				18.00	5.00	100,000.00	32.97
0125	2,050.00	10,000.00	38,000.00				8,040.00	10,000.00	38,000.00	4,010.00
总计	3,041.97	3,069,230.00	6,135,295.00	1.00	4.00	1.00	210,014.00	3,069,230.00	6,135,295.00	2,862,257.97

图 5-43　采购计划综合统计表

11. 采购执行状况表

查询到当前时点为止采购流程中未执行完毕的数据。

12. 采购执行进度表

此报表综合反映订单的到货、入库、开票和付款情况，如图5－44所示。

业务...	订单编号	日期	供应商	部门	业务员	币种	存货...	存货...	规格...	主计量	数量	原币含...	原币...	原币...	原币...	原币价...
普通采购	0000000001	2014-12-10	开封金属	供销经营科		人民币	0107	不锈钢吸管		支	35,000.00	2.76	2.36	82,600.00	14,042.00	96,642.00
普通采购	0000000002	2014-12-12	普奥涂料	供销经营科		人民币	0112	稀释剂		千克	10.00	70.20	60.00	600.00	102.00	702.00
普通采购	0000000003	2014-12-12	普奥涂料	供销经营科		人民币	0115	油漆		千克	60.00	23.40	20.00	1,200.00	204.00	1,404.00
普通采购	0000000004	2014-12-13	北京金...	供销经营科		人民币	0101	马口铁		吨	45.00	6,552.00	5,600.00	252,000.00	42,840.00	294,840.00
普通采购	0000000006	2014-12-13	汕头铝...			人民币	0125	铝配件		套	10,000.00	4.45	3.80	38,000.00	6,460.00	44,460.00
普通采购	0000000007	2014-12-13	成都塑料			人民币	0102	塑料粒子		吨	60.00	11,700.00	10,000.00	600,000.00	102,000.00	702,000.00
普通采购	0000000008	2014-12-13	佛山铝材厂	供销经营科		人民币	0124	铝片		吨	5.00	23,400.00	20,000.00	100,000.00	17,000.00	117,000.00
普通采购	0000000009	2014-12-16	郑州瓶...	供销经营科		人民币	0103	瓶胆（大）		只	84,000.00	5.80	4.96	416,640.00	70,828.80	487,468.80
普通采购	0000000009	2014-12-16	郑州瓶...	供销经营科		人民币	0104	瓶胆（中）		只	240,000.00	4.56	3.90	936,000.00	159,120.00	1,095,120.00
普通采购	0000000009	2014-12-16	郑州瓶...	供销经营科		人民币	0105	瓶胆（小）		只	80,000.00	3.63	3.10	248,000.00	42,160.00	290,160.00
普通采购	0000000010	2014-12-16	开封金属	供销经营科		人民币	0106	黑铁托盘		只	500,000.00	1.40	1.20	600,000.00	102,000.00	702,000.00

到货明细　入库明细　发票明细　付款明细

采购执行进度表(到货明细)

记录总数：1

业务类型	单据号	日期	供应商	币种	存货编码	存货名称	规格型号	主计量	数量	原币含税单价	原币单价	原币金额	原币税额	原币价税合计	表体税率	订单号
普通采购	0000000001	2014-12-10	开封金属	人民币	0107	不锈钢吸管		支	35,000.00	2.76	2.36	82,600.00	14,042.00	96,642.00	17.00	0000000001
小计									35,000.00			82,600.00	14,042.00	96,642.00		

图5－44　采购执行进度表

13. 采购时效性统计表

根据采购订单行，展现订单、到货、报检、检验、入库各环节的制单时间和审核时间，供审计人员查询时效性，如图5－45所示。

订单-订单号	订单 - 订单	订单 - 存	订单 - 计划	订单 - 数	到货 - 数	到货-制单时间	入库 - 数	入库-制单时间
0000000001	2014-12-10	0107	2014-12-11	35000.00	35000.00	2014-12-11 18:39:32	35000.00	2014-12-11 18:41:31
0000000002	2014-12-12	0112	2014-12-12	10.00	10.00	2014-12-11 19:36:17	10.00	2014-12-11 19:37:16
0000000003	2014-12-12	0115	2014-12-12	60.00	60.00	2014-12-11 19:36:33	60.00	2014-12-11 19:54:53
0000000004	2014-12-13	0101	2014-12-13	45.00	45.00	2014-12-11 20:16:49	45.00	2014-12-11 20:32:18
0000000006	2014-12-13	0125	2014-12-13	10000.00	10000.00	2014-12-11 20:17:43	10000.00	2014-12-11 20:33:01
0000000007	2014-12-13	0102	2014-12-13	60.00	60.00	2014-12-11 20:17:58	60.00	2014-12-11 20:33:16
0000000008	2014-12-13	0124	2014-12-13	5.00	5.00	2014-12-11 21:30:53	5.00	2014-12-11 21:31:18
0000000009	2014-12-16	0103	2014-12-16	84000.00	84000.00	2014-12-12 09:30:31	84000.00	2014-12-12 09:31:52
	2014-12-16	0104	2014-12-16	240000.00	240000.00	2014-12-12 09:30:31	240000.00	2014-12-12 09:31:52
	2014-12-16	0105	2014-12-16	80000.00	80000.00	2014-12-12 09:30:31	80000.00	2014-12-12 09:31:52
0000000010	2014-12-16	0106	2014-12-16	500000.00	500000.00	2014-12-12 09:30:42	500000.00	2014-12-12 09:32:21
	2014-12-16	0107	2014-12-16	500000.00	500000.00	2014-12-12 09:30:42	500000.00	2014-12-12 09:32:21
0000000011	2014-12-16	0108	2014-12-16	500000.00	500000.00	2014-12-12 09:30:52	500000.00	2014-12-12 09:32:41
	2014-12-16	0109	2014-12-16	500000.00	500000.00	2014-12-12 09:30:52	500000.00	2014-12-12 09:32:41
0000000012	2014-12-16	0110	2014-12-16	600000.00	600000.00	2014-12-12 09:31:02	600000.00	2014-12-12 09:32:54
	2014-12-16	0111	2014-12-16	50.00	50.00	2014-12-12 09:31:02	50.00	2014-12-12 09:32:54
0000000013	2014-12-17	0113	2014-12-17	10000.00	10000.00	2014-12-12 10:21:27	10000.00	2014-12-12 10:22:50
0000000014	2014-12-17	0114	2014-12-17	10000.00	10000.00	2014-12-12 10:21:47	10000.00	2014-12-12 10:23:04
0000000015	2014-12-17	0903	2014-12-17	949.00	949.00	2014-12-12 10:22:01	949.00	2014-12-12 10:23:22
	2014-12-17	0904	2014-12-17	400.00	400.00	2014-12-12 10:22:01	400.00	2014-12-12 10:23:22
0000000016	2014-12-17	0902	2014-12-17	500.00	500.00	2014-12-12 10:22:13	500.00	2014-12-12 10:23:37

图5－45　采购时效性统计表

14. 计划下达请购统计表

分析某一段时间内MRP/MPS计划量和实际下达请购量，可以查询日报、周报、月报。

15. 计划下达采购订单统计表

分析某一段时间内MRP/MPS计划量和实际下达采购订单量，可以查询日报、周报、月报。

16. 采购订单收货统计表

分析某一段时间内订单数量、实际入库数量和退库数量，可以查询日报、周报、月报，如图 5－46 所示。

部门编码	供应商编码	存货分类编码	存货编码	存货名称	单位名称	2014-12-16			合计		
						订单数量	入库数量	退库数量	订单数量	入库数量	退库数量
	0103	01	0102	塑料粒子	吨				60.00	0.00	0.00
	0112	01	0125	铝配件	套				10,000.00	0.00	0.00
0104	0101	01	0101	马口铁	吨				45.00	45.00	0.00
0104	0102	01	0103	瓶胆（大）	只	84,000.00	84,000.00	0.00	84,000.00	84,000.00	0.00
0104	0102	01	0104	瓶胆（中）	只	240,000.00	240,000.00	0.00	240,000.00	240,000.00	0.00
0104	0102	01	0105	瓶胆（小）	只	80,000.00	80,000.00	0.00	80,000.00	80,000.00	0.00
0104	0103	01	0102	塑料粒子	吨				0.00	60.00	0.00
0104	0104	01	0106	黑铁托盘	只	500,000.00	500,000.00	0.00	500,000.00	500,000.00	0.00
0104	0104	01	0107	不锈钢吸管	支	500,000.00	500,000.00	0.00	535,000.00	535,000.00	0.00
0104	0105	01	0112	稀释剂	千克				10.00	10.00	0.00
0104	0105	01	0115	油漆	千克				60.00	60.00	0.00
0104	0107	01	0108	口圈	只	500,000.00	500,000.00	0.00	500,000.00	500,000.00	0.00
0104	0107	01	0109	底垫	只	500,000.00	500,000.00	0.00	500,000.00	500,000.00	0.00
0104	0108	01	0110	纸盒	只	600,000.00	600,000.00	0.00	600,000.00	600,000.00	0.00
0104	0108	01	0111	纸箱	只	50.00	50.00		50.00	50.00	0.00
0104	0111	01	0124	铝片	吨				5.00	5.00	0.00
0104	0112	01	0125	铝配件	套				0.00	10,000.00	0.00
0104	0203	09	0902	报刊	份				500.00	500.00	0.00
0104	0204	09	0903	财产保险	份				949.00	949.00	0.00
0104	0204	09	0904	机动车辆保险	份				400.00	400.00	0.00
0104	0205	01	0113	水	方				10,000.00	10,000.00	0.00
0104	0206	01	0114	电	度				10,000.00	10,000.00	0.00
总计						3,004,050…	3,004,050…	0.00	3,071,079…	3,071,079…	0.00

图 5－46　采购订收货统计表

（二）采购账簿

1. 采购账簿

用户可以查询《采购管理》的各种采购账簿。如果启用了《委外管理》，除采购计划综合统计表外，其他采购账表对于业务类型为委外加工的业务单据不在统计之列。

2. 在途货物余额表

在途货物余额表是普通采购业务的采购发票结算情况的滚动汇总表，反映供货商的采购发票上的货物采购发生、采购结算以及未结算的在途货物情况，如图 5－47 所示。

存货编码	存货名称	供应商名称	主计量	部门编码	本期采购		本期结算	
					数量	金额	数量	金额
0101	马口铁	北京金属公司	吨	0104	45.00	252,000.00	45.00	252,000.00
0103	瓶胆（大）	郑州瓶胆总厂	只	0104	84,000.00	416,640.00	84,000.00	416,640.00
0104	瓶胆（中）	郑州瓶胆总厂	只	0104	240,000.00	936,000.00	240,000.00	936,000.00
0105	瓶胆（小）	郑州瓶胆总厂	只	0104	80,000.00	248,000.00	80,000.00	248,000.00
0102	塑料粒子	成都塑料	吨	0104	60.00	600,000.00	60.00	600,000.00
0106	黑铁托盘	开封金属	只	0104	500,000.00	600,000.00	500,000.00	600,000.00
0107	不锈钢吸管	开封金属	支	0104	535,000.00	982,600.00	535,000.00	982,600.00
0112	稀释剂	普奥涂料	千克	0104	10.00	600.00	10.00	600.00
0115	油漆	普奥涂料	千克	0104	60.00	1,200.00	60.00	1,200.00
0108	口圈	内蒙杜家橡胶厂	只	0104	500,000.00	400,000.00	500,000.00	400,000.00
0109	底垫	内蒙杜家橡胶厂	只	0104	500,000.00	250,000.00	500,000.00	250,000.00
0110	纸盒	韶关市纸品厂	只	0104	600,000.00	1,260,000.00	600,000.00	1,260,000.00
0111	纸箱	韶关市纸品厂	只	0104	50.00	255.00	50.00	255.00
0124	铝片	佛山铝材厂	吨	0104	5.00	100,000.00	5.00	100,000.00
0125	铝配件	汕头铝制品厂	套	0104	10,000.00	38,000.00	10,000.00	38,000.00
0902	报刊	深圳平安邮局	份	0104	500.00	500.00	500.00	500.00
0903	财产保险	平安保险	份	0104	949.00	949.00	949.00	949.00
0904	机动车辆…	平安保险	份	0104	400.00	400.00	400.00	400.00
0113	水	深圳自来水厂	方	0104	10,000.00	40,000.00	10,000.00	40,000.00
0114	电	深圳供电局	度	0104	10,000.00	10,000.00	10,000.00	10,000.00
总计					3,071,079.00	6,137,144.00	3,071,079.00	6,137,144.00

图 5－47　在途货物余额表

３．采购结算余额表

采购结算余额表是普通采购业务的采购入库单结算情况的滚动汇总表，反映供货商的采购发生、采购结算以及未结算的暂估货物情况，如图5－48所示。

供应商名称	存货编码	存货名称	主计量	本期入库		本期结算		结算暂估金额
				数量	金额	数量	金额	
北京金属公司	0101	马口铁	吨	45.00	252,000.00	45.00	252,000.00	252,000.00
郑州瓶胆厂	0103	瓶胆（大）	只	84,000.00	416,640.00	84,000.00	416,640.00	416,640.00
郑州瓶胆总厂	0104	瓶胆（中）	只	240,000.00	936,000.00	240,000.00	936,000.00	936,000.00
郑州瓶胆总厂	0105	瓶胆（小）	只	80,000.00	248,000.00	80,000.00	248,000.00	248,000.00
成都塑料	0102	塑料粒子	吨	60.00	600,000.00	60.00	600,000.00	600,000.00
开封金属	0106	黑铁托盘	只	500,000.00	600,000.00	500,000.00	600,000.00	600,000.00
开封金属	0107	不锈钢吸管	支	535,000.00	982,600.00	535,000.00	982,600.00	982,600.00
普奥涂料	0112	稀释剂	千克	10.00	600.00	10.00	600.00	600.00
普奥涂料	0115	油漆	千克	60.00	1,200.00	60.00	1,200.00	1,200.00
内蒙杜家橡胶厂	0108	口圈	只	500,000.00	400,000.00	500,000.00	400,000.00	400,000.00
内蒙杜家橡胶厂	0109	底垫	只	500,000.00	250,000.00	500,000.00	250,000.00	250,000.00
韶关市纸品厂	0110	纸盒	只	600,000.00	1,260,000.00	600,000.00	1,260,000.00	1,260,000.00
韶关市纸品厂	0111	纸箱	只	50.00	255.00	50.00	255.00	255.00
佛山铝材厂	0124	铝片	吨	5.00	100,000.00	5.00	100,000.00	100,000.00
汕头铝制品厂	0125	铝配件	套	10,000.00	38,000.00	10,000.00	38,000.00	38,000.00
深圳市邮局	0902	报刊	份	500.00	500.00	500.00	500.00	500.00
平安保险	0903	财产保险	份	949.00	949.00	949.00	949.00	949.00
平安保险	0904	机动车辆…	份	400.00	400.00	400.00	400.00	400.00
深圳自来水厂	0113	水	方	10,000.00	40,000.00	10,000.00	40,000.00	40,000.00
深圳供电局	0114	电	度	10,000.00	10,000.00	10,000.00	10,000.00	10,000.00
总计				3,071,079.00	6,137,144.00	3,071,079.00	6,137,144.00	6,137,144.00

图 5－48　采购结算余额表

４．代销商品台账

用户可以查询各供应商各受托代销存货的一定期间内的入库、结算、结余情况。商业账套选择受托代销业务时可以使用。

５．代销商品余额表

代销商品余额表是代销商品台账的汇总表，反映供货单位的代销商品入库、结算和结余情况。商业账套选择受托代销业务时可以使用。

（三）采购分析

１．采购分析

用户可以查询《采购管理》的各种采购分析表。如果启用了《委外管理》，除采购计划综合统计表外，其他采购账表对于业务类型为委外加工的业务单据不在统计之列。

２．采购成本分析

用户可根据发票，对某段日期范围内的存货结算成本与参考成本、计划价进行对比分析，如图5－49所示。

３．采购类型结构分析

根据发票，对某段时期内各种采购类型的业务比重进行分析，如图5－50所示。

发票日期	存货名称	主计量	数量	买价	总价	增减(参考成本)	计划价/售价	增减	增减率
2014-12-10	不锈钢吸管	支	35,000.00	82,600.00	82,600.00	82,600.00	2.00	12,600.00	18.00
2014-12-27	稀释剂	千克	10.00	600.00	600.00	600.00	10.00	500.00	500.00
2014-12-27	油漆	千克	60.00	1,200.00	1,200.00	1,200.00	20.00		
2014-12-27	马口铁	吨	45.00	252,000.00	252,000.00	252,000.00	5,600.00		
2014-12-27	铝片	吨	5.00	100,000.00	100,000.00	100,000.00	20,000.00		
2014-12-27	铝配件	套	10,000.00	38,000.00	38,000.00	38,000.00	3.80		
2014-12-27	塑料粒子	吨	60.00	600,000.00	600,000.00	600,000.00	10,000.00		
2014-12-27	瓶胆(大)	只	84,000.00	416,640.00	416,640.00	416,640.00	5.00	-3,360.00	-0.80
2014-12-27	瓶胆(中)	只	240,000.00	936,000.00	936,000.00	936,000.00	4.00	-24,000.00	-2.50
2014-12-27	瓶胆(小)	只	80,000.00	248,000.00	248,000.00	248,000.00	3.00	8,000.00	3.33
2014-12-27	菜篮托盘	只	500,000.00	600,000.00	600,000.00	600,000.00	1.00	100,000.00	20.00
2014-12-27	不锈钢吸管	支	500,000.00	900,000.00	900,000.00	900,000.00	2.00	-100,000.00	-10.00
2014-12-27	口圈	只	500,000.00	400,000.00	400,000.00	400,000.00	0.50	150,000.00	60.00
2014-12-27	底壳	只	500,000.00	250,000.00	250,000.00	250,000.00	0.50		
2014-12-27	纸盒	只	600,000.00	1,260,000.00	1,260,000.00	1,260,000.00	2.00	60,000.00	5.00
2014-12-27	纸箱	只	50.00	255.00	255.00	255.00	5.00	5.00	2.00
2014-12-27	水	方	10,000.00	40,000.00	40,000.00	40,000.00	5.00	-10,000.00	-20.00
2014-12-27	电	度	10,000.00	10,000.00	10,000.00	10,000.00	1.50	-5,000.00	-33.33
2014-12-27	财产保险	份	949.00	949.00	949.00	949.00	1.50	-474.50	-33.33
2014-12-27	机动车辆…	份	400.00	400.00	400.00	400.00	2.00	-400.00	-50.00
2014-12-27	报刊	份	500.00	500.00	500.00	500.00	2.00	-500.00	-50.00
总计			3,071,079.00	6,137,144.00	6,137,144.00	6,137,144.00		187,370.50	

图 5-49　采购成本分析

采购类型编码	采购类型名称	本币金额	百分比%
01	普通采购	82,600.00	1.35%
01	普通采购	600.00	0.01%
01	普通采购	1,200.00	0.02%
01	普通采购	252,000.00	4.11%
01	普通采购	100,000.00	1.63%
01	普通采购	38,000.00	0.62%
01	普通采购	600,000.00	9.78%
01	普通采购	416,640.00	6.79%
01	普通采购	936,000.00	15.25%
01	普通采购	248,000.00	4.04%
01	普通采购	600,000.00	9.78%
01	普通采购	900,000.00	14.66%
01	普通采购	400,000.00	6.52%
01	普通采购	250,000.00	4.07%
01	普通采购	1,260,000.00	20.53%
01	普通采购	255.00	
01	普通采购	40,000.00	0.65%
01	普通采购	10,000.00	0.16%
01	普通采购	949.00	0.02%
01	普通采购	400.00	0.01%
01	普通采购	500.00	0.01%
总计		6,137,144.00	100.00%

图 5-50　采购类型结构分析

4. 采购资金比重分析

根据采购发票，对各种货物占用采购资金的比重进行分析，如图 5 - 51 所示。

供应商简称	存货名称	主计量	发票数量	本币金额	资金百分比%	数量百分比%
北京金属公司	马口铁	吨	45.00	252,000.00	4.11%	
成都塑料	塑料粒子	吨	60.00	600,000.00	9.78%	
郑州瓶胆总厂	瓶胆（大）	只	84,000.00	416,640.00	6.79%	2.74%
郑州瓶胆总厂	瓶胆（中）	只	240,000.00	936,000.00	15.25%	7.81%
郑州瓶胆总厂	瓶胆（小）	只	80,000.00	248,000.00	4.04%	2.60%
开封金属	黑铁托盘	只	500,000.00	600,000.00	9.78%	16.28%
开封金属	不锈钢吸管	支	500,000.00	900,000.00	14.66%	16.28%
开封金属	不锈钢吸管	支	35,000.00	82,600.00	1.35%	1.14%
内蒙杜家橡胶厂	口圈	只	500,000.00	400,000.00	6.52%	16.28%
内蒙杜家橡胶厂	底垫	只	500,000.00	250,000.00	4.07%	16.28%
韶关市纸品厂	纸盒	只	600,000.00	1,260,000.00	20.53%	19.54%
韶关市纸品厂	纸箱	只	50.00	255.00		
普奥涂料	稀释剂	千克	10.00	600.00	0.01%	
深圳自来水厂	水	方	10,000.00	40,000.00	0.65%	0.33%
深圳供电局	电	度	10,000.00	10,000.00	0.16%	0.33%
普奥涂料	油漆	千克	60.00	1,200.00	0.02%	
佛山铝材厂	铝片	吨	5.00	100,000.00	1.63%	
汕头铝制品厂	铝配件	套	10,000.00	38,000.00	0.62%	0.33%
深圳平安邮局	报刊	份	500.00	500.00	0.01%	0.02%
平安保险	财产保险	份	949.00	949.00	0.02%	0.03%
平安保险	机动车辆保险	份	400.00	400.00	0.01%	0.01%
总计			3,071,079.00	6,137,144.00	100.00%	100.00%

图 5 -51 采购资金比重分析

5. 采购费用分析

根据采购发票，对应税劳务存货占采购货物的比重进行分析。

6. 采购货龄综合分析

采购货龄综合分析是对采购入库未结算的存货，分析到目前某日期为止它们各自的货龄。

7. 采购成本趋势分析

根据发票，可以进行采购金额、采购成本环比、同比分析，可同时分析采购发票和进口发票的数据，如图 5 - 52 所示。

供应商名称	存货名称	2014年-12月	合计
北京有色金属公司	马口铁	252,000.00	252,000.00
成都塑料厂有限公司	塑料粒子	600,000.00	600,000.00
佛山铝材厂有限公司	铝片	100,000.00	100,000.00
开封金属材料公司	不锈钢吸管	982,600.00	982,600.00
	黑铁托盘	600,000.00	600,000.00
内蒙杜家橡胶厂股份有限公司	底垫	250,000.00	250,000.00
	口圈	400,000.00	400,000.00
平安保险公司	财产保险	949.00	949.00
	机动车辆保险	400.00	400.00
普奥涂料供应公司	稀释剂	600.00	600.00
	油漆	1,200.00	1,200.00
汕头市铝制品厂股份公司	铝配件	38,000.00	38,000.00
韶关市纸品厂有限责任公司	纸盒	1,260,000.00	1,260,000.00
	纸箱	255.00	255.00
深圳供电局	电	10,000.00	10,000.00
深圳平安邮局	报刊	500.00	500.00
深圳自来水厂	水	40,000.00	40,000.00
郑州瓶胆总厂有限公司	瓶胆（大）	416,640.00	416,640.00
	瓶胆（小）	248,000.00	248,000.00
	瓶胆（中）	936,000.00	936,000.00
总计		6,137,144.00	6,137,144.00

图 5-52　采购成本趋势分析

三　生产管理系统报表

（一）未审核生产订单明细表

打印手动和自动生成的未审核生产订单资料，供审核前查核用。

（二）生产订单通知单

生产订单经审核后，即可打印出，做为生管派工时交予承制单位的凭单，如图 5-53 所示。

生产部门	部门名称	生产订单号码	物料编码	物料名称	计量单位	生产订单数量	MRP净算量	开工日期	完工日期	预入仓库	仓库名称
02	制壳车间	0000000015	020102	铁壳	只	10,000.00	10,000.00	2014-12-21	2014-12-22	02	自制半成品仓库
02	制壳车间	0000000016	020101	铝壳	只	10,000.00	10,000.00	2014-12-21	2014-12-22	02	自制半成品仓库
03	塑料车间	0000000017	020201	塑壳（大）	只	10,000.00	10,000.00	2014-12-22	2014-12-22	02	自制半成品仓库
03	塑料车间	0000000018	020202	塑壳（中）	只	10,000.00	10,000.00	2014-12-22	2014-12-22	02	自制半成品仓库
03	塑料车间	0000000019	020203	塑壳（小）	只	10,000.00	10,000.00	2014-12-22	2014-12-22	02	自制半成品仓库
03	塑料车间	0000000020	020204	塑配件（大）	套	10,000.00	10,000.00	2014-12-22	2014-12-22	02	自制半成品仓库
03	塑料车间	0000000021	020205	塑配件（中）	套	10,000.00	10,000.00	2014-12-22	2014-12-22	02	自制半成品仓库
03	塑料车间	0000000022	020206	塑配件（小）	套	10,000.00	10,000.00	2014-12-22	2014-12-22	02	自制半成品仓库
03	塑料车间	0000000023	020207	气压式塑配件	套	5,000.00	5,000.00	2014-12-22	2014-12-22	02	自制半成品仓库
04	装配车间	0000000024	0301	铝壳气压保温瓶	只	40.00	40.00	2014-12-23	2014-12-23	01	产成品仓库
04	装配车间	0000000025	0302	铁壳保温瓶	只	40.00	40.00	2014-12-23	2014-12-23	01	产成品仓库
04	装配车间	0000000026	0303	塑壳保温瓶（大）	只	40.00	40.00	2014-12-23	2014-12-23	01	产成品仓库
04	装配车间	0000000027	0304	塑壳保温瓶（中）	只	15.00	15.00	2014-12-23	2014-12-23	01	产成品仓库
04	装配车间	0000000028	0305	塑壳保温瓶（小）	只	15.00	15.00	2014-12-23	2014-12-23	01	产成品仓库
总计						85,150.00	85,150.00				

图 5-53　生产订单通知单

（三）生产订单缺料明细表

本作业为生产订单缺料模拟，提供派工缺料讯息给生产主管参考，以确保派工的有效性，不至于产生生产订单派工到现场，现场却因缺料而无法生产的状况，如图5-54所示。

选择	生产订单号	物料编码	物料名称	开工日期	完工日期	计量单位	生产数量	MRP净算量	未完成数量	生产部门	部门名称	需求跟踪方式	状态
	0000000015	020102	铁壳	2014-12-21	2014-12-22	只	10,000.00	10,000.00	10,000.00	02	制壳车间	无来源	审核
	0000000016	020101	铝壳	2014-12-21	2014-12-22	只	10,000.00	10,000.00	10,000.00	02	制壳车间	无来源	审核
	0000000017	020201	塑壳（大）	2014-12-22	2014-12-22	只	10,000.00	10,000.00	10,000.00	03	塑料车间	无来源	审核
	0000000018	020202	塑壳（中）	2014-12-22	2014-12-22	只	10,000.00	10,000.00	10,000.00	03	塑料车间	无来源	审核
	0000000019	020203	塑壳（小）	2014-12-22	2014-12-22	只	10,000.00	10,000.00	10,000.00	03	塑料车间	无来源	审核
	0000000020	020204	塑配件（大）	2014-12-22	2014-12-22	套	10,000.00	10,000.00	10,000.00	03	塑料车间	无来源	审核
	0000000021	020205	塑配件（中）	2014-12-22	2014-12-22	套	10,000.00	10,000.00	10,000.00	03	塑料车间	无来源	审核
	0000000022	020206	塑配件（小）	2014-12-22	2014-12-22	套	10,000.00	10,000.00	10,000.00	03	塑料车间	无来源	审核
	0000000023	020207	气压式配件	2014-12-22	2014-12-22	套	5,000.00	5,000.00	5,000.00	03	塑料车间	无来源	审核
	0000000024	0301	铝壳气压保温瓶	2014-12-23	2014-12-23	只	40.00	40.00	40.00	04	装配车间	无来源	审核
	0000000025	0302	铁壳保温瓶	2014-12-23	2014-12-23	只	40.00	40.00	40.00	04	装配车间	无来源	审核
	0000000026	0303	塑壳保温瓶（大）	2014-12-23	2014-12-23	只	40.00	40.00	40.00	04	装配车间	无来源	审核
	0000000027	0304	塑壳保温瓶（中）	2014-12-23	2014-12-23	只	15.00	15.00	15.00	04	装配车间	无来源	审核
	0000000028	0305	塑壳保温瓶（小）	2014-12-23	2014-12-23	只	15.00	15.00	15.00	04	装配车间	无来源	审核
小计							85,150.00	85,150.00	85,150.00				

图5-54　生产订单缺料明细表

（四）生产订单领料单

生产订单经审核后，即可印出其领料单，作为生产主管派工时交予承制单位进行领料的凭单如图5-55所示。

生产订单号码	生产部门	部门名称	物料编码	物料名称	计量单位	生产订单数量	开工日期
0000000015	02	制壳车间	020102	铁壳	只	10000.00	2014-12-21

应领物料编码	应领物料名称	应领计量单位	应领数量	供应类型	工序行号	工序说明	领料申请
0115	油漆	千克	10.00	领用	0010	制壳加工	否
0112	稀释剂	千克	10.00	领用	0010	制壳加工	否
0101	马口铁	吨	10.00	领用	0010	制壳加工	否

生产订单号码	生产部门	部门名称	物料编码	物料名称	计量单位	生产订单数量	开工日期
0000000016	02	制壳车间	020101	铝壳	只	10000.00	2014-12-21
0000000017	03	塑料车间	020201	塑壳（大）	只	10000.00	2014-12-22
0000000018	03	塑料车间	020202	塑壳（中）	只	10000.00	2014-12-22
0000000019	03	塑料车间	020203	塑壳（小）	只	10000.00	2014-12-22

图5-55　生产订单领料单

（五）生产订单完工状况表

打印生产订单的完工状况表，供相关人员及时掌握生产订单的执行进度状况，如图5-56所示。

生产订单号码	物料编码	物料名称	开工日期	完工日期	计量单位	生产订单数量	入库数量	未完成数量	部门名称	状态	关闭日期
0000000001	020101	铝壳	2014-12-14	2014-12-14	只	6,000.00	6,000.00		制壳车间	关闭	2014-12-27
0000000002	020102	铁壳	2014-12-14	2014-12-15	只	6,000.00	6,000.00		制壳车间	关闭	2014-12-17
0000000003	020201	塑壳（大）	2014-12-15	2014-12-15	只	10,000.00	10,000.00		塑料车间	关闭	2014-12-17
0000000004	020202	塑壳（中）	2014-12-15	2014-12-15	只	10,000.00	10,000.00		塑料车间	关闭	2014-12-17
0000000005	020203	塑壳（小）	2014-12-15	2014-12-15	只	10,000.00	10,000.00		塑料车间	关闭	2014-12-17
0000000006	020204	塑配件（大）	2014-12-15	2014-12-15	套	10,000.00	10,000.00		塑料车间	关闭	2014-12-17
0000000007	020205	塑配件（中）	2014-12-15	2014-12-15	套	10,000.00	10,000.00		塑料车间	关闭	2014-12-17
0000000008	020206	塑配件（小）	2014-12-15	2014-12-15	套	10,000.00	10,000.00		塑料车间	关闭	2014-12-17
0000000009	020207	气压式塑配件	2014-12-15	2014-12-15	套	10,000.00	10,000.00		塑料车间	关闭	2014-12-17
0000000010	0301	铝壳气压保温瓶	2014-12-17	2014-12-17	只	8,000.00	8,000.00		装配车间	关闭	2014-12-18
0000000011	0302	铁壳保温瓶	2014-12-17	2014-12-17	只	8,000.00	8,000.00		装配车间	关闭	2014-12-18
0000000012	0303	塑壳保温瓶（大）	2014-12-17	2014-12-17	只	10,000.00	10,000.00		装配车间	关闭	2014-12-18
0000000013	0304	塑壳保温瓶（中）	2014-12-17	2014-12-17	只	10,000.00	10,000.00		装配车间	关闭	2014-12-18
0000000014	0305	塑壳保温瓶（小）	2014-12-17	2014-12-17	只	10,000.00	10,000.00		装配车间	关闭	2014-12-18
0000000015	020102	铁壳	2014-12-21	2014-12-22	只	10,000.00		10,000.00	制壳车间	审核	
0000000016	020101	铝壳	2014-12-21	2014-12-22	只	10,000.00		10,000.00	制壳车间	审核	
0000000017	020201	塑壳（大）	2014-12-22	2014-12-22	只	10,000.00		10,000.00	塑料车间	审核	
0000000018	020202	塑壳（中）	2014-12-22	2014-12-22	只	10,000.00		10,000.00	塑料车间	审核	

图 5 – 56 生产订单完工状况表

（六）生产订单用料分析表

按生产订单或生产订单/行号，打印生产订单各项子件的标准用量与实际用量比较分析资料，如图 5 – 57 所示。

生产订单号码	类型	物料编码	入库数量	MRP净算量	物料名称	部门名称	计量单位	生产订单数量	状态
0000000001	标准	020101	8000.00	8000.00	铝壳	制壳车间	只	8000.00	关闭

子件物料编码	子件物料名称	子件计量单位	产出品	单位成本	标准用量	标准成本	实际用量	实际成本	领料申请
0124	铝片	吨	否	20,000.00	8.00	160,000.00	8.00	160,000.00	否
0115	油漆	千克	否	20.00	8.00	160.00	8.00	160.00	否
0112	稀释剂	千克	否	10.00	8.00	80.00	8.00	80.00	否

生产订单号码	类型	物料编码	入库数量	MRP净算量	物料名称	部门名称	计量单位	生产订单数量	状态
0000000002	标准	020102	8000.00	8000.00	铁壳	制壳车间	只	8000.00	关闭
0000000003	标准	020201	10000.00	10000.00	塑壳（…	塑料车间	只	10000.00	关闭
0000000004	标准	020202	10000.00	10000.00	塑壳（…	塑料车间	只	10000.00	关闭
0000000005	标准	020203	10000.00	10000.00	塑壳（…	塑料车间	只	10000.00	关闭
0000000006	标准	020204	10000.00	10000.00	塑配件（…	塑料车间	套	10000.00	关闭

图 5 – 57 生产订单用料分析表

（七）生产订单在制物料分析表

生产订单在制物料分析表提供各生产订单的已领料数量、已完工入库产品的理论耗用数量以及已领仍在加工现场的数量，以协助现场管理人员对生产订单现场物料进行有效管控，如图 5 – 58 所示。

生产订单	物料编码	物料名称	计量单位名称	生产数量	MRP净算量	入库数量	部门名称	开工日期	完工日期
0000000001	020101	铝壳	只	8000.00	8000.00	8000.00	制壳车间	2014-12-14	2014-12-14

工序行号	子件物料编码	子件物料名称	子件计量单	产出品	单位成本	应领数量	已领数量	已领成本	完工应领	完工成本	领料申请
0010	0124	铝片	吨	否	20,000.00	8.00	8.00	160,000.00	8.00	160,000.00	否
0010	0115	油漆	千克	否	20.00	8.00	8.00	160.00	8.00	160.00	否
0010	0112	稀释剂	千克	否	10.00	8.00	8.00	80.00	8.00	80.00	否

生产订单	物料编码	物料名称	计量单位名称	生产数量	MRP净算量	入库数量	部门名称	开工日期	完工日期
0000000002	020102	铁壳	只	8000.00	8000.00	8000.00	制壳车间	2014-12-14	2014-12-15
0000000003	020201	塑壳（大）	只	10000.00	10000.00	10000.00	塑料车间	2014-12-15	2014-12-15
0000000004	020202	塑壳（中）	只	10000.00	10000.00	10000.00	塑料车间	2014-12-15	2014-12-15
0000000005	020203	塑壳（小）	只	10000.00	10000.00	10000.00	塑料车间	2014-12-15	2014-12-15
0000000006	020204	塑配件（大）	套	10000.00	10000.00	10000.00	塑料车间	2014-12-15	2014-12-15
0000000007	020205	塑配件（中）	套	10000.00	10000.00	10000.00	塑料车间	2014-12-15	2014-12-15
0000000008	020206	塑配件（小）	套	10000.00	10000.00	10000.00	塑料车间	2014-12-15	2014-12-15
0000000009	020207	气压式塑配件	套	10000.00	10000.00	10000.00	塑料车间	2014-12-15	2014-12-15
0000000010	0301	铝壳气压保…	只	8000.00	8000.00	8000.00	装配车间	2014-12-17	2014-12-17
0000000011	0302	铁壳保温瓶	只	8000.00	8000.00	8000.00	装配车间	2014-12-17	2014-12-17
0000000012	0303	塑壳保温瓶…	只	10000.00	10000.00	10000.00	装配车间	2014-12-17	2014-12-17
0000000013	0304	塑壳保温瓶…	只	10000.00	10000.00	10000.00	装配车间	2014-12-17	2014-12-17
0000000014	0305	塑壳保温瓶…	只	10000.00	10000.00	10000.00	装配车间	2014-12-17	2014-12-17

图 5 – 58 生产订单在制物料分析表

（八）补料申请单明细表

打印补料申请单明细资料，供核对用。

（九）生产订单与物料清单差异分析

本作业提供生产订单子件用料与标准物料清单或订单 BOM 的用料差异分析，如图 5 - 59 所示。

生产订单	物料编码	物料名称	计量单位	生产数量	MRP净算量	开工日期	完工日期	入库数量	部门名称	状态	需求跟踪方式
0000000001	020101	铝壳	只	8,000.00	8,000.00	2014-12-14	2014-12-14	8,000.00	制壳车间	关闭	无来源
0000000016	020101	铝壳	只	10,000.00	10,000.00	2014-12-21	2014-12-22	0.00	制壳车间	审核	无来源
小计											

	子件物料				BOM子件			订单子件		
子件编码	子件名称	子件规格	计量单位	使用数量	生产使用数量	产出品	应领数量	已领数量	产出品	
0112	稀释剂		千克	0.00	8.00	否	8.00	6.00	否	
0115	油漆		千克	0.00	8.00	否	8.00	6.00	否	
0124	铝片		吨	0.00	8.00	否	8.00	6.00	否	
小计										

图 5 - 59　生产订单与物料清单差异分析

（十）生产订单工序领料单

生产订单经审核后，即可印出其领料单，做为生产主管派工时交予承制单位进行领料的凭单。本作业可按生产订单工序分页打印生产订单领料单，如图 5 - 60 所示。

生产订单	0000000015		行号	1		工序行号	0010		工序说明	制壳加工		
物料编码	020102		物料名称	铁壳				计量单位名称	只		生产订单数量	10,000.00
生产部门	02		部门名称	制壳车间				物料规格				
开工日期	2014-12-21		完工日期	2014-12-22		订单类别			类别说明			
销售订单类别			销售订单			销售订单行号			备注			
原因码			原因说明			来源生产订单号			来源生产订单行号			
应领物料编码	应领物料名称	应领物料规格	批号		应领计量单位		应领数量	供应类型	供应仓库		仓库名称	
0101	马口铁				吨		10.00	领用				
0112	稀释剂				千克		10.00	领用				
0115	油漆				千克		10.00	领用				

图 5 - 60　生产订单工序领料单

（十一）生产订单变更记录明细表

打印生产订单变更历史记录，供查询生产订单变更过程。

（十二）生产订单预警与报警资料表

打印临近开工或完工、逾期与超量完成的生产订单资料，提供相关预警和报警报告，供生产主管及相关人员提前准备生产订单处理与及时掌握生产订单执行的例外状况。

（十三）计划下达生产订单日报

计划订单下达生产订单后，可使用该报表逐日显示 MRP/MPS 计划的计划数量和已下达生产订单的数量，对计划执行状况进行对比分析。

（十四）计划下达生产订单月报

计划订单下达生产订单后，可使用该报表按月显示 MRP/MPS 计划的计划数量和已下达生产订单的数量，对计划执行状况进行对比分析。

（十五）计划下达生产订单周报

计划订单下达生产订单后，可使用该报表按周显示 MRP/MPS 计划的计划数量和已下达生产订单的数量，对计划执行状况进行对比分析。

（十六）生产订单开工查询日报

按照日期打印各个物料的生产订单开工数量，对物料的生产状况进行对比分析，如图 5-61 所示。

部门编码	部门名称	存货名称	单位名称	2014-12-14	2014-12-15	2014-12-17	2014-12-21	2014-12-22	2014-12-23	合计
02	制壳车间	铝壳	只	8,000.00			10,000.00			18,000.00
02	制壳车间	铁壳	只	8,000.00			10,000.00			18,000.00
03	塑料车间	塑壳（大）	只			10,000.00		10,000.00		20,000.00
03	塑料车间	塑壳（中）	只			10,000.00		10,000.00		20,000.00
03	塑料车间	塑壳（小）	只			10,000.00		10,000.00		20,000.00
03	塑料车间	塑配件（大）	套			10,000.00		10,000.00		20,000.00
03	塑料车间	塑配件（中）	套			10,000.00		10,000.00		20,000.00
03	塑料车间	塑配件（小）	套			10,000.00		10,000.00		20,000.00
03	塑料车间	气压式塑配件	套			10,000.00		5,000.00		15,000.00
04	装配车间	铝壳气压保温瓶	只				8,000.00		40.00	8,040.00
04	装配车间	铁壳保温瓶	只				8,000.00		40.00	8,040.00
04	装配车间	塑壳保温瓶（大）	只				10,000.00		40.00	10,040.00
04	装配车间	塑壳保温瓶（中）	只				10,000.00		15.00	10,015.00
04	装配车间	塑壳保温瓶（小）	只				10,000.00		15.00	10,015.00
	总计			16,000.00	70,000.00	46,000.00	20,000.00	65,000.00	150.00	217,150.00

图 5-61　生产订单开工查询日报

（十七）生产订单开工查询月报

按照自然月打印各个物料的生产订单开工数量，对物料的生产状况进行对比分析，如图 5-62 所示。

部门编码	部门名称	存货分类名称	存货名称	单位名称	2014年-12月	合计
02	制壳车间	壳类	铝壳	只	18,000.00	18,000.00
02	制壳车间	壳类	铁壳	只	18,000.00	18,000.00
03	塑料车间	塑壳类	塑壳（大）	只	20,000.00	20,000.00
03	塑料车间	塑壳类	塑壳（中）	只	20,000.00	20,000.00
03	塑料车间	塑壳类	塑壳（小）	只	20,000.00	20,000.00
03	塑料车间	塑壳类	塑配件（大）	套	20,000.00	20,000.00
03	塑料车间	塑壳类	塑配件（中）	套	20,000.00	20,000.00
03	塑料车间	塑壳类	塑配件（小）	套	20,000.00	20,000.00
03	塑料车间	塑壳类	气压式塑配件	套	15,000.00	15,000.00
04	装配车间	产成品	铝壳气压保温瓶	只	8,040.00	8,040.00
04	装配车间	产成品	铁壳保温瓶	只	8,040.00	8,040.00
04	装配车间	产成品	塑壳保温瓶（大）	只	10,040.00	10,040.00
04	装配车间	产成品	塑壳保温瓶（中）	只	10,015.00	10,015.00
04	装配车间	产成品	塑壳保温瓶（小）	只	10,015.00	10,015.00
	总计				217,150.00	217,150.00

图 5-62　生产订单开工查询月报

（十八）生产订单开工查询周报

按照周打印各个物料的生产订单开工数量，对物料的生产状况进行对比分析，如图 5 - 63 所示。

部门编码	部门名称	存货分类名称	存货名称	单位名称	2014年-51周	2014年-52周	合计
▶ 02	制壳车间	壳类	铝壳	只	8,000.00	10,000.00	18,000.00
02	制壳车间	壳类	铁壳	只	8,000.00	10,000.00	18,000.00
03	塑料车间	塑壳类	塑壳（大）	只	10,000.00	10,000.00	20,000.00
03	塑料车间	塑壳类	塑壳（中）	只	10,000.00	10,000.00	20,000.00
03	塑料车间	塑壳类	塑壳（小）	只	10,000.00	10,000.00	20,000.00
03	塑料车间	塑壳类	塑配件（大）	套	10,000.00	10,000.00	20,000.00
03	塑料车间	塑壳类	塑配件（中）	套	10,000.00	10,000.00	20,000.00
03	塑料车间	塑壳类	塑配件（小）	套	10,000.00	10,000.00	20,000.00
03	塑料车间	塑壳类	气压式塑配件	套	10,000.00	5,000.00	15,000.00
04	装配车间	产成品	铝壳气压保温瓶	只	8,000.00	40.00	8,040.00
04	装配车间	产成品	铁壳保温瓶	只	8,000.00	40.00	8,040.00
04	装配车间	产成品	塑壳保温瓶（大）	只	10,000.00	40.00	10,040.00
04	装配车间	产成品	塑壳保温瓶（中）	只	10,000.00	15.00	10,015.00
04	装配车间	产成品	塑壳保温瓶（小）	只	10,000.00	15.00	10,015.00
∥ 总计					132,000.00	85,150.00	217,150.00

图 5 - 63　生产订单开工查询周报

（十九）生产订单执行情况日报

按照日期打印各个物料的生产数量、入库数量、退库数量，对物料的生产执行状况进行统计分析，如图 5 - 64 所示。

部门名称	存货分类名称	存货名称	单位名称	2014-12-15			合计		
				生产数量	入库数量	退库数量	生产数量	入库数量	退库数量
塑料车间	塑壳类	塑壳（大）	只	10,000.00	0.00	0.00	20,000.00	10,000.00	0.00
塑料车间	塑壳类	塑壳（中）	只	10,000.00	0.00	0.00	20,000.00	10,000.00	0.00
塑料车间	塑壳类	塑壳（小）	只	10,000.00	0.00	0.00	20,000.00	10,000.00	0.00
塑料车间	塑壳类	塑配件（大）	套	10,000.00	0.00	0.00	20,000.00	10,000.00	0.00
塑料车间	塑壳类	塑配件（中）	套	10,000.00	0.00	0.00	20,000.00	10,000.00	0.00
塑料车间	塑壳类	塑配件（小）	套	10,000.00	0.00	0.00	20,000.00	10,000.00	0.00
塑料车间	塑壳类	气压式塑配件	套	10,000.00	0.00	0.00	15,000.00	10,000.00	0.00
制壳车间	壳类	铝壳	只				18,000.00	8,000.00	0.00
制壳车间	壳类	铁壳	只	8,000.00	0.00	0.00	18,000.00	8,000.00	0.00
装配车间	产成品	铝壳气压保温瓶	只				8,040.00	8,000.00	0.00
装配车间	产成品	铁壳保温瓶	只				8,040.00	8,000.00	0.00
装配车间	产成品	塑壳保温瓶（大）	只				10,040.00	10,000.00	0.00
装配车间	产成品	塑壳保温瓶（中）	只				10,015.00	10,000.00	0.00
装配车间	产成品	塑壳保温瓶（小）	只				10,015.00	10,000.00	0.00
∥ 总计				78,000.00	0.00	0.00	217,150.00	132,000.00	0.00

图 5 - 64　生产订单执行情况日报

（二十）生产订单执行情况月报

按照自然月打印各个物料的生产数量、入库数量、退库数量，对物料的生产执行状况进行统计分析，如图 5 - 65 所示。

部门名称	存货分类名称	存货名称	单位名称	2014-12			合计		
				生产数量	入库数量	退库数量	生产数量	入库数量	退库数量
塑料车间	塑壳类	塑壳（大）	只	20,000.00	10,000.00	0.00	20,000.00	10,000.00	0.00
塑料车间	塑壳类	塑壳（中）	只	20,000.00	10,000.00	0.00	20,000.00	10,000.00	0.00
塑料车间	塑壳类	塑壳（小）	只	20,000.00	10,000.00	0.00	20,000.00	10,000.00	0.00
塑料车间	塑壳类	塑配件（大）	套	20,000.00	10,000.00	0.00	20,000.00	10,000.00	0.00
塑料车间	塑壳类	塑配件（中）	套	20,000.00	10,000.00	0.00	20,000.00	10,000.00	0.00
塑料车间	塑壳类	塑配件（小）	套	20,000.00	10,000.00	0.00	20,000.00	10,000.00	0.00
塑料车间	塑壳类	气压式塑配件	套	15,000.00	10,000.00	0.00	15,000.00	10,000.00	0.00
制壳车间	壳类	铝壳	只	18,000.00	8,000.00	0.00	18,000.00	8,000.00	0.00
制壳车间	壳类	铁壳	只	18,000.00	8,000.00	0.00	18,000.00	8,000.00	0.00
装配车间	产成品	铝壳气压保温瓶	只	8,040.00	8,000.00	0.00	8,040.00	8,000.00	0.00
装配车间	产成品	铁壳保温瓶	只	8,040.00	8,000.00	0.00	8,040.00	8,000.00	0.00
装配车间	产成品	塑壳保温瓶（大）	只	10,040.00	10,000.00	0.00	10,040.00	10,000.00	0.00
装配车间	产成品	塑壳保温瓶（中）	只	10,015.00	10,000.00	0.00	10,015.00	10,000.00	0.00
装配车间	产成品	塑壳保温瓶（小）	只	10,015.00	10,000.00	0.00	10,015.00	10,000.00	0.00
∥ 总计				217,150.00	132,000.00	0.00	217,150.00	132,000.00	0.00

图 5 - 65　生产订单执行情况月报

（二十一）　生产订单执行情况周报

按照周打印各个物料的生产数量、入库数量、退库数量，对物料的生产执行状况进行统计分析，如图5－66所示。

部门名称	存货分类名称	存货名称	单位名称	2014年-51周			合计		
				生产数量	入库数量	退库数量	生产数量	入库数量	退库数量
塑料车间	塑壳类	塑壳（大）	只	10,000.00	10,000.00	0.00	20,000.00	10,000.00	0.00
塑料车间	塑壳类	塑壳（中）	只	10,000.00	10,000.00	0.00	20,000.00	10,000.00	0.00
塑料车间	塑壳类	塑壳（小）	只	10,000.00	10,000.00	0.00	20,000.00	10,000.00	0.00
塑料车间	塑壳类	塑配件（大）	套	10,000.00	10,000.00	0.00	20,000.00	10,000.00	0.00
塑料车间	塑壳类	塑配件（中）	套	10,000.00	10,000.00	0.00	20,000.00	10,000.00	0.00
塑料车间	塑壳类	塑配件（小）	套	10,000.00	10,000.00	0.00	20,000.00	10,000.00	0.00
塑料车间	塑壳类	气压式塑配件	套	10,000.00	10,000.00	0.00	15,000.00	10,000.00	0.00
制壳车间	壳类	铝壳	只	8,000.00	8,000.00	0.00	18,000.00	8,000.00	0.00
制壳车间	壳类	铁壳	只	8,000.00	8,000.00	0.00	18,000.00	8,000.00	0.00
装配车间	产成品	铝壳气压保温瓶	只	8,000.00	8,000.00	0.00	8,040.00	8,000.00	0.00
装配车间	产成品	铁壳保温瓶	只	8,000.00	8,000.00	0.00	8,040.00	8,000.00	0.00
装配车间	产成品	塑壳保温瓶（大）	只	10,000.00	10,000.00	0.00	10,015.00	10,000.00	0.00
装配车间	产成品	塑壳保温瓶（中）	只	10,000.00	10,000.00	0.00	10,015.00	10,000.00	0.00
装配车间	产成品	塑壳保温瓶（小）	只	10,000.00	10,000.00	0.00	10,015.00	10,000.00	0.00
总计				132,000.00	132,000.00	0.00	217,150.00	132,000.00	0.00

图5－66　生产订单执行情况周报

（二十二）　生产进度

生产订单下达执行后，可使用该报表打印生产订单的完工入库数量以及在各个工序或工作中心的进度状况。

（二十三）　生产执行

生产订单下达执行后，可使用该报表打印生产订单的累计入库数量、完成率以及是否延期。

（二十四）　计划下达

计划订单下达生产订单后，可使用该报表按指定的时间期间显示MRP/MPS计划的计划数量和已下达生产订单的数量，对计划执行状况进行对比分析。

（二十五）　生产质量合格率

生产订单下达执行后，可使用该报表按指定的时间期间质量合格，对生产订单执行过程中质量状况进行对比分析。

（二十六）　我的业务单据

使用该报表打印生产订单资料，以供作业人员了解目前系统中生产订单的数量以及状态。

（二十七）　生产排班表

使用该报表打印各个时间期间物料的生产数量，以供作业人员了解物料生产执行情况。

（二十八）生产订单缺料预警查询

使用该报表打印生产订单资源确料状况，以供作业人员了解生产执行过程中缺料情况。

四 销售管理系统报表

（一）统计表

1. 发票日报

发票日报可以查询销售发票、销售调拨单、零售日报的开票情况，每行显示一张发票的合计数量、合计金额、现结金额。

2. 销售统计表

系统提供多角度、综合性的销售统计表，能够提供销售金额、折扣、成本、毛利等数据，如图 5 - 67 所示。

部门名称	存货名称	数量	单价	金额	税额	价税合计	成本	毛利	毛利率
供销经营科	铝壳气压保温瓶	5,000.00	60.00	300,000.00	51,000.00	351,000.00	246,272.87	53,727.13	17.91%
供销经营科	塑壳保温瓶（大）	8,000.00	69.00	552,000.00	93,840.00	645,840.00	296,015.44	255,984.56	46.37%
供销经营科	塑壳保温瓶（小）	8,000.00	35.38	283,000.00	48,110.00	331,110.00	201,314.04	81,685.96	28.86%
供销经营科	塑壳保温瓶（中）	9,000.00	45.00	405,000.00	68,850.00	473,850.00	267,235.77	137,764.23	34.02%
供销经营科	铁壳保温瓶	6,000.00	39.00	234,000.00	39,780.00	273,780.00	189,816.83	44,183.17	18.88%
供销经营科	铝壳气压保温瓶	2,000.00	58.00	116,000.00	19,720.00	135,720.00	98,509.14	17,490.86	15.08%
供销经营科	塑壳保温瓶（小）	2,000.00	35.00	70,000.00	11,900.00	81,900.00	50,328.51	19,671.49	28.10%
供销经营科	塑壳保温瓶（中）	2,000.00	45.00	90,000.00	15,300.00	105,300.00	59,385.73	30,614.27	34.02%
供销经营科	塑壳保温瓶（大）	1,500.00	70.00	105,000.00	17,850.00	122,850.00	55,502.90	49,497.10	47.14%
供销经营科	塑壳保温瓶（中）	2,000.00	50.00	100,000.00	17,000.00	117,000.00	59,385.73	40,614.27	40.61%
供销经营科	铁壳保温瓶	1,500.00	40.00	60,000.00	10,200.00	70,200.00	47,454.20	12,545.80	20.91%
供销经营科	铝壳气压保温瓶	500.00	60.00	30,000.00	5,100.00	35,100.00	24,627.28	5,372.72	17.91%
供销经营科	塑壳保温瓶（大）	500.00	69.00	34,500.00	5,865.00	40,365.00	18,500.97	15,999.03	46.37%
供销经营科	铁壳保温瓶	500.00	40.00	20,000.00	3,400.00	23,400.00	15,818.07	4,181.93	20.91%
总计		48,500.00	49.47	2,399,500.00	407,915.00	2,807,415.00	1,630,167.48	769,332.52	32.06%

图 5 - 67 销售统计表

3. 发货统计表

发货统计表用于统计一个时间段内存货的发货、开票、结存（发货 - 开票）的业务数据，如图 5 - 68 所示。

客户	存货名称	发货数量	发货金额	发货税额	发货价税合计	开票数量	开票金额	开票税额	开票价税合计
东莞市百货公司	铝壳气压保温瓶	5,000.00	300,000.00	51,000.00	351,000.00	5,000.00	300,000.00	51,000.00	351,000.00
东莞市百货公司	塑壳保温瓶（大）	8,000.00	552,000.00	93,840.00	645,840.00	8,000.00	552,000.00	93,840.00	645,840.00
东莞市百货公司	塑壳保温瓶（小）	8,000.00	283,000.00	48,110.00	331,110.00	8,000.00	283,000.00	48,110.00	331,110.00
东莞市百货公司	塑壳保温瓶（中）	9,000.00	405,000.00	68,850.00	473,850.00	9,000.00	405,000.00	68,850.00	473,850.00
东莞市百货公司	铁壳保温瓶	6,000.00	234,000.00	39,780.00	273,780.00	6,000.00	234,000.00	39,780.00	273,780.00
（小计）东莞市百货公司		36,000.00	1,774,000.00	301,580.00	2,075,580.00	36,000.00	1,774,000.00	301,580.00	2,075,580.00
哈尔滨百货公司	铝壳气压保温瓶	2,000.00	116,000.00	19,720.00	135,720.00	2,000.00	116,000.00	19,720.00	135,720.00
哈尔滨百货公司	塑壳保温瓶（小）	2,000.00	70,000.00	11,900.00	81,900.00	2,000.00	70,000.00	11,900.00	81,900.00
哈尔滨百货公司	塑壳保温瓶（中）	2,000.00	90,000.00	15,300.00	105,300.00	2,000.00	90,000.00	15,300.00	105,300.00
（小计）哈尔滨百货公司		6,000.00	276,000.00	46,920.00	322,920.00	6,000.00	276,000.00	46,920.00	322,920.00
惠州完美日用百货公司	塑壳保温瓶（大）	1,500.00	105,000.00	17,850.00	122,850.00	1,500.00	105,000.00	17,850.00	122,850.00
惠州完美日用百货公司	塑壳保温瓶（中）	2,000.00	100,000.00	17,000.00	117,000.00	2,000.00	100,000.00	17,000.00	117,000.00
惠州完美日用百货公司	铁壳保温瓶	1,500.00	60,000.00	10,200.00	70,200.00	1,500.00	60,000.00	10,200.00	70,200.00
（小计）惠州完美日用百货公司		5,000.00	265,000.00	45,050.00	310,050.00	5,000.00	265,000.00	45,050.00	310,050.00
中山市丰常保温容器公司	铝壳气压保温瓶	500.00	30,000.00	5,100.00	35,100.00	500.00	30,000.00	5,100.00	35,100.00
中山市丰常保温容器公司	塑壳保温瓶（大）	500.00	34,500.00	5,865.00	40,365.00	500.00	34,500.00	5,865.00	40,365.00
中山市丰常保温容器公司	铁壳保温瓶	500.00	20,000.00	3,400.00	23,400.00	500.00	20,000.00	3,400.00	23,400.00
（小计）中山市丰常保温容器公司		1,500.00	84,500.00	14,365.00	98,865.00	1,500.00	84,500.00	14,365.00	98,865.00
		48,500.00	2,399,500.00	407,915.00	2,807,415.00	48,500.00	2,399,500.00	407,915.00	2,807,415.00
总计		48,500.00	2,399,500.00	407,915.00	2,807,415.00	48,500.00	2,399,500.00	407,915.00	2,807,415.00

图 5 - 68 发货统计表

4. 发货汇总表

发货汇总表可以查询一段时间内发货单的累计开票、出库、收款情况，如图 5-69 所示。

客户编码	存货编码	发货数量	发货价税合计	开票数量	开票价税合计	回款金额	出库数量	出库成本	净发货数量
0101	0301	500.00	35,100.00	500.00	35,100.00		500.00	24,627.28	500.00
0101	0302	500.00	23,400.00	500.00	23,400.00		500.00	15,818.07	500.00
0101	0303	500.00	40,365.00	500.00	40,365.00		500.00	18,500.97	500.00
0102	0302	1,500.00	70,200.00	1,500.00	70,200.00		1,500.00	47,454.20	1,500.00
0102	0303	1,500.00	122,850.00	1,500.00	122,850.00		1,500.00	55,502.90	1,500.00
0102	0304	2,000.00	117,000.00	2,000.00	117,000.00		2,000.00	59,385.73	2,000.00
0104	0301	5,000.00	351,000.00	5,000.00	351,000.00	329,940.00	5,000.00	246,272.87	5,000.00
0104	0302	6,000.00	273,780.00	6,000.00	273,780.00	273,780.00	6,000.00	189,816.83	6,000.00
0104	0303	8,000.00	645,840.00	8,000.00	645,840.00	645,840.00	8,000.00	296,015.44	8,000.00
0104	0304	9,000.00	473,850.00	9,000.00	473,850.00	368,550.00	9,000.00	267,235.77	9,000.00
0104	0305	8,000.00	331,110.00	8,000.00	331,110.00	204,750.00	8,000.00	201,314.04	8,000.00
0201	0301	2,000.00	135,720.00	2,000.00	135,720.00		2,000.00	98,509.14	2,000.00
0201	0304	2,000.00	105,300.00	2,000.00	105,300.00		2,000.00	59,385.73	2,000.00
0201	0305	2,000.00	81,900.00	2,000.00	81,900.00		2,000.00	50,328.51	2,000.00
总计		48,500.00	2,807,415.00	48,500.00	2,807,415.00	1,822,860.00	48,500.00	1,630,167.48	48,500.00

图 5-69　发货汇总表

5. 信用余额表

用户可以查询信用对象的信用余额情况。但如果没有做信用额度控制的客户、部门、业务员，在本报表中不显示。

6. 销售执行进度

对销售订单的整体执行明细给出一个全部执行明细查询。以销售订单行为基准，分别列示订单行对应的发货、出库、发票、收款的情况，如图 5-70 所示。

订单号	客户简称	存货编码	存货名称	主计量单位	数量	含税单价	价税合计	预发货日期	未发货件数	未开票件数	未发货数量
0000000002	东莞市百货	0305	塑壳保温瓶（小）	只	5,000.00	40.95	204,750.00	2014-12-18	0.00	0.00	0.00
0000000002	东莞市百货	0302	铁壳保温瓶	只	6,000.00	45.63	273,780.00	2014-12-18	0.00	0.00	0.00
0000000002	东莞市百货	0301	铝壳气压保温瓶	只	4,000.00	70.20	280,800.00	2014-12-18	0.00	0.00	0.00
0000000002	东莞市百货	0304	塑壳保温瓶（中）	只	7,000.00	52.65	368,550.00	2014-12-18	0.00	0.00	0.00
0000000002	东莞市百货	0303	塑壳保温瓶（大）	只	8,000.00	80.73	645,840.00	2014-12-18	0.00	0.00	0.00

图 5-70　销售执行进度

7. 进销存统计表

进销存统计表仅用于商业企业，可以进行采购、其他入库、销售、其他出库、暂估、成本、毛利的数据统计分析。只有当《采购管理》《库存管理》《销售管理》《存货核算》4 个系统联合使用时，才能使用进销存货统计表，如图 5-71 所示。

8. 订单发货准确率

以销售订单为依据进行查询分析，通过已审核销售订单发货时间和数量，计算出订单存货平均交货周期。根据销售订单出库审核时间和数量，

存货名称	期初数量	期初金额	采购数量	采购金额	暂估数量	暂估金额	期末数量	期末金额
安全钳	80.00	800.00					76.00	760.00
扳手	50.00	750.00					46.00	690.00
报刊			500.00	500.00	500.00	500.00	500.00	500.00
不锈钢吸管	70.00	140.00	535,000.00	982,600.00	535,000.00	982,600.00	527,030.00	967,973.27
财产保险			949.00	949.00	949.00	949.00	949.00	949.00
底垫	90.00	45.00	500,000.00	250,000.00	500,000.00	250,000.00	453,940.00	226,970.00
电动机	20.00	5,000.00	10,000.00	10,000.00	10,000.00	10,000.00	9,450.00	9,450.00
							17.00	4,250.00
黑铁托盘	81.00	81.00	500,000.00	600,000.00	500,000.00	600,000.00	492,041.00	590,433.26
机动车辆保险			400.00	400.00	400.00	400.00	400.00	400.00
机油	16.00	100.80					13.00	81.90
口圈	89.00	44.50	500,000.00	400,000.00	500,000.00	400,000.00	453,939.00	363,126.95
铝壳	40.00	801.20						-57,280.58
铝壳气压保温瓶	4,000.00	128,120.00					4,500.00	14,950.71
铝配件	2,050.00	7,790.00	10,000.00	38,000.00	10,000.00	38,000.00	4,010.00	15,238.00
铝片	45.97	919,400.00	5.00	100,000.00	5.00	100,000.00	32.97	659,400.00
螺丝圆钉	18.00	1,800.00					15.00	1,500.00
马口铁	4.00	22,400.00	45.00	252,000.00	45.00	252,000.00	31.00	173,600.00
瓶胆（大）	45.00	225.00	84,000.00	416,640.00	84,000.00	416,640.00	74,004.00	367,061.39
瓶胆（小）	24.00	72.00	80,000.00	248,000.00	80,000.00	248,000.00	70,009.00	217,025.80
瓶胆（中）	56.00	224.00	240,000.00	936,000.00	240,000.00	936,000.00	213,962.00	834,456.89
气压式塑配件	50.00	100.00					2,010.00	-18,889.96
汽油	14.00	119.00					11.00	93.50
水			10,000.00	40,000.00	10,000.00	40,000.00	9,450.00	37,800.00

图 5 – 71　进销存统计表

计算出订单存货的发货准确率，如图 5 – 72 所示。

销售订单号	客户名称	存货名称	订单数量	预发货日期	累计发货数量	累计出库数量	准时交货数量	交货准确率%	发货率
0000000001	中山市丰常保温容器公司	铝壳气压保温瓶	500.00	2014-12-14	500.00	500.00	500.00	100.00%	100.00%
0000000001	中山市丰常保温容器公司	铁壳保温瓶	500.00	2014-12-14	500.00	500.00	500.00	100.00%	100.00%
0000000001	中山市丰常保温容器公司	塑壳保温瓶（大）	500.00	2014-12-14	500.00	500.00	500.00	100.00%	100.00%
0000000002	东莞市百货公司	铝壳气压保温瓶	4,000.00	2014-12-18	4,000.00	4,000.00	4,000.00	100.00%	100.00%
0000000002	东莞市百货公司	铁壳保温瓶	6,000.00	2014-12-18	6,000.00	6,000.00	6,000.00	100.00%	100.00%
0000000002	东莞市百货公司	塑壳保温瓶（大）	8,000.00	2014-12-18	8,000.00	8,000.00	8,000.00	100.00%	100.00%
0000000002	东莞市百货公司	塑壳保温瓶（中）	7,000.00	2014-12-18	7,000.00	7,000.00	7,000.00	100.00%	100.00%
0000000003	惠州完美日用百货公司	塑壳保温瓶	5,000.00	2014-12-18	5,000.00	5,000.00	5,000.00	100.00%	100.00%
0000000003	惠州完美日用百货公司	铁壳保温瓶	1,500.00	2014-12-18	1,500.00	1,500.00	1,500.00	100.00%	100.00%
0000000003	惠州完美日用百货公司	塑壳保温瓶（大）	1,500.00	2014-12-18	1,500.00	1,500.00	1,500.00	100.00%	100.00%
0000000003	惠州完美日用百货公司	塑壳保温瓶	2,000.00	2014-12-18	2,000.00	2,000.00	2,000.00	100.00%	100.00%
0000000004	哈尔滨百货公司	铝壳气压保温瓶	2,000.00	2014-12-18	2,000.00	2,000.00	2,000.00	100.00%	100.00%
0000000004	哈尔滨百货公司	塑壳保温瓶（中）	2,000.00	2014-12-18	2,000.00	2,000.00	2,000.00	100.00%	100.00%
0000000004	哈尔滨百货公司	塑壳保温瓶	2,000.00	2014-12-18	2,000.00	2,000.00	2,000.00	100.00%	100.00%
0000000005	东莞市百货公司	铝壳气压保温瓶	1,000.00	2014-12-18	1,000.00	1,000.00	1,000.00	100.00%	100.00%
0000000005	东莞市百货公司	塑壳保温瓶（小）	3,000.00	2014-12-18	3,000.00	3,000.00	3,000.00	100.00%	100.00%
总计			48,500.00		48,500.00	48,500.00	48,500.00	100.00%	

图 5 – 72　订单发货准确率

9. 销售综合统计表

销售综合统计表可以查询企业的订货、发货、开票、出库、回款的统计数据，如图 5 – 73 所示。

10. 销售执行状况表

用于统计当前时点销售各业务的执行情况，只统计存在未执行完的单据，对于已执行完的单据不进行统计。以当前服务器时间点为依据，统计各业务点的信息。销售管理主要提供订单、发货、出库、库存、开票，支持从订单和产品类、客户、部门多个维度分别去查询，如图 5 –

日期	客户	单据类型	订单号	订货数量	订货金额	订货价税合计	发货单号	发货数量	发货金额	发货价税合计原币
2014-12-14	中山市非常保温容器公司	销售出库单								
2014-12-14	中山市非常保温容器公司	销售专用发票								
2014-12-14	中山市非常保温容器公司	发货单					0000000001	1,500.00	84,500.00	98,865.00
2014-12-14	中山市非常保温容器公司	销售订单	0000000001	1,500.00	84,500.00	98,865.00				
(小计)2014-12-14				1,500.00	84,500.00	98,865.00		1,500.00	84,500.00	98,865.00
2014-12-18	东莞市百货公司	销售出库单								
2014-12-18	东莞市百货公司	销售专用发票								
2014-12-18	东莞市百货公司	销售专用发票								
2014-12-18	东莞市百货公司	销售专用发票								
2014-12-18	东莞市百货公司	发货单					0000000002	30,000.00	1,516,000.00	1,773,720.00
2014-12-18	东莞市百货公司	发货单					0000000005	6,000.00	258,000.00	301,860.00
2014-12-18	东莞市百货公司	销售订单	0000000002	30,000.00	1,516,000.00	1,773,720.00				
2014-12-18	东莞市百货公司	销售订单	0000000005	6,000.00	258,000.00	301,860.00				
2014-12-18	哈尔滨百货公司	销售出库单								
2014-12-18	哈尔滨百货公司	销售专用发票								
2014-12-18	哈尔滨百货公司	发货单					0000000004	6,000.00	276,000.00	322,920.00
2014-12-18	哈尔滨百货公司	销售订单	0000000004	6,000.00	276,000.00	322,920.00				
2014-12-18	惠州完美日用百货公司	销售出库单								
2014-12-18	惠州完美日用百货公司	销售专用发票								
2014-12-18	惠州完美日用百货公司	发货单					0000000003	5,000.00	265,000.00	310,050.00
2014-12-18	惠州完美日用百货公司	销售订单	0000000003	5,000.00	265,000.00	310,050.00				
(小计)2014-12-18				47,000.00	2,315,000.00	2,708,550.00		47,000.00	2,315,000.00	2,708,550.00
2014-12-30	东莞市百货公司	核销								
(小计)2014-12-30										
总计				48,500.00	2,399,500.00	2,807,415.00		48,500.00	2,399,500.00	2,807,415.00

图 5 - 73　销售综合统计表

74 所示。

存货编码	发票数量	发票不含税金	发票含税金额	发票未收款不	发票未收款	现存量	可用量
0301	3,500.00	206,000.00	241,020.00	164,000.00	191,880.00	4,500.00	4,500.00
0302	2,000.00	80,000.00	93,600.00	80,000.00	93,600.00	6,000.00	6,000.00
0303	2,000.00	139,500.00	163,215.00	139,500.00	163,215.00	8,000.00	8,000.00
0304	6,000.00	280,000.00	327,600.00	280,000.00	327,600.00	4,000.00	4,000.00
0305	5,000.00	178,000.00	208,260.00	178,000.00	208,260.00	5,000.00	5,000.00
总计	18,500.00	883,500.00	1,033,695.00	841,500.00	984,555.00	27,500.00	27,500.00

图 5 - 74　销售执行状况表

11. 委托代销统计表

委托代销统计表可以查询企业的委托代销货物发出情况、结算情况及发货未结算的余额。

12. 发票使用明细表

发票使用明细表用于销售会计在月末向税务局申报销售增值税，如图 5 - 75 所示。

发票类别	发票号	本币金额	税率	本币税额	本币价税合计
销售专用发票	0000000007	84,500.00	17.00%	14,365.00	98,865.00
销售专用发票	0000000008	1,516,000.00	17.00%	257,720.00	1,773,720.00
销售专用发票	0000000009	265,000.00	17.00%	45,050.00	310,050.00
销售专用发票	0000000010	276,000.00	17.00%	46,920.00	322,920.00
销售专用发票	0000000011	258,000.00	17.00%	43,860.00	301,860.00
总计		2,399,500.00	85.00%	407,915.00	2,807,415.00

图 5 - 75　发票使用明细表

13. 销售时效性统计表

以销售订单号 + 销售订单行号为线索，展现对应订单行存货的销售发货（退货）、报检、检验、出库全过程的明细信息，如图 5 – 76 所示。

销售订货					销售发货			出库	
销售订单号	客户名称	存货名称	订单数量	预发货日期	发货单号	审核时间	发货数量	出库单号	出库数量
0000000001	中山市奔驾保温容器公司	铝壳气压保温瓶	500.00	2014-12-14	0000000001	2014-12-11 21:46:08	500.00	0000000001	500.00
0000000001	中山市奔驾保温容器公司	铁壳保温瓶	500.00	2014-12-14	0000000001	2014-12-11 21:46:08	500.00	0000000001	500.00
0000000001	中山市奔驾保温容器公司	塑壳保温瓶（大）	500.00	2014-12-14	0000000001	2014-12-11 21:46:08	500.00	0000000001	500.00
0000000002	东莞市百货公司	铝壳气压保温瓶	4,000.00	2014-12-18	0000000002	2014-12-12 19:59:11	4,000.00	0000000002	4,000.00
0000000002	东莞市百货公司	铁壳保温瓶	6,000.00	2014-12-18	0000000002	2014-12-12 19:59:11	6,000.00	0000000002	6,000.00
0000000002	东莞市百货公司	塑壳保温瓶（大）	8,000.00	2014-12-18	0000000002	2014-12-12 19:59:11	8,000.00	0000000002	8,000.00
0000000002	东莞市百货公司	塑壳保温瓶（中）	7,000.00	2014-12-18	0000000002	2014-12-12 19:59:11	7,000.00	0000000002	7,000.00
0000000002	东莞市百货公司	塑壳保温瓶（小）	5,000.00	2014-12-18	0000000002	2014-12-12 19:59:11	5,000.00	0000000002	5,000.00
0000000003	惠州完美日用百货公司	铁壳保温瓶	1,500.00	2014-12-18	0000000003	2014-12-12 19:59:31	1,500.00	0000000003	1,500.00
0000000003	惠州完美日用百货公司	塑壳保温瓶（大）	1,500.00	2014-12-18	0000000003	2014-12-12 19:59:31	1,500.00	0000000003	1,500.00
0000000003	惠州完美日用百货公司	塑壳保温瓶（中）	2,000.00	2014-12-18	0000000003	2014-12-12 19:59:31	2,000.00	0000000003	2,000.00
0000000004	哈尔滨百货公司	铝壳保压保温瓶	2,000.00	2014-12-18	0000000004	2014-12-12 19:59:50	2,000.00	0000000004	2,000.00
0000000004	哈尔滨百货公司	塑壳保温瓶（中）	2,000.00	2014-12-18	0000000004	2014-12-12 19:59:50	2,000.00	0000000004	2,000.00
0000000004	哈尔滨百货公司	塑壳保温瓶（小）	2,000.00	2014-12-18	0000000004	2014-12-12 19:59:50	2,000.00	0000000004	2,000.00
0000000005	东莞市百货公司	铝壳保压保温瓶	1,000.00	2014-12-18	0000000005	2014-12-12 20:00:10	1,000.00	0000000005	1,000.00
0000000005	东莞市百货公司	塑壳保温瓶（中）	2,000.00	2014-12-18	0000000005	2014-12-12 20:00:10	2,000.00	0000000005	2,000.00
0000000005	东莞市百货公司	塑壳保温瓶（小）	3,000.00	2014-12-18	0000000005	2014-12-12 20:00:10	3,000.00	0000000005	3,000.00
总计							48,500.00		48,500.00

图 5 – 76　销售时效性统计表

14. 销售订单发货统计表

以日报、周报、月报、季报的方式汇总统计销售订单的发货、出库情况，如图 5 – 77 所示。

客户简称	存货名称	2014年-12月			合计		
		订单数量	发货数量	出库数量	订单数量	发货数量	出库数量
中山市保温容器	铝壳气压保温瓶	500.00	500.00	500.00	500.00	500.00	500.00
中山市保温容器	铁壳保温瓶	500.00	500.00	500.00	500.00	500.00	500.00
中山市保温容器	塑壳保温瓶（大）	500.00	500.00	500.00	500.00	500.00	500.00
惠州百货	铁壳保温瓶	1,500.00	1,500.00	1,500.00	1,500.00	1,500.00	1,500.00
惠州百货	塑壳保温瓶（大）	1,500.00	1,500.00	1,500.00	1,500.00	1,500.00	1,500.00
惠州百货	塑壳保温瓶（中）	2,000.00	2,000.00	2,000.00	2,000.00	2,000.00	2,000.00
东莞市百货	铝壳气压保温瓶	5,000.00	5,000.00	5,000.00	5,000.00	5,000.00	5,000.00
东莞市百货	铁壳保温瓶	6,000.00	6,000.00	6,000.00	6,000.00	6,000.00	6,000.00
东莞市百货	塑壳保温瓶（大）	8,000.00	8,000.00	8,000.00	8,000.00	8,000.00	8,000.00
东莞市百货	塑壳保温瓶（中）	9,000.00	9,000.00	9,000.00	9,000.00	9,000.00	9,000.00
东莞市百货	塑壳保温瓶（小）	8,000.00	8,000.00	8,000.00	8,000.00	8,000.00	8,000.00
哈尔滨百货	铝壳气压保温瓶	2,000.00	2,000.00	2,000.00	2,000.00	2,000.00	2,000.00
哈尔滨百货	塑壳保温瓶（中）	2,000.00	2,000.00	2,000.00	2,000.00	2,000.00	2,000.00
哈尔滨百货	塑壳保温瓶（小）	2,000.00	2,000.00	2,000.00	2,000.00	2,000.00	2,000.00
总计		48,500.00	48,500.00	48,500.00	48,500.00	48,500.00	48,500.00

图 5 – 77　销售订发货统计表

15. 发货单开票收款勾对表

发货单开票收款勾对表可以查询发货、开票、收款、预收款的统计信息，如图 5 – 78 所示。

部门	发货数量	发货无税金额	发货含税金额	开票数量	开票金额	回款金额	未回款金额	成本数量	成本金额	发货毛利	发货回款毛利
供销经营科	36,000.00	1,774,000.00	2,075,580.00	36,000.00	2,075,580.00	1,822,860.00	252,720.00	36,000.00	1,200,654.95	573,345.06	503,511.63
供销经营科	6,000.00	276,000.00	322,920.00	6,000.00	322,920.00		322,920.00	6,000.00	208,223.38	67,776.62	
供销经营科	5,000.00	265,000.00	310,050.00	5,000.00	310,050.00		310,050.00	5,000.00	162,342.83	102,657.17	
供销经营科	1,500.00	84,500.00	98,865.00	1,500.00	98,865.00		98,865.00	1,500.00	58,946.32	25,553.68	
供销经营科	48,500.00	2,399,500.00	2,807,415.00	48,500.00	2,807,415.00	1,822,860.00	984,555.00	48,500.00	1,630,167.48	769,332.53	503,511.63
（小计）供销经营料	48,500.00	2,399,500.00	2,807,415.00	48,500.00	2,807,415.00	1,822,860.00	984,555.00	48,500.00	1,630,167.48	769,332.53	503,511.63
总计	48,500.00	2,399,500.00	2,807,415.00	48,500.00	2,807,415.00	1,822,860.00	984,555.00	48,500.00	1,630,167.48	769,332.53	503,511.63

图 5 – 78　发货单开票收款勾对表

（二）明细表

1. 销售收入明细账

销售收入明细账可以查询销售发票、销售调拨单、零售日报的明细数据，兼顾会计和业务的不同需要，如图 5-79 所示。

年	月	日	发票号	存货名称	数量	无税单价	含税单价	金额	税额	价税合计
2014	12	14	0000000007	铝壳气压保温瓶	500.00	60.00	70.20	30,000.00	5,100.00	35,100.00
2014	12	14	0000000007	塑壳保温瓶（大）	500.00	69.00	80.73	34,500.00	5,865.00	40,365.00
2014	12	14	0000000007	铁壳保温瓶	500.00	40.00	46.80	20,000.00	3,400.00	23,400.00
2014	12	18	0000000008	铝壳气压保温瓶	4,000.00	60.00	70.20	240,000.00	40,800.00	280,800.00
2014	12	18	0000000008	塑壳保温瓶（大）	8,000.00	69.00	80.73	552,000.00	93,840.00	645,840.00
2014	12	18	0000000008	塑壳保温瓶（小）	5,000.00	35.00	40.95	175,000.00	29,750.00	204,750.00
2014	12	18	0000000008	塑壳保温瓶（中）	7,000.00	45.00	52.65	315,000.00	53,550.00	368,550.00
2014	12	18	0000000008	铁壳保温瓶	6,000.00	39.00	45.63	234,000.00	39,780.00	273,780.00
2014	12	18	0000000009	塑壳保温瓶（大）	1,500.00	70.00	81.90	105,000.00	17,850.00	122,850.00
2014	12	18	0000000009	塑壳保温瓶（中）	2,000.00	50.00	58.50	100,000.00	17,000.00	117,000.00
2014	12	18	0000000009	铁壳保温瓶	1,500.00	40.00	46.80	60,000.00	10,200.00	70,200.00
2014	12	18	0000000010	铝壳气压保温瓶	2,000.00	58.00	67.86	116,000.00	19,720.00	135,720.00
2014	12	18	0000000010	塑壳保温瓶（小）	2,000.00	35.00	40.95	70,000.00	11,900.00	81,900.00
2014	12	18	0000000010	塑壳保温瓶（中）	2,000.00	45.00	52.65	90,000.00	15,300.00	105,300.00
2014	12	18	0000000011	铝壳气压保温瓶	1,000.00	60.00	70.20	60,000.00	10,200.00	70,200.00
2014	12	18	0000000011	塑壳保温瓶（小）	3,000.00	36.00	42.12	108,000.00	18,360.00	126,360.00
2014	12	18	0000000011	塑壳保温瓶（中）	2,000.00	45.00	52.65	90,000.00	15,300.00	105,300.00
2014	(小计)12				48,500.00	49.47	57.88	2,399,500.00	407,915.00	2,807,415.00
(小计)2014					48,500.00	49.47	57.88	2,399,500.00	407,915.00	2,807,415.00
总计					48,500.00	49.47	57.88	2,399,500.00	407,915.00	2,807,415.00

图 5-79　明细表

2. 销售成本明细账

销售成本明细账可以查询存货的销售成本情况，兼顾会计和业务的不同需要，如图 5-80 所示。

会计月	部门	客户	单据号	数量	单价	成本
12	供销经营科	东莞市百货公司	0000000008	30,000.00	33.88	1,016,521.87
12	供销经营科	东莞市百货公司	0000000011	6,000.00	30.69	184,133.08
12	供销经营科	哈尔滨百货公司	0000000010	6,000.00	34.70	208,223.38
12	供销经营科	惠州完美日用百货公司	0000000009	5,000.00	32.47	162,342.83
12	供销经营科	中山市非常保温容器公司	0000000007	1,500.00	39.30	58,946.32
12	(小计)供销经营科			48,500.00	33.61	1,630,167.48
(小计)12				48,500.00	33.61	1,630,167.48
总计				48,500.00	33.61	1,630,167.48

图 5-80　销售成本明细账

3. 发货明细表

发货明细表可以查询发货单的明细记录，如图 5-81 所示。

单据编号	部门名称	客户名称	数量	含税单价	本币无税金额	本币税额	本币价税合计
0000000002	供销经营科	东莞市百货公司	30,000.00	59.12	1,516,000.00	257,720.00	1,773,720.00
0000000005	供销经营科	东莞市百货公司	6,000.00	50.31	258,000.00	43,860.00	301,860.00
0000000004	供销经营科	哈尔滨百货公司	6,000.00	53.82	276,000.00	46,920.00	322,920.00
0000000003	供销经营科	惠州完美日用百货公司	5,000.00	62.01	265,000.00	45,050.00	310,050.00
0000000001	供销经营科	中山市非常保温容器公司	1,500.00	65.91	84,500.00	14,365.00	98,865.00
	(小计)供销经营科		48,500.00	57.88	2,399,500.00	407,915.00	2,807,415.00
总计			48,500.00	57.88	2,399,500.00	407,915.00	2,807,415.00

图 5-81　发货明细表

4. 销售明细表

销售明细表可以查询销售发票、销售调拨单、零售日报的明细记录，如图 5 - 82 所示。

部门名称	客户名称	日期	数量	本币税额	本币无税金额	本币价税合计
供销经营科	东莞市百货公司	2014-12-18	36,000.00	301,580.00	1,774,000.00	2,075,580.00
	(小计)东莞市百货公司		36,000.00	301,580.00	1,774,000.00	2,075,580.00
供销经营科	哈尔滨百货公司	2014-12-18	6,000.00	46,920.00	276,000.00	322,920.00
	(小计)哈尔滨百货公司		6,000.00	46,920.00	276,000.00	322,920.00
供销经营科	惠州完美日用百货公司	2014-12-18	5,000.00	45,050.00	265,000.00	310,050.00
	(小计)惠州完美日用百货公司		5,000.00	45,050.00	265,000.00	310,050.00
供销经营科	中山市非常保温容器公司	2014-12-14	1,500.00	14,365.00	84,500.00	98,865.00
	(小计)中山市非常保温容器公司		1,500.00	14,365.00	84,500.00	98,865.00
总计			48,500.00	407,915.00	2,399,500.00	2,807,415.00

图 5 - 82　销售明细表

5. 销售明细账

销售明细账可以查询销售发票、成本、毛利的明细记录，如图 5 - 83 所示。

年	月	日	销售类型	单据类型	单据号	数量	金额	无税单价	税额	价税合计	成本	毛利
201	12	14	销售出库	销售专用发票	0000000007	1,500.00	84,500.00	56.33	14,365.00	98,865.00		84,500.00
201	12		(小计)14			1,500.00	84,500.00	56.33	14,365.00	98,865.00		84,500.00
201	12	18	销售出库	销售专用发票	0000000008	30,000.00	1,516,000.00	50.53	257,720.00	1,773,720.00		1,516,000.00
201	12	18	销售出库	销售专用发票	0000000009	5,000.00	265,000.00	53.00	45,050.00	310,050.00		265,000.00
201	12	18	销售出库	销售专用发票	0000000010	6,000.00	276,000.00	46.00	46,920.00	322,920.00		276,000.00
201	12	18	销售出库	销售专用发票	0000000011	6,000.00	258,000.00	43.00	43,860.00	301,860.00		258,000.00
201	12		(小计)18			47,000.00	2,315,000.00	49.26	393,550.00	2,708,550.00		2,315,000.00
201	12	27	销售出库	销售专用发票	0000000007						58,946.32	-58,946.32
201	12	27	销售出库	销售专用发票	0000000008						1,016,521.87	-1,016,521.87
201	12	27	销售出库	销售专用发票	0000000009						162,342.83	-162,342.83
201	12	27	销售出库	销售专用发票	0000000010						208,223.38	-208,223.38
201	12	27	销售出库	销售专用发票	0000000011						184,133.08	-184,133.08
201	12		(小计)27								1,630,167.48	-1,630,167.48
201			(小计)12			48,500.00	2,399,500.00	49.47	407,915.00	2,807,415.00	1,630,167.48	769,332.52
(小)						48,500.00	2,399,500.00	49.47	407,915.00	2,807,415.00	1,630,167.48	769,332.52
总						48,500.00	2,399,500.00	49.47	407,915.00	2,807,415.00	1,630,167.48	769,332.52

图 5 - 83　销售明细账

6. 发货结算勾对表

发货结算勾对表提供发货单的开票、结算情况，如图 5 - 84 所示。

客户	存货名称	发货数量	发货金额	发货税额	发货价税合计	发货含税单价	结算数量	结算金额	结算税额	结算价税合计
东莞市百货公司	铝壳气压保温瓶	5,000.00	300,000.00	51,000.00	351,000.00	70.20	5,000.00	300,000.00	51,000.00	351,000.00
东莞市百货公司	塑壳保温瓶（大）	8,000.00	552,000.00	93,840.00	645,840.00	80.73	8,000.00	552,000.00	93,840.00	645,840.00
东莞市百货公司	塑壳保温瓶（小）	8,000.00	283,000.00	48,110.00	331,110.00	41.39	8,000.00	283,000.00	48,110.00	331,110.00
东莞市百货公司	塑壳保温瓶（中）	9,000.00	405,000.00	68,850.00	473,850.00	52.65	9,000.00	405,000.00	68,850.00	473,850.00
东莞市百货公司	铁壳保温瓶	6,000.00	234,000.00	39,780.00	273,780.00	45.63	6,000.00	234,000.00	39,780.00	273,780.00
(小计)东莞市百货公司		36,000.00	1,774,000.00	301,580.00	2,075,580.00	290.60	36,000.00	1,774,000.00	301,580.00	2,075,580.00
哈尔滨百货公司	铝壳气压保温瓶	2,000.00	116,000.00	19,720.00	135,720.00	67.86	2,000.00	116,000.00	19,720.00	135,720.00
哈尔滨百货公司	塑壳保温瓶（小）	2,000.00	70,000.00	11,900.00	81,900.00	40.95	2,000.00	70,000.00	11,900.00	81,900.00
哈尔滨百货公司	塑壳保温瓶（中）	2,000.00	90,000.00	15,300.00	105,300.00	52.65	2,000.00	90,000.00	15,300.00	105,300.00
(小计)哈尔滨百货公司		6,000.00	276,000.00	46,920.00	322,920.00	161.46	6,000.00	276,000.00	46,920.00	322,920.00
惠州完美日用百货公司	塑壳保温瓶（大）	1,500.00	105,000.00	17,850.00	122,850.00	81.90	1,500.00	105,000.00	17,850.00	122,850.00
惠州完美日用百货公司	塑壳保温瓶（中）	2,000.00	100,000.00	17,000.00	117,000.00	58.50	2,000.00	100,000.00	17,000.00	117,000.00
惠州完美日用百货公司	铁壳保温瓶	1,500.00	60,000.00	10,200.00	70,200.00	46.80	1,500.00	60,000.00	10,200.00	70,200.00
(小计)惠州完美日用百货公司		5,000.00	265,000.00	45,050.00	310,050.00	187.20	5,000.00	265,000.00	45,050.00	310,050.00
中山市非常保温容器公司	铝壳气压保温瓶	500.00	30,000.00	5,100.00	35,100.00	70.20	500.00	30,000.00	5,100.00	35,100.00
中山市非常保温容器公司	塑壳保温瓶（大）	500.00	34,500.00	5,865.00	40,365.00	80.73	500.00	34,500.00	5,865.00	40,365.00
中山市非常保温容器公司	铁壳保温瓶	500.00	20,000.00	3,400.00	23,400.00	46.80	500.00	20,000.00	3,400.00	23,400.00
(小计)中山市非常保温容器公司		1,500.00	84,500.00	14,365.00	98,865.00	197.73	1,500.00	84,500.00	14,365.00	98,865.00
		48,500.00	2,399,500.00	407,915.00	2,807,415.00	836.99	48,500.00	2,399,500.00	407,915.00	2,807,415.00
总计		48,500.00	2,399,500.00	407,915.00	2,807,415.00	836.99	48,500.00	2,399,500.00	407,915.00	2,807,415.00

图 5 - 84　发货结算勾对表

7. 委托代销明细账

委托代销明细账详细记录货物明细的委托代销发出情况、结算情况及发货未结算的余额。

（三）销售分析

1. 销售增长分析

销售增长分析可以按发货金额、销售金额、销售收入进行金额增长的趋势分析和对比分析，如图 5 - 85 所示。

客户编码	客户名称	存货编码	存货名称		2014年-12月	合计
0101	中山市非常保温容器公司	0301	铝壳气压保温瓶		35,100.00	35,100.00
0101	中山市非常保温容器公司	0302	铁壳保温瓶		23,400.00	23,400.00
0101	中山市非常保温容器公司	0303	塑壳保温瓶（大）		40,365.00	40,365.00
0102	惠州完美日用百货公司	0302	铁壳保温瓶		70,200.00	70,200.00
0102	惠州完美日用百货公司	0303	塑壳保温瓶（大）		122,850.00	122,850.00
0102	惠州完美日用百货公司	0304	塑壳保温瓶（中）		117,000.00	117,000.00
0104	东莞市百货公司	0301	铝壳气压保温瓶		351,000.00	351,000.00
0104	东莞市百货公司	0302	铁壳保温瓶		273,780.00	273,780.00
0104	东莞市百货公司	0303	塑壳保温瓶（大）		645,840.00	645,840.00
0104	东莞市百货公司	0304	塑壳保温瓶（中）		473,850.00	473,850.00
0104	东莞市百货公司	0305	塑壳保温瓶（小）		331,110.00	331,110.00
0201	哈尔滨百货公司	0301	铝壳气压保温瓶		135,720.00	135,720.00
0201	哈尔滨百货公司	0304	塑壳保温瓶（中）		105,300.00	105,300.00
0201	哈尔滨百货公司	0305	塑壳保温瓶（小）		81,900.00	81,900.00
总计					2,807,415.00	2,807,415.00

图 5 - 85　销售增长分析

2. 销售情况分析

以周报、月报、季报、会计月报的方式汇总统计销售情况，可以按存货、按客户分别进行汇总，系统默认按客户 + 存货分组汇总，如图 5 - 86 所示。

客户编码	客户名称	存货名称	2014年-12月			合计		
			数量	原币金额	本币金额	数量	原币金额	本币金额
0101	中山市非常保温容器公司	铝壳气压保温瓶	500.00	35,100.00	35,100.00	500.00	35,100.00	35,100.00
0101	中山市非常保温容器公司	铁壳保温瓶	500.00	23,400.00	23,400.00	500.00	23,400.00	23,400.00
0101	中山市非常保温容器公司	塑壳保温瓶（大）	500.00	40,365.00	40,365.00	500.00	40,365.00	40,365.00
0102	惠州完美日用百货公司	铁壳保温瓶	1,500.00	70,200.00	70,200.00	1,500.00	70,200.00	70,200.00
0102	惠州完美日用百货公司	塑壳保温瓶（大）	1,500.00	122,850.00	122,850.00	1,500.00	122,850.00	122,850.00
0102	惠州完美日用百货公司	塑壳保温瓶（中）	2,000.00	117,000.00	117,000.00	2,000.00	117,000.00	117,000.00
0104	东莞市百货公司	铝壳气压保温瓶	5,000.00	351,000.00	351,000.00	5,000.00	351,000.00	351,000.00
0104	东莞市百货公司	铁壳保温瓶	6,000.00	273,780.00	273,780.00	6,000.00	273,780.00	273,780.00
0104	东莞市百货公司	塑壳保温瓶（大）	8,000.00	645,840.00	645,840.00	8,000.00	645,840.00	645,840.00
0104	东莞市百货公司	塑壳保温瓶（中）	9,000.00	473,850.00	473,850.00	9,000.00	473,850.00	473,850.00
0104	东莞市百货公司	塑壳保温瓶（小）	8,000.00	331,110.00	331,110.00	8,000.00	331,110.00	331,110.00
0201	哈尔滨百货公司	铝壳气压保温瓶	2,000.00	135,720.00	135,720.00	2,000.00	135,720.00	135,720.00
0201	哈尔滨百货公司	塑壳保温瓶（中）	2,000.00	105,300.00	105,300.00	2,000.00	105,300.00	105,300.00
0201	哈尔滨百货公司	塑壳保温瓶（小）	2,000.00	81,900.00	81,900.00	2,000.00	81,900.00	81,900.00
总计			48,500.00	2,807,415.00	2,807,415.00	48,500.00	2,807,415.00	2,807,415.00

图 5 - 86　销售情况分析

3. 货物流向分析

货物流向分析可以分析按照不同分组条件（如客户、地区、行业）在某时间区间的销售货物流向比例，如图 5-87 所示。

客户分类	客户	存货名称	发货数量	发货数量%	发货金额原币	销售数量	销售数量%	销售金额原币	销售金额原币%
本省	东莞市百货公司	铝壳气压保温瓶	5,000.00	10.31%	351,000.00	5,000.00	10.31%	351,000.00	12.50%
本省	东莞市百货公司	塑壳保温瓶（大）	8,000.00	16.49%	645,840.00	8,000.00	16.49%	645,840.00	23.00%
本省	东莞市百货公司	塑壳保温瓶（小）	8,000.00	16.49%	331,110.00	8,000.00	16.49%	331,110.00	11.79%
本省	东莞市百货公司	塑壳保温瓶（中）	9,000.00	18.56%	473,850.00	9,000.00	18.56%	473,850.00	16.88%
本省	东莞市百货公司	铁壳保温瓶	6,000.00	12.37%	273,780.00	6,000.00	12.37%	273,780.00	9.75%
本省	(小计)东莞市百货公司		36,000.00	74.23%	2,075,580.00	36,000.00	74.23%	2,075,580.00	73.93%
本省	惠州完美日用百货公司	塑壳保温瓶（大）	1,500.00	3.09%	122,850.00	1,500.00	3.09%	122,850.00	4.38%
本省	惠州完美日用百货公司	塑壳保温瓶（中）	2,000.00	4.12%	117,000.00	2,000.00	4.12%	117,000.00	4.17%
本省	惠州完美日用百货公司	铁壳保温瓶	1,500.00	3.09%	70,200.00	1,500.00	3.09%	70,200.00	2.50%
本省	(小计)惠州完美日用百货公司		5,000.00	10.31%	310,050.00	5,000.00	10.31%	310,050.00	11.04%
本省	中山市非常保温容器公司	铝壳气压保温瓶	500.00	1.03%	35,100.00	500.00	1.03%	35,100.00	1.25%
本省	中山市非常保温容器公司	塑壳保温瓶（大）	500.00	1.03%	40,365.00	500.00	1.03%	40,365.00	1.44%
本省	中山市非常保温容器公司	铁壳保温瓶	500.00	1.03%	23,400.00	500.00	1.03%	23,400.00	0.83%
本省	(小计)中山市非常保温容器公司		1,500.00	3.09%	98,865.00	1,500.00	3.09%	98,865.00	3.52%
(小计)本省			42,500.00	87.63%	2,484,495.00	42,500.00	87.63%	2,484,495.00	88.50%
外省	哈尔滨百货公司	铝壳气压保温瓶	2,000.00	4.12%	135,720.00	2,000.00	4.12%	135,720.00	4.83%
外省	哈尔滨百货公司	塑壳保温瓶（小）	2,000.00	4.12%	81,900.00	2,000.00	4.12%	81,900.00	2.92%
外省	哈尔滨百货公司	塑壳保温瓶（中）	2,000.00	4.12%	105,300.00	2,000.00	4.12%	105,300.00	3.75%
外省	(小计)哈尔滨百货公司		6,000.00	12.37%	322,920.00	6,000.00	12.37%	322,920.00	11.50%
(小计)外省			6,000.00	12.37%	322,920.00	6,000.00	12.37%	322,920.00	11.50%
总计			48,500.00	100.00%	2,807,415.00	48,500.00	100.00%	2,807,415.00	100.00%

图 5-87 货物流向分析

4. 销售结构分析

销售结构分析可以分析按照不同分组条件（如客户、业务员、货物等）在某时间段的销售构成情况，如图 5-88 所示。

客户	存货名称	销售数量	销售数量%	销售金额	销售金额%	销售收入	销售收入%	销售成本	销售成本%	销售毛利	销售毛利%
东莞市百货公司	铝壳气压保温瓶	5,000.00	10.31%	351,000.00	12.50%	300,000.00	12.50%	246,272.87	15.11%	53,727.13	6.98%
东莞市百货公司	塑壳保温瓶（大）	8,000.00	16.49%	645,840.00	23.00%	552,000.00	23.00%	296,015.44	18.16%	255,984.56	33.27%
东莞市百货公司	塑壳保温瓶（小）	8,000.00	16.49%	331,110.00	11.79%	283,000.00	11.79%	201,314.04	12.35%	81,685.96	10.62%
东莞市百货公司	塑壳保温瓶（中）	9,000.00	18.56%	473,850.00	16.88%	405,000.00	16.88%	267,235.77	16.39%	137,764.23	17.91%
东莞市百货公司	铁壳保温瓶	6,000.00	12.37%	273,780.00	9.75%	234,000.00	9.75%	189,816.83	11.64%	44,183.17	5.74%
哈尔滨百货公司	铝壳气压保温瓶	2,000.00	4.12%	135,720.00	4.83%	116,000.00	4.83%	98,509.14	6.04%	17,490.86	2.27%
哈尔滨百货公司	塑壳保温瓶（小）	2,000.00	4.12%	81,900.00	2.92%	70,000.00	2.92%	50,328.51	3.09%	19,671.49	2.56%
哈尔滨百货公司	塑壳保温瓶（中）	2,000.00	4.12%	105,300.00	3.75%	90,000.00	3.75%	59,385.73	3.64%	30,614.27	3.98%
惠州完美日用百货公司	塑壳保温瓶（大）	1,500.00	3.09%	122,850.00	4.38%	105,000.00	4.38%	55,502.90	3.40%	49,497.10	6.43%
惠州完美日用百货公司	塑壳保温瓶（中）	2,000.00	4.12%	117,000.00	4.17%	100,000.00	4.17%	59,385.73	3.64%	40,614.27	5.28%
惠州完美日用百货公司	铁壳保温瓶	1,500.00	3.09%	70,200.00	2.50%	60,000.00	2.50%	47,454.20	2.91%	12,545.80	1.63%
中山市非常保温容器公司	铝壳气压保温瓶	500.00	1.03%	35,100.00	1.25%	30,000.00	1.25%	24,627.28	1.51%	5,372.72	0.70%
中山市非常保温容器公司	塑壳保温瓶（大）	500.00	1.03%	40,365.00	1.44%	34,500.00	1.44%	18,500.97	1.13%	15,999.03	2.08%
中山市非常保温容器公司	铁壳保温瓶	500.00	1.03%	23,400.00	0.83%	20,000.00	0.83%	15,818.07	0.97%	4,181.93	0.54%
总计		48,500.00	100.00%	2,807,415.00	100.00%	2,399,500.00	100.00%	1,630,167.48	100.00%	769,332.52	100.00%

图 5-88 销售结构分析

5. 销售毛利分析

销售毛利分析可以统计货物在不同期间的毛利变动及影响原因，如图 5-89 所示。

部门	存货名称	本期				本期金额	本期成本额
		本期数量	本期售价	本期成本	本期毛利		
供销经营科	铝壳气压保温瓶	7,500.00	59.47	49.25	76,590.71	446,000.00	369,409.29
供销经营科	塑壳保温瓶（大）	10,000.00	69.15	37.00	321,480.69	691,500.00	370,019.31
供销经营科	塑壳保温瓶（小）	10,000.00	35.30	25.16	101,357.45	353,000.00	251,642.55
供销经营科	塑壳保温瓶（中）	13,000.00	45.77	29.69	208,992.77	595,000.00	386,007.23
供销经营科	铁壳保温瓶	8,000.00	39.25	31.64	60,910.90	314,000.00	253,089.10
(小计)供销经营科		48,500.00	49.47	172.74	769,332.52	2,399,500.00	1,630,167.48
总计		48,500.00	49.47	172.74	769,332.52	2,399,500.00	1,630,167.48

图 5-89 销售毛利分析

6. 市场分析

市场分析可以反映某时间区间内部门/业务员所负责的客户或地区销售、回款、业务应收（发货未开票）的比例情况，如图 5 – 90 所示。

客户	发货金额	发货金额%	发货价税合计	发货价税合计%	开票金额	开票金额%	开票价税合计	开票价税合计%	应收金额	应收金额%
长沙日用百货公司										
东莞市百货公司	1,774,000.00	73.93%	2,075,580.00	73.93%	1,774,000.00	73.93%	2,075,580.00	73.93%	252,720.00	25.67%
哈尔滨百货公司	276,000.00	11.50%	322,920.00	11.50%	276,000.00	11.50%	322,920.00	11.50%	322,920.00	32.80%
惠州完美日用百货公司	265,000.00	11.04%	310,050.00	11.04%	265,000.00	11.04%	310,050.00	11.04%	310,050.00	31.49%
开源证券公司										
深圳常山百货公司										
中山市非常保温容器公司	84,500.00	3.52%	98,865.00	3.52%	84,500.00	3.52%	98,865.00	3.52%	98,865.00	10.04%
总计	2,399,500.00	100.00%	2,807,415.00	100.00%	2,399,500.00	100.00%	2,807,415.00	100.00%	984,555.00	100.00%

图 5 – 90   市场分析

7. 货龄分析

本功能按货物/客户/地区/行业/部门/业务员分析各货龄区间发货未开票或发货未收款的情况，如图 5 – 91 所示。

部门	客户	发货总额	收款总额	发货未收款总额
供销经营科	东莞市百货公司	2,075,580.00	1,822,860.00	252,720.00
供销经营科	(小计)东莞市百货公司	2,075,580.00	1,822,860.00	252,720.00
供销经营科	哈尔滨百货公司	322,920.00		322,920.00
供销经营科	(小计)哈尔滨百货公司	322,920.00		322,920.00
供销经营科	惠州完美日用百货公司	310,050.00		310,050.00
供销经营科	(小计)惠州完美日用百货公司	310,050.00		310,050.00
供销经营科	中山市非常保温容器公司	98,865.00		98,865.00
供销经营科	(小计)中山市非常保温容器公司	98,865.00		98,865.00
(小计)供销经营科		2,807,415.00	1,822,860.00	984,555.00
总计		2,807,415.00	1,822,860.00	984,555.00

图 5 – 91   货龄分析

（四）客户分析

1. 销售统计

销售统计主要统计部门、业务员、客户在每个期间段的销售金额，可以进行部门间、业务员间、客户间的对比分析，如图 5 – 92 所示。

客户	2014 年 12 月	
	金额	比上期
中山市非常保温容器公司	98,865.00	–
惠州完美日用百货公司	310,050.00	–
东莞市百货公司	2,075,580.00	–
哈尔滨百货公司	322,920.00	–
总计	2,807,415.00	

图 5 – 92   销售统计

2. 客户价值金字塔

客户价值金字塔用于帮助用户分析客户价值，通过价值模型的指定，帮助用户分析在特定价值模型下客户的价值等级，并通过金字塔图形展现客户价值。

3. 客户分布分析

客户分布分析主要用于分析在某区间段内，企业客户的分布情况，帮助企业了解重点客户分布情况，确定重点客户分布区域，从而进行销售力量和资源的部署，如图 5-93 所示。

客户类别	客户数量	数量百分比
本省	5	55.56%
外省	4	44.44%
总计	9	100.00%

图 5-93 客户分布分析

4. 客户新增分析

客户新增分析主要用于分析在某期间段内，企业客户与企业发生的交互情况。从侧面反映客户的活跃程度。客户新增的标志主要有客户档案的创建；作为交易行为标志的订单、发货单、发票、收款单的存在，如图 5-94 所示。

序号	客户编码	客户简称	客户类别	客户级别	地区	行业	部门	业务员
1	0204	武汉金杯	外省					
2	0203	长沙日用百货	外省					
3	0202	北京乐美百货	外省					
4	0201	哈尔滨百货	外省					
5	0105	开源证券	本省					
6	0104	东莞市百货	本省					
7	0103	深圳百货	本省					
8	0102	惠州百货	本省					
9	0101	中山市保温容器	本省					

图 5-94 客户新增分析

5. 客户流失分析

客户流失分析主要用于分析在某期间段内，哪些客户成为封存客户，哪些客户没有与企业发生的交易行为，哪些客户停止与企业接触，从而从侧面反映客户与企业的关系。

6. 客户购买分析

购买分析可以帮助企业分析客户在某时间段内购买的产品的范围，数量，购买次数、购买周期等情况，依此制订促销计划。同时也可以分析某产品在某段时间内被购买的次数，数量、金额等，如图 5－95 所示。

存货编码	存货名称	主计量单位	购买数量	购买金额	购买次数	购买周期(天/次)	平均交易数量	平均交易金额	最近一次购买日期	最近一次购买数量	最近一次购买金额
0301	铝壳气压保温瓶	只	500.00	35,100.00	1	31.0	500.00	35,100.00	2014-12-14	500.00	35,100.00
0302	铁壳保温瓶	只	500.00	23,400.00	1	31.0	500.00	23,400.00	2014-12-14	500.00	23,400.00
0303	塑壳保温瓶(大)	只	500.00	40,365.00	1	31.0	500.00	40,365.00	2014-12-14	500.00	40,365.00
总计			1,500.00	98,865.00	3						

图 5－95　客户购买分析

7. 产品销售排名

产品销售排名主要统计产品的销售收入，按销售收入进行排名，发现销售额最高的产品。产品销售实现的标志包括订单、发货、收款、开票，如图 5－96 所示。

序号	存货编码	存货名称	计量单位	销售数量	销售数量百分比	销售金额	销售金额百分比	销售排名
1	0303	塑壳保温瓶(大)	只	10,000.00	20.62%	809,055.00	28.82%	1
2	0304	塑壳保温瓶(中)	只	13,000.00	26.80%	696,150.00	24.80%	2
3	0301	铝壳气压保温瓶	只	7,500.00	15.46%	521,820.00	18.59%	3
4	0305	塑壳保温瓶(小)	只	10,000.00	20.62%	413,010.00	14.71%	4
5	0302	铁壳保温瓶	只	8,000.00	16.49%	367,380.00	13.09%	5
总计				48,500.00		2,807,415.00		

图 5－96　产品销售排名

8. 产品类销售排名

产品类销售排名主要统计各产品类的销售收入，按销售收入进行排名，发现销售额最高的产品类。产品销售实现的标志包括订单、发货、收款、开票。用户可按条件过滤选择产品类排名范围，如图 5－97 所示。

序号	类别编码	类别名称	销售金额	销售金额百分比	销售排名
1	03	产成品	2,807,415.00	100.00%	1
2	09	其他存货	0.00	0.00%	2
3	01	原材料	0.00	0.00%	2
4	0201	壳类	0.00	0.00%	2
5	0202	塑壳类	0.00	0.00%	2
总计			2,807,415.00		

图 5－97　产品类销售排名

9. 活动统计

通过对业务员活动的统计，帮助销售经理按各种类型来统计业务员的活动次数，从而进行业务员考核的评定。通过对客户活动的统计，帮助销售经理，业务员掌握与客户的接触历史，从而评价客户的活跃程度。通过对联系人活动的统计，帮助销售经理，业务员掌握与客户联系人的接触历史，从而评价联系人的活跃程度。

（五）费用分析

1. 客户费用统计

客户费用统计提供一段时间内各客户的支出明细。用户可以通过客户费用统计了解客户在各费用项目支出情况，以及统计每个费用项目的客户支出明细。

2. 部门费用统计

部门费用统计提供一段时间内部门费用的支出明细。用户可以通过部门费用统计了解部门的费用支出情况，以及部门费用的在业务员中的分布情况，从而了解费用去向、费用构成，帮助部门更好地控制费用。

3. 业务员费用分析

业务员费用统计提供一段时间内各业务员的支出明细。用户可以通过业务员费用统计了解业务员在各费用项目支出情况。本功能的主要使用者为中高层管理人员、销售经理。他们指定一个具体的时间段，查询统计业务员的费用支出情况。

4. 费用趋势分析

费用趋势分析提供一段时间内部门、员工、客户、费用项目的费用趋势。用户可以通过费用趋势统计了解各费用项目的支出情况，从而可以采取措施，控制费用。

（六）综合分析

1. 综合分析

综合分析只能用于商业企业，而且必须在《销售管理》与《存货核算》联合使用时可用。

2. 动销分析

本功能按商品/部门分析任意时间段经营商品中动销率及未动销货物的时间构成，如图5-98所示。

3. 商品周转率分析

本功能分析某时间范围内某部门所经营商品的周转速度。如果用户选

存货名称	经营品种数	动销品种	动销率
铝壳气压保温瓶	1.00	1.00	100.00%
铁壳保温瓶	1.00	1.00	100.00%
塑壳保温瓶（大）	1.00	1.00	100.00%
塑壳保温瓶（中）	1.00	1.00	100.00%
塑壳保温瓶（小）	1.00	1.00	100.00%

图 5 - 98　动销分析

择周转率别为发货周转率，则周转指发货；如果用户选择周转率别为销售
周转率，则周转指销售开票，如图 5 - 99 所示。

存货名称	周转数量	周转次数	周转天数	月周转次数
铝壳气压保温瓶	7,500.00	1.87	194.97	0.15
铁壳保温瓶	8,000.00	1.33	273.75	0.11
塑壳保温瓶（大）	10,000.00	1.25	292.00	0.10
塑壳保温瓶（中）	13,000.00	1.87	195.50	0.15
塑壳保温瓶（小）	10,000.00	2.00	182.50	0.16

图 5 - 99　商品周转率分析

4. 畅适滞分析

本功能按商品/部门分析查询期间经营货物畅销、适销、滞销构成，
如图 5 - 100 所示。

存货分类	存货名称	经营品种数	畅销品种数	畅销品种比率	滞销品种数	滞销品种比率
产成品	铝壳气压保温瓶	1.00	1.00	100.00%	1.00	100.00%
产成品	塑壳保温瓶（大）	1.00			1.00	100.00%
产成品	塑壳保温瓶（小）	1.00			1.00	100.00%
产成品	塑壳保温瓶（中）	1.00			1.00	100.00%
产成品	铁壳保温瓶	1.00			1.00	100.00%
(小计)产成品		5.00	1.00	20.00%	5.00	100.00%

图 5 - 100　畅适滞分析

五　库存管理系统报表

(一) 库存账

1. 库存账

用户可以查询库存管理的各种库存账。

2. 现存量查询

查询存货的现存量情况，如图 5 - 101 所示。

仓库编码	存货编码	现存数量	可用数量
03	0101	31.00	31.00
03	0102		
03	0103	74,004.00	74,004.00
03	0104	213,962.00	213,962.00
03	0105	70,009.00	70,009.00
03	0106	492,041.00	492,041.00
03	0107	527,030.00	527,030.00
03	0108	453,939.00	453,939.00
03	0109	453,940.00	453,940.00
03	0110	553,935.00	553,935.00
03	0111	104.00	104.00
03	0112	6.00	6.00
03	0113	9,450.00	9,450.00
03	0114	9,450.00	9,450.00
03	0115	39.00	39.00
03	0116	27.00	27.00
03	0117	17.00	17.00
03	0118	76.00	76.00
03	0119	70.00	70.00
03	0120	46.00	46.00
03	0121	15.00	15.00
03	0122	13.00	13.00
03	0123	11.00	11.00
03	0124	32.97	32.97
03	0125	4,010.00	4,010.00

图 5 – 101　现存量查询

3. 出入库流水账

出入库流水账可查询任意时间段或任意情况下的存货出入库情况，如图 5 – 102 所示。

4. 库存台账

本功能用于查询各仓库各存货各月份的收发存明细情况。库存台账按

日期	单据类型	单据号	仓库	收发类别	审核日期	存货名称	主计量单位	入库数量	入库单价	入库金额	出库数量	出库单价	出库金额
2014-12-10	采购入库单	0000000001	原材料仓库	采购入库	2014-12-10	不锈钢弯管	支	35,000.00	2.36	82,600.00			
2014-12-12	采购入库单	0000000002	原材料仓库	采购入库	2014-12-12	稀释剂	千克	10.00	60.00	600.00			
2014-12-12	采购入库单	0000000003	原材料仓库	采购入库	2014-12-12	油漆	千克	60.00	20.00	1,200.00			
2014-12-13	采购入库单	0000000004	原材料仓库	采购入库	2014-12-13	马口铁	吨	45.00	5,600.00	252,000···			
2014-12-13	采购入库单	0000000006	原材料仓库	采购入库	2014-12-13	铝配件	套	10,000.00	3.80	38,000.00			
2014-12-13	采购入库单	0000000007	原材料仓库	采购入库	2014-12-13	塑料粒子	吨	60.00	10,000.00	600,000···			
2014-12-13	采购入库单	0000000008	原材料仓库	采购入库	2014-12-27	铝片	吨	5.00	20,000.00	100,000···			
2014-12-14	销售出库单	0000000001	产成品仓库	销售出库	2014-12-14	铝壳气压保···	只				500.00	32.03	16,015.00
2014-12-14	销售出库单	0000000001	产成品仓库	销售出库	2014-12-14	铝壳保温瓶	只				500.00	16.43	8,215.00
2014-12-14	销售出库单	0000000001	产成品仓库	销售出库	2014-12-14	玻壳保温瓶	只				500.00	23.00	11,500.00
2014-12-14	材料出库单	0000000002	原材料仓库	生产领用	2014-12-14	马口铁	吨				8.00		
2014-12-14	材料出库单	0000000002	原材料仓库	生产领用	2014-12-14	稀释剂	千克				8.00		
2014-12-14	材料出库单	0000000002	原材料仓库	生产领用	2014-12-14	油漆	千克				8.00		
2014-12-15	材料出库单	0000000003	原材料仓库	生产领用	2014-12-15	塑料粒子	吨				10.00		
2014-12-15	材料出库单	0000000004	原材料仓库	生产领用	2014-12-15	塑料粒子	吨				5.00		
2014-12-15	材料出库单	0000000005	原材料仓库	生产领用	2014-12-15	塑料粒子	吨				4.00		
2014-12-15	材料出库单	0000000006	原材料仓库	生产领用	2014-12-15	塑料粒子	吨				5.00		
2014-12-15	材料出库单	0000000007	原材料仓库	生产领用	2014-12-15	塑料粒子	吨				4.00		
2014-12-15	材料出库单	0000000008	原材料仓库	生产领用	2014-12-15	塑料粒子	吨				2.00		
2014-12-15	材料出库单	0000000009	原材料仓库	生产领用	2014-12-15	塑料粒子	吨				2.00		

图 5 - 102　　出入库流水账

存货设置账页，即一个存货一个自由项为一个账页，如图 5 - 103 所示。

单据日期	审核日期	单据号	摘　　要		收入数量	发出数量	结存数量
			仓库	单据类型			
			期初结存				4.00
2014-12-13	2014-12-13	0000000004	原材料仓库	采购入库单	45.00		49.00
2014-12-14	2014-12-14	0000000002	原材料仓库	材料出库单		8.00	41.00
2014-12-21	2014-12-21	0000000025	原材料仓库	材料出库单		10.00	31.00
			本月合计		45.00	18.00	31.00
			本年累计		45.00	18.00	31.00
			合计		45.00	18.00	31.00

图 5 - 103　　库存台账

5. 代管账

用于查询各存货已开单待出库的情况。只有库存管理与销售管理集成使用时才能查询代管账。

6. 委托代销备查簿

用户可查询委托代销商品各月份的发出、结算、未结算明细情况。委托代销备查簿按委托代销商品设置账页，即一个委托代销商品一个自由项为一个账页。

7. 受托代销备查簿

用户可查询受托代销商品各仓库各月份的收发存明细情况。受托代销备查簿按照受托代销商品设置账页，即一个受托代销商品一个自由项为一个账页。

8. 不合格品备查簿

不合格品备查簿可以查询不合格品的记录和处理情况，按照不合格品设置账页，即一个不合格品一个自由项为一个账页。

9. 呆滞积压备查簿

本功能用于查询各仓库呆滞积压存货的收发存明细情况。呆滞积压备查簿按呆滞积压存货设置账页，即一个呆滞积压存货一个自由项为一个账页。

10. 供货单位收发存汇总表

供货单位收发存汇总表是按照供应商查询各种收发类别的出入库和结存情况。

11. 入库跟踪表

入库跟踪表可以查询出库跟踪入库存货的明细情况。

（二）批次账

1. 批次账

用户可以查询《库存管理》的批次账。

2. 批次台账

用于查询批次管理的存货的各仓库各月份各批次的收发存明细情况，按批号+存货设置账页的，即一个批号一个存货一个自由项为一个账页。

3. 批次存货汇总表

用于查询库存各存货各批次的出入库和结存情况，可对各批次进行详细的跟踪。

4. 保质期预警

查询用户指定日期范围内将要失效或已失效的存货。

（三）货位账

1. 货位账

用户可以查询库存管理的货位账。

2. 货位卡片

用于查询各货位各存货的详细的收发存情况，按存货+货位设置账页，如图 5 - 104 所示。

单据日期	单据号	摘　要	收入数量	发出数量	结存数量
		期初结存			4,000.00
2014-12-14	0000000001	发货单,销售出库单,0000000001		500.00	3,500.00
2014-12-18	0000000002	发货单,销售出库单,0000000002		4,000.00	-500.00
2014-12-18	0000000004	发货单,销售出库单,0000000004		2,000.00	-2,500.00
2014-12-18	0000000005	发货单,销售出库单,0000000005		1,000.00	-3,500.00
2014-12-18	0000000006	生产订单,产成品入库单	8,000.00		4,500.00
		本月合计	8,000.00	7,500.00	4,500.00
		本年累计	8,000.00	7,500.00	4,500.00
		合计	8,000.00	7,500.00	4,500.00

图 5 - 104　货位卡片

3. 货位汇总表

用于查询各货位各存货的收发存情况，如图 5 – 105 所示。

仓库名称	货位名称	存货名称	主计量单位	期初结存数量	本期入库数量	本期出库数量	期末结存数量
产成品仓库	塑壳保温瓶货架	塑壳保温瓶（大）	只	8,000.00	10,000.00	10,000.00	8,000.00
产成品仓库	塑壳保温瓶货架	塑壳保温瓶（中）	只	7,000.00	10,000.00	13,000.00	4,000.00
产成品仓库	塑壳保温瓶货架	塑壳保温瓶（小）	只	5,000.00	10,000.00	10,000.00	5,000.00
产成品仓库	铁壳保温瓶	铁壳保温瓶	只	6,000.00	8,000.00		6,000.00
产成品仓库	铝壳气压保温瓶	铝壳气压保温瓶	只	4,000.00	8,000.00	7,500.00	4,500.00
自制半成品仓库	壳类货架	铝壳	只	40.00	8,000.00	8,040.00	
自制半成品仓库	壳类货架	铁壳	只	40.00	8,000.00	8,040.00	
自制半成品仓库	壳类货架	塑壳（大）	只	40.00	10,000.00	10,040.00	
自制半成品仓库	壳类货架	塑壳（中）	只	50.00	10,000.00	10,015.00	35.00
自制半成品仓库	壳类货架	塑壳（小）	只	20.00	10,000.00	10,015.00	5.00
自制半成品仓库	塑配件类货架	塑配件（大）	套	50.00	10,000.00	10,040.00	10.00
自制半成品仓库	塑配件类货架	塑配件（中）	套	19.00	10,000.00	10,015.00	4.00
自制半成品仓库	塑配件类货架	塑配件（小）	套	19.00	10,000.00	10,015.00	4.00
自制半成品仓库	塑配件类货架	气压式塑配件	套		10,000.00	8,040.00	2,010.00
总计				30,328.00	132,000.00	132,760.00	29,568.00

图 5 – 105　货位汇总表

4. 货位存量查询

用于查询各货位各存货结存情况，如图 5 – 106 所示。

仓库编码	存货编码	现存数量	货位编码
01	0301	4,500.00	03
01	0302	6,000.00	02
01	0303	8,000.00	01
01	0304	4,000.00	01
01	0305	5,000.00	01
02	020101		04
02	020102		04
02	020201		04
02	020202	35.00	04
02	020203	5.00	04
02	020204	10.00	05
02	020205	4.00	05
02	020206	4.00	05
02	020207	2,010.00	05
总计		29,568.00	

图 5 – 106　货位存量查询

（四）统计表

1. 统计表

用户可以查询库存管理的各种统计表。

2. 库存展望

库存展望可查询展望期内存货的预计库存、可用量情况，如图 5 -107 所示。

存货编码	存货信息		现存量	入出汇计	可用量		需求跟踪方式
	存货名称	主计量单位					
0301	铝壳气压保	只	4500.00		4500.00		无来源
0302	铁壳保温瓶	只	6000.00		6000.00		无来源
0303	塑壳保温瓶	只	8000.00		8000.00		无来源
0304	塑壳保温瓶	只	4000.00		4000.00		无来源
0305	塑壳保温瓶	只	5000.00		5000.00		无来源
合计			27,500.00		27,500.00		

图 5 - 107　库存展望

3. 收发存汇总表

反映各仓库各存货各种收发类别的收入、发出及结存情况，如图 5 -108 所示。

仓库名称	存货名称	主计量单位	存货分类名称	期初结存数量	总计_入库数量	总计_出库数量	期末结存数量
产成品仓库	铝壳气压保温瓶	只	产成品	4,000.00	8,000.00	7,500.00	4,500.00
产成品仓库	铁壳保温瓶	只	产成品	6,000.00	8,000.00	8,000.00	6,000.00
产成品仓库	塑壳保温瓶（大）	只	产成品	8,000.00	10,000.00	10,000.00	8,000.00
产成品仓库	塑壳保温瓶（中）	只	产成品	7,000.00	10,000.00	13,000.00	4,000.00
产成品仓库	塑壳保温瓶（小）	只	产成品	5,000.00	10,000.00	10,000.00	5,000.00
自制半成品仓库	铝壳	只	壳类	40.00	8,000.00	8,040.00	
自制半成品仓库	铁壳	只	壳类	40.00	8,000.00	8,040.00	
自制半成品仓库	塑壳（大）	只	塑壳类	40.00	10,000.00	10,040.00	
自制半成品仓库	塑壳（中）	只	塑壳类	50.00	10,000.00	10,015.00	35.00
自制半成品仓库	塑壳（小）	只	塑壳类	20.00	10,000.00	10,015.00	5.00
自制半成品仓库	塑配件（大）	套	塑壳类	50.00	10,000.00	10,040.00	10.00
自制半成品仓库	塑配件（中）	套	塑壳类	19.00	10,000.00	10,015.00	4.00
自制半成品仓库	塑配件（小）	套	塑壳类	19.00	10,000.00	10,015.00	4.00
自制半成品仓库	气压式塑配件	套	塑壳类	50.00	10,000.00	8,040.00	2,010.00
原材料仓库	马口铁	吨	原材料	4.00	45.00	18.00	31.00
原材料仓库	塑料粒子	吨	原材料	3.00	60.00	63.00	
原材料仓库	瓶胆（大）	只	原材料	45.00	84,000.00	10,041.00	74,004.00
原材料仓库	瓶胆（中）	只	原材料	56.00	240,001.00	26,095.00	213,962.00
原材料仓库	瓶胆（小）	只	原材料	24.00	80,000.00	10,015.00	70,009.00
原材料仓库	黑铁托盘	只	原材料	81.00	500,000.00	8,040.00	492,041.00
原材料仓库	不锈钢吸管	支	原材料	70.00	535,000.00	8,040.00	527,030.00
原材料仓库	口圈	只	原材料	89.00	500,000.00	46,150.00	453,939.00
原材料仓库	底垫	只	原材料	90.00	500,000.00	46,150.00	453,940.00
原材料仓库	纸盒	只	原材料	85.00	600,000.00	46,150.00	553,935.00
原材料仓库	纸箱	只	原材料	54.00	50.00		104.00

图 5 - 108　收发存汇总表

4. 存货分布表

存货分布表反映存货在各仓库的出入库和结存情况，如图 5－109 所示。

存货编码	期初结存数量	本期入库数量	本期出库数	期末结存数量
0301	4,000.00	8,000.00	7,500.00	4,500.00
0302	6,000.00	8,000.00	8,000.00	6,000.00
0303	8,000.00	10,000.00	10,000.00	8,000.00
0304	7,000.00	10,000.00	13,000.00	4,000.00
0305	5,000.00	10,000.00	10,000.00	5,000.00
020101	40.00	8,000.00	8,040.00	
020102	40.00	8,000.00	8,040.00	
020201	40.00	10,000.00	10,040.00	
020202	50.00	10,000.00	10,015.00	35.00
020203	20.00	10,000.00	10,015.00	5.00
020204	50.00	10,000.00	10,040.00	10.00
020205	19.00	10,000.00	10,015.00	4.00
020206	19.00	10,000.00	10,015.00	4.00
020207	50.00	10,000.00	8,040.00	2,010.00
0101	4.00	45.00	18.00	31.00
0102	3.00	60.00	63.00	
0103	45.00	84,000.00	10,041.00	74,004.00
0104	56.00	240,001.00	26,095.00	213,962.00
0105	24.00	80,000.00	10,015.00	70,009.00
0106	81.00	500,000.00	8,040.00	492,041.00
0107	70.00	535,000.00	8,040.00	527,030.00
0108	89.00	500,000.00	46,150.00	453,939.00
0109	90.00	500,000.00	46,150.00	453,940.00
0110	85.00	600,000.00	46,150.00	553,935.00

图 5－109　存货分布表

5. 业务类型汇总表

业务类型汇总表反映各仓库各存货各种业务类型的收入、发出及结存情况。按仓库进行分页查询，一页显示一个仓库的业务类型汇总表，如图 5－110 所示。

6. 限额领料汇总表

限额领料汇总表可以查询限额领料业务的出库、签收情况。

仓库名称	存货名称	主计量单位	存货分类名称	期初结存数量	总计_入库数量	总计_出库数量	期末结存数量	成品入库	领料数量	盘亏出库	盘盈入库	普通采购	普通销售
产成品仓库	铝壳气	只	产成品	4,000.00	8,000.00	7,500.00	4,500.00	8,000.00					7,500.00
产成品仓库	铁壳保温瓶	只	产成品	6,000.00	8,000.00	8,000.00	6,000.00	8,000.00					8,000.00
产成品仓库	塑壳保	只	产成品	8,000.00	10,000.00	10,000.00	8,000.00	10,000.00					10,000.00
产成品仓库	塑壳保	只	产成品	7,000.00	10,000.00	13,000.00	4,000.00	10,000.00					13,000.00
产成品仓库	塑壳保	只	产成品	5,000.00	10,000.00	10,000.00	5,000.00	10,000.00					10,000.00
自制半成…	铝壳	只	壳类	40.00	8,000.00	8,040.00			8,000.00	8,040.00			
自制半成…	铁壳	只	壳类	40.00	8,000.00	8,040.00			8,000.00	8,040.00			
自制半成…	塑壳（大）	只	塑壳类	40.00	10,000.00	10,040.00			10,000.00	10,040.00			
自制半成…	塑壳（中）	只	塑壳类	50.00	10,000.00	10,015.00	35.00		10,000.00	10,015.00			
自制半成…	塑壳（小）	只	塑壳类	20.00	10,000.00	10,015.00	5.00		10,000.00	10,015.00			
自制半成…	塑配件	套	塑壳类	50.00	10,000.00	10,040.00	10.00		10,000.00	10,040.00			
自制半成…	塑配件	套	塑壳类	19.00	10,000.00	10,015.00	4.00		10,000.00	10,015.00			
自制半成…	塑配件	套	塑壳类	19.00	10,000.00	10,015.00	4.00		10,000.00	10,015.00			
自制半成…	气压式	套	塑壳类	50.00	10,000.00	8,040.00	2,010.00		10,000.00	8,040.00			
原材料仓库	马口铁	吨	原材料	4.00	45.00	18.00	31.00		18.00			45.00	
原材料仓库	塑料粒子	吨	原材料	3.00	60.00	63.00			63.00			60.00	
原材料仓库	瓶胆（大）	只	原材料	45.00	64,000.00	10,041.00	74,004.00		10,040.00	1.00		84,000.00	
原材料仓库	瓶胆（中）	只	原材料	56.00	240,001.00	26,095.00	213,962.00		26,095.00		1.00	240,000.00	
原材料仓库	瓶胆（小）	只	原材料	24.00	80,000.00	10,015.00	70,009.00		10,015.00			80,000.00	
原材料仓库	黑铁托盘	只	原材料	81.00	500,000.00	8,040.00	492,041.00		8,040.00			500,000.00	
原材料仓库	不锈钢软管	支	原材料	70.00	535,000.00	527,030.00			8,040.00			535,000.00	
原材料仓库	口圈	只	原材料	89.00	500,000.00	46,150.00	453,939.00		46,150.00			500,000.00	
原材料仓库	底垫	只	原材料	90.00	500,000.00	46,150.00	453,940.00		46,150.00			500,000.00	
原材料仓库	纸盒	只	原材料	85.00	600,000.00	46,150.00	553,935.00		46,150.00			600,000.00	
原材料仓库	纸箱	只	原材料	54.00	50.00		104.00					50.00	
原材料仓库	稀释剂	千克	原材料	32.00	10.00	36.00	6.00		36.00			10.00	

图 5–110　业务类型汇总表

7. 组装拆卸汇总表

用户可查询某段时间内配套件的组装、拆卸情况。

8. 形态转换汇总表

用户可查询某段时间内各存货的形态转换情况。

9. 业务追溯报表

实现原料/商品的来源追溯、生产过程历史、产品使用或者销售的分布。对制造业而言，可以通过成品查到相关的原料供给、生产过程记录、质检信息等，也可以通过原料查到对应成品的流向；对于商业企业而言，可以由销售查询到其供货信息，也可以由供货信息查询到货物的流向。

10. 存量波动分析

此报表分析每个存货或存货类在每个会计期期末的库存量，支持跨年度查询。

11. 未审核单据查询

为保证用户数据操作的及时性，避免有漏处理的业务发生，进行月末结账或数据卸载时，系统会检查是否有未审核的单据，用户也可以在月末结账或数据卸载前事先通过此报表进行检查。

12. 未指定货位单据查询

为保证用户数据操作的及时性，避免有漏处理的业务发生，进行月末结账或数据卸载时，系统会检查是否有未指定货位的单据，用户也可以在月末结账或数据卸载前事前通过此报表进行检查。

（五）储备分析

1. 储备分析

用户可以查询库存管理的储备分析报表。

2. 安全库存预警

用户可以查询当前可用量大于或小于安全库存量的存货。

3. 超储存货查询

用户可以查询当前可用量大于最高库存量的存货。

4. 短缺存货查询

用户可以查询当前可用量小于最低库存量的存货。

5. 呆滞积压存货分析

用户可以查询呆滞存货和积压存货，如图 5 – 111 所示。

存货编码	存货名称	主计量单位	当前库存量	超储量	周转率	差率
0101	马口铁	吨	31.00	31.00	0.7843	0.7843
0102	塑料粒子	吨			5.1327	5.1327
0103	瓶胆（大）	只	74,004.00	74,004.00	0.2688	0.2688
0104	瓶胆（中）	只	213,962.00	213,962.00	0.2419	0.2419
0105	瓶胆（小）	只	70,009.00	70,009.00	0.2834	0.2834
0106	黑铁托盘	只	492,041.00	492,041.00	0.0326	0.0326
0107	不锈钢吸管	支	527,030.00	527,030.00	0.0297	0.0297
0108	口圈	只	453,939.00	453,939.00	0.2019	0.2019
0109	底垫	只	453,940.00	453,940.00	0.2019	0.2019
0110	纸盒	只	553,935.00	553,935.00	0.1657	0.1657
0111	纸箱	只	104.00	104.00		
0112	稀释剂	千克	6.00	6.00	1.5479	1.5479
0113	水	方	9,450.00	9,450.00	0.1244	0.1244
0114	电	度	9,450.00	9,450.00	0.1244	0.1244
0115	油漆	千克	39.00	39.00	0.9547	0.9547
0116	压力表	只	27.00	27.00	0.1049	0.1049
0117	电动机	台	17.00	17.00	0.1613	0.1613
0118	安全钳	把	76.00	76.00	0.0512	0.0512
0119	修边刀	把	70.00	70.00		
0120	扳手	把	46.00	46.00	0.0831	0.0831
0121	螺丝圆钉	盒	15.00	15.00	0.1808	0.1808
0122	机油	升	13.00	13.00	0.2055	0.2055
0123	汽油	升	11.00	11.00	0.2382	0.2382
0124	铝片	吨	32.97	32.97	0.4304	0.4304
0125	铝配件	套	4,010.00	4,010.00	1.8852	1.8852

图 5 – 111　呆滞积压存货分析

6. 库龄分析

反映存货在仓库或企业中停留的时间，用户可以通过库龄分析调整存货结构。

7. 缺料表

用户可以查询生产或组装某产品所需的物料数量，以及现有库存量是否可满足生产或组装的需要。

8. 库存齐套分析

根据物料清单或生产/委外订单子件用料表、销售订单/出口订单用料，结合各物料的库存情况，计算当前库存可生产母件产品的最大可成套量，为企业制订生产计划、采购计划（子件）、按套领料出库等作业提供依据。

9. 用料周期分析

提供基于若干时间内没有做过出库业务的物料进行周期分析，可针对普通存货、批次存货或代管库存进行分析。支持按照不同物料设置用料周期，代管物料的用料周期可按代管商设置。

（六）ROP 采购计划报表

1. ROP 采购计划报表

用户可以查看 ROP 采购计划的多种报表。

2. ROP 采购计划执行情况

按照关联到的采购入库单查询 ROP 采购计划的执行情况。

3. ROP 采购计划资金预算

用户可以根据多种单价查看 ROP 采购计划所需要的资金预算。

（七）序列号管理报表

1. 序列号管理报表

查询序列号相关的报表。

2. 在库物料序列号查询

查询当前在库合格品及不合格品对应序列号明细。

3. 序列号跟踪表

跟踪某序列号从接收到发出的过程；对于维护过序列号构成的序列号，可以查到对应母子件序列号，进而跟踪母子件序列号的出入库情况。

4. 序列号出入库流水账

按实际需要查询一个或多个存货序列号出入库情况。

（八）预留报表

1. 订单预留状况表

针对 LP 件可查询对应销售订单/出口订单的母件或子件的预留情况，

对 PE 件可查询销售订单/出口订单 PE 母件预留情况以及生产订单/委外订单 PE 子件的预留情况。

2. 订单预留历史记录查询

对于 LP 存货（供需政策 = LP），可以查询手工预留、释放的变更记录，报表的数据来源是预留、释放操作时生成的其他入库单。

3. PE 预留历史记录查询

查询 PE 存货（供需政策 = PE）预留、释放以及使用的历史记录。

4. PE 预留执行预警

查询到指定日期为止即将到期、到期或已过期而且尚未使用的 PE 预留量。

六　存货核算系统报表

（一）账簿

1. 明细账

本功能用于查询本会计年度各月份已记账的各存货的明细账。只能查询末级存货的某段时间的收发存信息；明细账是按末级存货设置的，用来反映存货的某段时间的收发存的数量和金额的变化；并可用于查询按计划价/售价核算的已记账存货本会计年度各月份的差异/差价账，且可以查询差异/差价的汇总数据。固定换算率的存货，可查询主计量单位的数量信息和辅计量单位的件数信息。按库存单位显示辅计量单位的件数信息。由于系统提供三种存货核算方式，按仓库、按部门、按存货核算，如图 5 – 112 所示。

存货名称	单据类型	单据号	收发类别	收入			发出			结存		
				数量	单位标准成本	单位实际成本	数量	单位标准成本	单位实际成本	数量	单位标准成本	单位实际成本
马口铁										4.00	5,600.00	5,600.00
马口铁	采购入库单	0000000004	采购入库	45.00	5,600.00	5,600.00						
马口铁	材料出库单	0000000002	生产领用				8.00	5,600.00	5,600.00			
马口铁	材料出库单	0000000025	生产领用				10.00	5,600.00	5,600.00			
马口铁										31.00	5,600.00	5,600.00
总计				45.00			18.00					

图 5 – 112　存货明细账

2. 总账

用于输出存货的总分类账，本账簿以借贷余的形式反映各存货的各月份的收发余金额。既可按存货分类进行查询，也可按存货进行查询。由于系统提供三种存货核算方式，按仓库、按部门、按存货核算。

3. 流水账

出入库流水账用于查询当年任意日期范围内存货的出入库情况，为用户提供一个简捷方便的对账、查账的出入库流水，如图 5 – 113 所示。

单据日期	单据号	记账日期	凭证号	凭证摘要	仓库	存货名称	计量单位	收入数量	收入单价	发出数量	收入金额	发出单价	发出金额
2014-12-10	0000000001	2014-12-10	76	采购入库单	原材料仓库	不锈钢吸管	支	35,000.00	2.00		70,000.00		
2014-12-12	0000000002	2014-12-12	77	采购入库单	原材料仓库	稀释剂	千克	10.00	10.00		100.00		
2014-12-12	0000000003	2014-12-12	78	采购入库单	原材料仓库	油漆	千克	60.00	20.00		1,200.00		
2014-12-13	0000000004	2014-12-27	81	采购入库单	原材料仓库	马口铁	吨	45.00	5,600.00		252,000.00		
2014-12-13	0000000006	2014-12-27	82	采购入库单	原材料仓库	铝配件	套	10,000.00	3.80		38,000.00		
2014-12-13	0000000007	2014-12-27	83	采购入库单	原材料仓库	塑料粒子	吨	60.00	10,000.00		600,000.00		
2014-12-13	0000000008	2014-12-27	84	采购入库单	原材料仓库	铝片	吨	5.00	20,000.00		100,000.00		
2014-12-14	0000000002	2014-12-27	89	材料出库单	原材料仓库	马口铁	吨			8.00		5,600.00	44,800.00
2014-12-14	0000000002	2014-12-27	89	材料出库单	原材料仓库	稀释剂	千克			8.00		10.00	80.00
2014-12-14	0000000002	2014-12-27	89	材料出库单	原材料仓库	油漆	千克			8.00		20.00	160.00
2014-12-15	0000000003	2014-12-27	90	材料出库单	原材料仓库	塑料粒子	吨			10.00		10,000.00	100,000.00
2014-12-15	0000000004	2014-12-27	91	材料出库单	原材料仓库	塑料粒子	吨			5.00		10,000.00	50,000.00
2014-12-15	0000000005	2014-12-27	92	材料出库单	原材料仓库	塑料粒子	吨			4.00		10,000.00	40,000.00
2014-12-15	0000000006	2014-12-27	93	材料出库单	原材料仓库	塑料粒子	吨			5.00		10,000.00	50,000.00
2014-12-15	0000000007	2014-12-27	94	材料出库单	原材料仓库	塑料粒子	吨			4.00		10,000.00	40,000.00
2014-12-15	0000000008	2014-12-27	95	材料出库单	原材料仓库	塑料粒子	吨			2.00		10,000.00	20,000.00
2014-12-15	0000000009	2014-12-27	96	材料出库单	原材料仓库	塑料粒子	吨			2.00		10,000.00	20,000.00

图 5 – 113　存货流水账

4. 发出商品明细账

该表用于查询分期收款和委托代销商品的明细账。

5. 个别计价明细账

个别计价的存货提供按各个批次进行统计分析的功能。

6. 计价辅助数据

提供按先进先出、后进先出、个别计价等方式进行核算的出入库顺序及结余数量、结余金额，以便用户查账、对账。

（二）汇总表

1. 入库汇总表

入库汇总表用于对某期间的入库存货进行统计汇总：提供已记账、未记账、全部单据的汇总数据。

2. 出库汇总表

出库汇总表用来对某期间的出库存货进行统计，可以根据各种条件进行组合查询分析。提供已记账、未记账、全部单据的汇总数据。

3. 差异分摊表

差异分摊表用于对某期间已记账出库存货的进行差异/差价统计分摊。

4. 收发存汇总表

收发存汇总表用于对某期间已记账存货的收发存数量金额进行统计汇总，该表的横向反映的是存货的收发类别。固定换算率的存货，可查询主计量单位的数量信息和辅计量单位的件数信息，如图 5 – 114 所示。

5. 暂估材料/商品余额表

统计明细账中暂估入库的存货的数量和入库成本明细，分析不同期间

存货大类名称	存货名称	存货单位	数量	材料				总成本		
				标准成本	量差	价差	实际成本	标准成本	差异	实际成本
原材料	塑料粒子	吨	3.00	30,000.00	0.00	0.00	30,000.00	30,000.00	0.00	30,000.00
原材料	瓶胆（大）	只	45.00	225.00	0.00	0.00	225.00	225.00	0.00	225.00
原材料	瓶胆（中）	只	56.00	224.00	0.00	0.00	224.00	224.00	0.00	224.00
原材料	瓶胆（小）	只	24.00	72.00	0.00	0.00	72.00	72.00	0.00	72.00
原材料	黑铁托盘	只	81.00	81.00	0.00	0.00	81.00	81.00	0.00	81.00
原材料	不锈钢吸管	支	70.00	140.00	0.00	0.00	140.00	140.00	0.00	140.00
原材料	口圈	只	89.00	44.50	0.00	0.00	44.50	44.50	0.00	44.50
原材料	底垫	只	90.00	45.00	0.00	0.00	45.00	45.00	0.00	45.00
原材料	纸盒	只	85.00	170.00	0.00	0.00	170.00	170.00	0.00	170.00
原材料	纸箱	只	54.00	270.00	0.00	0.00	270.00	270.00	0.00	270.00
原材料	稀释剂	千克	32.00	320.00	0.00	0.00	320.00	320.00	0.00	320.00
原材料	油漆	千克	15.00	300.00	0.00	0.00	300.00	300.00	0.00	300.00
原材料	压力表	只	30.00	15,000.00	0.00	0.00	15,000.00	15,000.00	0.00	15,000.00
原材料	电动机	台	20.00	5,000.00	0.00	0.00	5,000.00	5,000.00	0.00	5,000.00
原材料	安全钳	把	80.00	800.00	0.00	0.00	800.00	800.00	0.00	800.00
原材料	修边刀	把	70.00	560.00	0.00	0.00	560.00	560.00	0.00	560.00
原材料	扳手	把	50.00	750.00	0.00	0.00	750.00	750.00	0.00	750.00
原材料	螺丝圆钉	盒	18.00	1,800.00	0.00	0.00	1,800.00	1,800.00	0.00	1,800.00
原材料	机油	升	16.00	100.80	0.00	0.00	100.80	100.80	0.00	100.80
原材料	汽油	升	14.00	119.00	0.00	0.00	119.00	119.00	0.00	119.00
原材料	铝片	吨	45.97	919,400.00	0.00	0.00	919,400.00	919,400.00	0.00	919,400.00
原材料	铝配件	套	2,050.00	7,790.00	0.00	0.00	7,790.00	7,790.00	0.00	7,790.00
壳类	铝壳	只	40.00	801.20	0.00	0.00	801.20	1,066.00	0.00	1,066.00
壳类	铁壳	只	40.00	225.20	0.00	0.00	225.20	490.00	0.00	490.00

图 5 – 114　收发存汇总表

的暂估单据入库及报销情况。委外加工入库暂估加工费余额情况，如图 5 – 115 所示。

存货				期初	本期暂估		结存	
分类	编码	名称	单位	金额	数量	金额	数量	金额
01	0114	电	度		10,000.00	10,000.00	10,000.00	10,000.00
01	0101	马口铁	吨		45.00	252,000.00	45.00	252,000.00
01	0102	塑料粒子	吨		60.00	600,000.00	60.00	600,000.00
01	0124	铝片	吨		5.00	100,000.00	5.00	100,000.00
01	0113	水	方		10,000.00	40,000.00	10,000.00	40,000.00
09	0902	报刊	份		500.00	500.00	500.00	500.00
09	0903	财产保险	份		949.00	949.00	949.00	949.00
09	0904	机动车…	份		400.00	400.00	400.00	400.00
01	0112	稀释剂	千克		10.00	600.00	10.00	600.00
01	0115	油漆	千克		60.00	1,200.00	60.00	1,200.00
01	0125	铝配件	套		10,000.00	38,000.00	10,000.00	38,000.00
01	0107	不锈钢吸管	支		535,000.00	982,600.00	535,000.00	982,600.00
01	0103	瓶胆（大）	只		84,000.00	416,640.00	84,000.00	416,640.00
01	0104	瓶胆（中）	只		240,000.00	936,000.00	240,000.00	936,000.00
01	0105	瓶胆（小）	只		80,000.00	248,000.00	80,000.00	248,000.00
01	0106	黑铁托盘	只		500,000.00	600,000.00	500,000.00	600,000.00
01	0108	口圈	只		500,000.00	400,000.00	500,000.00	400,000.00
01	0109	底垫	只		500,000.00	250,000.00	500,000.00	250,000.00
01	0110	纸盒	只		600,000.00	1,260,000.00	600,000.00	1,260,000.00
01	0111	纸箱	只		50.00	255.00	50.00	255.00
合　计					3,071,079.00	6,137,144.00	3,071,079.00	6,137,144.00

图 5 – 115　暂估材料/商品余额表

6. 发出商品汇总表

该表用于查询分期收款和委托代销商品的发货、结算及结存情况的汇总表。用户可以选择不同的统计口径查询此报表。

（三）分析表

1. 存货周转率分析

存货周转率是衡量和评价企业管理状况的综合性指标，本系统为用户提供某一种存货、某一类存货或全部存货的存货周转率分析，如图 5 - 116 所示。

起始日期	结束日期	存货				分析			
		分类	名称	编码	单位	平均库存	出库成本	周转率	周转天数
2014-12-01	2014-12-31	01	压力表	0116	只	14,782.26	1,500.00	0.10	310.00
2014-12-01	2014-12-31	01	电动机	0117	台	4,891.13	750.00	0.15	206.67
2014-12-01	2014-12-31	01	安全钳	0118	把	794.19	40.00	0.05	620.00
2014-12-01	2014-12-31	01	修边刀	0119	把	560.00			
2014-12-01	2014-12-31	01	扳手	0120	把	741.29	60.00	0.08	387.50
2014-12-01	2014-12-31	01	螺丝圆钉	0121	盒	1,756.45	300.00	0.17	182.35
2014-12-01	2014-12-31	01	机油	0122	升	98.06	18.90	0.19	163.16
2014-12-01	2014-12-31	01	汽油	0123	升	115.30	25.50	0.22	140.91
2014-12-01	2014-12-31	01	铝片	0124	吨	881,658.06	360,000.00	0.41	75.61
2014-12-01	2014-12-31	01	铝配件	0125	套	8,871.16	30,552.00	3.44	9.01
2014-12-01	2014-12-31	0201	铝壳	020101	只	684.90	161,041.20	235.13	0.13
2014-12-01	2014-12-31	0201	铁壳	020102	只	192.51	45,265.20	235.13	0.13
2014-12-01	2014-12-31	0202	塑壳（大）	020201	只	341.94	100,400.00	293.62	0.11
2014-12-01	2014-12-31	0202	塑壳（中）	020202	只	239.11	50,075.00	209.42	0.15
2014-12-01	2014-12-31	0202	塑壳（小）	020203	只	71.29	40,060.00	561.93	0.06
2014-12-01	2014-12-31	0202	塑配件（大）	020204	套	220.97	50,200.00	227.18	0.14
2014-12-01	2014-12-31	0202	塑配件（中）	020205	套	67.29	40,060.00	595.33	0.05
2014-12-01	2014-12-31	0202	塑配件（小）	020206	套	33.65	20,030.00	595.25	0.05
2014-12-01	2014-12-31	0202	气压式塑配件	020207	套	669.03	16,080.00	24.03	1.29
2014-12-01	2014-12-31	03	铝壳气压…	0301	只	130,444.76	240,225.00	1.84	16.85
2014-12-01	2014-12-31	03	铁壳保温瓶	0302	只	98,580.00	131,440.00	1.33	23.31
2014-12-01	2014-12-31	03	塑壳保温…	0303	只	184,000.00	230,000.00	1.25	24.80
2014-12-01	2014-12-31	03	塑壳保温…	0304	只	105,032.28	208,000.00	1.98	15.66
2014-12-01	2014-12-31	03	塑壳保温…	0305	只	60,000.00	120,000.00	2.00	15.50
2014-12-01	2014-12-31	09	报刊	0902	份	72.58			
2014-12-01	2014-12-31	09	财产保险	0903	份	137.76			
2014-12-01	2014-12-31	09	机动车辆保险	0904	份	58.06			
合　计						2,308,989.45	2,928,777.80	3,024.11	3,381.34

图 5 - 116　存货周转率分析

2. ABC 成本分析

ABC 成本分析是按成本比重高低，将各成本项目分为 ABC 三类；本系统按用户设定的分类范围，通过统计计算确定各存货的 ABC 分类，如图 5 - 117 所示。

存货			分析				
编码	名称	单位	数量	数量比例	金额	金额比例	ABC类别
0101	马口铁	吨	31.00		173,600.00	2.79%	C
0102	塑料粒子	吨					C
0103	瓶胆（大）	只	74,004.00	2.56%	366,660.00	5.89%	C
0104	瓶胆（中）	只	213,962.00	7.39%	831,848.00	13.37%	B
0105	瓶胆（小）	只	70,009.00	2.42%	218,027.00	3.50%	C
0106	黑铁托盘	只	492,041.00	17.00%	592,041.00	9.52%	C
0107	不锈钢吸管	支	527,030.00	18.21%	966,660.00	15.54%	B
0108	口圈	只	453,939.00	15.69%	376,969.50	6.06%	C
0109	底垫	只	453,940.00	15.69%	226,970.00	3.65%	C
0110	纸盒	只	553,935.00	19.15%	1,167,870.00	18.77%	B
0111	纸箱	只	104.00		525.00	0.01%	C
0112	稀释剂	千克	6.00		560.00	0.01%	C
0113	水	方	9,450.00	0.33%	37,250.00	0.60%	C
0114	电	度	9,450.00	0.33%	9,175.00	0.15%	C
0115	油漆	千克	39.00		780.00	0.01%	C
0116	压力表	只	27.00		13,500.00	0.22%	C
0117	电动机	台	17.00		4,250.00	0.07%	C
0118	安全钳	把	76.00		760.00	0.01%	C
0119	修边刀	把	70.00		560.00	0.01%	C
0120	扳手	把	46.00		690.00	0.01%	C
0121	螺丝圆钉	盒	15.00		1,500.00	0.02%	C
0122	机油	升	13.00		81.90		C
0123	汽油	升	11.00		93.50		C
0124	铝片	吨	32.97		659,400.00	10.60%	B
0125	铝配件	套	4,010.00	0.14%	15,238.00	0.24%	C
020101	铝壳	只					C
020102	铁壳	只					C

图 5 - 117　ABC 成本分析

3. 库存资金占用规划

本系统按用户的初始设置提供库存资金的不同占用规划，包括按仓库、按存货分类、按存货、按仓库和存货分类、按仓库和存货、按存货分类和存货。

4. 库存资金占用分析

分析实际库存资金的占用额与计划额之间的差额。

5. 入库成本分析

统计分析不同期间或不同入库类别的存货的入库成本，如图 5 - 118 所示。

存货编码	存货名称	规格型号	12月
0301	吕壳气压保温瓶		256,240.00
0302	铁壳保温瓶		131,440.00
0303	壳保温瓶（大		230,000.00
0304	壳保温瓶（中		160,000.00
0305	壳保温瓶（小		120,000.00

图 5－118　入库成本分析

6. 比重分析

比重分析是不同仓库的存货金额构成比重的分析。可按照库存末级分类或者非末级分类进行分析。

七　应收款管理系统报表

（一）业务账表

1. 业务总账

可通过本功能根据查询对象查询在一定期间内发生的业务汇总情况。应收业务总账既可以完整查询既是客户又是供应商的业务单据信息，又可以包含未审核单据查询，还可以包含未开票已出库发货单（含期初发货单）、暂估采购入库单的数据内容，如图 5－119 所示。

期间	本期应收	本期收回	余额	月回收率%	年回收率%
	本币	本币	本币		
期初余额			203,409.00		
201412	2,867,415.00	2,086,269.00	984,555.00	72.76	68.55
总计	2,867,415.00	2,086,269.00	984,555.00		

图 5－119　应收账款总账

2. 业务余额表

可通过本功能查看客户、客户分类、地区分类、部门、业务员、客户总公司、主管业务员、主管部门在一定期间所发生的应收、收款以及余额情况。应收业务余额表既可以完整查询既是客户又是供应商的单位信息，又可以包含未审核单据查询，还可以包含未开票已出库发货单（含期初发货单）、暂估采购入库单的数据内 5－120 所示。

客户编码	客户名称	期初	本期应收	本期收回	余额	周转率	周转天数
		本币	本币	本币	本币	本币	本币
0101	中山市非常保温容器公司	71,880.00	98,865.00	71,880.00	98,865.00	1.16	25.86
(小计)0101		71,880.00	98,865.00	71,880.00	98,865.00		
0102	惠州完美日用百货公司	35,100.00	310,050.00	35,100.00	310,050.00	1.80	16.67
(小计)0102		35,100.00	310,050.00	35,100.00	310,050.00		
0103	深圳常山百货公司	45,630.00	0.00	45,630.00	0.00	0.00	0.00
(小计)0103		45,630.00	0.00	45,630.00	0.00		
0104	东莞市百货公司	76,050.00	2,075,580.00	1,898,910.00	252,720.00	12.63	2.38
(小计)0104		76,050.00	2,075,580.00	1,898,910.00	252,720.00		
0105	开源证券公司	-60,000.00	60,000.00	0.00	0.00	-2.00	-15.00
(小计)0105		-60,000.00	60,000.00	0.00	0.00		
0201	哈尔滨百货公司	26,325.00	322,920.00	26,325.00	322,920.00	1.85	16.22
(小计)0201		26,325.00	322,920.00	26,325.00	322,920.00		
0203	长沙日用百货公司	8,424.00	0.00	8,424.00	0.00	0.00	0.00
(小计)0203		8,424.00	0.00	8,424.00	0.00		
总计		203,409.00	2,867,415.00	2,086,269.00	984,555.00		

图 5－120　应收账款余额表

3. 业务明细账

可以在此查看客户、客户分类、地区分类、部门、业务员、存货分类、存货、客户总公司、主管业务员、主管部门在一定期间内发生的应收及收款的明细情况。应收业务明细账既可以完整查询既是客户又是供应商的业务单据信息，可以包含未审核单据查询，还可以联查包含未开票已出库发货单（含期初发货单）、暂估采购入库单的单据信息，如图 5－121 所示。

年	月	日	凭证号	客户 编码	客户 名称	摘要	单据号	币种	本期应收 本币	本期收回 本币	余额 本币	到期日
				0101	中山市非常保温容器公司	期初余额					71,880.00	
2014	12	3	03-0001	0101	中山市非常保温容器公司	收款单	0000000002	人民币		70,200.00	1,680.00	2014-12-03
2014	12	6	03-0007	0101	中山市非常保温容器公司	收款单	0000000008	人民币		1,680.00		2014-12-06
2014	12	14	转-0166	0101	中山市非常保温容器公司	销售专用发票	0000000007	人民币	98,865.00		98,865.00	2014-12-14
				(0101)小计:					98,865.00	71,880.00	98,865.00	
				0102	惠州完美日用百货公司	期初余额					35,100.00	
2014	12	5	03-0006	0102	惠州完美日用百货公司	收款单	0000000007	人民币		35,100.00		2014-12-05
2014	12	18	转-0168	0102	惠州完美日用百货公司	销售专用发票	0000000009	人民币	310,050.00		310,050.00	2014-12-18
				(0102)小计:					310,050.00	35,100.00	310,050.00	
				0103	深圳常山百货公司	期初余额					45,630.00	
2014	12	4	03-0003	0103	深圳常山百货公司	收款单	0000000004	人民币		45,630.00		2014-12-04
				(0103)小计:						45,630.00		
				0104	东莞市百货公司	期初余额					76,050.00	
2014	12	4	03-0004	0104	东莞市百货公司	收款单	0000000005	人民币		76,050.00		2014-12-04
2014	12	18	转-0167	0104	东莞市百货公司	销售专用发票	0000000008	人民币	1,773,7…		1,773,720.00	2014-12-18
2014	12	18	转-0170	0104	东莞市百货公司	销售专用发票	0000000011	人民币	301,860.00		2,075,580.00	2014-12-18
2014	12	20	03-0012	0104	东莞市百货公司	收款单	0000000009	人民币		1,822,8…	252,720.00	2014-12-20
				(0104)小计:					2,075,5…	1,898,9…	252,720.00	
				0105	开源证券公司	期初余额					-60,000.00	
2014	12	24	转-0171	0105	开源证券公司	其他应收单	0000000002	人民币	60,000.00			2014-12-24
				(0105)小计:					60,000.00			

图 5－121　应收账款明细账

4. 对账单

可以获得一定期间内各客户、客户分类、客户总公司、地区分类、部门、业务员、主管部门、主管业务员的对账单并生成相应的催款单。应收对账单即可以完整查询既是客户又是供应商的业务单据信息，可以包含未审核单据查询，还可以包含未开票已出库发货单（含期初发货单）、暂估采购入库单的数据内容。另外，对账单数据的明细程度可以由用户自己设定，对账单打印的表头格式可以设置，如图 5 - 122 所示。

年	月	日	凭证号	客户名称	摘要	单据号	单据类型	本期应收 本币	本期收回 本币	余额 本币	到期日
				中山市非常保温容器公司	期初余额					71,880.00	
2014	12	3	03-0001	中山市非常保温容器公司	收款单	0000000002	收款单		70,200.00	1,680.00	2014-12-03
2014	12	6	03-0007	中山市非常保温容器公司	收款单	0000000008	收款单		1,680.00		2014-12-06
2014	12	14	转-0166	中山市非常保温容器公司	销售专用发票	0000000007	销售专用发票	98,865.00		98,865.00	2014-12-14
								98,865.00	71,880.00	98,865.00	
				惠州完美日用百货公司	期初余额					35,100.00	
2014	12	5	03-0006	惠州完美日用百货公司	收款单	0000000007	收款单		35,100.00		2014-12-05
2014	12	18	转-0168	惠州完美日用百货公司	销售专用发票	0000000009	销售专用发票	310,050.00		310,050.00	2014-12-18
								310,050.00	35,100.00	310,050.00	
				深圳常山百货公司	期初余额					45,630.00	
2014	12	4	03-0003	深圳常山百货公司	收款单	0000000004	收款单		45,630.00		2014-12-04
									45,630.00		
				东莞市百货公司	期初余额					76,050.00	
2014	12	4	03-0004	东莞市百货公司	收款单	0000000005	收款专用发票		76,050.00		2014-12-04
2014	12	18	转-0167	东莞市百货公司	销售专用发票	0000000009	销售专用发票	1,773,720.00		1,773,72...	2014-12-18
2014	12	18	转-0170	东莞市百货公司	销售专用发票	0000000011	销售专用发票	301,860.00		2,075,58...	2014-12-18
2014	12	20	03-0012	东莞市百货公司	收款单	0000000009	收款单		1,822,86...	252,720.00	2014-12-20
								2,075,580.00	1,898,91...	252,720.00	

图 5 - 122　应收对账单

5. 与总账对账

提供应收系统生成的业务账与总账系统中的科目账核对的功能，检查两个系统中的往来账是否相等，若不相等，查看造成不等的原因，如图 5 - 123 所示。

客户		应收系统				总账系统			
编号	名称	期初本币	借方本币	贷方本币	期末本币	期初本币	借方本币	贷方本币	期末本币
0101	中山市非常保温容器公司	71,880.00	98,865.00	71,880.00	98,865.00	71,880.00	98,865.00	71,880.00	98,865.00
0102	惠州完美日用百货公司	35,100.00	310,050.00	35,100.00	310,050.00	35,100.00	310,050.00	35,100.00	310,050.00
0103	深圳常山百货公司	45,630.00		45,630.00		45,630.00		45,630.00	
0104	东莞市百货公司	76,050.00	2,075,580.00	1,898,910.00	252,720.00	76,050.00	2,075,580.00	1,898,910.00	252,720.00
0105	开源证券公司	-60,000.00	60,000.00			-60,000.00	60,000.00		
0201	哈尔滨百货公司	26,325.00	322,920.00	26,325.00	322,920.00	26,325.00	322,920.00	26,325.00	322,920.00
0203	长沙日用百货公司	8,424.00		8,424.00		8,424.00		8,424.00	
	合计	203,409.00	2,867,415.00	2,086,269.00	984,555.00	203,409.00	2,867,415.00	2,086,269.00	984,555.00

图 5 - 123　与总账对账

6. 销售定金统计查询

可以在此查询所有已经保存的销售定金收款单的处理情况，以便您随时了解业务的执行情况。

（二）统计分析

1. 统计分析

统计分析指系统提供的对应收业务进行的账龄分析。通过统计分析，可以按用户定义的账龄区间，进行一定期间内应收账款账龄分析、收款账龄分析、往来账龄分析、了解各个客户应收款的周转天数、周转率，了解各个账龄区间内应收款、收款及往来情况，及时发现问题，加强对往来款项的动态管理。

2. 应收账龄分析

可以通过本功能分析客户、存货、业务员、部门或单据的应收款余额的账龄区间分布。您同时可以设置不同的账龄区间进行分析。您既可以进行应收款的账龄分析，也可以进行预收款的账龄分析，如图 5 – 124 所示。

客户		本币余额	1-30		31-60		信用余额
编号	名称		本币金额	%	本币金额	%	
0101	中山市非常保温容器公司	98,865.00	98,865.00	100.00			-98,865.00
0102	惠州完美日用百货公司	310,050.00	310,050.00	100.00			-310,050.00
0104	东莞市百货公司	252,720.00	252,720.00	100.00			-252,720.00
0201	哈尔滨百货公司	322,920.00	322,920.00	100.00			-322,920.00
数量			4				
金额		984,555.00	984,555.00	100.00			

图 5 – 124   应收账龄分析

3. 收款账龄分析

可以在此分析客户、产品、单据的收款账龄，如图 5 – 125 所示。

客户		金额	预收款		1-30		31-60	
编号	名 称		金额	%	金额	%	金额	%
0101	中山市非常保温容器公司	71,880.00			71,880.00	100.00		
0102	惠州完美日用百货公司	35,100.00			35,100.00	100.00		
0103	深圳常山百货公司	45,630.00			45,630.00	100.00		
0104	东莞市百货公司	1,898,910.00			1,898,910.00	100.00		
0201	哈尔滨百货公司	26,325.00	26,325.00	100.00				
0203	长沙日用百货公司	8,424.00	8,424.00	100.00				
合计:	数量	4			4	100.00		
合计:	金额	2,086,269.00	34,749.00	1.67	2,051,520.00	98.33		

图 5 – 125   收款账龄分析

4. 欠款分析

可以在此分析截止到某一日期，客户、部门或业务员的欠款金额，以及欠款组成情况，如图 5 – 126 所示。

客户		欠款总计	信用额度	信用余额	货款	应收款	预收款
编号	名称				金额	金额	金额
0201	哈尔滨百货公司	322,920.00		-322,920.00	322,920.00		
0102	惠州完美日用百货公	310,050.00		-310,050.00	310,050.00		
0104	东莞市百货公司	252,720.00		-252,720.00	252,720.00		
0101	中山市非常保温容器	98,865.00		-98,865.00	98,865.00		
总计		984,555.00			984,555.00		

图 5 – 126   欠款分析

5. 收款预测

可以在此预测一下将来的某一段日期范围内，客户、部门或业务员等对象的收款情况，而且提供比较全面的预测对象、显示格式，如图 5 –127 所示。

客户		收款总计	货款	应收款	预收款
编号	名称	本币	本币	本币	本币
0101	中山市非常保温容器公司	98,865.00	98,865.00		
0102	惠州完美日用百货公司	310,050.00	310,050.00		
0104	东莞市百货公司	252,720.00	252,720.00		
0201	哈尔滨百货公司	322,920.00	322,920.00		
合计		984,555.00	984,555.00		

图 5 – 127　收款预测

（三）科目账表

1. 科目账表查询

查询科目明细账、科目余额表。显示 U8 所有系统中的受控科目信息。

2. 科目明细账

用于查询应收受控科目下各个往来客户的往来明细账。包括科目明细账、客户明细账、三栏式明细账、多栏式明细账、客户分类明细账、业务员明细账、部门明细账、项目明细账、地区分类等九种查询方式，如图 5 –128 所示。

年	月	日	凭证号	科目 名　称	客户 名　称	借方 本币	贷方 本币	方向	余　额 本币
				银行承兑汇票	中山市非常保温容器公司			借	70,200.00
2014	12	03	03-0001	银行承兑汇票	中山市非常保温容器公司		70,200.00	平	
2014	12			银行承兑汇票	中山市非常保温容器公司		70,200.00	平	
2014	12			银行承兑汇票	中山市非常保温容器公司		70,200.00	平	
				银行承兑汇票	深圳常山百货公司			借	45,630.00
2014	12	04	03-0003	银行承兑汇票	深圳常山百货公司		45,630.00	平	
2014	12			银行承兑汇票	深圳常山百货公司		45,630.00	平	
2014	12			银行承兑汇票	深圳常山百货公司		45,630.00	平	
				银行承兑汇票			115,830.00	平	
				银行承兑汇票			115,830.00	平	
				商业承兑汇票	东莞市百货公司			借	76,050.00
2014	12	04	03-0004	商业承兑汇票	东莞市百货公司		76,050.00	平	
2014	12			商业承兑汇票	东莞市百货公司		76,050.00	平	
2014	12			商业承兑汇票	东莞市百货公司		76,050.00	平	
				商业承兑汇票	哈尔滨百货公司			借	26,325.00
2014	12	04	03-0002	商业承兑汇票	哈尔滨百货公司		26,325.00	平	
2014	12			商业承兑汇票	哈尔滨百货公司		26,325.00	平	
2014	12			商业承兑汇票	哈尔滨百货公司		26,325.00	平	
				商业承兑汇票			102,375.00	平	
				商业承兑汇票			102,375.00	平	
2014	12	30	转-0166	应收账款	中山市非常保温容器公司	98,865.00		借	98,865.00
2014	12			应收账款	中山市非常保温容器公司	98,865.00		借	98,865.00
2014	12			应收账款	中山市非常保温容器公司	98,865.00		借	98,865.00

图 5 – 128　科目账明细账

3. 科目余额表

用于查询应收受控科目各个客户的期初余额、本期借方发生额合计、本期贷方发生额合计、期末余额。它包括科目余额表、客户余额表、三栏式余额表、业务员余额表、客户分类余额表、部门余额表、项目余额表、地区分类余额表等八种查询方式，如图 5 – 129 所示。

科目		客户		方向	期初余额	借 方	贷 方	方向	期末余额
编号	名　称	编号	名　称		本币	本币	本币		本币
111101	银行承兑汇票	0101	中山市非常保温容器公司	借	70,200.00		70,200.00	平	
111101	银行承兑汇票	0103	深圳常山百货公司	借	45,630.00		45,630.00	平	
小计：				借	115,830.00		115,830.00	平	
111102	商业承兑汇票	0104	东莞市百货公司	借	76,050.00		76,050.00	平	
111102	商业承兑汇票	0201	哈尔滨百货公司	借	26,325.00		26,325.00	平	
小计：				借	102,375.00		102,375.00	平	
1131	应收账款	0101	中山市非常保温容器公司	平		98,865.00		借	98,865.00
1131	应收账款	0102	惠州完美日用百货公司	借	35,100.00	310,050.00	35,100.00	借	310,050.00
1131	应收账款	0104	东莞市百货公司	平		2,075,580.00	1,822,860.00	借	252,720.00
1131	应收账款	0105	开源证券公司	平		60,000.00	60,000.00	平	
1131	应收账款	0201	哈尔滨百货公司	平		322,920.00		借	322,920.00
1131	应收账款	0203	长沙日用百货公司	借	8,424.00		8,424.00	平	
小计：				借	43,524.00	2,867,415.00	1,926,384.00	借	984,555.00
113302	代垫费用	0101	中山市非常保温容器公司	借	1,680.00		1,680.00	平	
小计：				借	1,680.00		1,680.00	平	
2131	预收账款	0105	开源证券公司	贷	60,000.00		-60,000.00	平	
小计：				贷	60,000.00		-60,000.00	平	
合计：				借	203,409.00	2,867,415.00	2,086,269.00		984,555.00

图 5 – 129　科目余额表

八　应付款管理系统报表

（一）业务账表

1. 业务总账

可通过本功能查看供应商、供应商分类、地区分类、部门、业务员、供应商总公司、主管业务员、主管部门、存货、存货分类在一定月份期间所发生的应付、付款以及余额情况。应付业务总账即可以完整查询既是供应商又是客户的单位信息，又可以包含未审核单据、不进行账期管理的应收货款的分析方式、只显示未到立账日单据、发货单未到立账日已开票审核、暂估采购入库单的数据内容，如图 5 – 130 所示。

期间	本期应付	本期付款	余额	月回收率%	年回收率%
	本币	本币	本币		
期初余额			1,191,529.33		
201412	7,180,144.15	1,043,172.00	7,328,501.48	14.53	12.49
总计	7,180,144.15	1,043,172.00	7,328,501.48		

图 5 – 130　应付款总账

2. 业务余额表

可通过本功能查看供应商、供应商分类、供应商总公司、地区分类、部门、主管部门、业务员、主管业务员、存货、存货分类在一定期间所发生的应付、付款以及余额情况。应付业务余额表即可以完整查询既是供应商又是客户的业务单据信息，又可以包含未审核单据、不进行账期管理的应收货款的分析方式、只显示未到立账日单据、发货单未到立账日已开票审核、暂估采购入库单的数据内容，如图 5 – 131 所示。

供应商编码	供应商名称	期初	本期应付	本期付款	余额	周转率	周转天数
		本币	本币	本币	本币	本币	本币
0101	北京有色金属公司	294,840.00	294,840.00	294,840.00	294,840.00	1.00	30.00
(小计)0101		294,840.00	294,840.00	294,840.00	294,840.00		
0102	郑州瓶胆总厂有限公司	14,040.00	1,872,748.80	0.00	1,886,788.80	1.97	15.23
(小计)0102		14,040.00	1,872,748.80	0.00	1,886,788.80		
0103	成都塑料厂有限公司	234,000.00	702,000.00	0.00	936,000.00	1.20	25.00
(小计)0103		234,000.00	702,000.00	0.00	936,000.00		
0104	开封金属材料公司	0.00	1,851,642.00	96,642.00	1,755,000.00	2.11	14.22
(小计)0104		0.00	1,851,642.00	96,642.00	1,755,000.00		
0105	普奥涂料供应公司	7,020.00	2,106.00	7,020.00	2,106.00	0.46	65.22
(小计)0105		7,020.00	2,106.00	7,020.00	2,106.00		
0107	内蒙杜家橡胶厂股份有…	0.00	760,500.00	0.00	760,500.00	2.00	15.00
(小计)0107		0.00	760,500.00	0.00	760,500.00		
0108	韶关市纸品厂有限责任…	0.00	1,474,498.35	0.00	1,474,498.35	2.00	15.00
(小计)0108		0.00	1,474,498.35	0.00	1,474,498.35		
0110	潮州机械制造有限公司	12,870.00	0.00	12,870.00	0.00	0.00	0.00
(小计)0110		12,870.00	0.00	12,870.00	0.00		
0111	佛山铝材厂有限公司	609,570.00	117,000.00	609,570.00	117,000.00	0.32	93.75
(小计)0111		609,570.00	117,000.00	609,570.00	117,000.00		
0112	汕头市铝制品厂股份公司	22,230.00	44,460.00	22,230.00	44,460.00	1.33	22.56
(小计)0112		22,230.00	44,460.00	22,230.00	44,460.00		
0203	深圳平安邮局	-703.00	500.00	0.00	-203.00	-1.10	-27.27
(小计)0203		-703.00	500.00	0.00	-203.00		
0204	平安保险公司	-2,337.67	1,349.00	0.00	-988.67	-0.61	-37.04
(小计)0204		-2,337.67	1,349.00	0.00	-988.67		

图 5 – 131 应付余额表

3. 业务明细账

可以在此查看供应商、供应商分类、供应商总公司、地区分类、部门、主管部门、业务员、主管业务员、存货分类、存货在一定期间内发生的应付及付款的明细情况。应付业务明细账既可以完整查询既是供应商又是客户的业务单据信息，又可以包含未审核单据、不进行账期管理的应收货款的分析方式、只显示未到立账日单据、发货单未到立账日已开票审核、暂估采购入库单的数据内容，如图 5 – 132 所示。

年	月	日	凭证号	供应商名称	摘要	单据类型	本期应付 本币	本期付款 本币	余额 本币	到期日
				北京有色金属公司	期初余额				294,840.00	
2014	12	8	04-0006	北京有色金属公司	付款单	付款单		262,080.00	32,760.00	2014-12-08
2014	12	8	04-0008	北京有色金属公司	付款单	付款单		32,760.00		2014-12-08
2014	12	27	转-0085	北京有色金属公司	采购专用发票	采购专用发票	294,840.00		294,840.00	2014-12-27
							294,840.00	294,840.00	294,840.00	
				郑州瓶胆总厂有限公司	期初余额				14,040.00	
2014	12	27	转-0101	郑州瓶胆总厂有限公司	采购专用发票	采购专用发票	1,872,748.80		1,886,788.80	2014-12-27
							1,872,748.80		1,886,788.80	
				成都塑料厂有限公司	期初余额				234,000.00	
2014	12	27	转-0088	成都塑料厂有限公司	采购专用发票	采购专用发票	702,000.00		936,000.00	2014-12-27
							702,000.00		936,000.00	
2014	12	10	转-0075	开封金属材料公司	采购专用发票	采购专用发票	96,642.00		96,642.00	2014-12-10
2014	12	10	04-0013	开封金属材料公司	付款单	付款单		96,642.00		2014-12-10
2014	12	27	转-0102	开封金属材料公司	采购专用发票	采购专用发票	1,755,000.00		1,755,000.00	2014-12-27
							1,851,642.00	96,642.00	1,755,000.00	

图 5 – 132 应付明细账

4. 对账单

可以获得一定期间内各供应商、供应商分类、供应商总公司、部门、主管部门、业务员、主管业务员的对账单。应付对账单既可以完整查询既是客户又是供应商的业务单据信息，又可以包含未审核单据、不进行账期管理的应收货款的分析方式、只显示未到立账日单据、发货单未到立账日已开票审核、暂估采购入库单的数据内容。另外，对账单数据的明细程度可以由用户自己设定，对账单打印的表头格式可以设置，如图 5 - 133 所示。

年	月	日	凭证号	供应商名称	摘要	本期应付 本币	本期付款 本币	单据余额 本币	余额 本币	到期日
				北京有色金属公司	期初余额				294,840.00	
2014	12	8	04-0006	北京有色金属公司	付款单		262,080.00		32,760.00	2014-12-08
2014	12	8	04-0008	北京有色金属公司	付款单		32,760.00			2014-12-08
2014	12	27	转-0085	北京有色金属公司	采购专用发票	294,640.00		294,840.00	294,840.00	2014-12-27
						294,840.00	294,840.00		294,840.00	
				郑州瓶胆总厂有限公司	期初余额				14,040.00	
2014	12	27	转-0101	郑州瓶胆总厂有限公司	采购专用发票	1,872,748.80		1,886,78…	1,886,78…	2014-12-27
						1,872,748.80			1,886,78…	
				成都塑料厂有限公司	期初余额				234,000.00	
2014	12	27	转-0088	成都塑料厂有限公司	采购专用发票	702,000.00		936,000.00	936,000.00	2014-12-27
						702,000.00			936,000.00	

图 5 - 133　应付对账单

5. 与总账对账

提供应付系统生成的业务账与总账系统中的科目账核对的功能，检查两个系统中的往来账是否相等，若不相等，查看造成不等的原因，如图 5 - 134 所示。

	供应商	应付系统				总账系统			
编号	名称	期初本币	借方本币	贷方本币	期末本币	期初本币	借方本币	贷方本币	期末本币
0101	北京有色金属公司	294,840.00	294,840.00	294,840.00	294,840.00	294,840.00	294,840.00	294,840.00	294,840.00
0102	郑州瓶胆总厂有限公司	14,040.00		1,872,748.80	1,886,788.80	14,040.00		1,872,748.80	1,886,788.80
0103	成都塑料厂有限公司	234,000.00		702,000.00	936,000.00	234,000.00		702,000.00	936,000.00
0104	开封金属科供应公司		96,642.00	1,851,642.00	1,755,000.00		96,642.00	1,851,642.00	1,755,000.00
0105	普奥涂料供应公司	7,020.00	7,020.00	2,106.00	2,106.00	7,020.00	7,020.00	2,106.00	2,106.00
0107	内蒙杜家堡股厂股份有限公司			760,500.00	760,500.00			760,500.00	760,500.00
0108	韶关市纸品厂有限责任公司			1,474,498.35	1,474,498.35			1,474,498.35	1,474,498.35
0110	潮州机械制造有限公司	12,870.00	12,870.00			12,870.00	12,870.00		
0111	佛山铝材厂有限公司	609,570.00	609,570.00	117,000.00	117,000.00	609,570.00	609,570.00	117,000.00	117,000.00
0112	汕头市铝制品厂股份公司	22,230.00	22,230.00	44,460.00	44,460.00	22,230.00	22,230.00	44,460.00	44,460.00
0203	深圳平安邮局		-703.00	500.00	-203.00		-703.00	500.00	-203.00
0204	平安保险公司	-2,337.67		1,349.00	-988.67	-2,337.67		1,349.00	-988.67
0205	深圳目来水厂			46,800.00	46,800.00			46,800.00	46,800.00
0206	深圳供电局			11,700.00	11,700.00			11,700.00	11,700.00
	合计	1,191,529.33	1,043,172.00	7,180,144.15	7,328,501.48	1,191,529.33	1,043,172.00	7,180,144.15	7,328,501.48

图 5 - 134　与总账对账

6. 付款申请统计查询

可以在此查询当前年度所有来源于本系统或外系统的付款申请单，包含已经关闭或已经生成付款单的付款申请单。

(二) 统计分析

1. 统计分析

通过统计分析，可以按用户定义的账龄区间，进行一定期间内应付款账龄分析、付款账龄分析、往来账龄分析，了解各个应付款周转天数、周转率，了解各个账龄区间内应付款、付款及往来情况，能及时发现问题，加强对往来款项动态的监督管理。

2. 应付账龄分析

可以通过本功能分析供应商、存货、业务员、部门或单据的应付款余额的账龄区间分布。同时可以设置不同的账龄区间进行分析。您既可以进行应付款的账龄分析，也可以进行预付款的账龄分析，如图 5 – 135 所示。

供应商		本币余额	账期内		1-30		31-60		信用余额
编号	名称		本币金额	%	本币金额	%	本币金额	%	
0101	北京有色金属公司	294,840.00			294,840.00	100.00			-294,840.00
0102	郑州颜胆总厂有限公司	1,886,788.80			1,872,748.80	99.26	14,040.00	0.74	1,886,788.80
0103	成都塑料厂有限公司	936,000.00			702,000.00	75.00	234,000.00	25.00	-936,000.00
0104	开封金属材料公司	1,755,000.00			1,755,000.00	100.00			1,755,000.00
0105	普奥涂料供应公司	2,106.00			2,106.00	100.00			-2,106.00
0107	内蒙杜家橡胶厂股份有限公司	760,500.00			760,500.00	100.00			-760,500.00
0108	韶关市纸品厂有限责任公司	1,474,498.35			1,474,498.35	100.00			1,474,498.35
0111	佛山铝材厂有限公司	117,000.00			117,000.00	100.00			-117,000.00
0112	汕头市铝制品厂股份公司	44,460.00			44,460.00	100.00			-44,460.00
0205	深圳自来水厂	46,800.00			46,800.00	100.00			-46,800.00
0206	深圳供电局	11,700.00			11,700.00	100.00			-11,700.00
数量					11		2		
金额		7,329,693.15			7,081,653.15	96.62	248,040.00	3.38	

图 5 – 135　应付账龄分析

3. 付款账龄分析

可以在此分析供应商、产品、单据的付款账龄，如图 5 – 136 所示。

供应商		预付款		账期内		1-30		31-60	
编号	名称	金额	%	金额	%	金额	%	金额	%
0101	北京有色金属公司					294,840.00	100.00		
0104	开封金属材料公司			96,642.00	100.00				
0105	普奥涂料供应公司					7,020.00	100.00		
0110	潮州机械制造有限公司					12,870.00	100.00		
0111	佛山铝材厂有限公司					609,570.00	100.00		
0112	汕头市铝制品厂股份公司					22,230.00	100.00		
合计：数量				1	16.67	5	83.33		
合计：金额				96,642.00	9.26	946,530.00	90.74		

图 5 – 136　付款账龄分析

4. 欠款分析

可以在此分析截止到某一日期，供应商、部门或业务员的欠款金额，以及欠款组成情况，如图 5 – 137 所示。

5. 付款预测

可以在此预测一下将来的某一段日期范围内，供应商、部门或业务员等对象的付款情况，而且提供比较全面的预测对象、显示格式，如图 5 – 138 所示。

供应商		欠款总计	信用额度	信用余额	货款	应付款	预付款
编号	名称				金额	金额	金额
0102	郑州瓶胆总厂有限公司	1,886,788.80		1,886,788.80	1,886,788.80		
0104	开封金属材料公司	1,755,000.00		1,755,000.00	1,755,000.00		
0108	韶关市纸品厂有限责任公司	1,474,498.35		1,474,498.35	1,474,498.35		
0103	成都塑料厂有限公司	936,000.00		-936,000.00	936,000.00		
0107	内蒙杜家橡胶厂股份有限公司	760,500.00		-760,500.00	760,500.00		
0101	北京有色金属公司	294,840.00		-294,840.00	294,840.00		
0111	佛山铝材厂有限公司	117,000.00		-117,000.00	117,000.00		
0205	深圳自来水厂	46,800.00		-46,800.00	46,800.00		
0112	汕头市铝制品厂股份公司	44,460.00		-44,460.00	44,460.00		
0206	深圳供电局	11,700.00		-11,700.00	11,700.00		
0105	普奥涂料供应公司	2,106.00		-2,106.00	2,106.00		
0203	深圳平安邮局	-203.00		203.00			203.00
0204	平安保险公司	-988.67		988.67			988.67
总计		7,328,501.48			7,329,693.15		1,191.67

图 5 - 137　欠款分析

供应商		付款总计	货款	其他应付款	预付款
编号	名称	本币	本币	本币	本币
0101	北京有色金属公司	294,840.00	294,840.00		
0102	郑州瓶胆总厂有限公司	1,886,788.80	1,886,788.80		
0103	成都塑料厂有限公司	936,000.00	936,000.00		
0104	开封金属材料公司	1,755,000.00	1,755,000.00		
0105	普奥涂料供应公司	2,106.00	2,106.00		
0107	内蒙杜家橡胶厂股份有限公司	760,500.00	760,500.00		
0108	韶关市纸品厂有限责任公司	1,474,498.35	1,474,498.35		
0111	佛山铝材厂有限公司	117,000.00	117,000.00		
0112	汕头市铝制品厂股份公司	44,460.00	44,460.00		
0203	深圳平安邮局	-203.00			203.00
0204	平安保险公司	-988.67			988.67
0205	深圳自来水厂	46,800.00	46,800.00		
0206	深圳供电局	11,700.00	11,700.00		
合计		7,328,501.48	7,329,693.15		1,191.67

图 5 - 138　付款预测

(三) 科目账表

1. 科目账表查询

查询科目明细账、科目余额表。显示 U8 所有系统中的受控科目信息。

2. 科目明细账

用于查询应付受控科目各个供应商的期初余额、本期借方发生额合计、本期贷方发生额合计、期末余额。它包括科目余额表、供应商余额表、三栏式余额表、业务员余额表、供应商分类余额表、部门余额表、项目余额表、地区分类余额表等八种查询方式，如图 5 - 139 所示。

3. 科目余额表

用于查询供应商往来科目下各个往来供应商的往来明细账。包括科目明细表、供应商明细账、三栏式明细账、多栏式明细账、供应商分类明细

年	月	日	凭证号	科目名称	供应商名称	摘要	借方本币	贷方本币	方向	余额本币
				预付账款	深圳平安邮局	期初余额			借	703.00
2014	12	27	转-0113	预付账款	深圳平安邮局	预付报刊费	-500.00		借	203.00
2014	12			预付账款	深圳平安邮局	本月合计	-500.00		借	203.00
2014	12			预付账款	深圳平安邮局	本年累计	-500.00		借	203.00
				预付账款	平安保险	期初余额			借	2,337.67
2014	12	27	转-0114	预付账款	平安保险	机动车辆保险费	-1,349.00		借	988.67
2014	12			预付账款	平安保险	本月合计	-1,349.00		借	988.67
2014	12			预付账款	平安保险	本年累计	-1,349.00		借	988.67
				预付账款		合　计	-1,849.00		借	1,191.67
				预付账款		累　计	-1,849.00		借	1,191.67
				商业承兑汇票	北京金属公司	期初余额			贷	262,080.00
2014	12	08	04-0006	商业承兑汇票	北京金属公司	付款单	262,080.00		平	
2014	12			商业承兑汇票	北京金属公司	本月合计	262,080.00		平	
2014	12			商业承兑汇票	北京金属公司	本年累计	262,080.00		平	
				商业承兑汇票	郑州颍胆总厂	期初余额			贷	14,040.00
				商业承兑汇票	佛山铝材厂	期初余额			贷	609,570.00
2014	12	20	04-0025	商业承兑汇票	佛山铝材厂	付款单	609,570.00		平	
2014	12			商业承兑汇票	佛山铝材厂	本月合计	609,570.00		平	
2014	12			商业承兑汇票	佛山铝材厂	本年累计	609,570.00		平	
				商业承兑汇票	汕头铝制品厂	期初余额			贷	22,230.00
2014	12	20	04-0026	商业承兑汇票	汕头铝制品厂	付款单	22,230.00		平	
2014	12			商业承兑汇票	汕头铝制品厂	本月合计	22,230.00		平	
2014	12			商业承兑汇票	汕头铝制品厂	本年累计	22,230.00		平	
				商业承兑汇票		合　计	893,880.00		贷	14,040.00
				商业承兑汇票		累　计	893,880.00		贷	14,040.00

图 5-139　科目明细账

账、业务员明细账、部门明细账、项目明细账、地区分类明细账九种查询
方式，如图 5-140 所示。

科目编号	科目名称	供应商名称	方向	期初余额本币	借方本币	贷方本币	方向	期末余额本币
1151	预付账款	深圳平安邮局	借	703.00	-500.00		借	203.00
1151	预付账款	平安保险	借	2,337.67	-1,349.00		借	988.67
小计：			借	3,040.67	-1,849.00		借	1,191.67
211101	商业承兑汇票	北京金属公司	贷	262,080.00	262,080.00		平	
211101	商业承兑汇票	郑州颍胆总厂	贷	14,040.00			贷	14,040.00
211101	商业承兑汇票	佛山铝材厂	贷	609,570.00	609,570.00		平	
211101	商业承兑汇票	汕头铝制品厂	贷	22,230.00	22,230.00		平	
小计：			贷	907,920.00	893,880.00		贷	14,040.00
211102	银行承兑汇票	成都塑料	贷	234,000.00			贷	234,000.00
小计：			贷	234,000.UU			贷	234,000.00
2121	应付账款	北京金属公司	贷	32,760.00	32,760.00	294,840.00	贷	294,840.UU
2121	应付账款	郑州颍胆总厂	平			1,872,748.80	贷	1,872,748.80
2121	应付账款	成都塑料	平			702,000.00	贷	702,000.00
2121	应付账款	开封金属	平		96,642.00	1,851,642.00	贷	1,755,000.00
2121	应付账款	普奥涂料	贷	7,020.00	7,020.00	2,106.00	贷	2,106.00
2121	应付账款	内蒙杜家橡胶厂	平			760,500.00	贷	760,500.00
2121	应付账款	韶关市纸品厂	平			1,474,498.35	贷	1,474,498.35
2121	应付账款	潮州机械	贷	12,870.00	12,870.00		平	
2121	应付账款	佛山铝材厂	平			117,000.00	贷	117,000.00
2121	应付账款	汕头铝制品厂	平			44,460.00	贷	44,460.00
2121	应付账款	深圳平安邮局	平		500.00	500.00	平	
2121	应付账款	平安保险	平		1,349.00	1,349.00	平	
2121	应付账款	深圳自来水厂	平			46,800.00	贷	46,800.00
2121	应付账款	深圳供电局	平			11,700.00	贷	11,700.00
小计：			贷	52,650.00	151,141.00	7,180,144.15	贷	7,081,653.15
合计：			贷	1,191,529.33	1,043,172.00	7,180,144.15	贷	7,328,501.48

图 5-140　科目余额表

九 薪资管理系统报表

(一) 工资表

1. 部门工资汇总表

部门工资汇总表，如图 5 – 141 所示。

部门	人数	应发合计	扣款合计	实发合计	代扣税	工资代扣税	扣税合计	基本工资	上年月平均工资总额	岗位工资	应扣病假工资	养老保险金	住房公积金	失业保险金
行政管理部	40	240,000.00	57,000.00	183,000.00	5,800.00	5,800.00	5,800.00	160,000.00	220,000.00	80,000.00	600.00	17,600.00	15,400.00	2,200.00
行政管理科	13	78,000.00	18,530.00	59,470.00	1,885.00	1,885.00	1,885.00	52,000.00	71,500.00	26,000.00	200.00	5,720.00	5,005.00	715.00
组织人事科	2	12,000.00	2,820.00	9,180.00	290.00	290.00	290.00	8,000.00	11,000.00	4,000.00		880.00	770.00	110.00
财务科	5	30,000.00	7,250.00	22,750.00	725.00	725.00	725.00	20,000.00	27,500.00	10,000.00	200.00	2,200.00	1,925.00	275.00
供销经营科	10	60,000.00	14,100.00	45,900.00	1,450.00	1,450.00	1,450.00	40,000.00	55,000.00	20,000.00		4,400.00	3,850.00	550.00
质检科	2	12,000.00	2,820.00	9,180.00	290.00	290.00	290.00	8,000.00	11,000.00	4,000.00		880.00	770.00	110.00
技术开发科	2	12,000.00	2,820.00	9,180.00	290.00	290.00	290.00	8,000.00	11,000.00	4,000.00		880.00	770.00	110.00
设备管理科	2	12,000.00	2,820.00	9,180.00	290.00	290.00	290.00	8,000.00	11,000.00	4,000.00		880.00	770.00	110.00
仓库管理	4	24,000.00	5,840.00	18,160.00	580.00	580.00	580.00	16,000.00	22,000.00	8,000.00	200.00	1,760.00	1,540.00	220.00
合计	40	240,000.00	57,000.00	183,000.00	5,800.00	5,800.00	5,800.00	160,000.00	220,000.00	80,000.00	600.00	17,600.00	15,400.00	2,200.00

图 5 – 141 部门工资汇总表

2. 部门条件汇总表

部门条件汇总表，如图 5 – 142 所示。

部门	人员类别	应发合计	扣款合计	实发合计	代扣税	基本工资	岗位工资	绩效工资
经理办公室	公司管理人员	30,000.00	7,250.00	22,750.00	725.00	20,000.00	10,000.00	
行政科	公司管理人员	36,000.00	8,460.00	27,540.00	870.00	24,000.00	12,000.00	
车队	公司管理人员	12,000.00	2,820.00	9,180.00	290.00	8,000.00	4,000.00	
组织人事科	公司管理人员	12,000.00	2,820.00	9,180.00	290.00	8,000.00	4,000.00	
财务科	公司管理人员	30,000.00	7,250.00	22,750.00	725.00	20,000.00	10,000.00	
供销经营科	公司管理人员	60,000.00	14,100.00	45,900.00	1,450.00	40,000.00	20,000.00	
质检科	公司管理人员	12,000.00	2,820.00	9,180.00	290.00	8,000.00	4,000.00	
技术开发科	公司管理人员	12,000.00	2,820.00	9,180.00	290.00	8,000.00	4,000.00	
设备管理科	公司管理人员	12,000.00	2,820.00	9,180.00	290.00	8,000.00	4,000.00	
仓库管理	公司管理人员	24,000.00	5,840.00	18,160.00	580.00	16,000.00	8,000.00	
合计		240,000.00	57,000.00	183,000.00	5,800.00	160,000.00	80,000.00	

图 5 – 142 部门条件汇总表

3. 工资发放签名表

工资发放签名表，如图 5 – 143 所示。

人员编号	姓名	应发合计	扣款合计	实发合计	代扣税	工资代扣税	扣税合计	基本工资	上年月平均工资总额	岗位工资	养老保险金	工会会费	医疗保险金	签名
1010101	王凯	6,000.00	1,410.00	4,590.00	145.00	145.00	145.00	4,000.00	5,500.00	2,000.00	440.00	275.00	110.00	
1010102	刘思思	6,000.00	1,410.00	4,590.00	145.00	145.00	145.00	4,000.00	5,500.00	2,000.00	440.00	275.00	110.00	
1010103	周舟	6,000.00	1,410.00	4,590.00	145.00	145.00	145.00	4,000.00	5,500.00	2,000.00	440.00	275.00	110.00	
1010104	汪洋	6,000.00	1,610.00	4,390.00	145.00	145.00	145.00	4,000.00	5,500.00	2,000.00	440.00	275.00	110.00	
1010105	林娜	6,000.00	1,410.00	4,590.00	145.00	145.00	145.00	4,000.00	5,500.00	2,000.00	440.00	275.00	110.00	
1010201	朱琴	6,000.00	1,410.00	4,590.00	145.00	145.00	145.00	4,000.00	5,500.00	2,000.00	440.00	275.00	110.00	
1010202	杨婷	6,000.00	1,410.00	4,590.00	145.00	145.00	145.00	4,000.00	5,500.00	2,000.00	440.00	275.00	110.00	
1010203	王松哲	6,000.00	1,410.00	4,590.00	145.00	145.00	145.00	4,000.00	5,500.00	2,000.00	440.00	275.00	110.00	
1010204	李铭枫	6,000.00	1,410.00	4,590.00	145.00	145.00	145.00	4,000.00	5,500.00	2,000.00	440.00	275.00	110.00	
1010205	宋紫薇	6,000.00	1,410.00	4,590.00	145.00	145.00	145.00	4,000.00	5,500.00	2,000.00	440.00	275.00	110.00	
1010206	黄晓晓	6,000.00	1,410.00	4,590.00	145.00	145.00	145.00	4,000.00	5,500.00	2,000.00	440.00	275.00	110.00	
1010301	王城	6,000.00	1,410.00	4,590.00	145.00	145.00	145.00	4,000.00	5,500.00	2,000.00	440.00	275.00	110.00	
1010302	杨雨欣	6,000.00	1,410.00	4,590.00	145.00	145.00	145.00	4,000.00	5,500.00	2,000.00	440.00	275.00	110.00	
合计		78,000.00	18,530.00	59,470.00	1,885.00	1,885.00	1,885.00	52,000.00	71,500.00	26,000.00	5,720.00	3,575.00	1,430.00	

图 5 – 143 工资发放签名表

4. 工资发放条

工资发放条，如图 5 – 144 所示。

人员编号	姓名	应发合计	扣款合计	实发合计	代扣税	工资代扣税	扣税合计	基本工资	上年月平均工资总额	岗位工资	养老保险金	住房公积金	失业保险金	工会会费	医疗保险金
1010101	王凯	6,000.00	1,410.00	4,590.00	145.00	145.00	145.00	4,000.00	5,500.00	2,000.00	440.00	385.00	55.00	275.00	110.00
1010102	刘思思	6,000.00	1,410.00	4,590.00	145.00	145.00	145.00	4,000.00	5,500.00	2,000.00	440.00	385.00	55.00	275.00	110.00
1010103	周舟	6,000.00	1,410.00	4,590.00	145.00	145.00	145.00	4,000.00	5,500.00	2,000.00	440.00	385.00	55.00	275.00	110.00
1010104	汪洋	6,000.00	1,610.00	4,390.00	145.00	145.00	145.00	4,000.00	5,500.00	2,000.00	440.00	385.00	55.00	275.00	110.00
1010105	林娜	6,000.00	1,410.00	4,590.00	145.00	145.00	145.00	4,000.00	5,500.00	2,000.00	440.00	385.00	55.00	275.00	110.00
1010201	朱琴	6,000.00	1,410.00	4,590.00	145.00	145.00	145.00	4,000.00	5,500.00	2,000.00	440.00	385.00	55.00	275.00	110.00
1010202	杨婷	6,000.00	1,410.00	4,590.00	145.00	145.00	145.00	4,000.00	5,500.00	2,000.00	440.00	385.00	55.00	275.00	110.00
1010203	王松哲	6,000.00	1,410.00	4,590.00	145.00	145.00	145.00	4,000.00	5,500.00	2,000.00	440.00	385.00	55.00	275.00	110.00
1010204	李铭枫	6,000.00	1,410.00	4,590.00	145.00	145.00	145.00	4,000.00	5,500.00	2,000.00	440.00	385.00	55.00	275.00	110.00
1010205	宋紫薇	6,000.00	1,410.00	4,590.00	145.00	145.00	145.00	4,000.00	5,500.00	2,000.00	440.00	385.00	55.00	275.00	110.00
1010206	黄晓晓	6,000.00	1,410.00	4,590.00	145.00	145.00	145.00	4,000.00	5,500.00	2,000.00	440.00	385.00	55.00	275.00	110.00
1010301	王斌	6,000.00	1,410.00	4,590.00	145.00	145.00	145.00	4,000.00	5,500.00	2,000.00	440.00	385.00	55.00	275.00	110.00
1010302	杨雨欣	6,000.00	1,410.00	4,590.00	145.00	145.00	145.00	4,000.00	5,500.00	2,000.00	440.00	385.00	55.00	275.00	110.00
合计		78,000.00	18,530.00	59,470.00	1,885.00	1,885.00	1,885.00	52,000.00	71,500.00	26,000.00	5,720.00	5,005.00	715.00	3,575.00	1,430.00

图 5－144 工资发放条

5. 工资卡

工资卡，如图 5－145 所示。

项目	十二月	月均	年度合计
应发合计	6,000.00	6,000.00	6,000.00
扣款合计	1,410.00	1,410.00	1,410.00
实发合计	4,590.00	4,590.00	4,590.00
本月扣零			
上月扣零			
代扣税	145.00	145.00	145.00
代付税			
年终奖			
年终奖代扣税			
工资代扣税	145.00	145.00	145.00
扣税合计	145.00	145.00	145.00
上年月平均工资			
年终奖代付税			
工资代付税			
基本工资	4,000.00	4,000.00	4,000.00
上年月平均工资总额	5,500.00	5,500.00	5,500.00
岗位工资	2,000.00	2,000.00	2,000.00
绩效工资			
应扣病假工资			
养老保险金	440.00	440.00	440.00
住房公积金	385.00	385.00	385.00
失业保险金	55.00	55.00	55.00
工会会费	275.00	275.00	275.00
医疗保险金	110.00	110.00	110.00

图 5－145 工资卡

6. 人员类别汇总表

人员类别汇总表，如图 5－146 所示。

类别	扣款合计	实发合计	代扣税	工资代扣税	扣税合计	基本工资	上年月平均工资总额	岗位工资	应扣病假工资	养老保险金	住房公积金	失业保险金	工会会费
公司管理人员	57,000.00	183,000.00	5,800.00	5,800.00	5,800.00	160,000.00	220,000.00	80,000.00	600.00	17,600.00	15,400.00	2,200.00	11,000.00
车间管理人员													
生产工人													
合计	57,000.00	183,000.00	5,800.00	5,800.00	5,800.00	160,000.00	220,000.00	80,000.00	600.00	17,600.00	15,400.00	2,200.00	11,000.00

图 5 - 146　人员类别汇总表

7. 条件统计表

条件统计表，如图 5 - 147 所示。

工资项目	总额	人均数
应发合计	240,000.00	6,000.00
扣款合计	57,000.00	1,425.00
实发合计	183,000.00	4,575.00
代扣税	5,800.00	145.00
上年月平均工资		
基本工资	160,000.00	4,000.00
岗位工资	80,000.00	2,000.00
绩效工资		

图 5 - 147　条件统计表

（二）工资分析表

1. 员工工资汇总表

员工工资汇总表，如图 5 - 148 所示。

工号	编号	姓名		12 月	月均	年度合计
	1010101	王凯		6,000.00	6,000.00	6,000.00
	1010102	刘思思		6,000.00	6,000.00	6,000.00
	1010103	周舟		6,000.00	6,000.00	6,000.00
	1010104	汪洋		6,000.00	6,000.00	6,000.00
	1010105	林娜		6,000.00	6,000.00	6,000.00
	1010201	朱琴		6,000.00	6,000.00	6,000.00
	1010202	杨婷		6,000.00	6,000.00	6,000.00
	1010203	王松哲		6,000.00	6,000.00	6,000.00
	1010204	李铭枫		6,000.00	6,000.00	6,000.00
	1010205	宋紫薇		6,000.00	6,000.00	6,000.00
	1010206	黄晓晓		6,000.00	6,000.00	6,000.00
	1010301	王城		6,000.00	6,000.00	6,000.00
	1010302	杨雨欣		6,000.00	6,000.00	6,000.00
合计				78,000.00	6,000.00	78,000.00

图 5 - 148　员工工资汇总表

2. 按月分类统计表

按月分类统计表，如图 5 – 149 所示。

人员类别	平均人数	1	12 月	月人均	年度合计	年度人均
公司管理人	40		183,000.00	4,575.00	183,000.00	4,575.00
车间管理人						
生产工人						
合计	40		183,000.00	4,575.00	183,000.00	4,575.00

图 5 – 149　按月分类统计表

3. 部门分类统计表

部门分类统计表，如图 5 – 150 所示。

部门	类别	人数	应发合计	扣款合计	实发合计	代扣税	工资代扣税	扣税合计	基本工资	月平均工资	岗位工资	养老保险金	住房公积金	失业保险金	工会会费	医疗保险金
行政管理科																
	公司管理人员	13	78,000.00	18,530.00	59,470.00	1,895.00	1,895.00	1,895.00	52,000.00	71,500.00	26,000.00	5,720.00	5,005.00	715.00	3,575.00	1,430.00
	车间管理人员															
	生产工人															
经理办公室																
	公司管理人员	5	30,000.00	7,250.00	22,750.00	725.00	725.00	725.00	20,000.00	27,500.00	10,000.00	2,200.00	1,925.00	275.00	1,375.00	550.00
	车间管理人员															
	生产工人															
行政科																
	公司管理人员	6	36,000.00	8,460.00	27,540.00	870.00	870.00	870.00	24,000.00	33,000.00	12,000.00	2,640.00	2,310.00	330.00	1,650.00	660.00
	车间管理人员															
	生产工人															
车队																
	公司管理人员	2	12,000.00	2,820.00	9,180.00	290.00	290.00	290.00	8,000.00	11,000.00	4,000.00	880.00	770.00	110.00	550.00	220.00
	车间管理人员															
	生产工人															
合计		13	78,000.00	18,530.00	59,470.00	1,895.00	1,895.00	1,895.00	52,000.00	71,300.00	26,000.00	5,720.00	5,005.00	715.00	3,575.00	1,430.00

图 5 – 150　部门分类统计表

4. 按项目分类统计表

按项目分类统计表，如图 5 – 151 所示。

类别	平均人数	应发合计	扣款合计	医疗保险金	代扣税	扣款合计	基本工资	月平均工资	岗位工资	养老保险金	住房公积金	失业保险金	工会会费	实发合计	比重%	人均实发
公司管理人	40	240,000.00	57,000.00	4,400.00	5,800.00	5,800.00	160,000.00	220,000.00	80,000.00	17,600.00	15,400.00	2,200.00	11,000.00	183,000.00	100.00%	4,575.00
车间管理人															0.00%	
生产工人															0.00%	
合计	40	240,000.00	57,000.00	4,400.00	5,800.00	5,800.00	160,000.00	220,000.00	80,000.00	17,600.00	15,400.00	2,200.00	11,000.00	183,000.00	100.00%	4,575.00

图 5 – 151　按项目分类统计表

5. 员工工资项目统计表

员工工资项目统计表，如图 5 – 152 所示。

工号	编号	姓名	应发合计	扣款合计	实发合计	基本工资	月平均工资	岗位工资	养老保险金	住房公积金	失业保险金	工会会费	医疗保险金
	1010101	王凯	6,000.00	1,410.00	4,590.00	4,000.00	5,500.00	2,000.00	440.00	385.00	55.00	275.00	110.00
	1010102	刘思思	6,000.00	1,410.00	4,590.00	4,000.00	5,500.00	2,000.00	440.00	385.00	55.00	275.00	110.00
	1010103	周舟	6,000.00	1,410.00	4,590.00	4,000.00	5,500.00	2,000.00	440.00	385.00	55.00	275.00	110.00
	1010104	庄洋	6,000.00	1,610.00	4,590.00	4,000.00	5,500.00	2,000.00	440.00	385.00	55.00	275.00	110.00
	1010105	林馨	6,000.00	1,410.00	4,590.00	4,000.00	5,500.00	2,000.00	440.00	385.00	55.00	275.00	110.00
	1010201	朱琴	6,000.00	1,410.00	4,590.00	4,000.00	5,500.00	2,000.00	440.00	385.00	55.00	275.00	110.00
	1010202	杨婷	6,000.00	1,410.00	4,590.00	4,000.00	5,500.00	2,000.00	440.00	385.00	55.00	275.00	110.00
	1010203	王松智	6,000.00	1,410.00	4,590.00	4,000.00	5,500.00	2,000.00	440.00	385.00	55.00	275.00	110.00
	1010204	李铭枫	6,000.00	1,410.00	4,590.00	4,000.00	5,500.00	2,000.00	440.00	385.00	55.00	275.00	110.00
	1010205	宋紫薇	6,000.00	1,410.00	4,590.00	4,000.00	5,500.00	2,000.00	440.00	385.00	55.00	275.00	110.00
	1010206	黄晓晓	6,000.00	1,410.00	4,590.00	4,000.00	5,500.00	2,000.00	440.00	385.00	55.00	275.00	110.00
	1010301	王城	6,000.00	1,410.00	4,590.00	4,000.00	5,500.00	2,000.00	440.00	385.00	55.00	275.00	110.00
	1010302	杨雨欣	6,000.00	1,410.00	4,590.00	4,000.00	5,500.00	2,000.00	440.00	385.00	55.00	275.00	110.00
合计			78,000.00	18,530.00	59,470.00	52,000.00	71,500.00	26,000.00	5,720.00	5,005.00	715.00	3,575.00	1,430.00

图 5 – 152　员工工资项目统计表

6. 分部门各月工资构成分析

分部门各月工资构成分析，如图 5 – 153 所示。

部门	平均人数	12 月	月人均	年度合计	年度人均
行政管理科	13	59,470.00	4,574.62	59,470.00	4,574.62
经理办公室	5	22,750.00	4,550.00	22,750.00	4,550.00
行政科	6	27,540.00	4,590.00	27,540.00	4,590.00
车队	2	9,180.00	4,590.00	9,180.00	4,590.00
合计	13	59,470.00		59,470.00	

图 5 – 153　分部门各月工资构成分析

7. 部门工资项目构成分析表

部门工资项目构成分析表，如图 5 – 154 所示。

部门	人数	应发合计	扣款合计	实发合计	基本工资	非月平均工资	岗位工资	绩效工资	养老保险金	住房公积金	失业保险金	工会会费	医疗保险金
行政管理科	13	78,000.00	18,530.00	59,470.00	52,000.00	71,500.00	26,000.00		5,720.00	5,005.00	715.00	3,575.00	1,430.00
经理办公室	5	30,000.00	7,250.00	22,750.00	20,000.00	27,500.00	10,000.00		2,200.00	1,925.00	275.00	1,375.00	550.00
行政科	6	36,000.00	8,460.00	27,540.00	24,000.00	33,000.00	12,000.00		2,640.00	2,310.00	330.00	1,650.00	660.00
车队	2	12,000.00	2,820.00	9,180.00	8,000.00	11,000.00	4,000.00		880.00	770.00	110.00	550.00	220.00
合计	13	78,000.00	18,530.00	59,470.00	52,000.00	71,500.00	26,000.00		5,720.00	5,005.00	715.00	3,575.00	1,430.00

图 5 – 154　部门工资项目构成分析表

十　固定资产管理系统报表

（一）账簿

1. 固定资产总账

固定资产总账是按部门和类别反映在一个年度内的固定资产价值变化的账页，如图 5 – 155 所示。

期间	原值			累计折旧			减值准备			净值
	借方	贷方	余额	借方	贷方	余额	借方	贷方	余额	
2014.12	5,840,194.25	109,325.00	5,730,869.25	85,674.38	1,895,423.49	1,809,749.11		15,000.00	15,000.00	3,906,120.14
合计	5,840,194.25	109,325.00	5,730,869.25	85,674.38	1,895,423.49	1,809,749.11		15,000.00	15,000.00	3,906,120.14

图 5 – 155　固定资产总账

2. 单个固定资产明细账

单个固定资产明细账是查询单个资产在查询期间发生的所有业务，包括在该期间的资产增加或资产减少情况，如图 5 – 156 所示。

日期	业务单号	凭证号	摘要	原值			累计折旧			减值准备			净值
				借方	贷方	余额	借方	贷方	余额	借方	贷方	余额	
2014-12-01	00001		录入原始卡片	144,943.75		144,943.75		16,564.11	16,564.11				128,379.84
2014-12-27	01	转—153	计提折旧			144,943.75		352.25	16,916.36				128,027.39
			本期合计	144,943.75		144,943.75		16,916.36	16,916.36				128,027.39
			本年累计	144,943.75		144,943.75		16,916.36	16,916.36				128,027.39

图 5 – 156　单个固定资产明细账

3. 固定资产登记簿

固定资产登记簿可按资产所属类别或所属部门查询一定期间范围内发生的所有业务，包括资产增加、资产减少、原值变动、部门转移等，如图 5 – 157 所示。

日期	资产编号	业务单号	凭证号	摘要	资产名称	使用部门	原值			数量
							借方	贷方	余额	
2014-12-01	0100001	00001		录入原始卡片	房屋建筑	制壳车间	144,943.75		144,943.75	1.00
2014-12-01	0100002	00002		录入原始卡片	房屋建筑	塑料车间	576,975.00		721,918.75	2.00
2014-12-01	0100003	00003		录入原始卡片	房屋建筑	装配车间	62,475.00		784,393.75	3.00
2014-12-01	0100004	00004		录入原始卡片	房屋建筑	辅助车间	62,475.00		846,868.75	4.00
2014-12-01	0100005	00005		录入原始卡片	房屋建筑	经理办公室/行	23,187.50		870,056.25	5.00
2014-12-01	0100006	00006		录入原始卡片	房屋建筑	制壳车间	23,187.50		893,243.75	6.00
2014-12-01	0100007	00007		录入原始卡片	房屋建筑	经理办公室/行	1,345,312.50		2,238,556.25	7.00
2014-12-01	02100001	00008		录入原始卡片	生产设备	制壳车间	109,325.00		2,347,881.25	8.00
2014-12-01	02100002	00009		录入原始卡片	生产设备	制壳车间	471,835.00		2,819,716.25	9.00
2014-12-01	02100003	00010		录入原始卡片	生产设备	塑料车间	57,500.00		2,877,216.25	10.00
2014-12-01	02100004	00011		录入原始卡片	生产设备	塑料车间	1,178,745.00		4,055,961.25	11.00
2014-12-01	02100005	00012		录入原始卡片	生产设备	装配车间	116,850.00		4,172,811.25	12.00
2014-12-01	02100006	00013		录入原始卡片	生产设备	辅助车间	109,500.00		4,282,311.25	13.00
2014-12-01	02200001	00014		录入原始卡片	管理设备	经理办公室/行	621,850.00		4,904,161.25	14.00
2014-12-01	02300001	00015		录入原始卡片	运输设备	制壳车间/塑料	248,208.00		5,152,369.25	15.00
2014-12-01	02300002	00016		录入原始卡片	运输设备	经理办公室/行	62,025.00		5,214,394.25	16.00
2014-12-01	0300001	00017		录入原始卡片	投资性房地产	供销经营科	625,800.00		5,840,194.25	17.00
2014-12-30	02100001	00008	03--13	资产减少	生产设备	制壳车间		109,325.00	5,730,869.25	16.00
				本期合计			5,840,194.25	109,325.00	5,730,869.25	16.00

图 5 – 157　固定资产登记簿

4. 部门类别明细账

部门类别明细账是查询某一类别或部门的固定资产在查询期间内发生的所有业务，包括资产增加、资产减少、原值变动、使用状况变化、部门转移、计提折旧等，如图 5 – 158 所示。

日期	资产编号	业务单号	凭证号	摘要	资产名称	数量	原值			累计折旧		
							借方	贷方	余额	借方	贷方	余额
2014-12-01	0100001	00001		录入原始卡片	房屋建筑	1.00	144,943.75		144,943.75	16,564.11		16,564.11
2014-12-01	0100002	00002		录入原始卡片	房屋建筑	1.00	576,975.00		721,918.75	65,919.30		82,483.41
2014-12-01	0100003	00003		录入原始卡片	房屋建筑	1.00	62,475.00		784,393.75	12,280.38		94,763.79
2014-12-01	0100004	00004		录入原始卡片	房屋建筑	1.00	62,475.00		846,868.75	10,566.39		105,330.18
2014-12-01	0100005	00005		录入原始卡片	房屋建筑	1.00	23,187.50		870,056.25	2,755.86		108,086.04
2014-12-01	0100006	00006		录入原始卡片	房屋建筑	1.00	23,187.50		893,243.75	3,285.85		111,371.89
2014-12-01	0100007	00007		录入原始卡片	房屋建筑	1.00	1,345,312.50		2,238,556.25	190,641.46		302,013.35
2014-12-01	02100001	00008		录入原始卡片	生产设备	1.00	109,325.00		2,347,881.25	85,674.38		387,687.73
2014-12-01	02100002	00009		录入原始卡片	生产设备	1.00	471,835.00		2,819,716.25	233,967.25		621,654.98
2014-12-01	02100003	00010		录入原始卡片	生产设备	1.00	57,500.00		2,877,216.25	460.00		622,114.98
2014-12-01	02100004	00011		录入原始卡片	生产设备	1.00	1,178,745.00		4,055,961.25	471,367.75		1,093,482.73
2014-12-01	02100005	00012		录入原始卡片	生产设备	1.00	116,850.00		4,172,811.25	53,269.22		1,146,751.25
2014-12-01	02100006	00013		录入原始卡片	生产设备	1.00	109,500.00		4,282,311.25	42,924.00		1,189,675.25
2014-12-01	02200001	00014		录入原始卡片	管理设备	1.00	621,850.00		4,904,161.25	258,412.84		1,448,088.09
2014-12-01	02300001	00015		录入原始卡片	运输设备	1.00	248,208.00		5,152,369.25	150,745.07		1,598,833.16
2014-12-01	02300002	00016		录入原始卡片	运输设备	1.00	62,025.00		5,214,394.25	49,558.87		1,648,392.03
2014-12-01	0300001	00017		录入原始卡片	投资性房地产	1.00	625,800.00		5,840,194.25	178,800.00		1,827,192.03
2014-12-27	02100004	00001		计提减值准备	生产设备				5,840,194.25			1,827,192.03
2014-12-27		01	转--153	计提折旧					5,840,194.25		68,231.46	1,895,423.49
2014-12-30	02100001	00008	03--13	资产减少	生产设备	-1.00		109,325.00	5,730,869.25	85,674.38		1,809,749.11
				本期合计		16.00	5,840,194.25	109,325.00	5,730,869.25	85,674.38	1,895,423.49	1,809,749.11

图 5 – 158　部门类别明细账

（二）分析表

1. 部门构成分析表

固定资产部门构成分析表是企业内资产在各使用部门之间的分布情况的分析统计，如图 5-159 所示。

使用部门	资产类别	数量	计量单位	期末原值	部门百分比%	占总值百分比%
行政管理部 (01)		5.00		2,678,175.00	100.000	46.73
经理办公室 (010101)		0.40		205,237.50	33.333	3.58
	房屋建筑 (01)	0.20		136,850.00	22.226	2.39
	设备类 (02)	0.20		68,387.50	11.107	1.19
行政科 (010102)		0.40		205,237.50	33.333	3.58
	房屋建筑 (01)	0.20		136,850.00	22.226	2.39
	设备类 (02)	0.20		68,387.50	11.107	1.19
车队 (010103)		0.40		205,237.50	33.333	3.58
	房屋建筑 (01)	0.20		136,850.00	22.226	2.39
	设备类 (02)	0.20		68,387.50	11.107	1.19
组织人事科 (0102)		0.40		205,237.50	7.663	3.58
	房屋建筑 (01)	0.20		136,850.00	5.110	2.39
	设备类 (02)	0.20		68,387.50	2.554	1.19
财务科 (0103)		0.40		205,237.50	7.663	3.58
	房屋建筑 (01)	0.20		136,850.00	5.110	2.39
	设备类 (02)	0.20		68,387.50	2.554	1.19
供销经营科 (0104)		1.40		831,037.50	31.030	14.50
	房屋建筑 (01)	0.20		136,850.00	5.110	2.39
	设备类 (02)	0.20		68,387.50	2.554	1.19
	投资性房地产 (03)	1.00		625,800.00	23.367	10.92
质检科 (0105)		0.40		205,237.50	7.663	3.58
	房屋建筑 (01)	0.20		136,850.00	5.110	2.39
	设备类 (02)	0.20		68,387.50	2.554	1.19

图 5-159 部门构成分析表

2. 使用状况分析表

固定资产使用状况分析表是对企业内所有资产的使用状况所做的分析汇总，使管理者了解资产的总体使用情况，尽快将未使用的资产投入使用，及时处理不需用的资产，提高资产的利用率和发挥应有的效能，如图 5-160 所示。

使用状况	原值		累计折旧		减值准备		净值	
	金额	占总值百分比%	金额	占总值百分比%	金额	占总值百分比%	金额	占总值百分比%
使用中 (1)	5,730,869.25	100.00	1,809,749.11	100.00	15,000.00	100.00	3,906,120.14	100.00
在用 (1001)	5,730,869.25	100.00	1,809,749.11	100.00	15,000.00	100.00	3,906,120.14	100.00
合计	5,730,869.25	100.00	1,809,749.11	100.00	15,000.00	100.00	3,906,120.14	100.00

图 5-160 使用状况分析表

3. 价值结构分析表

固定资产价值结构分析表是对企业内各类资产的期末原值和净值、累计折旧净值率等数据分析汇总，使管理者了解资产计提折旧的程度和剩余价值的大小，如图 5 – 161 所示。

资产类别	数量	期末原值	期末累计折旧	期末减值准备	期末净值	累计折旧占原值百分比%	减值准备原值百分比%	净值率%
房屋建筑 (01)	7	2,238,556.25	307,462.40		1,931,093.85	13.73		86.27
设备类 (02)	8	2,866,513.00	1,321,929.63	15,000.00	1,529,583.37	46.12	0.52	53.36
生产设备 (021)	5	1,934,430.00	825,014.12	15,000.00	1,094,415.88	42.65	0.78	56.58
管理设备 (022)	1	621,850.00	286,626.44		335,223.56	46.09		53.91
运输设备 (023)	2	310,233.00	210,289.07		99,943.93	67.78		32.22
投资性房地产 (03)	1	625,800.00	180,357.08		445,442.92	28.82		71.18
合计	16	5,730,869.25	1,809,749.11	15,000.00	3,906,120.14	31.58	0.26	68.16

图 5 – 161 价值结构分析表

4. 类别构成分析表

固定资产类别构成分析表是对企业资产的类别分别进行分析的报表，如图 5 – 162 所示。

资产类别	数量	期末原值	占类别百分比%	占总值百分比%
房屋建筑 (01)	7	2,238,556.25	100.00	39.06
设备类 (02)	8	2,866,513.00	100.00	50.02
生产设备 (021)	5	1,934,430.00	67.48	33.75
管理设备 (022)	1	621,850.00	21.69	10.85
运输设备 (023)	2	310,233.00	10.82	5.41
投资性房地产 (03)	1	625,800.00	100.00	10.92
合计	16	5,730,869.25	100.00	100.00

图 5 – 162 类别构成分析表

（三）统计表

1. 评估汇总表

本表统计结果为查询日期某使用部门内各类资产评估后价值的变动情况汇总。

2. 评估变动表

资产评估变动表是列示所有资产评估变动数据的统计表。

3. 固定资产统计表

固定资产统计表是按部门或类别统计该部门或类别的资产的价值、数量、折旧、新旧程度等指标的统计表。多个部门使用的固定资产，按固定资产的使用部门进行统计，其数量按比例计算，小数位精确到 6 位，如图 5 – 163 所示。

4. 逾龄资产统计表

逾龄资产是指资产还在使用，但已超过固定资产折旧年限的资产。逾

部门名称	资产类别	数量	使用年限(月)	原值	累计折旧	减值准备	净值	新旧程度%	净残值	本月计提折旧额
行政管理部(01)		5.00		2,678,175.00	723,257.57		1,954,917.43	72.99	107,127.00	43,088.54
	房屋建筑(01)	2.00	420	1,368,500.00	196,730.05		1,171,769.95	85.62	54,740.00	3,332.73
	设备类(02)	2.00	120	683,875.00	346,170.44		337,704.56	49.38	38,198.73	38,198.73
	投资性房地产(03)	1.00	420	625,800.00	180,357.08		445,442.92	71.18	25,032.00	1,557.08
制壳车间(02)		3.30		714,428.65	305,532.63		408,896.02	57.23	28,577.15	6,491.90
	房屋建筑(01)	2.00	420	168,131.25	20,258.68		147,872.57	87.95	6,725.25	408.72
	设备类(02)	1.30	120	546,297.40	285,273.95		261,023.45	47.78	21,851.90	6,083.18
塑料车间(03)		3.30		1,887,682.40	598,583.02	15,000.00	1,274,099.38	67.50	75,507.30	15,613.15
	房屋建筑(01)	1.00	420	576,975.00	67,321.53		509,653.47	88.33	23,079.00	1,402.23
	设备类(02)	2.30	120	1,310,707.40	531,261.49	15,000.00	764,445.91	58.32	52,428.30	14,210.92
装配车间(04)		2.40		278,608.20	127,437.25		151,170.95	54.26	11,144.32	1,589.62
	房屋建筑(01)	1.00	420	62,475.00	12,433.25		50,041.75	80.10	2,499.00	152.87
	设备类(02)	1.40	120	216,133.20	115,004.00		101,129.20	46.79	8,645.32	1,436.75
辅助车间(05)		2.00		171,975.00	54,938.64		117,036.36	68.05	6,879.00	1,448.25
	房屋建筑(01)	1.00	420	62,475.00	10,718.89		51,756.11	82.84	2,499.00	152.50
	设备类(02)	1.00	120	109,500.00	44,219.75		65,280.25	59.62	4,380.00	1,295.75
合计		16.00	0	5,730,869.25	1,809,749.11	15,000.00	3,906,120.14	68.16	229,234.77	68,231.46

图 5 - 163 固定资产统计表

龄资产统计表就是统计指定会计期间内已经超过折旧年限的逾龄资产的状况，如图 5 - 164 所示。

卡片编号	资产编号	资产名称	资产类别	使用部门	使用日期	使用年限(月)	原值	累计折旧	净值
00015	02300001	运输设备	运输设备	制壳车间/塑料车间/装配车间	2009-11-01	60	248,208.00	150,745.07	97,462.93
00016	02300002	运输设备	运输设备	经理办公室/行政科/车队/组织人事科	2008-11-01	60	62,025.00	59,544.00	2,481.00
合计						0	310,233.00	210,289.07	99,943.93

图 5 - 164 逾龄资产统计表

5. 盘盈盘亏报告表

固定资产盘盈盘亏报告表反映企业以盘盈方式增加的资产和以盘亏、毁损方式减少的资产情况。因盘盈、盘亏、毁损属于非正常方式，通过该统计表，可以看出企业对资产的管理情况。

6. 役龄资产统计表

役龄资产统计表就是统计指定会计期间内在折旧年限内正常使用的资产的状况，如图 5 - 165 所示。

卡片编号	资产编号	资产名称	使用部门	使用日期	使用年限(月)	原值	累计折旧	减值准备	净值
00001	0100001	房屋建筑	制壳车间	2008-11-01	420	144,943.75	16,916.36		128,027.39
00002	0100002	房屋建筑	塑料车间	2008-11-01	420	576,975.00	67,321.53		509,653.47
00003	0100003	房屋建筑	装配车间	2005-11-01	420	62,475.00	12,433.25		50,041.75
00004	0100005	房屋建筑	辅助车间	2006-11-01	420	62,475.00	10,718.89		51,756.11
00005	0100005	房屋建筑	经理办公室/行政科	2008-09-01	420	23,187.50	2,812.23		20,375.27
00006	0100006	房屋建筑	制壳车间	2007-11-06	420	23,187.50	3,342.32		19,845.18
00007	0100007	房屋建筑	经理办公室/行政科	2007-11-06	420	1,345,312.50	193,917.82		1,151,394.68
00009	02100002	生产设备	制壳车间	2007-11-01	120	471,835.00	240,050.43		231,784.57
00010	02100003	生产设备	塑料车间	2014-11-01	120	57,500.00	916.17		56,583.83
00011	02100004	生产设备	塑料车间	2008-11-01	120	1,178,745.00	485,121.80	15,000.00	678,623.20
00012	02100005	生产设备	装配车间	2008-04-01	120	116,850.00	54,705.97		62,144.03
00013	02100006	生产设备	辅助车间	2008-11-01	120	109,500.00	44,219.75		65,280.25
00014	02200001	管理设备	经理办公室/行政科	2010-11-01	60	621,850.00	286,626.44		335,223.56
00017	0300001	投资性房地产	供销经营科	2002-06-01	420	625,800.00	180,357.08		445,442.92
合计					0	5,420,636.25	1,599,460.04	15,000.00	3,806,176.21

图 5 - 165 役龄资产统计表

7. 固定资产原值一览表

固定资产原值一览表是按使用部门和类别交叉汇总显示资产的原值、累计折旧、净值的统计表，便于管理者掌握资产的分布情况。本表中要汇总的部门是用户自己选择部门级次确定的，类别按照类别定义中定义的第一级类别。多个部门使用的固定资产按固定资产的使用部门进行统计，其数量按比例计算，小数位精确到 6 位，如图 5 – 166 所示。

部门名称	合计				房屋建筑			设备类			
	原值	累计折旧	减值准备	净值	原值	累计折旧	净值	原值	累计折旧	减值准备	净值
行政管理部 (01)	2,678,175.00	723,257.57		1,954,917.43	1,368,500.00	196,730.05	1,171,769.95	683,875.00	346,170.44		337,704.56
制壳车间 (02)	714,428.65	305,532.63		408,896.02	188,131.25	20,258.68	147,872.57	546,297.40	285,273.95		261,023.45
塑配车间 (03)	1,887,682.40	598,583.02	15,000.00	1,274,099.38	576,975.00	67,321.53	509,653.47	1,310,707.40	531,261.49	15,000.00	764,445.91
装配车间 (04)	278,608.20	127,437.25		151,170.95	62,475.00	12,433.25	50,041.75	216,133.20	115,000.00		101,129.20
辅助车间 (05)	171,975.00	54,938.64		117,036.36	62,475.00	10,718.89	51,756.11	109,500.00	44,219.75		65,280.25
合计	5,730,869.25	1,809,749.11	15,000.00	3,906,120.14	2,238,556.25	307,482.40	1,931,093.85	2,866,513.00	1,321,929.63	15,000.00	1,529,583.37

图 5 – 166　固定资产原值一览表

8. 固定资产变动情况表

固定资产变动情况表反映固定资产在当年各期间增加、减少以及变动情况，如图 5 – 167 所示。

项目	原值				累计折旧				减值准备		净值	
	期初余额	本年增加	本年减少	期末余额	期初余额	本年增加	本年减少	期末余额	本年增加	期末余额	期初余额	期末余额
房屋建筑 (01)	2,238,556.25			2,238,556.25	302,013.35	5,440.05		307,482.40			1,936,542.90	1,931,093.85
设备类 (02)	2,975,838.00	109,325.00	2,866,513.00	1,348,378.60	61,225.33	85,674.38	1,321,929.63	15,000.00		15,000.00	1,629,459.32	1,529,583.37
投资性房地产 (03)	625,800.00			625,800.00	178,800.00	1,557.08		180,357.08			447,000.00	445,442.92
合计	5,840,194.25	109,325.00	5,730,869.25	1,827,192.03	68,231.46	85,674.38	1,809,749.11	15,000.00		15,000.00	4,013,002.22	3,906,120.14

图 5 – 167　固定资产变动情况表

9. 固定资产到期提示表

该表主要用于显示使用年限恰好到期以及即将到期的资产信息，以丰富查询分析功能，提高产品的管理性能。在该表中显示一些资产的基本信息，如"原值、累计折旧"等，如图 5 – 168 所示。

卡片编号	资产编号	资产名称	资产类别	使用部门	使用年限(月)	原值	累计折旧	减值准备	净残值
00015	02300001	运输设备	运输设备	制壳车间/塑	60	248,208.00	150,745.07		9,928.32
合计					0	248,208.00	150,745.07		9,928.32

图 5 – 168　固定资产到期提示表

10. 采购资产统计表

本表统计结果为查询期间某使用部门或资产类别由入库单生成卡片的情况。

（四）折旧表

1. 部门折旧计提汇总表

部门折旧计算汇总表反映该账套内固定资产各级使用部门计提折旧的

情况，包括计提原值和计算的折旧额信息。该表既可选择某一个月份汇总折旧数据，又可选择期间段进行查询的功能。选择期间段查询在报表的表头提供可选择月份，如图 5 – 169 所示。

部门名称	计提原值	折旧额
行政管理部 (01)	2,678,175.00	43,088.54
制壳车间 (02)	639,966.25	6,491.90
塑料车间 (03)	1,813,220.00	15,613.15
装配车间 (04)	179,325.00	1,589.62
辅助车间 (05)	171,975.00	1,448.25
合计	5,482,661.25	68,231.46

图 5 – 169　部门折旧计提汇总表

2. 固定资产折旧清单表

固定资产折旧清单表用于查询按资产明细列示的折旧数据及累计折旧数据信息，以完善系统报表查询功能。该报表可以按部门、资产类别查询固定资产的明细折旧数据信息，如图 5 – 170 所示。

卡片编号	资产编号	资产名称	原值	计提原值	本月计提折旧额	本年折旧	累计折旧	减值准备	净值
00001	0100001	房屋建筑	144,943.75	144,943.75	352.25	352.25	16,916.36		128,027.39
00002	0100002	房屋建筑	576,975.00	576,975.00	1,402.23	1,402.23	67,321.53		509,653.47
00003	0100003	房屋建筑	62,475.00	62,475.00	152.87	152.87	12,433.25		50,041.75
00004	0100004	房屋建筑	62,475.00	62,475.00	152.50	152.50	10,718.89		51,756.11
00005	0100005	房屋建筑	23,187.50	23,187.50	56.37	56.37	2,812.23		20,375.27
00006	0100006	房屋建筑	23,187.50	23,187.50	56.47	56.47	3,342.32		19,845.18
00007	0100007	房屋建筑	1,345,312.50	1,345,312.50	3,276.36	3,276.36	193,917.82		1,151,394.68
00008	02100001	生产设备	109,325.00				85,674.38		23,650.62
00009	02100002	生产设备	471,835.00	471,835.00	6,083.18	6,083.18	240,050.43		231,784.57
00010	02100003	生产设备	57,500.00	57,500.00	456.17	456.17	916.17		56,583.83
00011	02100004	生产设备	1,178,745.00	1,178,745.00	13,754.75	13,754.75	485,121.80	15,000.00	678,623.20
00012	02100005	生产设备	116,850.00	116,850.00	1,436.75	1,436.75	54,705.97		62,144.03
00013	02100006	生产设备	109,500.00	109,500.00	1,295.75	1,295.75	44,219.75		65,280.25
00014	02200001	管理设备	621,850.00	621,850.00	28,213.60	28,213.60	286,626.44		335,223.56
00015	02300001	运输设备	248,208.00				150,745.07		97,462.93
00016	02300002	运输设备	62,025.00	62,025.00	9,985.13	9,985.13	59,544.00		2,481.00
00017	0300001	投资性房地产	625,800.00	625,800.00	1,557.08	1,557.08	180,357.08		445,442.92
合计			5,840,194.25	5,482,661.25	68,231.46	68,231.46	1,895,423.49	15,000.00	3,929,770.76

图 5 – 170　固定资产折旧清单表

3. 固定资产折旧计算明细表

折旧计算明细表是按类别设立的，反映资产按类别计算折旧的情况，包括上月计提情况、上月原值变动和本月计提情况。由于本系统不限制只能在建账当期录入原始卡片，那么因为系统使用过程中录入的原始卡片当月计提折旧，所以当当期或上期录入原始卡片的情况下，上月计提原值＋上月增加原值－上月减少原值≠本月计提原值。原值变动（增加或减少）：当有多个使用部门的资产发生原值变动时，变动的原值在各部门之间按比例分配，分配比例可通过修改使用部门和分配比例改变，按比例变动出现的差额，按分配部门顺序，归最后一个部门，如图 5－171 所示。

资产类别	上月计提		上月原值		本月计提	
	原值	折旧额	增加	减少	原值	折旧额
房屋建筑 (01)					2,238,556.25	5,449.05
设备类 (02)					2,618,305.00	61,225.33
投资性房地产 (03)					625,800.00	1,557.08
合计					5,482,661.25	68,231.46

图 5－171　固定资产折旧计算明细表

4. 固定资产及累计折旧表一

固定资产及累计折旧表一是按期编制的反映各类固定资产的原值、累计折旧（包括年初数和期末数）和本年折旧的明细情况，如图 5－172 所示。

资产类别	原值		可回收市值		累计折旧		减值准备		本月计提折旧额
	年初数	期末数	年初数	期末数	年初数	期末数	年初数	期末数	
房屋建筑 (01)	2,238,556.25	2,238,556.25	1,936,542.90	1,931,093.85	302,013.35	307,462.40			5,449.05
设备类 (02)	2,975,838.00	2,866,513.00	1,629,459.32	1,544,583.37	1,346,378.68	1,321,929.63			61,225.33
投资性房地产 (03)	625,800.00	625,800.00	447,000.00	445,442.92	178,800.00	180,357.08			1,557.08
合计	5,840,194.25	5,730,869.25	4,013,002.22	3,921,120.14	1,827,192.03	1,809,749.11			68,231.46

图 5－172　固定资产及累计折旧表一

5. 固定资产及累计折旧表二

本表是固定资产及累计折旧表一的续表，反映本年截止查询期间固定资产的增减情况。本表与表一的数值之间是有联系的，它们之间的关系可用公式描述：固定资产原值期末数合计＝原值年初数合计＋本年增加的原值合计－本年减少的原值合计；固定资产累计折旧期末数合计＝累计折旧年初数合计＋本年折旧额合计＋本年增加累计折旧合计－本年减少累计折旧合计。但上述公式不是绝对成立的，如在资产发生原值变动情况下，表一反映该变动，而表二不反映。如图 5－173 所示。

项目	原值	累计折旧	本年折旧
本年增加固定资产:			
捐赠 (103)			
盘盈 (104)			
融资租入 (106)			
投资者投入 (102)			
在建工程转入 (105)			
直接购入 (101)			
本年减少固定资产:	109,325.00	85,674.38	
报废 (205)	109,325.00	85,674.38	
出售 (201)			
毁损 (206)			
捐赠转出 (204)			
盘亏 (202)			
融资租出 (207)			
投资转出 (203)			

图 5 - 173　固定资产及累计折旧表二

(五) 减值准备表

1. 减值准备总账

减值准备总账反映固定资产在当年各期间减值准备的发生情况，如图 5 - 174 所示。

期间	减值准备		余额
	借方	贷方	
2014.12		15,000.00	15,000.00
合　计		15,000.00	15,000.00

图 5 - 174　减值准备总账

2. 减值准备余额表

减值准备余额表反映固定资产在某一期间减值准备的发生情况以及该资产的减值准备余额，如图 5 - 175 所示。

资产编号	资产名称	期初余额	减值准备		期末余额
			借方	贷方	
02100004	生产设备			15,000.00	15,000.00
合计				15,000.00	15,000.00

图 5 - 175　减值准备余额表

3. 减值准备明细账

减值准备明细账反映在某一期间各固定资产减值准备的明细发生情况，如图 5 - 176 所示。

日期	资产编号	资产名称	业务单号	凭证号	摘要	减值准备		余额
						借方	贷方	
					上期结转		0.00	
2014-12-27	02100004	生产设备	00001	转--152	计提减值准备		15,000.00	15,000.00
					本期合计		15,000.00	15,000.00

图 5 - 176　减值准备明细账

十一　标准成本管理系统报表

(一) 订单成本汇总表

本报表可以查询某生产订单在某期间内各成本对象的产品成本数据，包含订单数量、直接材料、直接人工、固定制造费用、变动制造费用的期初在产、投入、转出、期末在产结存信息，如图 5 - 177 所示。

年度	成本中心名称	订单编号	关闭日期	产品名称	产量	维度	总成本			
							标准成本	差异	实际成本	差异率
2014	制壳车间	0000000001	2014-12-27	铝壳	0.00	期初	0.00	0.00	0.00	
2014	制壳车间	0000000001	2014-12-27	铝壳	8,000.00	本期投入	213,200.00	4,055.78	217,255.78	1.902%
2014	制壳车间	0000000001	2014-12-27	铝壳	8,000.00	本期完工	213,200.00	4,055.78	217,255.78	1.902%
2014	制壳车间	0000000001	2014-12-27	铝壳	0.00	在产	0.00	0.00	0.00	
2014	制壳车间	0000000002	2014-12-17	铁壳	0.00	期初	0.00	0.00	0.00	
2014	制壳车间	0000000002	2014-12-17	铁壳	8,000.00	本期投入	98,000.00	4,055.79	102,055.79	4.139%
2014	制壳车间	0000000002	2014-12-17	铁壳	8,000.00	本期完工	98,000.00	4,055.79	102,055.79	4.139%
2014	制壳车间	0000000002	2014-12-17	铁壳	0.00	在产	0.00	0.00	0.00	
2014	制壳车间	0000000015		铁壳	0.00	期初	0.00	0.00	0.00	
2014	制壳车间	0000000015		铁壳	10,000.00	本期投入	89,400.00	2,594.39	91,994.39	2.902%
2014	制壳车间	0000000015		铁壳	0.00	本期完工	0.00	0.00	0.00	
2014	制壳车间	0000000015		铁壳	10,000.00	在产	89,400.00	2,594.39	91,994.39	2.902%
2014	制壳车间	0000000016		铝壳	0.00	期初	0.00	0.00	0.00	
2014	制壳车间	0000000016		铝壳	10,000.00	本期投入	233,400.00	2,594.39	235,994.39	1.112%
2014	制壳车间	0000000016		铝壳	0.00	本期完工	0.00	0.00	0.00	
2014	制壳车间	0000000016		铝壳	10,000.00	在产	233,400.00	2,594.39	235,994.39	1.112%

图 5 - 177　订单成本汇总表

(二) 订单成本明细表

本报表完成对特定日期范围内已生产订单成本差异数据的查询及分析。可以查询生产订单产量、各成本项目量差、价差、标准成本、实际成本的期初在产、投入、转出、期末在产结存信息，如图 5 - 178 所示。

年度	月	订单号	产品名称	材料名称	本期投入											
					产量	约当产量	标准单耗	标准用量	标准成本	超用数量	本期量差	倒耗数量	价差	差异合计	实际成本	倒耗数量
2014	12	0000000028	塑壳保温瓶 (小)	塑配件 (小)	15.00	15.00	1.00	15.00	30.00	0.00	0.00	0.00	0.00	0.00	30.00	15.00
2014	12	0000000028	塑壳保温瓶 (小)	塑壳 (小)	15.00	15.00	1.00	15.00	60.00	0.00	0.00	0.00	0.00	0.00	60.00	15.00
2014	12	0000000028	塑壳保温瓶 (小)	纸盒	15.00	15.00	1.00	15.00	30.00	0.00	0.00	0.00	1.50	1.50	31.50	15.00
2014	12	0000000028	塑壳保温瓶 (小)	底垫	15.00	15.00	1.00	15.00	7.50	0.00	0.00	0.00	0.00	0.00	7.50	15.00
2014	12	0000000028	塑壳保温瓶 (小)	口圈	15.00	15.00	1.00	15.00	7.50	0.00	0.00	0.00	4.50	4.50	12.00	15.00
2014	12	0000000028	塑壳保温瓶 (小)	胆胚 (小)	15.00	15.00	1.00	15.00	45.00	0.00	0.00	0.00	1.50	1.50	46.50	15.00
2014	12	0000000027	塑壳保温瓶 (中)	塑壳 (中)	15.00	15.00	1.00	15.00	75.00	0.00	0.00	0.00	0.00	0.00	75.00	15.00
2014	12	0000000027	塑壳保温瓶 (中)	纸盒	15.00	15.00	1.00	15.00	30.00	0.00	0.00	0.00	1.50	1.50	31.50	15.00
2014	12	0000000027	塑壳保温瓶 (中)	底垫	15.00	15.00	1.00	15.00	7.50	0.00	0.00	0.00	0.00	0.00	7.50	15.00
2014	12	0000000027	塑壳保温瓶 (中)	口圈	15.00	15.00	1.00	15.00	7.50	0.00	0.00	0.00	4.50	4.50	12.00	15.00
2014	12	0000000027	塑壳保温瓶 (中)	胆胚 (中)	15.00	15.00	1.00	15.00	60.00	0.00	0.00	0.00	-1.50	-1.50	58.50	15.00
2014	12	0000000026	塑壳保温瓶 (大)	塑配件 (大)	40.00	40.00	1.00	40.00	200.00	0.00	0.00	0.00	0.00	0.00	200.00	40.00
2014	12	0000000026	塑壳保温瓶 (大)	塑壳 (大)	40.00	40.00	1.00	40.00	400.00	0.00	0.00	0.00	0.00	0.00	400.00	40.00
2014	12	0000000026	塑壳保温瓶 (大)	纸盒	40.00	40.00	1.00	40.00	80.00	0.00	0.00	0.00	4.00	4.00	84.00	40.00
2014	12	0000000026	塑壳保温瓶 (大)	口圈	40.00	40.00	1.00	40.00	20.00	0.00	0.00	0.00	0.00	0.00	20.00	40.00
2014	12	0000000026	塑壳保温瓶 (大)	胆胚 (大)	40.00	40.00	1.00	40.00	200.00	0.00	0.00	0.00	-1.60	-1.60	198.40	40.00
2014	12	0000000025	铁壳保温瓶	铁壳	40.00	40.00	1.00	40.00	225.00	0.00	0.00	0.00	0.47	0.47	225.67	40.00
2014	12	0000000025	铁壳保温瓶	铝配件	40.00	40.00	1.00	40.00	152.00	0.00	0.00	0.00	0.00	0.00	152.00	40.00
2014	12	0000000025	铁壳保温瓶	纸盒	40.00	40.00	1.00	40.00	80.00	0.00	0.00	0.00	4.00	4.00	84.00	40.00
2014	12	0000000025	铁壳保温瓶	底垫	40.00	40.00	1.00	40.00	20.00	0.00	0.00	0.00	0.00	0.00	20.00	40.00
2014	12	0000000025	铁壳保温瓶	口圈	40.00	40.00	1.00	40.00	20.00	0.00	0.00	0.00	12.00	12.00	32.00	40.00
2014	12	0000000025	铁壳保温瓶	胆胚 (中)	40.00	40.00	1.00	40.00	160.00	0.00	0.00	0.00	-4.00	-4.00	156.00	40.00

图 5 - 178　订单成本明细表

（三）人工制造费用明细表

本报表可以查询某期间某生产订单下达后生产某产品人工、制造费用的标准费用与实际费用差异及标准工时、实际工时情况，如图 5 – 179 所示。

年度	期间	产品名称	投入约当产量	费用类型	费用名称	本阶单位标准成	本阶标准费率	本阶实际费率	本阶单位标准工时	本阶标准工时	本阶实际工时
2014	12	塑壳保温瓶（小）	7.50	制造费用	管理人员工资	1.64	1.6400	0.6221	1.0000	7.5000	7.5000
2014	12	塑壳保温瓶（中）	7.50	制造费用	管理人员工资	1.64	1.6400	0.6221	1.0000	7.5000	7.5000
2014	12	塑壳保温瓶（大）	20.00	制造费用	管理人员工资	1.64	1.6400	0.6221	1.0000	20.0000	20.0000
2014	12	铁壳保温瓶	20.00	制造费用	管理人员工资	1.64	1.6400	0.6221	1.0000	20.0000	20.0000
2014	12	铝壳气压保温瓶	20.00	制造费用	管理人员工资	1.64	1.6400	0.6221	1.0000	20.0000	20.0000
2014	12	塑壳保温瓶（小）	10,000.00	制造费用	管理人员工资	1.64	1.6400	0.6221	1.0000	10000.0000	10000.0000
2014	12	塑壳保温瓶（中）	10,000.00	制造费用	管理人员工资	1.64	1.6400	0.6221	1.0000	10000.0000	10000.0000
2014	12	塑壳保温瓶（大）	10,000.00	制造费用	管理人员工资	1.64	1.6400	0.6221	1.0000	10000.0000	10000.0000
2014	12	铁壳保温瓶	8,000.00	制造费用	管理人员工资	1.64	1.6400	0.6221	1.0000	8000.0000	8000.0000
2014	12	铝壳气压保温瓶	8,000.00	制造费用	管理人员工资	1.64	1.6400	0.6221	1.0000	8000.0000	8000.0000
2014	12	塑壳保温瓶（小）	7.50	制造费用	折旧	0.44	0.4400	0.0408	1.0000	7.5000	7.5000
2014	12	铁壳保温瓶	7.50	制造费用	折旧	0.44	0.4400	0.0408	1.0000	7.5000	7.5000
2014	12	塑壳保温瓶（大）	20.00	制造费用	折旧	0.44	0.4400	0.0408	1.0000	20.0000	20.0000
2014	12	铝壳气压保温瓶	20.00	制造费用	折旧	0.44	0.4400	0.0408	1.0000	20.0000	20.0000
2014	12	塑壳保温瓶（小）	10,000.00	制造费用	折旧	0.44	0.4400	0.0408	1.0000	10000.0000	10000.0000
2014	12	塑壳保温瓶（中）	10,000.00	制造费用	折旧	0.44	0.4400	0.0408	1.0000	10000.0000	10000.0000
2014	12	铁壳保温瓶	8,000.00	制造费用	折旧	0.44	0.4400	0.0408	1.0000	8000.0000	8000.0000
2014	12	铝壳气压保温瓶	8,000.00	制造费用	折旧	0.44	0.4400	0.0408	1.0000	8000.0000	8000.0000
2014	12	塑壳保温瓶（小）	7.50	人工费用	直接人工	11.26	11.2600	3.5534	1.0000	7.5000	7.5000
2014	12	塑壳保温瓶（中）	7.50	人工费用	直接人工	11.26	11.2600	3.5534	1.0000	7.5000	7.5000
2014	12	塑壳保温瓶（大）	20.00	人工费用	直接人工	11.26	11.2600	3.5534	1.0000	20.0000	20.0000
2014	12	铁壳保温瓶	20.00	人工费用	直接人工	11.26	11.2600	3.5534	1.0000	20.0000	20.0000

图 5 – 179 人工制造费用明细表

（四）采购价差明细表

本报表可以查询某采购订单在某期间普通采购或委外采购的计划、暂估、结算及实际的单价、数量、差异，如图 5 – 180 所示。

年度	期间	单据类型	单据号	入库日期	存货名称	入库数量	计划单价	计划金额	暂估单价	暂估金额	暂估价差	实际价差
2014	12	采购入库单	0000000001	2014-12-10	不锈钢吸管	35,000.00	2.00	70,000.00	2.36	82,600.00	12,600.00	12,600.00
2014	12	采购入库单	0000000002	2014-12-12	稀释剂	10.00	10.00	100.00	60.00	600.00	500.00	500.00
2014	12	采购入库单	0000000003	2014-12-12	油漆	60.00	20.00	1,200.00	20.00	1,200.00	0.00	0.00
2014	12	采购入库单	0000000005	2014-12-13	马口铁	45.00	5,600.00	252,000.00	5,600.00	252,000.00	0.00	0.00
2014	12	采购入库单	0000000006	2014-12-13	铝配件	10,000.00	3.80	38,000.00	3.80	38,000.00	0.00	0.00
2014	12	采购入库单	0000000007	2014-12-13	塑料粒子	60.00	10,000.00	600,000.00	10,000.00	600,000.00	0.00	0.00
2014	12	采购入库单	0000000008	2014-12-13	铝片	5.00	20,000.00	100,000.00	20,000.00	100,000.00	0.00	0.00
2014	12	采购入库单	0000000009	2014-12-16	瓶胆（小）	80,000.00	3.00	240,000.00	3.10	248,000.00	8,000.00	8,000.00
2014	12	采购入库单	0000000009	2014-12-16	瓶胆（中）	240,000.00	4.00	960,000.00	3.90	936,000.00	-24,000.00	-24,000.00
2014	12	采购入库单	0000000009	2014-12-16	瓶胆（大）	84,000.00	5.00	420,000.00	4.96	416,640.00	-3,360.00	-3,360.00
2014	12	采购入库单	0000000010	2014-12-16	黑铁托盘	500,000.00	1.00	500,000.00	1.20	600,000.00	100,000.00	100,000.00
2014	12	采购入库单	0000000010	2014-12-16	不锈钢吸管	500,000.00	2.00	1,000,000.00	1.80	900,000.00	-100,000.00	-100,000.00
2014	12	采购入库单	0000000011	2014-12-16	底壳	500,000.00	0.50	250,000.00	0.50	250,000.00	0.00	0.00
2014	12	采购入库单	0000000011	2014-12-16	口圈	500,000.00	0.50	250,000.00	0.80	400,000.00	150,000.00	150,000.00
2014	12	采购入库单	0000000012	2014-12-16	纸盒	600,000.00	2.00	1,200,000.00	2.10	1,280,000.00	60,000.00	60,000.00
2014	12	采购入库单	0000000012	2014-12-16	纸箱	50.00	5.00	250.00	5.10	255.00	5.00	5.00
2014	12	采购入库单	0000000013	2014-12-17	水	10,000.00	5.00	50,000.00	4.00	40,000.00	-10,000.00	-10,000.00
2014	12	采购入库单	0000000014	2014-12-17	电	10,000.00	1.50	15,000.00	1.00	10,000.00	-5,000.00	-5,000.00
2014	12	采购入库单	0000000015	2014-12-17	机动车辆保险	400.00	2.00	800.00	1.00	400.00	-400.00	-400.00
2014	12	采购入库单	0000000015	2014-12-17	财产保险	949.00	1.50	1,423.50	1.00	949.00	-474.50	-474.50
2014	12	采购入库单	0000000016	2014-12-17	报刊	500.00	2.00	1,000.00	1.00	500.00	-500.00	-500.00
总计						3,071,079.00		5,949,773.50	35,717.62	6,137,144.00	187,370.50	187,370.50

图 5 – 180 采购价差明细表

（五）销售成本差异汇总表

本报表可以查询某期间某产品发生销售业务，由库存商品成本向销售成本差异结转的数据记录。标准销售成本可以在销售模块的销售成本明细帐中查询，销售成本各项差异在本报表中查询，如图 5 – 181 所示。

年度	期间	销售单号	产品名称	销售数量	总成本			单位成本		
					标准成本	差异	实际成本	标准成本	差异	实际成本
2014	12	0000000007	铝壳气压保温瓶	500.00	27,325.00	-2,697.72	24,627.28	54.65	-5.40	49.25
2014	12	0000000007	铁壳保温瓶	500.00	18,195.00	-2,378.93	15,816.07	36.39	-4.75	31.64
2014	12	0000000007	塑壳保温瓶（大）	500.00	20,830.00	-2,329.03	18,500.97	41.66	-4.66	37.00
2014	12	0000000008	铝壳气压保温瓶	4,000.00	218,600.00	-21,581.71	197,018.29	54.65	-5.40	49.25
2014	12	0000000008	铁壳保温瓶	6,000.00	218,340.00	-28,523.17	189,816.83	36.39	-4.75	31.64
2014	12	0000000008	塑壳保温瓶（大）	8,000.00	333,280.00	-37,264.56	296,015.44	41.66	-4.66	37.00
2014	12	0000000008	塑壳保温瓶（中）	7,000.00	242,620.00	-34,769.96	207,850.04	34.66	-4.97	29.69
2014	12	0000000008	塑壳保温瓶（小）	5,000.00	153,300.00	-27,478.73	125,821.27	30.66	-5.50	25.16
2014	12	0000000009	铁壳保温瓶	1,500.00	54,585.00	-7,130.80	47,454.20	36.39	-4.75	31.64
2014	12	0000000009	塑壳保温瓶（大）	1,500.00	62,490.00	-6,987.10	55,502.90	41.66	-4.66	37.00
2014	12	0000000009	塑壳保温瓶（中）	2,000.00	69,320.00	-9,934.27	59,385.73	34.66	-4.97	29.69
2014	12	0000000010	铝壳气压保温瓶	2,000.00	109,300.00	-10,790.86	98,509.14	54.65	-5.40	49.25
2014	12	0000000010	塑壳保温瓶（中）	2,000.00	69,320.00	-9,934.27	59,385.73	34.66	-4.97	29.69
2014	12	0000000010	塑壳保温瓶（小）	2,000.00	61,320.00	-10,991.49	50,328.51	30.66	-5.50	25.16
2014	12	0000000011	铝壳气压保温瓶	1,000.00	54,650.00	-5,395.42	49,254.58	54.65	-5.40	49.25
2014	12	0000000011	塑壳保温瓶（中）	2,000.00	69,320.00	-9,934.27	59,385.73	34.66	-4.97	29.69
2014	12	0000000011	塑壳保温瓶（小）	3,000.00	91,980.00	-16,487.23	75,492.77	30.66	-5.50	25.16
总计				48,500.00	1,874,775.00	-244,607.52	1,630,167.48	683.37	-86.21	597.16

图 5-181　销售成本差异汇总表

（六）销售毛利分析表

本报表可以查询某期间某产品的销售收入、标准成本、实际成本、标准成本毛利、实际成本毛利等信息，如图 5-182 所示。

年度	期	客户名称	存货名称	数量	销售收入	标准材料费用	标准人工费用	标准制造费用	标准费用合计	材料价差	人工费率差	制造费率差异	差异合计
2014	12	东莞市百货公司	塑壳保温瓶（小）	2,000.00	263,000.00	96,000.00	122,400.00	26,880.00	245,280.00	2,666.15	-40,500.01	-6,132.12	-43,965.98
2014	12	哈尔滨百货公司	塑壳保温瓶（小）	2,000.00	70,000.00	24,000.00	30,600.00	6,720.00	61,320.00	666.54	-10,125.00	-1,533.03	-10,991.49
2014	12	哈尔滨百货公司	塑壳保温瓶（中）	2,000.00	90,000.00	32,000.00	30,600.00	6,720.00	69,320.00	352.89	-8,934.02	-1,353.14	-9,934.27
2014	12	惠州宠美日用百货公司	塑壳保温瓶（中）	2,000.00	100,000.00	32,000.00	30,600.00	6,720.00	69,320.00	352.89	-6,934.02	-1,353.14	-9,934.27
2014	12	东莞市百货公司	塑壳保温瓶（中）	9,000.00	405,000.00	144,000.00	137,700.00	30,240.00	311,940.00	1,588.00	-40,203.10	-6,089.14	-44,704.24
2014	12	东莞市百货公司	塑壳保温瓶（大）	8,000.00	552,000.00	184,000.00	122,400.00	26,880.00	333,280.00	1,599.80	-33,751.27	-5,113.09	-37,264.56
2014	12	中山市丰富保温容器公司	塑壳保温瓶（大）	500.00	34,500.00	11,500.00	7,650.00	1,680.00	20,830.00	99.99	-2,109.45	-319.57	-2,329.03
2014	12	惠州宠美日用百货公司	塑壳保温瓶（大）	1,500.00	105,000.00	34,500.00	22,950.00	5,040.00	62,490.00	299.96	-6,328.36	-958.70	-6,987.10
2014	12	中山市丰富保温容器公司	铁壳保温瓶	500.00	28,000.00	8,215.00	8,435.00	1,545.00	18,195.00	89.09	-2,201.61	-264.41	-2,376.93
2014	12	惠州宠美日用百货公司	铁壳保温瓶	1,500.00	84,000.00	24,645.00	25,305.00	4,635.00	54,585.00	267.26	-6,604.82	-793.24	-7,130.80
2014	12	东莞市百货公司	铝壳气压保温瓶	6,000.00	234,000.00	52,800.00	101,220.00	18,540.00	218,340.00	1,089.04	-26,419.26	-3,172.95	-28,523.17
2014	12	哈尔滨百货公司	铝壳气压保温瓶	2,000.00	116,000.00	17,600.00	37,740.00	7,960.00	109,300.00	464.57	-10,199.16	-1,209.48	-10,790.86
2014	12	东莞市百货公司	铝壳气压保温瓶	5,000.00	300,000.00	160,150.00	94,450.00	18,650.00	273,250.00	1,161.43	-25,497.95	-2,640.61	-26,977.13
2014	12	中山市丰富保温容器公司	铝壳气压保温瓶	500.00	30,000.00	16,015.00	9,445.00	1,865.00	27,325.00	116.14	-2,549.79	-264.06	-2,697.71
总计				48,500.00	2,399,500.00	929,665.00	781,535.00	163,575.00	1,874,775.00	10,793.75	-224,357.84	-31,043.45	-244,607.54

图 5-182　销售毛利分析表

（七）完工产品差异分析表

本报表可以查询某期间生产完工产品产值、实际成本、标准成本及标准成本率、成本差异率等情况，如图 5-183 所示。

年	月	产品名称	完工产量	实际成本	标准成本	成本差异额	成本差异率	差异结构比
2014	12	铝壳	8,000.00	217,255.78	213,200.00	4,055.78	1.90%	-1.12%
2014	12	铁壳	8,000.00	102,055.79	98,000.00	4,055.79	4.14%	-1.12%
2014	12	塑壳（大）	10,000.00	128,504.51	126,600.00	1,904.51	1.50%	-0.53%
2014	12	塑壳（中）	10,000.00	78,504.44	76,600.00	1,904.44	2.49%	-0.53%
2014	12	塑壳（小）	10,000.00	68,504.44	66,600.00	1,904.44	2.86%	-0.53%
2014	12	塑配件（大）	10,000.00	78,504.44	76,600.00	1,904.44	2.49%	-0.53%
2014	12	塑配件（中）	10,000.00	68,504.44	66,600.00	1,904.44	2.86%	-0.53%
2014	12	塑配件（小）	10,000.00	48,504.44	46,600.00	1,904.44	4.09%	-0.53%
2014	12	气压式塑配件	10,000.00	48,504.44	46,600.00	1,904.44	4.09%	-0.53%
2014	12	铝壳气压保温瓶	8,000.00	372,454.88	437,200.00	-64,745.12	-14.81%	17.96%
2014	12	铁壳保温瓶	8,000.00	224,565.92	291,120.00	-66,554.08	-22.86%	18.46%
2014	12	塑壳保温瓶（大）	10,000.00	332,754.74	416,600.00	-83,845.26	-20.13%	23.25%
2014	12	塑壳保温瓶（中）	10,000.00	262,158.67	346,600.00	-84,441.33	-24.36%	23.42%
2014	12	塑壳保温瓶（小）	10,000.00	224,163.80	306,600.00	-82,436.20	-26.89%	22.86%
总计			132,000.00	2,254,940.73	2,615,520.00	-360,579.27	-13.79%	100.00%

图 5-183　完工产品差异分析表

（八）差异项目综合分析表

本报表可以从管理者角度分析、查询本期间或累计期间各项差异总额，如图 5 – 184 所示。

差异项目	年	月	本月差异总额	本月标准成本	本月差异率	累计差异总额	累计标准成本	累计差异率
采购价差	2014	12	187,370.50	5,949,773.50	3.15%	187,370.50	5,949,773.50	3.15%
本阶材料量差	2014	12	0.00	1,992,838.40	0.00%	0.00	1,992,838.40	0.00%
本阶人工效率差	2014	12	0.00	871,714.50	0.00%	0.00	871,714.50	0.00%
本阶人工费率差	2014	12	-349,262.50	871,714.50	-40.07%	-349,262.50	871,714.50	-40.07%
本阶固定制造效率差	2014	12	0.00	43,173.00	0.00%	0.00	43,173.00	0.00%
本阶固定制造费率差	2014	12	-18,030.08	43,173.00	-41.76%	-18,030.08	43,173.00	-41.76%
本阶变动制造效率差	2014	12	0.00	144,523.00	0.00%	0.00	144,523.00	0.00%
本阶变动制造费率差	2014	12	-20,688.10	144,523.00	-14.31%	-20,688.10	144,523.00	-14.31%
本阶委外加工差异	2014	12	0.00	0.00	0.00%	0.00	0.00	0.00%
本阶人工产品耗用量差	2014	12	0.00	227,932.40	0.00%	0.00	227,932.40	0.00%
本阶固定制造产品耗用量差	2014	12	0.00	14,928.80	0.00%	0.00	14,928.80	0.00%
本阶变动制造产品耗用量差	2014	12	0.00	44,947.20	0.00%	0.00	44,947.20	0.00%
本阶委外产品耗用量差	2014	12	0.00	0.00	0.00%	0.00	0.00	0.00%
总计			-200,610.18	10,349,241.30	-92.99%	-200,610.18	10,349,241.30	-92.99%

图 5 – 184　差异项目综合分析表

附录 A

行政管理部门人员名单

附表 1　　　　　　　　　　行政管理部门人员名单

人员编码	姓名	行政部门名称	人员类别	性别	业务或费用部门名称	是否业务员	是否病假
1010101	王凯	经理办公室	公司管理人员	男	经理办公室	是	
1010102	刘思思	经理办公室	公司管理人员	女	经理办公室	是	
1010103	周舟	经理办公室	公司管理人员	男	经理办公室	是	
1010104	汪洋	经理办公室	公司管理人员	男	经理办公室	是	是
1010105	林娜	经理办公室	公司管理人员	女	经理办公室	是	
1010201	朱琴	行政科	公司管理人员	女	行政科	是	
1010202	杨婷	行政科	公司管理人员	女	行政科	是	
1010203	王松哲	行政科	公司管理人员	男	行政科	是	
1010204	李铭枫	行政科	公司管理人员	男	行政科	是	
1010205	宋紫薇	行政科	公司管理人员	女	行政科	是	
1010206	黄晓晓	行政科	公司管理人员	女	行政科	是	
1010301	王城	车队	公司管理人员	男	车队	是	
1010302	杨雨欣	车队	公司管理人员	女	车队	是	
10201	张辽辽	组织人事科	公司管理人员	女	组织人事科	是	
10202	李天泽	组织人事科	公司管理人员	男	组织人事科	是	
10301	林丽	财务科	公司管理人员	女	财务科	是	是
10302	王庆成	财务科	公司管理人员	男	财务科	是	
10303	汪梅	财务科	公司管理人员	女	财务科	是	
10304	张苏	财务科	公司管理人员	女	财务科	是	
10305	李易强	财务科	公司管理人员	男	财务科	是	
10401	张敏	供销经营科	公司管理人员	女	供销经营科	是	
10402	姚怡	供销经营科	公司管理人员	女	供销经营科	是	
10403	吴刚	供销经营科	公司管理人员	男	供销经营科	是	

续表

人员编码	姓名	行政部门名称	人员类别	性别	业务或费用部门名称	是否业务员	是否病假
10404	张子涵	供销经营科	公司管理人员	男	供销经营科	是	
10405	李潇潇	供销经营科	公司管理人员	男	供销经营科	是	
10406	柳芳原	供销经营科	公司管理人员	女	供销经营科	是	
10407	张明磊	供销经营科	公司管理人员	男	供销经营科	是	
10408	李亮	供销经营科	公司管理人员	男	供销经营科	是	
10409	刘宇	供销经营科	公司管理人员	男	供销经营科	是	
10410	周乐	供销经营科	公司管理人员	男	供销经营科	是	
10501	陈庆	质检科	公司管理人员	男	质检科	是	
10502	黎明	质检科	公司管理人员	男	质检科	是	
10601	陈科	技术开发	公司管理人员	男	技术开发科	是	
10602	党丽娜	技术开发	公司管理人员	女	技术开发科	是	
10701	沈一博	设备管理科	公司管理人员	男	设备管理科	是	
10702	周晓冉	设备管理科	公司管理人员	女	设备管理科	是	
10801	刘铭	仓库管理	公司管理人员	女	仓库管理	是	
10802	陈静	仓库管理	公司管理人员	女	仓库管理	是	是
10803	王克义	仓库管理	公司管理人员	男	仓库管理	是	
10804	周哲凯	仓库管理	公司管理人员	男	仓库管理	是	

附录 B

制壳车间人员名单

附表 2   制壳车间人员名单

人员编码	姓名	行政部门名称	人员类别	性别	业务或费用部门名称	是否业务员	是否病假
201	赵晴晴	制壳车间	车间管理人员	女	制壳车间	是	是
202	王婷婷	制壳车间	车间管理人员	女	制壳车间	是	
203	周扬	制壳车间	车间管理人员	男	制壳车间	是	
204	李琦	制壳车间	生产工人	男	制壳车间	是	
205	林静	制壳车间	生产工人	女	制壳车间	是	
206	王一楠	制壳车间	生产工人	男	制壳车间	是	
207	郑和	制壳车间	生产工人	男	制壳车间	是	
208	陆子豪	制壳车间	生产工人	男	制壳车间	是	
209	徐强	制壳车间	生产工人	男	制壳车间	是	
210	党程	制壳车间	生产工人	男	制壳车间	是	
211	林夏	制壳车间	生产工人	女	制壳车间	是	
212	宋晓	制壳车间	生产工人	男	制壳车间	是	
213	沈冰	制壳车间	生产工人	女	制壳车间	是	
214	张倩	制壳车间	生产工人	女	制壳车间	是	
215	王璐璐	制壳车间	生产工人	女	制壳车间	是	
216	贾一鸣	制壳车间	生产工人	男	制壳车间	是	
217	刘婷	制壳车间	生产工人	女	制壳车间	是	
218	张帅	制壳车间	生产工人	男	制壳车间	是	
219	林萧	制壳车间	生产工人	女	制壳车间	是	
220	权娜娜	制壳车间	生产工人	女	制壳车间	是	
221	王思涵	制壳车间	生产工人	男	制壳车间	是	
222	李可可	制壳车间	生产工人	女	制壳车间	是	
223	杨帆	制壳车间	生产工人	女	制壳车间	是	

人员编码	姓名	行政部门名称	人员类别	性别	业务或费用部门名称	是否业务员	是否病假
224	赵子辰	制壳车间	生产工人	男	制壳车间	是	
225	肖阳	制壳车间	生产工人	男	制壳车间	是	
226	王华	制壳车间	生产工人	男	制壳车间	是	
227	李默	制壳车间	生产工人	男	制壳车间	是	
228	陈翔	制壳车间	生产工人	男	制壳车间	是	
229	李可正	制壳车间	生产工人	男	制壳车间	是	
230	石磊	制壳车间	生产工人	男	制壳车间	是	
231	王新强	制壳车间	生产工人	男	制壳车间	是	
232	周瑞	制壳车间	生产工人	男	制壳车间	是	

附录 C

塑料车间人员名单

附表 3			塑料车间人员名单					
人员编码	姓名	行政部门名称	人员类别	性别	业务或费用部门名称	是否业务员	是否病假
301	刘涛	塑料车间	车间管理人员	女	塑料车间		
302	朱明新	塑料车间	车间管理人员	男	塑料车间		
303	王晨	塑料车间	车间管理人员	女	塑料车间		
304	张恒远	塑料车间	车间管理人员	男	塑料车间		
305	韩旭	塑料车间	车间管理人员	男	塑料车间		是
306	岳鸣珂	塑料车间	车间管理人员	男	塑料车间		
307	孙萌	塑料车间	生产工人	女	塑料车间		
308	姜明哲	塑料车间	生产工人	男	塑料车间		
309	孙伟	塑料车间	生产工人	男	塑料车间		
310	周娟	塑料车间	生产工人	女	塑料车间		
311	程鹏	塑料车间	生产工人	男	塑料车间		
312	陈果果	塑料车间	生产工人	女	塑料车间		
313	陈亮	塑料车间	生产工人	男	塑料车间		
314	李强	塑料车间	生产工人	男	塑料车间		
315	程莉	塑料车间	生产工人	女	塑料车间		
316	周倩	塑料车间	生产工人	女	塑料车间		
317	李小霞	塑料车间	生产工人	女	塑料车间		
318	陈旭飞	塑料车间	生产工人	男	塑料车间		
319	罗茂茂	塑料车间	生产工人	男	塑料车间		
320	尤明庆	塑料车间	生产工人	男	塑料车间		
321	李泉	塑料车间	生产工人	男	塑料车间		
322	李洹	塑料车间	生产工人	男	塑料车间		
323	陈浩	塑料车间	生产工人	男	塑料车间		

续表

人员编码	姓名	行政部门名称	人员类别	性别	业务或费用部门名称	是否业务员	是否病假
324	范思雨	塑料车间	生产工人	女	塑料车间		
325	姚婷婷	塑料车间	生产工人	女	塑料车间		
326	张雨可	塑料车间	生产工人	女	塑料车间		
327	赵盼	塑料车间	生产工人	女	塑料车间		
328	邓紫衣	塑料车间	生产工人	女	塑料车间		
329	冷子俊	塑料车间	生产工人	男	塑料车间		
330	邓宁	塑料车间	生产工人	男	塑料车间		
331	张峰	塑料车间	生产工人	男	塑料车间		是
332	蔡晓明	塑料车间	生产工人	男	塑料车间		
333	韩海坤	塑料车间	生产工人	男	塑料车间		
334	高越	塑料车间	生产工人	男	塑料车间		
335	陈星	塑料车间	生产工人	男	塑料车间		
336	汪敏	塑料车间	生产工人	女	塑料车间		
337	袁密密	塑料车间	生产工人	女	塑料车间		
338	李阳	塑料车间	生产工人	男	塑料车间		
339	王梦卓	塑料车间	生产工人	女	塑料车间		
340	赵子琪	塑料车间	生产工人	女	塑料车间		
341	李渝	塑料车间	生产工人	男	塑料车间		
342	陶然	塑料车间	生产工人	女	塑料车间		
343	丁晓宁	塑料车间	生产工人	男	塑料车间		
344	张旭阳	塑料车间	生产工人	男	塑料车间		
345	张宇	塑料车间	生产工人	男	塑料车间		是

附录 D

装配车间人员名单

附表 4   装配车间人员名单

人员编码	姓名	行政部门名称	人员类别	性别	业务或费用部门名称	是否业务员	是否病假
401	陈虎	装配车间	车间管理人员	男	装配车间		
402	王鸣	装配车间	车间管理人员	男	装配车间		
403	陈岚	装配车间	车间管理人员	女	装配车间		
404	袁裕鑫	装配车间	生产工人	男	装配车间		
405	薛明	装配车间	生产工人	男	装配车间		
406	张晓	装配车间	生产工人	女	装配车间		
407	王腾	装配车间	生产工人	男	装配车间		是
408	童嘉怡	装配车间	生产工人	女	装配车间		
409	陈正	装配车间	生产工人	男	装配车间		
410	周权	装配车间	生产工人	男	装配车间		
411	赵兵	装配车间	生产工人	男	装配车间		
412	范琪琪	装配车间	生产工人	女	装配车间		
413	王美丽	装配车间	生产工人	女	装配车间		
414	周峰宇	装配车间	生产工人	男	装配车间		
415	黄栋	装配车间	生产工人	男	装配车间		
416	邓辉	装配车间	生产工人	男	装配车间		
417	陶爱影	装配车间	生产工人	女	装配车间		
418	梁佳	装配车间	生产工人	女	装配车间		
419	陆飞	装配车间	生产工人	男	装配车间		是
420	许朗朗	装配车间	生产工人	男	装配车间		
421	贾思碧	装配车间	生产工人	女	装配车间		
422	王喆	装配车间	生产工人	男	装配车间		
423	何兴	装配车间	生产工人	男	装配车间		

续表

人员编码	姓名	行政部门名称	人员类别	性别	业务或费用部门名称	是否业务员	是否病假
424	童潘	装配车间	生产工人	女	装配车间		
425	曾志明	装配车间	生产工人	男	装配车间		
426	赵晓飞	装配车间	生产工人	男	装配车间		
427	王华娟	装配车间	生产工人	女	装配车间		
428	李潇辉	装配车间	生产工人	男	装配车间		
429	邓辉	装配车间	生产工人	男	装配车间		
430	郭静怡	装配车间	生产工人	女	装配车间		
431	丁晓辉	装配车间	生产工人	男	装配车间		
432	周媛	装配车间	生产工人	女	装配车间		
433	刘想	装配车间	生产工人	男	装配车间		

附录 E

辅助车间人员名单

附表 5 辅助车间人员名单

人员编码	姓名	行政部门名称	人员类别	性别	业务或费用部门名称	是否业务员	是否病假
501	刘圆圆	辅助车间	生产工人	女	辅助车间		
502	朱莉莉	辅助车间	生产工人	女	辅助车间		
503	宋晓雷	辅助车间	生产工人	男	辅助车间		
504	张军民	辅助车间	生产工人	男	辅助车间		
505	李敏军	辅助车间	生产工人	男	辅助车间		
506	王寒	辅助车间	生产工人	男	辅助车间		是
507	沈佳仪	辅助车间	生产工人	女	辅助车间		
508	陶益辉	辅助车间	生产工人	男	辅助车间		
509	徐娜琳	辅助车间	生产工人	女	辅助车间		
510	周颖	辅助车间	生产工人	女	辅助车间		
511	胡俊宁	辅助车间	生产工人	男	辅助车间		
512	雷思域	辅助车间	生产工人	男	辅助车间		

参考文献

［美］亨格瑞等:《成本与管理会计》(第 13 版),王立彦等译,中国人民大学出版社 2010 年版,第 76 页。

［美］杰西等:《成本会计:传统与变革》(第 5 版),熊焰韧等译,经济科学出版社 2006 年版,第 176 页。

徐政旦等:《成本会计》,上海三联书店 2000 年版,第 221 页。

赵建新等:《用友 ERP 供应链管理系统实验教程》,清华大学出版社 2012 年版,第 129 页。

柴华奇等:《ERP 中标准成本控制系统的研究》,《机械制造》2011 年第 1 期。

王新玲等:《用友 ERP 财务管理系统实验教程》,清华大学出版社 2012 年版,第 239 页。

刘秀珍:《基于 ERP 环境的 T 钢铁公司成本管理体系设计与实施研究》,硕士学位论文,天津大学,2011 年,第 35 页。

何平等:《用友 ERP 财务管理系统实验教程》,清华大学出版社 2010 年版,第 156 页。

杨雯:《标准作业成本法在 ERP 成本管理中的应用研究》,硕士学位论文,陕西科技大学,2012,第 34 页。

孙莲香:《财务软件实用教程(U8.72 版)》,清华大学出版社 2012 版,第 116 页。

白莉:《ERP 中基于标准成本的成本核算与控制方法研究》,《财会通讯》2004 年第 10 期。

王新玲等:《会计信息系统实验教程》,清华大学出版社 2009 年版,第 89 页。

柏晶:《基于 ERP 环境下成本管理体系研究》,硕士学位论文,哈尔滨工业大学，2007年，第25页。

龚中华等：《用友ERP－U8完全使用详解》，清华大学出版社2012年版，第74页。

王伟：《ERP中的标准成本控制系统初探》，《陕西广播电视大学学报》2010年第4期。

刘增杰等：《用友ERP－U8财务管理入门与实战》，清华大学出版社2013年版，第105页。

周裕法：《ERP与ABC、成本企画集成的成本控制研究》，硕士学位论文，天津大学，2008年，第19页。

王新玲等：《用友ERP财务管理系统实验教程》，清华大学出版社2009年版，第47页。

郭星：《电网企业标准成本实施方案研究》，硕士学位论文，华北电力大学，2012年，第41页。

张莉莉：《用友ERP生产管理系统实验教程》，清华大学出版社2009年版，第80页。

徐琳玲：《P公司标准成本制度研究》，硕士学位论文，华东理工大学，2013年，第17页。

王新玲等：《ERP沙盘企业信息化综合实训》，清华大学出版社2009年版，第29页。

杨棻荣：《标准成本与标准成本会计制度》，《吉林财贸学院学报》1981年第3期。

赵建新等：《用友ERP供应链管理系统实验教程》，清华大学出版社2009年版，第71页。

刁志波：《关于标准成本制度在我国的应用研究》，硕士学位论文，东北财经大学，2002年，第33页。

赵水忠：《信息主管与ERP》，清华大学出版社2009年版，第65页。

周世宽：《面向作业的钢铁企业标准成本管理关键技术研究》，博士学位论文，大连理工大学，2012年，第35页。

张继业：《标准成本制度及其应用研究》，《上海标准化》2003年第7期。

崔晓阳：《总经理与ERP》，清华大学出版社2009年版，第112页。

刘秀芳：《关于标准成本法的应用探讨》，《财经界》（学术版）2014

年第 8 期。

殷建红：《财务主管与 ERP》，清华大学出版社 2009 年版，第 32 页。

施徐景：《我国标准成本差异会计处理方式研究》，《中国管理信息化》2006 年第 6 期。

陈利霞等：《用友 ERP 供应链管理系统实验教程》，清华大学出版社 2013 年版，第 91 页。

张丽，赵宇：《试论标准成本制度在我国应用的探讨》，《知识经济》2014 年第 7 期。

王新玲：《财务业务一体化实战演练》，清华大学出版社 2013 年版，第 59 页。

王喜桔：《电网企业标准成本管理研究》，硕士学位论文，长沙理工大学，2008 年，第 24 页。

王新玲等：《会计信息系统实验教程》，清华大学出版社 2013 年版，第 67 页。

胡中文：《标准成本制度在成本控制中的应用》，《冶金财会》2002 年第 3 期。

吉燕：《用友 ERP – U8 财务管理实训教程》，清华大学出版社 2012 年版，第 55 页。

宋玲：《标准成本制度下成本的分析与研究》，《经营管理者》2011 年第 4 期。

范松林：《标准成本制度在宝钢的运用》，《会计研究》2000 年第 8 期。

陆来安：《关于标准成本制度及其应用研究》，《金融经济》2012 年第 22 期。

马彦钊等：《成本管理的新突破》，《财会通讯》1991 年第 12 期。

刘满江：《关于在粮食企业推广应用标准成本制度的探讨》，《商业会计》2010 年第 8 期。

王光明等：《标准成本法在我国的发展困境及出路》，《会计之友》2010 年第 10 期。

孟德彬等：《标准成本制度的应用探讨》，《农场经济管理》2008 年第 6 期。